Europarecht

2018

Christian Sommer
Rechtsanwalt und Repetitor

ALPMANN UND SCHMIDT Juristische Lehrgänge Verlagsges. mbH & Co. KG
48143 Münster, Alter Fischmarkt 8, 48001 Postfach 1169, Telefon (0251) 98109-0
AS-Online: www.alpmann-schmidt.de

Zitiervorschlag: Sommer, Europarecht, Rn.

Sommer, Christian
Europarecht
12., überarbeitete Auflage 2018
ISBN: 978-3-86752-570-1

Verlag Alpmann und Schmidt Juristische Lehrgänge
Verlagsgesellschaft mbH & Co. KG, Münster

Unterstützen Sie uns bei der Weiterentwicklung unserer Produkte.
Wir freuen uns über Anregungen, Wünsche, Lob oder Kritik an:
feedback@alpmann-schmidt.de.

INHALTSVERZEICHNIS

LITERATURVERZEICHNIS

Arndt/Fischer/Fetzer	Europarecht 11. Aufl. 2015
Berg	Staatsrecht 6. Aufl. 2011
Calliess/Ruffert	EUV-AEUV Kommentar 5. Aufl. 2016
Geiger/Khan/Kotzur	EUV/AEUV 6. Aufl. 2017
Grabitz/Hilf/Nettesheim	Das Recht der Europäischen Union 62. Ergänzungslieferung Stand: Juli 2017
Hakenberg	Europarecht 7. Aufl. 2015
Harratsch/Koenig/Pechstein	Europarecht 10. Aufl. 2016
Herdegen	Europarecht 19. Aufl. 2017
Jarass	Charta der Grundrechte der Europäischen Union 3. Aufl. 2016
Lenz/Borchardt	EU-Verträge Kommentar 6. Aufl. 2012
Maunz/Dürig	Grundgesetz Kommentar 80. Ergänzungslieferung Stand: Juni 2017
Meyer	Charta der Grundrechte der Europäischen Union 4. Aufl. 2014
Oppermann/Classen/Nettesheim	Europarecht 7. Aufl. 2016
Ossenbühl/Cornils	Staatshaftungsrecht 6. Aufl. 2013

Schwarze	EU-Kommentar 3. Aufl. 2012
Stern/Sachs	Europäische Grundrechte-Charta 1. Aufl. 2016
Streinz	Europarecht 10. Aufl. 2016
Streinz	EUV/AEUV 2. Aufl. 2012
von der Groeben/Schwarze/Hatje	Europäisches Unionsrecht 7. Aufl. 2015

1. Teil: Einführung in das Europarecht

1. Abschnitt: Begriffsbestimmung und Examensrelevanz

Mit dem Begriff des **Europarechts** wird in seinem weitesten Begriffsverständnis das Recht der europäischen internationalen Organisationen bezeichnet.[1] Innerhalb dieser Organisationen arbeiten die europäischen Staaten in unterschiedlicher Zusammensetzung an unterschiedlichen Themen. Der Begriff des Europarechts ist für sich genommen nicht geeignet, ausreichend deutlich seine vielschichtigen Bestandteile zu beschreiben. 1

Damit steht das Europarecht über den einzelnen nationalen Rechtsordnungen der europäischen Staaten. Wie im sonstigen **Völkerrecht** bilden Verträge zwischen einzelnen Staaten die Grundlage für die Zusammenarbeit der einzelnen Staaten in und mit den auf diese Weise geschaffenen Organisationen.

Deshalb bedarf es einer **Konkretisierung** in mehreren Schritten:

- **Europarecht im engeren Sinne** sind alle Vorschriften, welche die **Europäische Union**, ihre Organe und Institutionen betreffen oder von diesen erlassen wurden.
- Das **Europarecht im weiteren Sinne** umfasst alle Vorschriften, welche die institutionalisierte Zusammenarbeit europäischer Staaten außerhalb der Union betreffen.

  Beispiele: Organisation für Sicherheit und Zusammenarbeit in Europa (OSZE), Europarat

Beide Gebiete lassen sich nicht trennscharf abgrenzen, mitunter wird sogar eine Verbindung angestrebt: Nach Art. 6 Abs. 2 S. 1 EUV soll die Union der **Europäischen Konvention zum Schutz der Menschenrechte und Grundfreiheiten (EMRK)** beitreten. 2

Das **Europarecht im engeren Sinne** lässt sich wiederum in zwei Kategorien unterteilen: 3

- Zum **Primärrecht** gehören die Gründungsverträge der Europäischen Union – der **Vertrag über die Europäische Union (EUV)** und der **Vertrag über die Arbeitsweise der Europäischen Union (AEUV)** – sowie die **Charta der Grundrechte der Europäischen Union (GrCh)** und die vom Gerichtshof der Europäischen Union aus diesen abgeleiteten **allgemeinen Rechtsgrundsätze**.
- Als europäisches **Sekundärrecht** wird das von den Organen der EU geschaffene Recht bezeichnet, das nach Art. 288 AEUV als Verordnung, Richtlinie, Beschluss, Empfehlung oder Stellungnahme in Erscheinung treten kann.

Auch das deutsche **Grundgesetz** dürfen Sie in diesem Zusammenhang nicht aus den Augen verlieren: Bereits die Präambel verweist auf den europäischen Einigungsprozess und die Aufgabe, daran aktiv mitzuwirken. Art. 23 Abs. 1 S. 2 GG ermächtigt zur Übertragung von Hoheitsrechten auf die Europäische Union. 4

Die Europäische Union ist deshalb – anders als die übrigen supranationalen Organisationen – aufgrund der übertragenen Hoheitsrechte und Zuständigkeiten zur eigenen Rechtssetzung ermächtigt.[2]

Klausurhinweis: *Über* ***Examensrelevanz*** *verfügt in erster Linie das* ***Europarecht im engeren Sinne****. Aber auch die EMRK als Bestandteil des Europarechts im weiteren Sinne ist ver-* 5

---

1 Streinz Rn. 1; Herdegen § 1 Rn. 1.

2 Vgl. Will Jura 2015, 1164, 1173.

schiedentlich Klausurgegenstand – dann aber in erster Linie in Kombination mit der GrCh oder mit nationalem Fachrecht wie beispielsweise dem Strafprozessrecht. Zugleich ist bei den Justizprüfungsämtern eine Verschärfung bei Europarecht-Klausuren zu beobachten: Wurden bislang oftmals Klausuren gestellt, die eine annähernd hälftige Teilung zwischen nationalem Recht und Europarecht aufwiesen (z.B. Vereinbarkeit einer nationalen hoheitlichen Maßnahme mit nationalen Grundrechten und europäischen Grundfreiheiten), werden nun auch ***rein europarechtliche Klausuren*** *gestellt. Dabei wird der Sachverhalt – wie in Klausuren aus dem Öffentlichen Recht üblich – um das Prozessrecht angereichert, sodass Ihnen in der Klausur nicht nur das „materielle" Unionsrecht präsent sein muss, sondern Sie auch – zumindest in Grundzügen – mit dem Prozessrecht bei Verfahren vor dem Gerichtshof der Europäischen Union vertraut sein müssen.*

2. Abschnitt: Entstehungsgeschichte europäischer Institutionen

A. Gründung und Entwicklung der Europäischen Union

6 Erste Bestrebungen, auf dem europäischen Kontinent staatenübergreifend zusammen zu arbeiten, lassen sich bereits unmittelbar nach dem Ende des zweiten Weltkriegs erkennen. Angesichts der katastrophalen wirtschaftlichen und sozialen Lage in der unmittelbaren Nachkriegszeit rief der damalige britische Premierminister Winston Churchill in einer Rede am 19.09.1946 dazu auf, die „europäische Völkerfamilie" zu erneuern und regte dazu die Gründung einer Art „Vereinigter Staaten von Europa" an.[3]

I. Europäische Gemeinschaft für Kohle und Stahl (EGKS)

7 Die erste institutionalisierte Zusammenarbeit europäischer Staaten fand in der Europäischen Gemeinschaft für Kohle und Stahl (EGKS) statt. Sie geht zurück auf den sog. **Monnet-** bzw. **Schuman-Plan**, der von dem damaligen französischen Außenminister Robert Schuman und seinem Mitarbeiter Jean Monnet entwickelt und im Rahmen einer Regierungserklärung am 09.05.1950 veröffentlicht wurde. Anknüpfungspunkt für die Erklärung war der Umstand, dass vorherige europäische Einigungsbemühungen oftmals an unüberwindbaren Gegensätzen zwischen Frankreich und Deutschland scheiterten, die wiederum auf den Bedingungen des Versailler Vertrags und den späteren Krisen in den Kohle- und Stahlregionen beruhten. Genau diese Hindernisse sollten beseitigt werden, indem die Schlüssel- und Rüstungsindustrien Kohle und Stahl in einer von den Einzelstaaten unabhängigen supranationalen Organisation zusammengelegt und der Kontrolle eines unabhängigen Organs der Gemeinschaft unterstellt wurden.

Dieser Plan wurde am 18.04.1951 mit dem **Pariser Vertrag** durch die Gründung der EGKS umgesetzt, die auch als **Montanunion** bezeichnet wurde. Gründungsmitglieder waren Belgien, Deutschland, Frankreich, Italien, Luxemburg und die Niederlande. Der am 23.07.1952 in Kraft getretene Vertrag war auf 50 Jahre befristet, sodass die von ihm geregelte Materie mit seinem Auslaufen im Jahr 2002 automatisch in den Anwendungsbereich des Vertrags über die Arbeitsweise der Europäischen Union (AEUV) fiel.

3 Vgl. Auszug bei Oppermann/Classen/Nettesheim § 2 Rn. 3.

Erste Versuche, diese zunächst auf einen Wirtschaftszweig beschränkte Zusammenarbeit auf eine politische Zusammenarbeit in einer „Europäischen Politischen Gemeinschaft" auszudehnen, scheiterten jedoch.

II. Europäische Wirtschaftsgemeinschaft (EWG) und Europäische Atomgemeinschaft (EAG)

Als Ergebnis dieser vorübergehend gescheiterten europäischen politischen Zusam- **8**
menarbeit beschränkte man sich zunächst darauf, die wirtschaftlichen Verflechtungen der europäischen Staaten auf zusätzliche Wirtschaftszweige zu erweitern. Die Beteiligten hofften in diesem Zusammenhang darauf, dass eine fortschreitende wirtschaftliche Integration mehr oder weniger automatisch eine politische Integration nach sich ziehen würde. Dieser Umstand wurde als **Spill-over-Effekt**[4] bezeichnet.

Deshalb entstanden mit den Römischen Verträgen vom 25.03.1957 die **Europäische Wirtschaftsgemeinschaft (EWG)** sowie die **Europäische Atomgemeinschaft (EAG)**. Die EWG wurde nicht auf einen Wirtschaftssektor begrenzt, sondern hatte die Wirtschaftsbeziehungen zwischen den Mitgliedstaaten insgesamt zum Gegenstand. Die EAG sollte eine friedliche Nutzung und Kontrolle der Kernenergie, die bei ihrer Gründung als kommende Schlüsselindustrie gesehen wurde, ermöglichen.

III. Fusionsvertrag und Einheitliche Europäische Akte

Die Gründung weiterer Gemeinschaften ging automatisch mit der Schaffung von eige- **9**
nen Organen der jeweiligen Gemeinschaft einher. Um ein dauerhaftes Nebeneinander ähnlich arbeitender Organe zu vermeiden, wurde bereits in einer Ergänzung der Römischen Verträge ein Abkommen über gemeinsame Organe der Gemeinschaften beschlossen, das sich aber zunächst auf die Versammlung (heute Europäisches Parlament) und den Gerichtshof beschränkte. Die Zusammenlegung wurde mit einem **Fusionsvertrag** aus dem Jahre 1967 auf den Rat und die Kommission ausgeweitet. In diesem Vertrag findet sich zudem erstmals die Bezeichnung der **Europäischen Gemeinschaften (EG)** für die Zusammenarbeit der Einzelinstitutionen.

Diese Fusion der Gemeinschaften wurde durch die **Einheitliche Europäische Akte** **10**
(EEA) vom 17./28.02.1986 ausgeweitet und die wirtschaftliche aber auch politische Zusammenarbeit intensiviert. Die EEA definierte erstmals das Ziel eines gemeinsamen Binnenmarkts auf dem Gebiet der Mitgliedstaaten und bemühte sich um eine Ausweitung der politischen Zusammenarbeit der Mitgliedstaaten. Deshalb wurde die politische Zusammenarbeit institutionalisiert und die Zielvorstellung einer Union festgeschrieben.

IV. Europäische Union

Dieses Ziel wurde mit dem **Vertrag über die Europäische Union (EUV)** erreicht, der am **11**
07.02.1992 in Maastricht abgeschlossen wurde. Die durch diesen Vertrag gegründete Europäische Union wurde als **Dachorganisation** für die vorhandenen und weiter beste-

4 Streinz Rn. 20.

henden drei Europäischen Gemeinschaften geschaffen und diente ferner dazu, die wirtschaftliche Zusammenarbeit sowie die Gemeinsame Außen- und Sicherheitspolitik (GASP) und die neu eingeführte polizeiliche und justizielle Zusammenarbeit (PJZS) einem einheitlichen institutionellen Rahmen zu unterstellen. Diese drei Bereiche stellen die **drei Säulen der Europäischen Union** dar.

Daneben weitete der Vertrag die Tätigkeitsbereiche über den wirtschaftlichen Sektor auf die Bereiche Kultur und Soziales aus, weshalb die EWG in Europäische Gemeinschaft (EG) umbenannt wurde. Zudem wurde die Einführung einer Europäischen Wirtschafts- und Währungsunion als neues Ziel ausgelobt und die Gemeinschaften auf die Strukturprinzipien Demokratie, Rechtsstaatlichkeit, Föderalismus und Subsidiarität verpflichtet.

V. Reformverträge

12 Die folgenden knapp 10 Jahre der Europäischen Union waren von weniger grundlegenden Veränderungen geprägt. Im **Amsterdamer Vertrag** vom 01.05.1999 und dem **Vertrag von Nizza** vom 26.02.2001 wurden ausschließlich Anpassungen der bestehenden Verträge vorgenommen, die teilweise bereits schon im Vertrag von Maastricht angelegt waren. Besonders hervorzuheben ist die anlässlich des Gipfels von Nizza durchgeführte Proklamation der **Charta der Grundrechte der Europäischen Union (GrCh)**.

VI. Europäischer Verfassungsvertrag

13 Die nächste größere strukturelle Änderung wurde auf dem Gipfel von Laeken am 15./16.12.2001 vorbereitet. Sie verfolgte das Ziel, alle bisherigen Gemeinschaften in einer Institution – der bislang bloß als Dachorganisation fungierenden Europäischen Union – zusammenzufassen, Aufgaben und Zuständigkeiten der Union klarer und übersichtlicher zu fassen. Zudem sollte ihr eigene Rechtspersönlichkeit verliehen werden, damit sie selbst als Völkerrechtssubjekt auftreten und Mitglied in internationalen Organisationen werden kann. Letztlich sollte die Legitimation der Union erneuert werden. Hierzu wurde im Jahr 2004 der **Europäische Verfassungsvertrag** verabschiedet.

Bereits vor Ratifikation des Vertrages durch die einzelnen Mitgliedstaaten wurde Kritik am Verfassungsvertrag laut. Diese setzte an der Bezeichnung als „Verfassung" an. War sie ursprünglich gewählt worden, um die Abgrenzung zu den bisherigen Verträgen zu verdeutlichen, wurde nun moniert, dass es sich nicht um eine Verfassung im eigentlichen Sinne handele. Eine solche sei Staaten vorbehalten. Mangels Souveränität sei die Union aber gerade kein Staat. Auch die Konstruktion der Verträge und der Organe der Union und weitere Inhalte des Verfassungsvertrages wurden kritisiert. Aus diesen Gründen wurde in Volksbefragungen in Frankreich und den Niederlanden gegen den Verfassungsvertrag votiert. Der Verfassungsvertrag trat deshalb nie in Kraft.

VII. Vertrag von Lissabon

14 Einige Grundgedanken des Verfassungsvertrages wurden durch den **Vertrag von Lissabon** vom 19.10.2007 aufgenommen und fortgeführt. Dieser trat zum 01.01.2009 in allen Mitgliedstaaten in Kraft. Neben weiteren Neuerungen wurde die Europäische Union darin als Rechtsnachfolgerin der Europäischen Gemeinschaften mit eigener Rechtspersönlichkeit installiert, der EG-Vertrag durch den Vertrag über die Arbeitsweise der Europäischen Union (AEUV) ersetzt und der Posten eines hohen Vertreters für die Außen- und Sicherheitspolitik geschaffen. Da diese Punkte bereits im Verfassungsvertrag vorgesehen waren, kann man den Vertrag von Lissabon als **„Verfassung light"** bezeichnen. Zudem wurde die Grundrechtecharta als für alle europäischen Organe verbindlich und gleichrangig mit dem Primärrecht festgeschrieben.

Selbstständig blieb lediglich die Europäische Atomgemeinschaft (heutige Abkürzung: EURATOM). Allerdings verfügt sie als Folge der Fusionsverträge nicht mehr über eigene Organe, sondern wird in den Organen der Union repräsentiert (z.B. durch den Kommissar für Energie in der Kommission und den Rat für Verkehr, Telekommunikation und Energie).

B. Beitritte der Mitgliedstaaten

Während die Zusammenarbeit der europäischen Staaten im Rahmen der EGKS mit nur sechs Mitgliedstaaten (Deutschland, Frankreich, Italien, Belgien, Luxemburg, Niederlande) begann, erweiterte sich der Kreis der Mitgliedstaaten stetig. 15

Mitgliedstaaten der EU

Gründungsstaaten	Beitritt	Ost-Erweiterung	
Deutschland	Großbritannien (1973)	Zypern	2004
Niederlande	Irland (1973)	Tschechien	2004
Belgien	Dänemark (1973)	Slowenien	2004
Luxemburg	Griechenland (1981)	Polen	2004
Frankreich	Spanien (1986)	Ungarn	2004
Italien	Portugal (1986)	Slowakei	2004
	Schweden (1995)	Litauen	2004
	Finnland (1995)	Estland	2004
	Österreich (1995)	Lettland	2004
		Malta	2004
		Bulgarien	2007
		Rumänien	2007
		Kroatien	2013

Die Union zählt demnach derzeit **28 Mitgliedstaaten**, weitere Beitritte sind geplant.

Den Status eines Beitrittskandidaten führt die Türkei am längsten; mit ihr finden seit 2005 Verhandlungen über einen EU-Beitritt statt. Ebenfalls verhandelt wird mit Mazedonien, Montenegro, Albanien und Serbien. Ein Abschluss der Verhandlungen ist derzeit bezüglich keines Kandidaten abzusehen.

C. Westeuropäische Union (WEU)

Die Gründungsmitglieder der Europäischen Union vereinbarten bereits 1954 eine militärische Zusammenarbeit und gründeten zu diesem Zweck die **Westeuropäische Union (WEU)**. Heute wird die Verteidigung als Teil der Außen- und Sicherheitspolitik der Europäischen Union angesehen (vgl. Art. 2 Abs. 4 AEUV), weshalb die WEU zu Ende Juni 2011 aufgelöst wurde. 16

D. Verwechslungsgefahr mit anderen europäischen Institutionen

17 Der europäische Einigungsprozess beschränkt sich nicht auf die Tätigkeit der Europäischen Union. Vielmehr wurden auf wirtschaftlichem und politischem Gebiet schon frühzeitig andere Organisationen gegründet, die nicht in Konkurrenz zur Europäischen Union stehen, sondern diese durch ihre Tätigkeit auf anderen Gebieten ergänzen. So sind die Mitgliedstaaten der Union weitgehend auch Mitglieder dieser Organisationen.

18 ■ Der europäischen Integration auf politischer Ebene dient der **Europarat** mit Sitz in Straßburg. Er wurde 1949 gegründet und hat in zahlreichen Konventionen die gemeinsamen Grundlagen der Menschen- und Bürgerrechte, des Zivil- und Strafrechts sowie in weiteren Bereichen wie der Bildung, der Kultur und des Sozialrechts geschaffen. Auch die **Europäische Menschenrechtskonvention (EMRK)** wurde durch den Europarat verabschiedet.

19 ■ Die ursprünglich rein europäische Organisation für wirtschaftliche Zusammenarbeit in Europa (OEEC) ist 1961 durch den Beitritt außereuropäischer Staaten zur **Organisation für wirtschaftliche Zusammenarbeit und Entwicklung (OECD)** weiterentwickelt worden. Von besonderer Bedeutung ist der Entwicklungshilfeausschuss der OECD, der das Ziel verfolgt, den Nutzen von Entwicklungshilfemaßnahmen durch Koordinierung zu verstärken und die Zusammenarbeit mit Ländern der Dritten Welt hinsichtlich wirtschaftspolitischer Themen zu fördern.

20 ■ Der politischen Entspannung in Europa dient die Konferenz über Sicherheit und Zusammenarbeit in Europa (KSZE). Der 1975 in Gang gesetzte Prozess der Verständigung durch die Konferenz hat sich wegen der Veränderungen in Osteuropa zu einer Unterstützung bei der Demokratisierung und wirtschaftlichen Gesundung der osteuropäischen Staaten gewandelt. Zum 01.01.1995 hat sich die KSZE in **Organisation für Sicherheit und Zusammenarbeit in Europa (OSZE)** umbenannt. Sie verfolgt die Lösung von Konflikten, das Krisenmanagement und die Friedenserhaltung, ohne aber völkerrechtlich verbindliche Beschlüsse fassen zu können.

E. Ausblick auf die weitere Entwicklung

21 Die weitere Entwicklung der Europäischen Union wird derzeit nicht durch Erweiterung, sondern Verkleinerung ihrer Mitgliedstaaten bestimmt. Grund hierfür ist die Entscheidung Großbritanniens, aus der Europäischen Union auszutreten (sog. **Brexit**). Nachdem im Juni 2016 knapp 52% der Wähler in Großbritannien im Rahmen eines Referendums für den Ausstieg stimmten, teilte die britische Regierung die Austrittsabsicht gegenüber dem Europäischen Rat Ende März 2017 mit. Von dem Ablauf und Ergebnis der derzeit laufenden Austrittsverhandlungen hängt nicht weniger als die Zukunft der Europäischen Union ab. Denn auch in anderen Mitgliedstaaten (z.B. den Niederlanden) werden wieder und wieder Stimmen laut, die ebenfalls ein Ausstiegsreferendum fordern. Konkrete Pläne für einen Ausstieg existieren noch in keinem anderen Mitgliedstaat.

Siehe ausführlich zu den Austrittsmodalitäten nach Art. 50 EUV unten Rn. 192 ff.

2. Teil: Organisationsrecht

Ein nicht unerheblicher Anteil der Vorschriften des EUV und des AEUV beschäftigt sich damit, die **Organisation der Europäischen Union** (im Folgenden kurz: **Union**, vgl. Art. 1 Abs. 1 EUV) zu regeln. Dies ist eine Konsequenz ihrer Entstehung: Die Union ist nicht von ihrer Bevölkerung durch Verabschiedung einer Verfassung, sondern durch den Abschluss von völkerrechtlichen Verträgen zwischen ihren Mitgliedstaaten entstanden, vgl. ebenfalls Art. 1 Abs. 1 EUV. Diese Ableitung von Rechten macht eine konkrete Regelung darüber erforderlich, welche Rechte und Pflichten die Union durch welche Organe wahrnimmt. 22

Hinweis: *Auch das deutsche Grundgesetz enthält im Abschnitt I-VI reines Organisationsrecht hinsichtlich der einzelnen Organe der Bundesrepublik Deutschland. Im Rahmen der folgenden Darstellung wird deshalb häufig auf das nationale Staatsorganisationsrecht verwiesen, um Ihnen das Erlernen der Strukturen zu erleichtern.*

1. Abschnitt: Rechtsnatur und Stellung der Union

Die Europäische Union leitet sowohl ihre Existenz als auch ihre Rechtspersönlichkeit aus dem Schöpfungsakt der zugrundeliegenden **völkerrechtlichen Verträge** der (Gründungs-)Mitgliedstaaten ab. Ihre innere Gliederung sowie auch die Kompetenzen ergeben sich im Einzelnen aus den europäischen Verträgen – dem EUV und dem AEUV. 23

A. Rechtsnatur der Union

I. Bestimmung der EU-Verträge

Eine positivrechtliche Regelung über die Rechtsnatur der Union existiert nicht. Man kann sich über die Art. 1, 47 EUV lediglich den Grundsätzen annähern: Art. 47 EUV bestimmt, dass die Union **Rechtspersönlichkeit** besitzt, also selbst Trägerin von Rechten und Pflichten sein kann. Zugleich tritt sie gemäß Art. 1 Abs. 3 S. 3 EUV an die Stelle der Europäischen Gemeinschaften und ist deren Rechtsnachfolgerin. Über ihre eigene Rechtsnatur ist dadurch aber nichts ausgesagt, sondern nur geklärt, dass die Union selbst **Völkerrechtssubjekt** ist[5] und deshalb auch selbst – nach entsprechender Anerkennung – mit Drittstaaten völkerrechtliche Verträge abschließen kann. Auch Art. 1 Abs. 1 EUV vermag diesen Umstand nicht zu erhellen, wird dort nur hervorgehoben, die an den Verträgen beteiligten Mitgliedstaaten gründeten eine „Union“, ohne die völkerrechtliche Bedeutung dieses Begriffes darzulegen. 24

II. Verneinung der Staatsqualität

Die Union ist kein **Staat** im hergebrachten Sinne. Nach der sog. **Drei-Elementen-Lehre**[6] werden nur die Zusammenschlüsse als Staat angesehen, die über ein bestimmtes Territorium (Staatsgebiet), eine darauf ansässige Gruppe von Menschen (Staatsvolk) und eine faktisch wirksame Staatsgewalt verfügen.[7] 25

5 Ruffert in: Calliess/Ruffert, Art. 47 Rn. 1.

6 Jellinek, Allgemeine Staatslehre, 3. Aufl., S. 394 f.

7 Ausführlich dazu siehe AS-Skript Staatsorganisationsrecht (2017), Rn. 27 ff.

1. Staatsgebiet

26 Die Union verfügt über ein **Staatsgebiet**. Dies ist die durch Grenzen gekennzeichnete Zusammenfassung von geografischen Räumen und einer gemeinsamen Rechtsordnung.[8] Nach Art. 52 Abs. 1 EUV beanspruchen die Verträge der Union Geltung in allen dort mit ihrer Bezeichnung aufgeführten Mitgliedstaaten. Eine nähere geographische Umschreibung erfolgt nicht, sodass sich die Bestimmung der Hoheitsgebiete der Mitgliedstaaten zum einen nach den nationalen Verfassungen (vgl. beispielsweise die Formulierung in der Präambel des deutschen Grundgesetzes) sowie nach den allgemeinen Regeln des Völkerrechts und den danach getroffenen Vereinbarungen richtet.[9] Das Hoheitsgebiet der Union wird damit grundsätzlich durch die verfassungsrechtlich festgelegten oder völkerrechtlich vereinbarten Außengrenzen der Mitgliedstaaten beschrieben. Dabei basiert Art. 52 Abs. 1 EUV auf dem allgemeinen völkerrechtlichen Grundsatz, dass völkerrechtliche Abkommen und das davon abgeleitete Sekundärrecht jede Vertragspartei hinsichtlich ihres gesamten Staatsgebiets binden.[10]

Dieser Grundsatz wird durch Art. 52 Abs. 2 EUV modifiziert: Nach Art. 52 Abs. 2 EUV i.V.m. Art. 355 Abs. 1 AEUV erstreckt sich das Hoheitsgebiet der Union auch auf Guadeloupe, Französisch-Guayana, Martinique, Réunion, Saint Barthélemy, Saint Martin, die Azoren, Madeira und die Kanarischen Inseln. Diese Inseln sind Staatsgebiet der Mitgliedstaaten und gehören unabhängig von ihrer geografischen Entfernung zum Hoheitsgebiet der Union. Die Vorschriften haben insoweit nur eine deklaratorische Funktion. Art. 52 Abs. 2 EUV i.V.m. Art. 355 Abs. 2–5 AEUV stellen klar, dass die Verträge für andere Insel- und Staatsgebiete der Mitgliedstaaten nicht oder nur in bestimmtem Umfang gelten. Von einer Anwendung ausgeschlossen sind die überseeischen Länder und Hoheitsgebiete, mit denen Großbritannien besondere Beziehungen unterhält, beispielsweise den sog. Commonwealth-Staaten.

Gegen dieses Verständnis spricht, dass der Union **keine volle Gebietshoheit** zusteht, da sie ihre Zuständigkeiten nur im räumlichen Geltungsbereich der Verträge ausübt.[11]

2. Staatsvolk

27 Ob die Union über ein **Staatsvolk** verfügt, ist streitig. Nach Art. 9 S. 2 EUV, Art. 20 ff. AEUV kennt das Unionsrecht eine **Unionsbürgerschaft**. Danach ist Unionsbürger, wer die Staatsangehörigkeit eines Mitgliedstaates besitzt. Nach einer Auffassung ist bereits deshalb kein Staatsvolk der Union vorhanden: Durch die rein vertragliche Schaffung des Status konstituiere sich kein Unionsvolk, dass als sich selbst verfassendes Rechtssubjekt zur eigenen Selbstbestimmung berufen wäre.[12] Die Gegenauffassung sieht die Unionsbürger als Staatsvolk an. Insbesondere stehe die Anknüpfung an die mitgliedstaatliche Staatsangehörigkeit nicht entgegen, da auch andere Bundesstaaten die Anknüpfung an die Angehörigkeit zu den Gliedstaaten gewählt haben (z.B. USA, Schweiz).[13]

28 Vorzugswürdig ist die zuerst genannte Auffassung. Die Unionsbürgerschaft dient dem Ziel, die europäische Integration auch auf politischer Ebene zu befördern, die demokratische Legitimation der Union zu stärken und den Bürgern ein Zugehörigkeitsgefühl zur

8 Berg Rn. 45.

9 Schmalenbach in: Calliess/Ruffert, Art. 52 EUV Rn. 4.

10 Schmalenbach in: Calliess/Ruffert, Art. 52 EUV Rn. 3.

11 Deshalb das Staatsgebiet verneinend Oppermann/Classen/Nettesheim § 4 Rn. 19.

12 BVerfG NJW 2009, 2267, 2286 Rn. 346; gegen die Einordnung als Staatsvolk auch Oppermann/Classen/Nettesheim § 4 Rn. 20; Hobe JA 1993, 229, 242; Ress JuS 1992, 155, 156.

13 Schönberger in: Grabitz/Hilf/Nettesheim, Art. 9 EUV Rn. 23 ff.; vgl. auch Bleckmann DVBl. 1992, 335, 336.

Europäischen Union zu vermitteln. Allerdings fehlen der Unionsbürgerschaft die nach völkerrechtlichen Grundsätzen erforderlichen Voraussetzungen, um zur Begründung eines europäischen Staatsvolks herangezogen werden zu können: Staaten sind in der Lage, **unmittelbare Gewalt** in direkter Rechtsbeziehung über ihre Bürger auszuüben. Eine derartige unmittelbare Ausübung ist im Hinblick auf die Union jedoch unmöglich, da die Beziehung zur Union lediglich durch die schon bestehende Staatsbürgerschaft in einem Mitgliedstaat vermittelt wird.[14] Bestätigt wird dies durch Art. 9 S. 3 EUV, wonach die Unionsbürgerschaft zu der bestehenden Staatsangehörigkeit hinzutritt, diese aber gerade nicht ersetzen soll.

Darüber hinaus wird jeder einzelne Bürger gemäß Art. 20 Abs. 1 AEUV seinem Heimatstaat zugeordnet, sodass die Union **keine gebietsunabhängige Personalhoheit** (z.B. im Hinblick auf die Besteuerungshoheit) über die Unionsbürger ausüben kann.[15] Die erforderliche **Effektivität** der Verbindung zwischen dem Staat und seinen Angehörigen kann schließlich auch nicht durch die Regelung über den diplomatischen und konsularischen Schutz gemäß Art. 23 AEUV vermittelt werden, da dieser in Drittstaaten weiterhin von den Mitgliedstaaten und nicht im Auftrag oder durch Botschaften bzw. konsularische Vertretungen der Union selbst erfolgt.[16] Damit bleibt die Einführung der Unionsbürgerschaft ein **symbolischer Akt** der Einbindung der Bevölkerung und die Anknüpfungsmöglichkeit für konkrete Rechte und Pflichten, die den Bürgern der Mitgliedstaaten der Union zuteil werden.

Zu den aus der Unionsbürgerschaft folgenden Rechten und Pflichten siehe ausführlich unten Rn. 371 ff.

3. Staatsgewalt

Die Einordnung der Union als Staat scheitert jedenfalls am Merkmal der **Staatsgewalt**. **29**
Staatsgewalt ist die originäre, effektive und selbstorganisationsfähige Herrschaftsmacht über das Staatsgebiet und das Staatsvolk.[17] **Originär** ist die Staatsgewalt nur dann, wenn sie **unabgeleitet** von fremder Macht oder Staatsgewalt ist. Genau dies ist jedoch bei der Union ausweislich der Formulierung in den Art. 4, Art. 5 EUV nicht der Fall: Die Union kann nur auf den Gebieten tätig werden, für die ihr zur Verwirklichung der in den Verträgen niedergelegten Zielen von den Mitgliedstaaten die Kompetenz übertragen worden ist (sog. **Grundsatz der begrenzten Einzelermächtigung**, Art. 5 Abs. 1 S. 1 EUV). Alle übrigen Kompetenzen verbleiben bei den Mitgliedstaaten, Art. 4 Abs. 1 EUV. Damit hängt von den Mitgliedstaaten ab, ob die Kompetenzen der Union erweitert oder begrenzt werden; die Mitgliedstaaten bleiben deshalb **„Herren der Verträge"**. Da es der Union im Umkehrschluss nicht möglich ist, selbst neue Kompetenzen zu generieren, fehlt ihr die sog. **Kompetenz-Kompetenz**,[18] sie ist mithin **nicht souverän**.[19]

Bestätigt wird dieses Verständnis durch Art. 23 Abs. 1 S. 2 GG: Danach darf die Bundesrepublik durch Gesetz Hoheitsrechte auf die Union übertragen. Zu der Kompetenzausstattung der Union (sog. Verbandskompetenz) siehe ausführlich unten Rn. 266 ff.

III. Sonstige völker- oder staatsrechtliche Kooperationsmodelle

Die Union kann auch nicht in die anderweitigen völkerrechtlichen oder auch staats- **30**
rechtlichen Verbindungsformen einzelner Staaten eingegliedert werden. Anders als **in-**

14 Fischer EuZW 1992, 566, 567; Hobe JA 1993, 229, 238.
15 Oppermann/Classen/Nettesheim § 16 Rn. 8; Seidel EuR 1992, 125, 135, 141.
16 Ress JuS 1992, 985, 987.
17 BVerwG DVBl. 1994, 519 f.; Maurer § 1 Rn. 7; Berg Rn. 56.
18 BVerfG NJW 2009, 2267, 2271 m.w.N.; Kadelbach in: von der Groeben/Scharze/Hatje, Art. 5 Rn. 4; Streinz Rn. 135.
19 Oppermann/Classen/Nettesheim § 4 Rn. 22; Arndt/Fischer/Fetzer Rn. 37.

ternationale Organisationen (wie beispielsweise die UNO) hat die Union die Möglichkeit, Rechtsakte mit Bindungswirkung für die Mitgliedstaaten zu generieren (vgl. Art. 288 AEUV). Die Einordnung als **Staatenbund** scheitert daran, dass man die Union aufgrund ihrer eindeutigen Regelungen hinsichtlich der tätigen Organe nicht als eine Verbindung souveräner Staaten mit nur lockerer Organisation beschreiben kann. Auch die Einordnung als **Bundesstaat** scheidet aus. Denn dies ist nur eine durch die Verfassung des Gesamtstaates gebildete staatsrechtliche Zusammenfassung, bei der die teilnehmenden Glieder Staatsqualität haben, aber auch der Gesamtverband die Qualität eines Staates besitzt.[20] Während die Staatsqualität bei den souveränen Mitgliedstaaten der Union vollumfänglich vorhanden ist, fehlt es ihr aber an der eigenen Staatlichkeit.

IV. Die EU als „Staatenverbund"

31 Dieser in Art. 1 Abs. 1 EUV als „Union" bezeichnete Sonderstatus wird als zwischenstaatliche **Verbindung sui generis** betrachtet, die seit der sog. Maastricht-Entscheidung des BVerfG[21] als **Staatenverbund** bezeichnet wird. Dieser Begriff soll eine enge, auf Dauer angelegte Verbindung souverän bleibender Staaten beschreiben, die auf vertraglicher Grundlage öffentliche Gewalt ausübt, deren Grundordnung jedoch allein der Verfügung der Mitgliedstaaten unterliegt und in der die staatsangehörigen Bürger der Mitgliedstaaten die Subjekte demokratischer Legitimation bleiben.[22]

Zum einen kommt durch die Bezeichnung klar zum Ausdruck, dass die einzelnen Staaten trotz des Zusammenschlusses souverän blieben, die durch den Zusammenschluss geschaffene Institution „Union" aber zum anderen über Kompetenzen verfügt, die über diejenigen anderer völkerrechtlicher Verbindungen hinausgehen und zum Teil zuvor den Staaten vorbehalten waren, wie z.B. die Verwendung einer eigenen Währung. Jedenfalls ist durch die Rspr. des BVerfG klargestellt, dass es Art. 23 GG dem einfachen Gesetzgeber nicht gestattet, einen europäischen Gesamtstaat zu gründen. Diese Verantwortlichkeit bleibt beim Souverän, also bei der Bevölkerung der Mitgliedstaaten.

Art. 23 Abs. 1 S. 2 GG ist deshalb dahingehend zu verstehen, dass zwar einzelne, aber nie alle Hoheitsrechte der Bundesrepublik Deutschland durch ein Bundesgesetz auf die Union übertragen werden können. Belegen lässt sich dies durch eine systematische Auslegung mit Art. 146 GG, wonach das Grundgesetz erst an dem Tag außer Kraft tritt, an dem sich die deutsche Bevölkerung – ggf. als Teil einer europäischen Gesamtbevölkerung – eine neue Verfassung gibt.

B. Die Rechtsnatur des Unionsrechts

32 Hieran schließt sich unmittelbar die Frage nach der Rechtsnatur des **Unionsrechts** an. Von Teilen der Lit. wird hierfür an den Entstehungsakt der Union angeknüpft. Da die Union selbst durch Abschluss eines völkerrechtlichen Vertrages entstanden sei, müsse auch das Unionsrecht dem **Völkerrecht** zugeordnet werden.[23] Für diese Einschätzung spricht in erster Linie die Regelung des Art. 48 AEUV, nach dem Änderungen der Verträ-

20 Grzeszick in: Maunz/Düring Art. 20 Rn. 15.

21 BVerfGE 89, 155, 184.

22 BVerfG NJW 2009, 2267.

23 Vgl. Streinz Rn. 122 m.w.N.

ge nur über eine Beteiligung der Parlamente bzw. der Staats- und Regierungschefs der Mitgliedstaaten, also durch völkerrechtlichen Vertrag vollzogen werden können.

Die Gegenauffassung knüpft an die oben dargestellte Sonderstellung der Union an und billigt dem Unionsrecht ebenfalls einen Sonderstatus zu. Hierbei handele es sich um eine **eigenständige Rechtsordnung sui generis.**[24] Diese Einordnung ist letztlich nur konsequent: Dieselben Gründe, die es unmöglich gemacht haben, die Union als bereits im Völkerrecht bekannte Kooperationsform einzuordnen, sprechen hier dafür, auch dem Unionsrecht einen Sonderstatus zuzubilligen. 33

C. Die Union und das Völkerrecht

Die Union ist als supranationale Organisation zwar nur infolge völkerrechtlicher Verträge zwischen den Mitgliedstaaten entstanden, aber zugleich aufgrund der Regelung in Art. 47 EUV selbst **taugliches Völkerrechtssubjekt**. 34

I. Grundlagen der völkerrechtlichen Aktivitäten

Die Union kann gemäß Art. 216 Abs. 1 AEUV im Bereich ihrer Verbandskompetenz (siehe Rn. 266 ff.) völkerrechtliche Verträge mit Drittländern und internationalen Organisationen abschließen.[25] Dabei hat sie sich nach Art. 21 Abs. 1 UAbs. 1 S. 1 EUV von den Grundsätzen leiten zu lassen, die für ihre eigene Entstehung, Entwicklung und Erweiterung maßgebend waren und denen sie auch weltweit zu stärkerer Geltung verhelfen will. Relevant werden dabei insbesondere die Grundsätze der Demokratie und der Rechtsstaatlichkeit. Die besonderen Vorschriften über die Kooperationsmöglichkeiten in einzelnen Sachgebieten enthalten die Art. 206 ff. AEUV. Vertreten wird die Union beim Abschluss durch die **Kommission** (vgl. Art. 17 Abs. 1 S. 6 EUV). 35

Von dem Außenhandeln der Union auf den Sachgebieten der Art. 206 ff. AEUV ist die **Gemeinsame Außen- und Sicherheitspolitik (GASP)** nach den Art. 23 ff. EUV zu unterscheiden. Nach Art. 24 Abs. 1 UAbs. 1 EUV erstreckt sich diese auf alle Bereiche der Außenpolitik sowie auf sämtliche Fragen im Zusammenhang mit der Sicherheit der Union, einschließlich der Festlegung einer gemeinsamen Verteidigungspolitik. Art. 37 EUV enthält die gesondert geregelte Kompetenz zum Abschluss völkerrechtlicher Verträge auf diesem Gebiet. Dass es sich hierbei um ein besonderes Verhalten der Union nach außen handelt, wird nicht nur durch die gesonderten Vorschriften deutlich, sondern auch dadurch, dass die Kommission die Union in diesem Bereich nicht vertreten darf (Art. 17 Abs. 1 S. 6 Hs. 1 EUV). Die Zuständigkeit für die GASP liegt vielmehr gemäß Art. 15 Abs. 6 EUV bei dem **Präsidenten des Europäischen Rates** und nach Art. 27 Abs. 2 EUV bei dem **Hohen Vertreter der Außen- und Sicherheitspolitik**. Diese Trennung von wirtschaftlich geprägten Sachthemen sowie der Außen- und Sicherheitspolitik führt dazu, dass die Union bei internationalen Konferenzen zum Teil durch mehrere Organe gleichzeitig repräsentiert wird. 36

---

24 EuGH NJW 1964, 2371 *Costa/ENEL*; in diese Richtung auch BVerfGE 52, 187; 75, 223, 241; 102, 147, 163 f.; 123, 267, 347 ff.

25 Heuck Jura 2013, 199.

37 Der **Abschluss eines völkerrechtlichen Vertrages** setzt – ebenso wie die Aufnahme der Vertragsverhandlungen – gemäß Art. 218 Abs. 6 UAbs. 1 AEUV einen **Beschluss des Europäischen Rates** voraus. Dieser darf in bestimmten Fällen nur mit **Zustimmung des Europäischen Parlamentes** (Art. 218 Abs. 6 UAbs. 2 Buchst. a AEUV), im Übrigen nach Anhörung des Parlaments (Art. 218 Abs. 6 UAbs. 2 Buchst. b AEUV) getroffen werden.

II. Wirkung und Rang eines völkerrechtlichen Vertrages

1. Einordnung in die EU-Rechtsordnung

38 Schließt die Union einen völkerrechtlichen Vertrag ab, wird sie als Vertragspartnerin durch die darin begründeten Verpflichtungen gebunden und kann die darin enthaltenen Rechte geltend machen. Diese Gebundenheit gegenüber den Vertragspartnern folgt aus dem Völkerrecht (pacta sunt servanda).[26] Ferner bindet der völkerrechtliche Vertrag gemäß Art. 216 Abs. 2 AEUV alle Organe der Union sowie ihre Mitgliedstaaten.

Die Regelung über die Bindungswirkung für die Mitgliedstaaten ergänzt als lex specialis die generelle Verpflichtung der Mitgliedstaaten zur **Unionstreue** aus Art. 4 Abs. 3 UAbs. 2 und 3 EUV. Sie ist darauf gerichtet, die Erfüllung der von der Union eingegangenen völkerrechtlichen Verpflichtungen soweit erforderlich auch durch die Mitgliedstaaten zu gewährleisten.[27]

39 Durch die unmittelbare Bindung der Unionsorgane erhalten die Regelungen der völkerrechtlichen Verträge eine Art **Zwischenrang**: Zum einen darf die Union generell nur solche völkerrechtlichen Verträge abschließen, die **mit dem Primärrecht vereinbar** sind. Dies ergibt sich aus einem Umkehrschluss aus Art. 218 Abs. 1 AEUV, der die Möglichkeit einer präventiven Begutachtung des geplanten Vertrages durch den Gerichtshof ermöglicht und bei Feststellung eines Verstoßes gegen die Verträge den Abschluss des völkerrechtlichen Vertrages von einer Änderung der EU-Verträge abhängig macht. Bestätigt wird diese Sichtweise überdies durch Art. 21 Abs. 1 UAbs. 2 S. 1 EUV, nach dem die Union die für ihre Gründung maßgeblichen und in Art. 21 Abs. 1 UAbs. 1 EUV aufgezählten Ziele auch zur Grundlage der Kooperation mit Drittstaaten machen soll.

Dies stellt eine spezielle Ausprägung des **allgemeinen Kohärenzgebotes** aus Art. 7 AEUV dar.[28]

Zum anderen folgt aus Art. 216 Abs. 2 AEUV, dass die völkerrechtlichen Verträge **Vorrang vor dem Sekundärrecht** genießen.[29] Denn zum Sekundärrecht gehören nur die Rechtsvorschriften, die von den Organen der Union geschaffen worden sind. Somit stehen die völkerrechtlichen Verträge im Rang zwischen dem Primär- und Sekundärrecht.

40 Völkerrechtliche Verträge können selbst dann Wirkung für die Union entfalten, wenn diese **nicht Vertragspartnerin** ist, aber ihr Sekundärrecht auf Maßnahmen internationaler Institutionen verweist. Damit ist es dem Rat nach Art. 218 Abs. 9 AEUV möglich, einen Standpunkt zu einer internationalen Übereinkunft festzulegen, obwohl die Union an der Übereinkunft weder mitgewirkt hat noch kraft Beitritts hätte mitwirken können.

---

26 EuGH Slg. 1998, I-3665 Rn. 49 f. unter Hinweis auf Art. 26 WVRK; Streinz Art. 216 AEUV Rn. 46.

27 EuGH NJW 1983, 508 Rn. 13 *Kupferberg*; Slg. 2002, I- 2943 Rn. 15 *Kommission/Irland*; Slg. 2004, I-9325 Rn. 26 *Kommission/Frankreich*; Streinz Art. 216 AEUV Rn. 47.

28 Streinz Art. 21 EUV Rn. 15.

29 Vgl. EuGH EuZW 2006, 112 Rn. 35 *International Air Transport Association*.

Nach der Rechtsprechung des Gerichtshofs ist die Verbandskompetenz der Union entscheidend: Falle der betroffene Bereich unter eine Zuständigkeit der Union, werde diese durch die mangelnde Beteiligung an der internationalen Institution nicht gehindert, von dieser Zuständigkeit Gebrauch zu machen und einen Standpunkt festzulegen. Dadurch könnten sogar die Mitgliedstaaten, die Mitglieder der jeweiligen Institution sind, dazu gebracht werden, den Standpunkt der Union zu vertreten.[30]

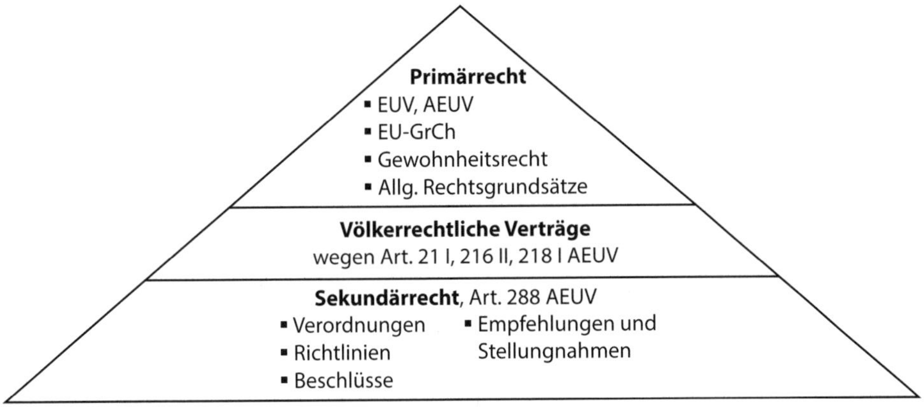

2. Folgen eines völkerrechtlichen Vertrages

Zur **Durchführung** des völkerrechtlichen Vertrages sind Umsetzungsmaßnahmen zu 41
treffen. Je nach dem aktuellen Stand des Unionsrechts in den von dem Vertrag erfassten Bereichen sind hierfür entweder Unionsorgane oder sogar die Mitgliedstaaten selbst verantwortlich. Dabei ist denkbar, dass die zuständigen Unionsorgane die sich ergebenden Kompetenzen in einer **Verordnung** abfassen, um die neuen Rechte und Pflichten auch für die Unionsbürger verbindlich zu machen. Ebenso ist es möglich, dass einzelne Verhaltensweisen, die sich nunmehr als vertragswidrig erweisen würden, von den Unionsorganen oder auch den Mitgliedstaaten eingestellt werden.[31] Die **Koordinierung** der erforderlichen Maßnahmen fällt der **Kommission** zu. Diese hat, nötigenfalls durch Einleitung von Vertragsverletzungsverfahren gegen einzelne Mitgliedstaaten, für die ordnungsgemäße Anwendung der Verträge zu sorgen.[32]

III. Rechtsschutz

Da die von der Union abgeschlossenen völkerrechtlichen Verträge zum integralen Be- 42
standteil des Unionsrechts[33] werden, ist insbesondere eine Nichtigkeitsklage nach Art. 263 AEUV möglich. Ferner muss den Unionsbürgern wirksamer Rechtsschutz auch dann gewährt werden, wenn die Union Maßnahmen von internationalen Organen umsetzt, denen sie durch Abschluss eines völkerrechtlichen Vertrages beigetreten ist.

Beispiel: Klage gegen die Umsetzung einer UN-Resolution (sog. **Kadi-Rspr.**)[34]

30 EuGH JuS 2015, 84, 86 *Deutschland/Rat* mit kritischen Anmerkungen Ruffert.

31 Vgl. dazu Streinz Art. 216 AEUV Rn. 48 mit Nachweisen aus der Rspr. des EuGH.

32 EuGH Slg. 2002, I-2943 *Kommission/Irland.*

33 EuGH NVwZ 1988, 235 Rn. 7 ff. *Demirel.*

34 EuGH JuS 2009, 360 *Kadi*; Slg. 2009, I-11393 *Hassan u.a.*; JuS 2014, 376 Rn. 97 ff. *Kommission/Kadi.*

Rechtsnatur der Union

Keine positivrechtliche Regelung, nur Anerkennung der Rechtspersönlichkeit (Art. 47 AEUV) und Festlegung der Rechtsnachfolge (Art. 1 Abs. 3 S. 3 EUV)

Staat	Sonstige Modelle	Staatenverbund
▪ **Staatsgebiet** zweifelhaft ▪ Zwar Hoheitsgebiet in Form eines Anwendungsbereichs des EU-Rechts, Art. 52 EUV ▪ Aber keine unbegrenzte Verfügungsgewalt ▪ **Staatsvolk** nach vorzugswürdiger Meinung (–), nur „Unionsbürgerschaft" ▪ **Staatsgewalt** (–), nur Grds. der begrenzten Einzelermächtigung, keine Kompetenz-Kompetenz	▪ Staatenbund (–), keine Verbindung souveräner Staaten mit nur lockerer Organisation ▪ Bundesstaat (–), keine Staatsqualität des Gesamtstaates Europäische Union	▪ Zwischenstaatliche Verbindung sui generis ▪ Enge, auf Dauer angelegte Verbindung souverän bleibender Staaten, die auf vertraglicher Grundlage öffentliche Gewalt ausübt, deren Grundordnung jedoch allein der Verfügung der Mitgliedstaaten unterliegt und in der die staatsangehörigrigen Bürger der Mitgliedstaaten die Subjekte demokratischer Legitimation bleiben

Die Union und das Völkerrecht

Union als Völkerrechtssubjekt, Art. 47 EUV + Anerkennung

Abschluss von Verträgen mit Drittländern

Inhalt	Abschlussverfahren
▪ alle Gebiete, auf denen Union Verbandskompetenz besitzt, Art. 216 Abs. 1 EUV ▪ immer unter Berücksichtigung der Grundrechte der Union, Art. 21Abs. 1 UAbs. 1 S. 1 EUV	▪ Aufnahme der Verhandlungen, Beschluss des Europäischen Rates, Art. 218 Abs. 6 UAbs. 1 AEUV ▪ Vertretung bei Verhandlungen – grds. Kommission, Art. 17 Abs. 1 S. 6 EUV – aber Präsident des Europäischen Rates/ Hoher Vertreter für Außen- und Sicherheitspolitik, wenn Außen- und Sicherheitspolitik Vertragsgegenstand ▪ Abschluss – Beschluss des Europäischen Rates – ggf. Zustimmung Europäisches Parlament

Eingang in die Unionsrechtsordnung im Rang zwischen Primär- und Sekundärrecht

2. Abschnitt: Organe der Union

Die Union als juristische Person bedient sich zur Ausübung ihrer Kompetenzen einzelner **Organe**. Sie bilden nach Art. 13 Abs. 1 UAbs. 1 EUV den **institutionellen Rahmen**, innerhalb dessen und durch den die Union ihren Werten Geltung verschafft und ihre Ziele verfolgt. Die Organe sind abschließend in Art. 13 Abs. 1 UAbs. 2 EUV aufgezählt. In den darauffolgenden Artikeln enthält der EUV pro Organ einen Artikel, um die Aufgabenverteilung zwischen den Organen festzulegen (sog. **Organkompetenz**): **43**

- Europäisches Parlament, Art. 14 EUV
- Europäischer Rat, Art. 15 EUV
- Rat, Art. 16 EUV
- Europäische Kommission, Art. 17 EUV
- Gerichtshof der Europäischen Union, Art. 19 EUV

Präzisiert werden diese Regeln in den **Art. 223 ff. AEUV**. Dort ist **jedem Organ ein einzelner Abschnitt** gewidmet. Von diesem System wird nur hinsichtlich der Europäischen Zentralbank und dem Rechnungshof abgewichen: Diese werden in Art. 13 Abs. 1 UAbs. 2 EUV zwar ausdrücklich als Organe benannt, gleichwohl ist ihnen kein eigener EUV-Artikel gewidmet worden. Nach Art. 13 Abs. 3 EUV finden sich die Bestimmungen über diese beiden Organe stattdessen in den Art. 282 ff. bzw. Art. 285 ff. AEUV. **44**

Die Grundzüge des Aufbaus des Gerichtshofs der Europäischen Union werden zu Beginn des 4. Teils „Prozessrecht" geschildert (s.u. Rn. 637 ff.).

Art. 13 EUV dient nicht nur der Auflistung der Organe der Union, sondern statuiert zugleich den **numerus clausus** der Unionsorgane. Andere als die dort genannten Organe können nicht durch Sekundärrecht geschaffen werden, da die im Primärrecht enthaltene Aufzählung abschließend ist.[35] **45**

Bemerkenswert ist, dass auf der Ebene der Union – anders als z.B. in Deutschland – in der institutionellen Konzeption **keine strikte Gewaltenteilung** existiert.[36] Derselbe Effekt wird allerdings dadurch erreicht, dass eine **gegenseitige Kontrolle** sowohl der Organe untereinander vorgesehen ist als auch die Mitgliedstaaten beispielsweise durch Klagerechte die Möglichkeit besitzen, einzelne Akte europäischer Organe durch die Unionsgerichtsbarkeit verwerfen zu lassen (vgl. Art. 263 AEUV). Darüber hinaus hat der Gerichtshof in seiner Rspr. den **Grundsatz des institutionellen Gleichgewichts der Organe** entwickelt. Dieses Prinzip gebietet, dass jedes Organ seine Befugnisse unter Beachtung der Befugnisse der anderen Organe ausübt und dass Verstöße hiergegen durch den Gerichtshof geahndet werden können.[37] Es wird deshalb auch als adäquates **Äquivalent zu der Gewaltenteilung** in einem demokratischen Rechtsstaat bezeichnet.[38] **46**

---

35 Streinz Rn. 264.

36 Oppermann/Classen/Nettesheim § 5 Rn. 15 ff.

37 Oppermann/Classen/Nettesheim § 5 Rn. 20 unter Verweis auf EuGH Slg. 1990, I-2041 *Parlament/Rat* u.a.; vgl. auch Nettesheim in: Grabitz/Hilf/Nettesheim Art. 13 EUV Rn. 30 ff.

38 So ausdrücklich Streinz Rn. 268.

47 Ebenfalls anders als in den nationalen Ordnungen existiert für die Union **keine Unionshauptstadt**, in der alle Unionsorgane ansässig sind. Nach Art. 341 AEUV bestimmen die Regierungen der Mitgliedstaaten im Einvernehmen den **Sitz der Organe**.

48 Auch gilt in der Union **keine einheitliche Amtssprache**. Nach Art. 55 Abs. 1 EUV sind die Verträge in 24 Sprachen abgefasst und in allen diesen Sprachfassungen gleichermaßen verbindlich. Nach Art. 342 AEUV i.V.m. Art. 1 der VO Nr. 1/1958 zur Regelung der Sprachenfrage für die Europäische Wirtschaftsgemeinschaft, die heute noch in Kraft ist, kennt die Union 23 Amtssprachen. Dies hat zur Folge, dass Unionsrechtsakte, die allgemein verbindlich sind, in allen diesen Sprachen erlassen werden müssen.

Etwas anderes gilt nur für die Verfahren vor den Spruchkörpern des Gerichtshofs der Europäischen Union: Die Art. 36 ff. VerfO EuGH gestehen grundsätzlich dem Kläger ein Wahlrecht hinsichtlich der Verfahrenssprache zu. Für einzelne Verfahrensarten sind wiederum Sonderregelungen zu beachten. So z.B. für das Vorabentscheidungsverfahren nach Art. 267 AEUV, bei dem sich die Verfahrenssprache nach der Amtssprache desjenigen Mitgliedstaates richtet, dessen Gericht die Vorlage verfasst hat.

49 ***Hinweis:*** *Für Ihr* ***Examen*** *müssen Sie zwar nicht mit allen Einzelheiten der Organe vertraut sein. Sie sollten sich aber mit den nachfolgenden Punkten in Bezug auf jedes Organ vertraut machen, damit Sie insbesondere für Fragen in der* ***mündlichen Prüfung*** *gewappnet sind:*

Grundwissen Organe

- Sitz des Organs
- Zusammensetzung des Organs, ggf. Wahl seiner Mitglieder
- Aufgaben
- Beschlussfassung
- Ggf. vorhandene besondere Organteile und deren Aufgaben (z.B. Präsident der Kommission)

A. Das Europäische Parlament

50 Das Europäische Parlament setzt sich nach Art. 14 Abs. 2 UAbs. 1 S. 1 EUV aus Vertretern der Unionsbürgerinnen und Unionsbürger zusammen, die von diesen gewählt werden. Dem Grunde nach ist es deshalb mit den nationalen Parlamenten wie dem deutschen Bundestag vergleichbar (vgl. Art. 38 Abs. 1 S. 2 GG).

I. Sitz

51 Das Europäische Parlament verfügt über einen Hauptsitz in **Straßburg** und einen Verwaltungssitz in **Luxemburg**. Darüber hinaus finden Ausschusssitzungen in **Brüssel** statt. Das Europäische Parlament wird deshalb auch als **„Wanderzirkus"** bezeichnet.[39]

Die Regierungen haben sich bislang nicht auf einen einheitlichen Standort verständigen können. Das Europäische Parlament selbst ist wegen Art. 341 AEUV nicht zu einer Zusammenlegung berechtigt.[40]

39 Oppermann/Classen/Nettesheim § 5 Rn. 22.

40 EuGH Slg. 1991, I-5643 *Luxemburg/Parlament*; Slg. 1997, I-5215 *Frankreich/Parlament*.

II. Zusammensetzung und Wahlen

1. Sitzverteilung und Legislaturperiode

Gemäß Art. 14 Abs. 2 UAbs. 1 S. 2 EUV besteht das Europäische Parlament aus 750 Abgeordneten zuzüglich des Präsidenten. Anders als im deutschen Wahlrecht (vgl. §§ 3 Abs. 1, 6 Abs. 2 S. 1 BWahlG) erfolgt die Verteilung der Sitze auf die Mitgliedstaaten allerdings nicht anhand des Verhältnisses der Bevölkerung des jeweiligen Mitgliedstaates zur gesamten EU-Bevölkerung. Vielmehr gilt der **Grundsatz der degressiven Proportionalität**. Hierunter versteht man eine sich angemessen abmildernd proportionale Steigerung nach der Einwohnerzahl des jeweiligen Mitgliedstaates. 52

Beispiel: Luxemburg werden 6 Abgeordnete bei einer Bevölkerung von ca. 600.000 Einwohnern zugeteilt, was einem Abgeordneten pro 100.000 Einwohner entspricht. Würde sich die Anzahl der Abgeordneten pro Mitgliedstaat proportional erhöhen, stünden Deutschland bei einer Bevölkerung von ca. 82 Mio. Einwohnern 820 Abgeordnete zu. Deutschland stellt aufgrund der Deckelung jedoch nur 96 Abgeordnete. Dies entspricht einem Abgeordneten pro ca. 854.000 Einwohner.

Hiermit soll ein angemessener **Ausgleich zwischen der Repräsentanz der Unionsbevölkerung und der Funktionsfähigkeit des Parlamentes** geschaffen werden. Art. 14 Abs. 2 UAbs. 1 S. 3, 4 EUV legt deshalb eine Unter- und Obergrenze fest: Jedem Mitgliedstaat stehen mindestens 6, maximal 96 Sitze im Parlament zu. 53

Wie viele Sitze konkret auf die jeweiligen Mitgliedstaaten entfallen, wird gemäß Art. 14 Abs. 2 UAbs. 2 EUV auf Initiative des Parlaments durch einstimmigen Beschluss des **Europäischen Rates** festgelegt.

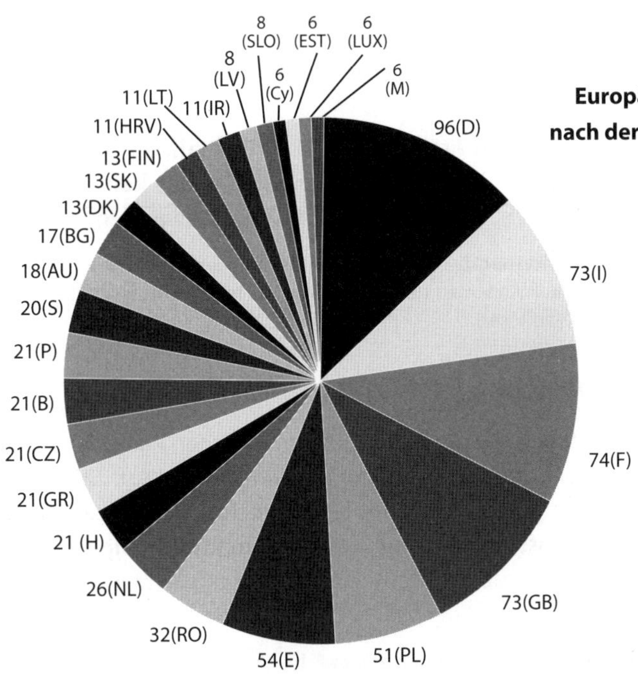

Europäisches Parlament nach der Europawahl 2014 751 Mitglieder

Der Union wird aufgrund der Sitzverteilung vorgeworfen, sie leide trotz ihres Demokratiebezugs aus Art. 2 EUV an einem **Demokratiedefizit**. Die **degressiv proportionale Verteilung** der Sitze führt dazu, dass die bevölkerungsreichen Mitgliedstaaten unter- 54 und die bevölkerungsarmen Mitgliedstaaten überrepräsentiert sind. Hieraus ergibt sich grundsätzlich ein **Verstoß gegen die Wahlrechtsgleichheit**. Denn diese gewährleistet nicht nur den gleichen **Zählwert** der bei der Wahl abgegebenen Stimme, sondern auch den gleichen **Erfolgswert**. Der Erfolgswert der Stimme ist allerdings nur gleich, wenn jede Wählerstimme grundsätzlich den gleichen Einfluss auf das Wahlergebnis, insbesondere auf die Verteilung der Sitze im Parlament hat.[41] Genau dies ist aufgrund der Sitzverteilung im Europäischen Parlament aber gerade nicht der Fall.

55 Gleichwohl ist die Union **nicht undemokratisch**. Hierfür lässt sich ein normativer und ein konstruktiver Grund anführen:

- Welche **Wahlrechtsgrundsätze** bei der Wahl zum Europäischen Parlament einzuhalten sind, bestimmt Art. 14 Abs. 3 EUV (s.u. Rn. 61 f.). Der Grundsatz der Gleichheit der Wahl wird hier gerade nicht ausdrücklich benannt.

  Trotzdem wird ein Mindestniveau an Wahlrechtsgleichheit auch unionsrechtlich garantiert, da die Wahlrechtsgleichheit allen mitgliedstaatlichen Verfassungen immanent ist.[42] Es ist allerdings nicht zwingend, dass sie in derselben Weise und in demselben Umfang garantiert werden muss, wie beispielsweise in Art. 38 Abs. 1 S. 1 GG.

- Da die Union **kein (Bundes-)Staat** ist, müssen die Wahlgrundsätze nicht in einer staatsanalogen Weise ausgestaltet werden. Folglich muss das Europäische Parlament kein Repräsentationsorgan eines souveränen europäischen Volkes sein und die Wahlrechtsgleichheit achten, sondern darf als Vertretung der Völker der Mitgliedstaaten mit jeweils zugewiesenen nationalen Kontingenten der Sitze fortbestehen.[43]

  Bestätigt wird dies durch die Konstruktion der Unionsbürgerschaft, die nach h.M. nicht zu einem Staatsvolk der Union führt (s.o. Rn. 27 f.). Da sich die Wahlrechtsgleichheit aber gerade aus der politischen Gleichheit aller Staatsbürger ableitet, muss dieser Grundsatz auf Unionsebene nicht zwangsläufig eingehalten werden.[44]

56 Eine **Legislaturperiode** dauert nach Art. 14 Abs. 3 EUV **fünf Jahre**. Anders als bei den nationalen Parlamenten besteht für das Europäische Parlament **keine Auflösungsmöglichkeit**, es kann sich weder selbst auflösen noch aufgelöst werden.[45]

In Deutschland besteht für den Bundestag zwar auch kein Selbstauflösungsrecht. Allerdings kann der Bundespräsident den Bundestag auf Vorschlag des Bundeskanzlers im Anschluss an eine Vertrauensfrage gemäß Art. 68 Abs. 1 S. 1 GG auflösen.

2. Wahlen zum Europäischen Parlament

57 Ein einheitlicher Normenkatalog, der die Wahl zum Europäischen Parlament regelt und in der gesamten Union gilt, existiert nicht; von der Ermächtigung in Art. 223 Abs. 1 AEUV wurde bislang kein Gebrauch gemacht.[46] Nur die Wahlrechtsgrundsätze ergeben sich aus Art. 14 Abs. 3 EUV, das Wahlsystem und die weiteren Grundsätze folgen aus dem Akt

---

41 BVerfGE 85, 148, 157; BVerfG NVwZ 2012, 33.

42 Vgl. BVerfGE 123, 267, 373; Huber in: Streinz, Art. 14 EUV Rn. 65.

43 BVerfG NJW 2009, 2267, 2277 Rn. 278, 280.

44 Vgl. dazu Haratsch/Koenig/Pechstein Rn. 215.

45 Hölscheidt in: Grabitz/Hilf/Nettesheim Art. 14 EUV Rn. 88; Huber in: Streinz, Art. 14 EUV Rn. 69.

46 Oppermann/Classen/Nettesheim § 5 Rn. 27 m.w.N.

zur Einführung allgemeiner unmittelbarer Wahlen der Mitglieder des Europäischen Parlaments (DWA) und werden durch das deutsche Europawahlgesetz (EuWG) ergänzt.

Einzelheiten zum DWA, bei dem es sich nach Ansicht des BVerfG um einen völkerrechtlichen Vertrag im Rahmen des Unionsrechts handelt,[47] müssen Ihnen nicht bekannt sein.

a) Aktives und passives Wahlrecht

Ausgangspunkt für das aktive und passive Wahlrecht ist **Art. 22 Abs. 2 AEUV**, der allen Unionsbürgern im Unionsgebiet das Wahlrecht auch für den Fall garantiert, dass sie sich nicht in dem Mitgliedstaat aufhalten, dessen Staatsangehörigkeit sie besitzen. **58**

Für den Bereich der Bundesrepublik Deutschland ergibt sich das **aktive Wahlrecht** aus § 6 EuWG. Danach sind nicht nur volljährige deutsche Staatsangehörige wahlberechtigt, die sich seit mindestens drei Monaten in Deutschland oder der einem anderen Mitgliedstaat der Union aufhalten, sondern auch alle sonstigen Unionsbürger, die über einen Wohnsitz in Deutschland verfügen. Um eine mehrfache Stimmabgabe in unterschiedlichen Mitgliedstaaten zu verhindern, ordnet § 6 Abs. 4 S. 1 EuWG an, dass das Wahlrecht nur einmal und nur persönlich ausgeübt werden darf. **59**

In Deutschland wählbar und damit **passiv wahlberechtigt** ist jeder Deutsche i.S.d. Art. 116 Abs. 1 GG sowie jeder sonstige Unionsbürger, der über einen Wohnsitz in Deutschland verfügt oder sich dort sonst gewöhnlich aufhält, § 6b EuWG. **60**

b) Wahlrechtsgrundsätze

Nach Art. 14 Abs. 3 EUV werden die Abgeordneten des Europäischen Parlaments in allgemeiner, unmittelbarer, freier und geheimer Wahl gewählt. **61**

- Der Grundsatz der **Allgemeinheit** der Wahl gebietet die Gleichbehandlung aller Bürger der Union hinsichtlich des aktiven und passiven Wahlrechts. Zudem folgt aus diesem Grundsatz, dass die Wahlen im gesamten Unionsgebiet stattfinden müssen.[48]
- Die **Unmittelbarkeit** der Wahl schließt die Zwischenschaltung eines Wahlgremiums – wie der nationalen Parlamente oder Wahlmänner – aus.[49]
- Die Stimmabgabe ist **frei**, wenn der Wahlberechtigte seinen wirklichen Willen unverfälscht zum Ausdruck bringen, vor allem sein Wahlrecht ohne Zwang und ohne sonstige unzulässige Beeinflussung von außen ausüben kann.[50]
- Der Grundsatz der **geheimen** Wahl beinhaltet das Recht des Wählers, seine Wahlentscheidung vertraulich zu halten. Damit dient dieser Grundsatz insbesondere dem Schutz der Freiheit der Wahlentscheidung.[51]

47 BVerfGE 104, 214, 219; Oppermann/Classen/Nettesheim § 5 Rn. 27.
48 Bieber in: von der Groeben/Schwarze/Hatje, Art. 14 EUV Rn. 61.
49 Huber in: Streinz, Art. 14 EUV Rn. 60.
50 Hölscheidt in: Grabitz/Hilf/Nettesheim, Art. 14 EUV Rn. 80.
51 Bieber in: von der Groeben/Schwarze/Hatje, Art. 14 EUV Rn. 65.

62 Die in Art. 14 Abs. 3 EUV enthaltenen Grundsätze werden dabei wie die deutschen Wahlrechtsgrundsätze aus Art. 38 Abs. 1 S. 1 GG ausgelegt.[52] Lediglich der Grundsatz der **Gleichheit der Wahl** findet auf Unionsebene keine Entsprechung (s.o. Rn. 55).

c) Wahlsystem

63 Die Wahl zum Europäischen Parlament ist als reine **Verhältniswahl** ausgestaltet, § 2 Abs. 1 S. 1 EuWG. Problematisch ist die Einführung einer **Sperrklausel**, die der Regelung in § 6 Abs. 3 S. 1 BWahlG gleichkäme.

Fall 1: 3%-Sperrklausel bei der Europawahl

Nach § 2 Abs. 7 EuWG nehmen an der Sitzzuteilung bei der Wahl zum Europäischen Parlament in Deutschland nur solche Listenwahlvorschläge teil, die zuvor von den einzelnen Parteien eingereicht werden konnten und bei der Wahl im Wahlgebiet mindestens drei Prozent der Wählerstimmen erhalten haben. In der Gesetzesbegründung macht der Gesetzgeber geltend, er mache von der in Art. 3 DWA vorgesehenen Berechtigung zur Einführung einer sog. Sperrklausel Gebrauch. Die Vorschrift gestatte es allen Mitgliedstaaten, in ihren Wahlgesetzen Sperrklauseln vorzusehen, solange diese nicht über 5% betragen. Wähler W ist überzeugt, die Sperrklausel sei mit dem deutschen Verfassungsrecht unvereinbar, da sie gegen die Grundsätze der Wahlrechtsgleichheit und der Chancengleichheit der Parteien verstoße. Die Sperrklausel könne zudem nicht mit dem aus dem nationalen Verfassungsrecht bekannten Argument der drohenden Zersplitterung des Europäischen Parlamentes begründet werden. Die Sperrklausel gelte nur in Deutschland, das lediglich knapp 13% der Abgeordneten stelle. Zudem sei mit einer Verschlechterung der Arbeitsweise des Parlaments auch ohne Sperrklausel schon deshalb nicht zu rechnen, weil im Parlament weit über 160 Parteien aus den 28 Mitgliedstaaten repräsentiert seien. Ist die Auffassung des W korrekt?

Die Auffassung des W ist korrekt, wenn die Sperrklausel aus § 2 Abs. 7 EuWG verfassungswidrig ist.

Klausurhinweis: *Obwohl es sich um die Wahl zum Europäischen Parlament handelt, ist das EuWG als deutsches Bundesrecht am* ***Grundgesetz*** *zu messen. Dem stehen auch verbindliche europarechtliche Vorgaben nicht entgegen. Nach Art. 8 Abs. 1 DWA bestimmt sich das Wahlverfahren in jedem Mitgliedstaat nach den innerstaatlichen Vorschriften. Dieser Gestaltungsrahmen für nationale Vorschriften besteht auch im Hinblick auf die Einführung von Sperrklauseln, da Art. 3 DWA die Möglichkeit der Einführung solcher Klauseln bis zu einer Grenze von 5% der abgegebenen Stimmen gestattet.*[53]

I. Die Sperrklausel könnte den **Grundsatz der Gleichheit der Wahl** und den **Grundsatz der Chancengleichheit der Parteien** betreffen.

---

52 So auch Kluth in: Calliess/Ruffert, Art. 14 EUV Rn. 27.

53 BVerfG RÜ 2012, 35, 36 f.

1. Der Grundsatz der **Gleichheit der Wahl** ergibt sich für die Wahl der Abgeordneten des Europäischen Parlaments verfassungsrechtlich aus Art. 3 Abs. 1 GG und dem Demokratieprinzip aus Art. 20 Abs. 2 GG.[54] Dadurch wird garantiert, dass alle Wahlberechtigten das aktive Wahlrecht formal gleich ausüben können. Daraus ergibt sich wiederum, dass bei der Verhältniswahl ein gleicher **Zählwert** der Stimme zwingend ist, aber auch, dass jeder Wahlberechtigte mit seiner Stimme grundsätzlich die gleiche Erfolgschance (gleicher **Erfolgswert**) haben muss. **64**

   Spezialgesetzlich ist der Grundsatz der Gleichheit der Wahl zudem – über die Vorgaben des Art. 14 Abs. 3 EUV hinaus – in § 1 S. 2 EuWG festgelegt. Auf Art. 38 Abs. 1 S. 1 GG dürfen Sie indes nicht zurückgreifen, da sich hieraus nur die Wahlrechtsgrundsätze für die Wahlen zum Deutschen Bundestag ergeben.

   Wenn ein Wähler seine Stimme für eine Partei abgibt, die an der 3%-Sperrklausel scheitert, dann hat die Stimme dieses Wählers keinen Erfolg (Erfolgswert = Null), während die Stimme eines Wählers, der eine andere Partei wählt, mit seiner Stimme einen Erfolg (Abgeordnetensitz) herbeiführt. Daher führt die 3%-Sperrklausel zu einem **ungleichen Erfolgswert** der Stimmen.

2. Der Grundsatz der **Chancengleichheit der Parteien** aus Art. 21 Abs. 1 i.V.m. Art. 3 Abs. 1 GG verlangt, dass jeder Partei, jeder Wählergruppe und ihren Wahlbewerbern grundsätzlich die gleichen Möglichkeiten im gesamten Wahlverfahren und damit gleiche Chancen bei der Verteilung der Sitze eingeräumt werden.[55] Parteien, auf die weniger als 3% der abgegebenen Stimmen entfallen, nehmen nicht an der Sitzzuteilung zum Europäischen Parlament teil, die für sie abgegebenen Stimmen sind faktisch bedeutungslos. Demnach bestehen keine völlig gleichen Chancen für die Parteien, einen Sitz im Europäischen Parlament zu erlangen. **65**

II. Allerdings sind weder der Grundsatz der Gleichheit der Wahl noch der Grundsatz der Chancengleichheit schrankenlos gewährleistet, sie unterliegen **keinem absoluten Differenzierungsverbot**. Aus dem formalen Charakter der Grundsätze der Wahlrechtsgleichheit und der Chancengleichheit der Parteien folgt aber, dass dem Gesetzgeber bei der Ordnung des Wahlrechts nur ein eng bemessener Spielraum für Differenzierungen verbleibt. Bei der Prüfung, ob eine Differenzierung innerhalb der Wahlrechtsgleichheit gerechtfertigt ist, muss daher grundsätzlich ein strenger Maßstab angelegt werden. Differenzierungen bedürfen deshalb zu ihrer Rechtfertigung stets eines **besonderen, sachlich legitimierten, zwingenden Grundes**.[56] Selbst bei Vorliegen eines solchen Grundes wird gegen die Grundsätze verstoßen, wenn der Gesetzgeber mit den Regelungen ein Ziel verfolgt hat, das er bei der Ausgestaltung des Wahlrechts nicht verfolgen darf oder wenn die Regelung nicht geeignet und erforderlich ist, um die mit der jeweiligen Wahl verfolgten Ziele zu erreichen.[57] **66**

1. Ein zwingender sachlicher Grund könnte darin zu sehen sein, dass ohne eine Sperrklausel auch viele kleine Parteien in das Parlament einziehen, sodass es zu einer **Zersplitterung des Parlaments** käme. Die Zersplitterung kann deshalb pro- **67**

---

54 BVerfG NVwZ 2014, 439; NVwZ 2012, 33; NVwZ 2008, 407.
55 BVerfG NVwZ 2014, 439, 441.
56 BVerfG NJW 1997, 1568; RÜ 2012, 35, 37.
57 BVerfG NVwZ 2014, 439, 442; NVwZ 2012, 33; NVwZ 2008, 407.

blematisch sein, weil die Wahl nicht nur überhaupt eine Volksvertretung schaffen, sondern ein **funktionierendes Vertretungsorgan** hervorbringen soll. Ob deshalb eine Sperrklausel erforderlich ist, beruht auf der Einschätzung des Gesetzgebers von der Wahrscheinlichkeit des Einzugs von Splitterparteien, dadurch zu erwartender Funktionsstörungen und deren Gewicht für die Aufgabenerfüllung der Volksvertretung.

Bei dieser Prognoseentscheidung darf der Gesetzgeber nicht auf die Feststellung der rein theoretischen Möglichkeit einer Beeinträchtigung der Funktionsfähigkeit der Volksvertretung zur Rechtfertigung des Eingriffs abstellen. Anderenfalls würde eine gerichtliche Kontrolle dieses Einschätzungsspielraums zunichte gemacht.[58]

68 a) Gegen das Erfordernis einer deutschen Sperrklausel spricht bereits, dass das Parlament schon jetzt aus **über 160 Parteien** besteht.

69 aa) Es leuchtet deshalb nicht ein, warum gerade in Deutschland, das **lediglich 13% der Abgeordneten** des Europäischen Parlaments stellt, die Einführung einer Sperrklausel eine problematische Zersplitterung des Parlaments verhindern soll. Denn die Anzahl der Abgeordneten kleiner Splitterparteien, die ohne die Sperrklausel einen Sitz im Europäischen Parlament erhalten würden, ist derart gering, dass er sich nicht signifikant auf die Funktionsfähigkeit des Parlaments auswirken kann.

70 bb) Die Parteienvielfalt wirkt sich aufgrund der **integrativen Arbeit der Fraktionen** nicht negativ auf die Funktionsfähigkeit aus. Die parlamentarische Praxis ist derzeit geprägt von einer Zusammenarbeit der beiden größten Fraktionen, die regelmäßig die absolute Mehrheit der Mandate auf sich vereinen. Der Aufwand für eine Konsensbildung zwischen diesen Fraktionen ist unabhängig von der Zahl der fraktionslosen Abgeordneten und kleineren Fraktionen.[59]

Zudem sind die **Anreize, Fraktionen zu bilden** oder sich bereits bestehenden Fraktionen **anzuschließen**, gleichbleibend groß, da ihnen nach der Geschäftsordnung des Europäischen Parlaments viele Vorteile (z.B. Rechte in den Ausschüssen, finanzielle Vorteile) zuteil werden. Dadurch wird auch zukünftig eine zu große Zersplitterung im Parlament verhindert.

Ähnlich wie die Fraktionen im Bundestag sind die **Fraktionen im Europäischen Parlament** Organteile mit besonderen eigenen Rechten. Für die Bildung einer Fraktion ist nach Art. 30 Abs. 1 der Geschäftsordnung des Europäischen Parlaments (GO EP) ein Zusammenschluss von mindestens 25 Abgeordneten erforderlich, die in mindestens einem Fünftel der Mitgliedstaaten gewählt worden sind und über eine gemeinsame politische Zugehörigkeit verfügen. Ihre Hauptaufgabe ist es, die nationalen Interessen für die parlamentarische Arbeit vorzufiltern.[60]

71 b) Der Zersplitterung des Parlaments könnte aber entgegenzuwirken sein, um stabile Mehrheitsverhältnisse für die **Regierungsbildung** und für die Handlungsfähigkeit der Regierung zu generieren.

58 BVerfG RÜ 2012, 35, 38.

59 BVerfG RÜ 2012, 35, 38.

60 Kluth in: Calliess/Ruffert, Art. 14 EUV Rn. 36 f.; Neßler EuR 1997, 311.

aa) Diese Begründung wird zur Rechtfertigung der 5%-Sperrklausel aus § 6 Abs. 3 S. 1 BWahlG herangezogen.[61] Eine vergleichbare Interessenlage besteht jedoch auf europäischer Ebene nicht. **Das Europäische Parlament wählt keine Unionsregierung**, die auf seine fortlaufende Unterstützung angewiesen wäre. Eben so wenig ist die Gesetzgebung der Union von einer gleichbleibenden Mehrheit im Europäischen Parlament abhängig, die von einer stabilen Koalition bestimmter Fraktionen gebildet würde und der eine Opposition gegenüberstünde.[62] Deshalb hat der europäische Normgeber in Art. 3 DWA den nationalen Gesetzgebern einen **Gestaltungsspielraum** für die Einführung einer Sperrklausel eingeräumt, nicht jedoch ausdrücklich zu einer solchen ermächtigt oder zu ihrem Erlass aufgefordert.[63] **72**

bb) Eine andere Beurteilung ist auch nicht aufgrund der weitergehenden Integration und der **Stärkung der Demokratisierung auf Unionsebene** erforderlich. Mag zwar eine Entwicklung angestoßen sein, infolge der sich die Arbeit der Oppositionsfraktionen im Europäischen Parlament mehr auf die Arbeit der Kommission auswirkt, besteht derzeit noch keine ausreichende Grundlage dafür, eine Funktionsbeeinträchtigung des Parlaments anzunehmen. Die Einführung einer Sperrklausel ist erst möglich, wenn in rechtlicher und tatsächlicher Hinsicht Verhältnisse gegeben sind, die denen auf nationaler Ebene vergleichbar sind, wo die Bildung einer stabilen Mehrheit für die Wahl einer handlungsfähigen Regierung und deren fortlaufende Unterstützung notwendig ist.[64] **73**

Diese Ausführungen im Urteil des BVerfG waren erforderlich, da es drei Jahre zuvor bereits die Vorgängerregelung in § 2 Abs. 7 EuWG als verfassungswidrig verworfen hatte, die eine 5%-Sperrklausel vorsah. Der Gesetzgeber hatte sich durch das Urteil jedoch nicht daran gehindert gesehen, eine 3%-Sperrklausel einzuführen.[65] Das BVerfG bestätigt diese Auffassung, da sich die tatsächlichen Gegebenheiten im Europäischen Parlament aufgrund der fortschreitenden Integration und der Stärkung europäischer Institutionen verändern können. Deshalb sei es auch gerechtfertigt, dass der deutsche Gesetzgeber von Zeit zu Zeit eine Neubewertung der Situation vornehme.[66]

Eine solche fortlaufende Unterstützung der Kommission ist jedoch in den Verträgen nicht vorgesehen. Dagegen spricht insbesondere die Regelung des Art. 234 Abs. 2 AEUV, nach der ein Misstrauensantrag gegen die Kommission erst bei Zustimmung einer Zweidrittelmehrheit der abgegebenen Stimmen des Parlaments Erfolg hat.

2. Allerdings könnte die Sperrklausel mit der Erwägung gerechtfertigt werden, dass nur solche Parteien, welche die Sperrklausel überwinden können, **hinreichend repräsentativ** sind und einen **verlässlichen Beitrag zur Legitimation** **74**

---

61 BVerfG NJW 1997, 1568, 1569; a.A. Dreier Jura 1997, 249, 254.

62 BVerfG RÜ 2012, 35, 38 f.

63 Vgl. BVerfG NVwZ 2014, 439, 441.

64 BVerfG NVwZ 2014, 439, 444.

65 Vgl. dazu zusammenfassend Wüstenbecker RÜ 2013, 540.

66 Vgl. dazu auch die Urteilsanmerkungen Hillgruber JA 2014, 554 sowie Sachs JuS 2012, 477, 478.

der Volksvertretung leisten. Dabei bliebe jedoch unberücksichtigt, dass die **Offenheit des politischen Prozesses** auf unvertretbare Weise eingeschränkt würde. Die Beteiligung kleiner Parteien ist gerade für die parlamentarische Debatte im Hinblick auf mögliche Umstrukturierungen wesentlich, wobei auch diese einen wichtigen Beitrag leisten können. Auch dieser Grund scheidet demnach zur Rechtfertigung aus.

Ergebnis: Die Sperrklausel ist verfassungswidrig, die Auffassung des W korrekt.

75 ***Klausurhinweis:*** *Auch die gegenteilige Auffassung ist vertretbar. Zu der Entscheidung des BVerfG gab u.a. Richter Müller ein* ***abweichendes Votum*** *ab.*[67] *Er hält die Einschätzung des Gesetzgebers, einer Zersplitterung des Parlaments entgegenwirken zu wollen, insbesondere deshalb für zulässig, weil in beinahe allen anderen Mitgliedstaaten Sperrklauseln oder vergleichbare Zugangshindernisse bestünden. Die Verwerfung der deutschen Sperrklausel werde der Verantwortung zur gesamten Hand für die Erhaltung der Funktionsfähigkeit des Europäischen Parlaments nicht gerecht.*

III. Aufgaben

76 Das Europäische Parlament hat sich in vielen kleinen Schritten von seiner ursprünglichen Konzeption als Beratungsgremium hin zu einem der **zentralen Entscheidungsträger** innerhalb der Union entwickelt.[68] Ein Überblick über die vom Europäischen Parlament zu erfüllenden Aufgaben ergibt sich aus Art. 14 Abs. 1 EUV.

77 Die nähere Organisation des Parlaments steht ihm frei, es verfügt über die **Organisationshoheit**. Zudem kann sich das Parlament nach Art. 232 Abs. 1 AEUV für eben diese innere Organisation eine **Geschäftsordnung** geben (sog. Geschäftsordnungsautonomie).

1. Gesetzgeber

78 Das Europäische Parlament wird – gemeinsam mit dem Rat – als **Gesetzgeber** tätig. Besonders im **ordentlichen Gesetzgebungsverfahren** nach Art. 289, 294 AEUV ist das Parlament dem Rat gleichberechtigt und entscheidet über den Erlass von Verordnungen und Richtlinien.

79 Allerdings verfügt das Europäische Parlament grundsätzlich über **kein eigenes Initiativrecht**.

Anders im deutschen Bundestag: Dort können 5% der Mitglieder gemäß Art. 76 Abs. 1 GG i.V.m. § 76 Abs. 1 GOBT Gesetzesvorhaben einbringen; dasselbe Recht steht den Fraktionen zu. Nur ausnahmsweise wird dem Europäischen Parlament ein Initiativrecht zugesprochen, wenn es um das Wahlverfahren zum Europäischen Parlament (Art. 223 Abs. 1 AEUV) oder die künftige Änderung der Verträge geht (Art. 48 Abs. 2, Abs. 6 UAbs. 1 EUV).

80 Das Europäische Parlament kann gemäß Art. 225 AEUV lediglich die **Kommission zu Initiativen auffordern** und verfügt damit lediglich über ein **indirektes Initiativrecht**.

67 Sondervotum zu BVerfG NVwZ 2014, 446 ff.

68 Oppermann/Classen/Nettesheim § 5 Rn. 42.

Ob und wie die Kommission auf eine derartige Aufforderung hin tätig werden muss, ist umstritten. Nach einem Teil der Lit. folge aus der Begründungspflicht bei Untätigkeit der Kommission nach Art. 225 S. 2 AEUV, dass die Kommission grundsätzlich zum Tätigwerden verpflichtet sei.[69] Die Gegenauffassung folgert aus der Vorschrift lediglich eine politische Verpflichtung der Kommission, die diese nicht zwangsläufig erfüllen müsse.[70] Für die letztgenannte Auffassung spricht eine Vereinbarung zwischen der Kommission und dem Europäischen Parlament aus dem Jahr 2010, wonach die Kommission binnen zwölf Monaten einen Gesetzesvorschlag vorlegen muss, es sei denn, sie begründet innerhalb von drei Monaten, warum sie dies nicht tut.[71]

2. Haushalt

Das Europäische Parlament ist zudem an der Festlegung des **Haushalts** der Europäischen Union beteiligt. Nach Art. 311 Abs. 3 S. 1 AEUV steht ihr auf der Einnahmenseite lediglich ein Recht auf Anhörung zu. Art. 314 AEUV sieht vor, dass das Europäische Parlament den Haushalt hinsichtlich der Ausgabenseite im Zusammenwirken mit dem Rat festlegt. Beide Organe wirken dann gemeinsam als **Haushaltsbehörde** der Union.[72] 81

3. Kreationsfunktion

Durch das Europäische Parlament werden durch Wahl sowohl interne Institutionen als auch extern Funktionen besetzt. In dieser **Kreationsfunktion** des Europäischen Parlamentes ist die Grundstruktur der repräsentativen Demokratie angelegt: Die Unionsbürgerinnen und Unionsbürger wählen ihre Repräsentanten für das Europäische Parlament, durch welche wiederum die weiteren Institutionen gewählt werden. Auf diese Weise ergibt sich beispielsweise eine **ununterbrochene Legitimationskette** zwischen der Unionsbevölkerung und dem Kommissionspräsidenten. 82

- Gemäß Art. 14 Abs. 4 EUV wählt das Europäische Parlament aus seiner Mitte heraus seinen **Präsidenten** und dessen Präsidium. Dem Präsidenten obliegt nach Art. 20 Abs. 1–3 GO EP die Leitung der Arbeiten des Parlaments. Darüber hinaus vertritt er es gemäß Art. 20 Abs. 4 GO EP nach außen. Die Amtszeit des Präsidenten beträgt gemäß Art. 17 Abs. 1 GO EP zweieinhalb Jahre. 83
- Darüber hinaus fällt es dem Europäischen Parlament gemäß Art. 14 Abs. 1 S. 3 EUV i.V.m. Art. 17 Abs. 7 UAbs. 1 S. 2 EUV zu, den **Präsidenten der Kommission** zu wählen. Die Kommissare sowie der Hohe Vertreter für die Außen- und Sicherheitspolitik werden hingegen nicht vom Parlament gewählt; hier genügt seine Zustimmung, Art. 17 Abs. 7 UAbs. 3 EUV. 84

4. Kontrollfunktion

Es kommt dem Parlament zu, die **Kontrolle** über andere Organe der Union – teils allein, teils im Zusammenwirken mit anderen Organen – vorzunehmen. Hierdurch kommt die Konzeption der Union als **parlamentarische Demokratie** zum Ausdruck.

69 Huber in: Streinz, Art. 225 AEUV Rn. 4 m.w.N; Haag in: von der Groeben/Schwarze/Hatje, Art. 225 AEUV Rn. 9.
70 Schoo in: Schwarze, Art. 225 Rn. 2; Streinz Rn. 327.
71 Haratsch/Koenig/Pechstein Rn. 224 unter Verweis auf ABl. EU 2010 Nr. C 341 E, S. 1.
72 Oppermann/Classen/Nettesheim § 5 Rn. 47.

85 ■ Das stärkste Kontrollrecht ist die Möglichkeit eines **Misstrauensantrags** gegen die gesamte Kommission gemäß Art. 234 AEUV. Ein Misstrauensantrag gegen einzelne Kommissionsmitglieder ist nicht möglich. Da es sich um ein politisches Kontrollinstrument des Parlaments handelt, ist in materieller Hinsicht keine Bezugnahme auf eine Rechtsverletzung der Kommission erforderlich.[73] Ist der Misstrauensantrag erfolgreich, legen Kommissionspräsident, Kommissionsmitglieder und der Hohe Vertreter der gemeinsamen Außen- und Sicherheitspolitik ihre Ämter nieder. Sie führen ihre Ämter kommissarisch weiter, bis eine neue Kommission gewählt ist.

Damit ist das Misstrauensvotum gegen die Kommission dem **konstruktiven Misstrauensvotum** nach Art. 67 GG angenähert. Es unterscheidet sich von diesem nur dadurch, dass nach deutschem Verfassungsrecht ein isolierter Ausspruch des Misstrauens nicht vorgesehen, sondern dieses vielmehr – quasi konkludent – in der Wahl eines neuen Bundeskanzlers enthalten ist.

86 ■ Des Weiteren erteilt das Parlament gemäß Art. 319 Abs. 1 AEUV der Kommission die **Entlastung** hinsichtlich der Ausführung des Haushaltsplanes.

87 ■ Schließlich kann das Europäische Parlament gemäß Art. 226 AEUV **Untersuchungsausschüsse** mit der Aufgabe einsetzen, behauptete Verstöße gegen das Unionsrecht durch Organe oder Mitgliedstaaten zu prüfen.

Wie im deutschen Verfassungsrecht nach Art. 44 GG sind die Untersuchungsausschüsse des Europäischen Parlaments dazu berufen, Sachverhaltsaufklärung zu betreiben. Über das Misstrauensvotum und die Klagerechte hinausgehende Sanktionsmöglichkeiten bestehen hierbei nicht.

88 ■ Gemäß Art. 263 Abs. 2 AEUV gehört das Europäische Parlament zu den **privilegiert Klageberechtigten** hinsichtlich der **Nichtigkeitsklage**. Das Parlament kann deshalb, ohne eine Verletzung eigener subjektiver Rechte geltend machen zu müssen, rechtswidrige Akte anderer Organe für nichtig erklären lassen.

IV. Beschlussfassung des Europäischen Parlaments

89 Die Beschlussfassung des Europäischen Parlaments erfolgt gemäß Art. 231 Abs. 1 AEUV grundsätzlich mit der **Mehrheit der abgegebenen Stimmen**. Für verschiedene Maßnahmen schreiben die Verträge abweichende Mehrheiten vor; diese sind dann den jeweiligen Spezialvorschriften zu entnehmen.

Beispiel: Der Misstrauensantrag gegen die Kommission ist gemäß Art. 234 Abs. 2 S. 1 AEUV nur erfolgreich, wenn die **Mehrheit der Mitglieder** des Parlaments dafür stimmt.

Die **Stimmabgabe** der Abgeordneten erfolgt einzeln und persönlich. Dabei sind die Abgeordneten weder an Aufträge noch an Weisungen gebunden (Art. 6 Abs. 1 DWA).[74]

B. Der Europäische Rat

90 Wird umgangssprachlich vom „EU-Gipfel" gesprochen, ist der Europäische Rat gemeint. Er ist das Organ, dass die **politische Gesamtleitung** der Union verantwortet und zu diesem Zweck die politischen Zentren der Mitgliedstaaten auf der Basis der Gleichheit ver-

73 Kluth in: Calliess/Ruffert, Art. 234 AEUV Rn. 3.

74 Haratsch/Koenig/Pechstein Rn. 223.

sammelt und die Regierungen über die jeweiligen staatsrechtlichen Strukturen in den Entscheidungsprozess auf Unionsebene einbindet.[75]

Aufgrund der Wortwahl der Verträge besteht in Bezug auf den Europäischen Rat eine gewisse **Verwechslungsgefahr**: Wird von dem **„Europäischen Rat"** gesprochen, ist das hier erläuterte Organ i.S.d. **Art. 15 EUV** gemeint. Erwähnen die Verträge hingegen den „Rat", handelt es sich dabei nicht um eine Abkürzung zur Bezeichnung des Europäischen Rates, sondern um den **Rat i.S.d. Art. 16 EUV** (s.u. Rn. 106 ff.). Letzterer besteht aus den (Fach-)Ministern aus den Regierungen der europäischen Mitgliedstaaten.

I. Sitz

Der Europäische Rat tritt nach Art. 1 Abs. 2 UAbs. 1 der Geschäftsordnung des Europäischen Rates (GO ER) in **Brüssel** zusammen. Sollten es außergewöhnliche Umstände erforderlich machen, kann der Präsident des Europäischen Rates mit dessen Zustimmung einen anderen Sitzungsort bestimmen (Art. 1 Abs. 2 UAbs. 2 GO ER). Nach Art. 15 Abs. 3 S. 1 Hs. 1 EUV tagt der Europäische Rat **zweimal pro Halbjahr**. **91**

II. Zusammensetzung

Der Europäische Rat setzt sich nach Art. 15 Abs. 2 S. 1 EUV aus den **Staats- und Regierungschefs** der Mitgliedstaaten sowie dem **Präsidenten des Europäischen Rates** sowie dem **Präsidenten der Kommission** zusammen. **92**

Dabei ist die deutsche Fassung der Vorschrift sprachlich verwirrend. Dort heißt es, an der Sitzung könnten die Staats- *und* Regierungschefs teilnehmen, sodass Deutschland zugleich vom Bundespräsidenten und dem Bundeskanzler repräsentiert werden könnte. Die anderen Sprachfassungen (insbesondere die französische und englische Fassung) enthalten dort ein „oder". Eingebürgert hat sich indes die Vertretung durch einen der beiden Funktionsträger.[76]

Der **Hohe Vertreter der Außen- und Sicherheitspolitik** hat nach Art. 15 Abs. 2 S. 2 EUV lediglich ein **Teilnahmerecht**. Er ist also kein Mitglied und ist deshalb auch bei der Entschlussfassung des Rates nicht stimmberechtigt.[77] **93**

Per Beschluss des Europäischen Rates kann eine Erweiterung der Teilnehmer bewirkt werden. Nach Art. 15 Abs. 3 S. 2 EUV können sich die Mitglieder dann von jeweils einem **Minister** des Mitgliedstaates oder einem **Kommissionsmitglied** unterstützen lassen. **94**

Auch hier ist der Wortlaut der deutschen Fassung missverständlich: Die Entscheidung für die Unterstützung kann nicht jedes einzelne Ratsmitglied für sich treffen, sondern sie muss von der Gesamtheit der Mitglieder des Europäischen Rates getroffen werden.

§ 15 EUV beschreibt genau, wer über einen Sitz im Europäischen Rat verfügt. Es ist somit kein gesonderter **Wahlakt** erforderlich, um die Zusammensetzung des Europäischen Rates zu ermitteln. Vielmehr besteht eine **Mitgliedschaft qua Amt**. **95**

75 Calliess in: Calliess/Ruffert, Art. 15 EUV Rn. 3.

76 Vgl dazu Kumin in: Grabitz/Hilf/Nettesheim, Art. 15 EUV Rn. 6.

77 Kumin in: Grabitz/Hilf/Nettesheim Art. 15 EUV Rn. 10.

III. Der Präsident des Europäischen Rates

96 Die Leitung der Sitzungen obliegt dem **Präsident des Europäischen Rates**. Dieser wird gemäß Art. 15 Abs. 5 EUV vom Europäischen Rat mit qualifizierter Mehrheit für eine Amtszeit von 2,5 Jahren gewählt, wobei eine einmalige Wiederwahl möglich ist. Nach Art. 15 Abs. 6 UAbs. 3 EUV ist für das Amt des Präsidenten des Europäischen Rates nur wählbar, wer **kein einzelstaatliches Amt** ausübt. Diese **Inkompatibilität** gewährleistet die politische Unabhängigkeit des Amtsträgers. Zudem ist nur aufgrund dieser Konstruktion eine Amtsausübung in Vollzeit möglich.[78]

97 Die **Aufgaben** des Präsidenten des Europäischen Rates werden in Art. 15 Abs. 6 UAbs. 1 und 2 EUV umschrieben. Ihm kommen danach folgende Funktionen zu:

- **Leitungsfunktion:** Der Präsident des Europäischen Rates führt den Vorsitz bei den Ratssitzungen, bereitet die Arbeiten des Europäischen Rates vor und soll ihm für seine Arbeit die notwendigen Impulse geben.
- **Integrations- und Vermittlungsfunktion:** Der Präsident soll durch seine Tätigkeit den Zusammenhalt und Konsens im Europäischen Rat fördern und zwischen den unterschiedlichen Positionen der einzelnen Ratsmitglieder vermitteln.
- **Dokumentationsfunktion:** Der Präsident verfasst im Anschluss an jede Tagung einen Bericht über die Inhalte und Ergebnisse der Sitzung des Europäischen Rates und legt diesen dem Rat vor.
- **Vertretungsfunktion:** Obwohl die Union mit dem Hohen Vertreter für die Außen- und Sicherheitspolitik faktisch über eine Art „Außenminister" verfügt, steht auch dem Präsidenten des Europäischen Rates die Vertretung der Union nach außen zu. Auch wenn ihm diese Aufgabe nur „auf seiner Ebene", also unter den Staats- und Regierungschefs übertragen ist,[79] wird eine sinnvolle Abgrenzung der Aufgabenbereiche bei der Außenvertretung der Union durch diese Doppelung erschwert.

IV. Aufgaben

98 Nach Art. 15 Abs. 1 EUV gibt der Europäische Rat der Union die für ihre Entwicklung erforderlichen **Impulse** und legt die nötigen **allgemeinen politischen Zielvorstellungen und Prioritäten** fest. Er fungiert als **politisches Leitungsgremium** der Union.

Diese Aufgabe entspricht der **Richtlinienkompetenz** des Bundeskanzlers aus Art. 65 S. 1 GG.

Diese eher grundsätzlich angelegte Funktion spiegelt sich darin wieder, dass er selbst grundsätzlich **nicht als Legislativorgan** bei der Schaffung europäischen Sekundärrechts mitwirkt, Art. 15 Abs. 1 S. 2 EUV. Vielmehr kann der Europäische Rat den Rat veranlassen, der Kommission Aufträge zur Schaffung der zur Durchsetzung der Leitlinien erforderlichen Rechtsvorschriften erteilen, Art. 241 AEUV. Im Übrigen nimmt der Europäische Rat die folgenden Aufgaben wahr:

99
- Seine einzige rechtsetzende Aufgabe besteht im Bereich des europäischen Primärrechts. Nach Art. 48 Abs. 6 und 7 EUV kann der Europäische Rat im Zusammenwirken

78 Kumin in: Grabitz/Hilf/Nettesheim Art. 15 EUV Rn. 18.
79 Calliess in: Calliess/Ruffert, Art. 15 Rn. 38 m.w.N.

mit dem Europäischen Parlament über bestimmte **Änderungen der Verträge** im vereinfachten Verfahren beschließen. Zudem kann der Europäische Rat in den im Vertrag vorgesehenen Fällen die Vorgaben der Verträge autonom ändern.

Beispiel: Nach Art. 48 Abs. 7 UAbs. 2 EUV kann der Europäische Rat per Beschluss den Übergang vom besonderen zum ordentlichen Gesetzgebungsverfahren bestimmen.

- Dem Europäischen Rat fallen weiterhin wichtige **personalpolitische Entscheidungen** zu. Hierzu zählen die Nominierung des Kommissionspräsidenten nach Art. 17 Abs. 7 UAbs. 1 EUV, die Ernennung der Mitglieder des Direktoriums der Europäischen Zentralbank (Art. 283 Abs. 2 UAbs. 2 AEUV) sowie die Ernennung oder Abberufung des Hohen Vertreters für die Außen- und Sicherheitspolitik (Art. 18 Abs. 1 EUV). **100**

- Soweit in den Verträgen (insbesondere in den Art. 21 ff. EUV) nichts anderes geregelt ist, legt der Europäische Rat gemäß Art. 24 Abs. 1 UAbs. 2 S. 1 EUV zusammen mit dem Rat die Grundsätze der **gemeinsamen Außen- und Sicherheitspolitik** und das durchzuhaltende Verfahren fest und führt diese Grundsätze aus. Nach Art. 22 Abs. 1 EUV ist der Europäische Rat in diesem Zusammenhang auch berechtigt, die strategischen Interessen und Ziele der Union im auswärtigen Handeln festzulegen. **101**

- Weiterhin kann der Europäische Rat gemäß Art. 7 Abs. 2 EUV eine schwerwiegende und anhaltende **Verletzung der fundamentalen Grundwerte aus Art. 2 EUV durch einen Mitgliedstaat** feststellen. Eine solche Verletzung liegt vor, wenn der betroffene Mitgliedstaat selbst, d.h. durch das Handeln oder Unterlassen seiner Organe oder ihm untergeordneter Einheiten von den Inhalten der Werte negativ abweicht. Die Abweichung muss schwerwiegend sein, also ein so großes Gewicht besitzen, dass hierdurch eine finale Beeinträchtigung der Werte des Art. 2 EUV erfolgt, die vor dem Hintergrund des Sinns und Zwecks von Art. 7 EUV die europäische Integration als solche infrage stellt.[80] **102**

  Die Feststellung der Verletzung ist Voraussetzung für Sanktionsmaßnahmen (z.B. Stimmrechtsverlust) gegen den jeweiligen Mitgliedstaat nach Art. 7 Abs. 3 EUV, die durch den Rat verhängt werden.

- Als **politische Revisionsinstanz** und damit in Vermittlungsfunktion wird der Rat gemäß Art. 48 Abs. 2, Art. 82 Abs. 3 AEUV in Gesetzgebungsfragen tätig, wenn ein Mitgliedstaat auf den Entwurf eines Gesetzgebungsaktes hin erklärt, dass wichtige Aspekte seines Systems der sozialen Sicherheit verletzt oder das finanzielle Gleichgewicht dieses Mitgliedstaates beeinträchtigt würde. **103**

V. Beschlussfassung

Nach Art. 15 Abs. 4 EUV entscheidet der Europäische Rat i.d.R. im sog. **Konsensverfahren**. Hierbei handelt es sich nicht um ein förmliches Abstimmungsverfahren, sondern um einen **politischen Willensbildungsprozess**, bei dem so lange verhandelt wird, bis kein Mitglied mehr Einwände erhebt. Dementsprechend darf Konsens nicht mit Einstimmigkeit verwechselt werden, da ein Konsens in diesem Sinne bereits dann erzielt ist, wenn sich ein Vertreter eines Mitgliedstaates der Stimmabgabe enthält.[81] Die Wahl die- **104**

80 van Vormizeele in: von der Groeben/Schwarze/Hatje, Art. 7 EUV Rn. 10.

81 Lenski in: von der Groeben/Schwarze/Hatje Art. 15 EUV Rn. 26 in FN 54.

ses Verfahrens macht begreiflich, warum es mit dem Präsidenten einer von sonstigen politischen Einflussmöglichkeiten unabhängigen Organs bedarf, um die Vermittlung zwischen den Staats- und Regierungschefs der einzelnen Mitgliedstaaten zu übernehmen und dadurch die Arbeitsfähigkeit des Europäischen Rates zu garantieren.

105 Der Konsens ist zwischen allen Mitgliedern herzustellen, sodass nicht nur die Staats- und Regierungschefs, sondern auch der Präsident des Europäischen Rates sowie der Präsident der Kommission bei der Entscheidungsfindung mitwirken.

Etwas anderes gilt nur für die sonstigen Abstimmungen, die außerhalb des Konsensverfahrens stattfinden. Hierfür schließt Art. 235 Abs. 1 UAbs. 2 S. 2 AEUV das Stimmrecht des Präsidenten des Europäischen Rates und des Präsidenten der Kommission aus.[82]

C. Der Rat

106 Der in Art. 16 EUV geregelte **Rat** fungiert gemeinsam mit dem Europäischen Parlament als Gesetzgeber hinsichtlich des europäischen Sekundärrechts. Ebenso wie der Europäische Rat soll auch der Rat politische Impulse vermitteln, wobei dem Rat die **fachspezifische Leitungsfunktion** zukommt. Die grundlegende Ausrichtung festzulegen, bleibt Aufgabe des Europäischen Rates, wie sich z.B. in der Finanz- und Staatsschuldenkrise gezeigt hat.[83] Dennoch nimmt der Rat eine **Scharnierfunktion** zwischen der Union und den Mitgliedstaaten wahr, wie sich aus seiner Zusammensetzung und seinen Aufgaben sowie in der Regelung des Art. 10 Abs. 2 UAbs. 2 EUV zeigt.[84] Deshalb wird der Rat auch als das **Organ mit der größten Kompetenzfülle** auf der Ebene der Union bezeichnet.[85]

Fälschlicherweise wird teilweise die Bezeichnung **„Rat der Europäischen Union"** für den Rat verwendet, die aber nicht in den Verträgen vorgesehen ist und zudem die Verwechselungsgefahr mit dem Europäischen Rat schon kraft Bezeichnung erhöht (zu dieser Verwechslungsgefahr s.o. Rn. 90).

I. Sitz

107 Der Rat ist grundsätzlich in **Brüssel** ansässig. Aufgrund Art. 341 AEUV haben die Mitgliedstaaten per Beschluss entschieden, dass der Rat drei Monate im Jahr in **Luxemburg** tagt.

II. Zusammensetzung und Stellung der Mitglieder

1. „Ministerrat"

108 Der Rat setzt sich gemäß Art. 16 Abs. 2 EUV aus **Regierungsvertretern der Mitgliedstaaten auf Ministerebene** zusammen. Deshalb wird der Rat auch als **„Ministerrat"** bezeichnet. Minister in diesem Sinne ist dabei ein parlamentarisch verantwortliches Mitglied einer Regierung, das für seinen eigenen Politikbereich Verantwortung trägt.[86]

Deshalb nehmen wegen der Ressortkompetenz aus Art. 65 S. 2 GG grundsätzlich Bundesminister an den Ratssitzungen teil. Aufgrund von Unionsgewohnheitsrecht ist aber auch die Entsendung von

82 Kumin in: Grabitz/Hilf/Nettesheim, Art. 235 AEUV Rn. 9.
83 Ziegenhorn in: Grabitz/Hilf/Nettesheim, Art. 16 EUV Rn. 5.
84 Vgl. Streinz Rn. 338; Herdegen § 7 Rn. 17; Oppermann/Classen/Nettesheim § 5 Rn. 82.
85 Calliess in: Calliess/Ruffert, Art. 16 EUV Rn. 1.
86 Obwexer in: Streinz, Art. 16 EUV Rn. 25; Stumpf EuR 2002, 279.

Staatssekretären, die nicht als Regierungsmitglieder gelten (vgl. Art. 62 GG), zulässig.[87] Gemäß Art. 23 Abs. 6 GG ist auch die Entsendung von Ländervertretern in den Ministerrat möglich, wenn im Schwerpunkt ausschließliche Gesetzgebungsbefugnisse der Bundesländer betroffen sind.

Sinn und Zweck der Anknüpfung an den Ministerrang ist es, dass der Rat die abschließenden Entscheidungen zur Umsetzung der Impulse des Europäischen Rates treffen soll. Zu diesem Zweck muss der Rat mit Personen besetzt sein, die nicht nur über Kenntnisse, sondern auch über **Entscheidungskompetenzen** verfügen.[88] Zudem erfährt der Rat hierdurch seine **demokratische Legitimation**, lässt sich doch eine ununterbrochene Legitimationskette zwischen der Bevölkerung und dem Minister und über diesen vermittelt auch mit dem Rat herstellen.[89] **109**

Welche Minister in die jeweiligen Ratssitzungen entsandt werden, hängt davon ab, welches Sachgebiet in der Sitzung behandelt werden soll, da in der Regel die jeweiligen **Fachminister** an den Ratssitzungen teilnehmen (vgl. Art. 16 Abs. 6 UAbs. 1 EUV). Von den Verträgen vorgesehen sind nur der Rat „Allgemeine Angelegenheiten“, der für die Kohärenz der Arbeiten des Rates in den unterschiedlichen Zusammensetzungen sorgen soll (Art. 16 Abs. 6 UAbs. 2 EUV) sowie der Rat „Auswärtige Angelegenheiten“, der das auswärtige Handeln der Union entsprechend den strategischen Vorgaben des Europäischen Rates besorgt (Art. 16 Abs. 6 UAbs. 3 EUV). Über diese Zusammensetzungen hinaus hat der Europäische Rat durch Beschluss nach Art. 236 Buchst. a AEUV feste Sachgebietscluster gebildet, die als Anhang I der Geschäftsordnung des Rates (GOR) angefügt sind, um die Planbarkeit für die Fachminister zu gewährleisten. **110**

Damit ist der Rat in gewisser Weise strukturell mit dem deutschen Bundesrat vergleichbar. Auch dieser besteht aus Regierungsvertretern der einzelnen Bundesländer, die über den Bundesrat an der Gesetzgebung und der Verwaltung des Bundes mitwirken.

Folgende Zusammensetzungen des Rates sind vorgesehen:

87 Obwexer in: Streinz Art. 16 EUV Rn. 31; Haratsch/Koenig/Pechstein Rn. 243.

88 Ziegenhorn in: Grabitz/Hilf/Nettesheim, Art. 16 EUV Rn. 30; Hix in: Schwarze, Art. 16 EUV Rn. 13.

89 Oppermann/Classen/Nettesheim § 5 Rn. 69; Pache/Rösch NVwZ 2008, 473, 476 f.

111 Wenn wegen der ressortübergreifenden Komplexität von Beratungsgegenständen mehrere Fachminister eines Mitgliedstaates an derselben Tagung des Rates teilnehmen, handelt es sich um gemeinsame Tagungen verschiedener Fachminister-Räte. Diese Zusammenkünfte werden dann auch als **„Jumbo-Rat"** bezeichnet.[90]

2. Stellung der Regierungsvertreter im Rat

112 Auch hinsichtlich der Mitgliedschaft im Rat finden – ebenso wie beim Europäischen Rat – keinerlei Wahlen statt. Vielmehr folgt die Mitgliedschaft im Rat aus der Zugehörigkeit zur Regierung eines der Mitgliedstaaten, sodass auch hier eine **Mitgliedschaft qua Amt** gegeben ist. Dies hat zur Folge, dass die Minister im Rat **kein freies Mandat** besitzen, sondern gegenüber ihrer jeweiligen Landesregierung **weisungsgebunden**[91] sind. Zudem müssen sie aufgrund ihrer Doppelstellung – Minister des Mitgliedstaates und Mitglied des Rates – sowohl die Unionsrechtsordnung als auch die **nationale Verfassung beachten**. Zwar bewirkt die Bindung an das Grundgesetz nicht die Verantwortung, nur solchen Beschlüssen im Rat zuzustimmen, die mit dem Grundgesetz in vollem Umfang übereinstimmen, aber der deutsche Ratsvertreter darf jedenfalls keinen Rechtsakten zustimmen, die gegen tragende Prinzipien der Verfassungsordnung verstoßen. Absolute Grenze ist der Rahmen des Art. 79 Abs. 3 GG.[92]

3. Ratspräsidentschaft

113 Über ein Leitungsorgan – vergleichbar dem Präsidenten des Europäischen Rates oder dem Präsidenten des Europäischen Parlamentes – verfügt der Rat nicht. Den Vorsitz nimmt im Rat vielmehr für ein halbes Jahr ein Mitgliedstaat, vertreten durch den jeweils anwesenden Minister, wahr. Dieser Posten wird umgangssprachlich als **Ratspräsidentschaft** bezeichnet. Die Ratspräsidentschaft wechselt gemäß Art. 16 Abs. 9 EUV nach einem **Prinzip der gleichberechtigten Rotation**, sodass nach festgelegter Abfolge jeder Mitgliedstaat einmal den Vorsitz im Rat führt, bevor die Abfolge von vorn beginnt. Auch wenn der Vorsitz formal nur von einem Mitgliedstaat geführt wird, hat sich eine enge Zusammenarbeit mit dem vorherigen vorsitzenden Mitgliedstaat und dem jeweils nachfolgenden eingebürgert, um die Kontinuität der Entscheidungen und Prozesse gewährleisten zu können. Mitunter wird der Vorsitz deshalb als **Troika** bezeichnet.[93] Eine **Ausnahme** gilt hinsichtlich des Vorsitzes des Rates „Auswärtige Angelegenheiten". Dort bekleidet der Hohe Vertreter für die Außen- und Sicherheitspolitik gemäß Art. 18 Abs. 3 EUV das Amt des Vorsitzenden.

III. Aufgaben

114 Der Rat wird in erster Linie als **Hauptrechtsetzungsorgan** tätig und wirkt in herausgehobener Stellung an der Aufstellung des Unionshaushalts mit. Darüber hinaus ist er politisches Leitungs- und Koordinierungsorgan.

---

90 Obwexer in: Streinz, Art. 16 EUV Rn. 73; Streinz Rn. 335.

91 Oppermann/Classen/Nettesheim § 5 Rn. 69.

92 Herdegen § 7 Rn. 39; Oppermann/Classen/Nettesheim § 5 Rn. 69; vgl. dazu auch BVerfGE 123, 267.

93 So u.a. Oppermann/Classen/Nettesheim § 5 Rn. 67.

- Zusammen mit dem Europäischen Parlament wirkt der Rat gemäß Art. 16 Abs. 1 EUV bei der Rechtsetzung des Sekundärrechts mit, ist damit also **Gesetzgeber** der Union. Im Rahmen des ordentlichen Gesetzgebungsverfahrens nach Art. 289 ff. AEUV wird der Rat sogar gleichberechtigt mit dem Europäischen Parlament tätig. Jedenfalls können, unabhängig von dem anwendbaren Gesetzgebungsverfahren, keine Vorschriften des sekundären Unionsrechts gegen den erklärten Willen des Rates erlassen werden. Allerdings verfügt der Rat über kein unmittelbares, sondern nur über ein indirektes **Initiativrecht** (vgl. Art. 241 AEUV).[94] **115**

- Die Scharnierfunktion schlägt sich insbesondere beim **Beitritt von Drittstaaten zur Union** nieder. Über diese beschließt der Rat einstimmig nach Zustimmung des Europäischen Parlaments. Allerdings sind bei der Entscheidung die Kriterien zu berücksichtigen, die der Europäische Rat zuvor vereinbart hat, Art. 49 Abs. 1 S. 3, 4 EUV.[95] Das Beitrittsabkommen ist der Entscheidung des Rates entzogen. Hierüber müssen nach Art. 49 Abs. 2 EUV die Mitgliedstaaten selbst entscheiden. Insoweit obliegt dem Rat die Mitwirkung am „Ob" eines Beitritts, nicht allerdings am „Wie". **116**

  Dies hängt vor allem damit zusammen, dass zumindest in institutioneller Hinsicht (Sitze, Mehrheitsverhältnisse etc.) die Verträge der Europäischen Union beim Beitritt eines Mitgliedstaates geändert werden müssen. Ausführlich zum Beitritt zur Europäischen Union s.u. Rn. 182 ff.

- Daneben stellt der Rat nach Art. 314 AEUV gemeinsam mit dem Europäischen Parlament den **Haushalt** der Union auf. **117**

- **Koordinierend** wird der Rat zum einen in der Wirtschaftspolitik tätig (vgl. Art. 120, 121 AEUV). Das Ziel des gemeinsamen Binnenmarktes und der damit einhergehenden Vereinheitlichung der Wirtschaftspolitik lässt sich, insbesondere vor dem Hintergrund der zum Teil unterschiedlichen nationalen Interessen, nur erreichen, wenn die Regierungen auch auf Unionsebene zusammenarbeiten.[96] Zum anderen koordiniert der Rat in seiner Ausrichtung als Rat für „Allgemeine Angelegenheiten" seine eigene Arbeit auch in den übrigen Zusammensetzungen. **118**

- Die Aufgaben hinsichtlich des **auswärtigen Handelns der Union** nimmt der Rat in seiner Ausrichtung „Auswärtige Angelegenheiten" wahr. Hier sorgt er nicht nur, wie in Art. 16 Abs. 6 UAbs. 3 EUV vorgeschrieben, für ein kohärentes Auftreten der Union, sondern ist gemäß Art. 218 AEUV für den Abschluss der Abkommen mit Drittstaaten ebenso zuständig wie für restriktive Maßnahmen, z.B. den Erlass von Wirtschaftsembargos, Art. 215 AEUV. **119**

IV. Beschlussfassung

Für die Beschlussfassung des Rates sehen die Verträge unterschiedliche Mehrheitserfordernisse je nach Beschlussinhalt vor. Soweit die Verträge kein besonderes Mehrheitserfordernis bestimmen, ist nach Art. 16 Abs. 3 EUV eine Entscheidung mit **qualifizierter Mehrheit** erforderlich. Diese qualifizierte Mehrheit liegt nach Art. 16 Abs. 4 EUV und **120**

94 Ziegenhorn in: Grabitz/Hilf/Nettesheim Art. 16 EUV Rn. 25.

95 Streinz Rn. 343.

96 Vgl. dazu Streinz Rn. 344.

Art. 238 Abs. 3 AEUV vor, wenn mindestens 15 Mitgliedstaaten dem Beschluss zustimmen, die zugleich mindestens 65% der Bevölkerung der Union ausmachen (sog. System der doppelten Mehrheit).[97]

Die Übergangsbestimmungen, auf die Art. 16 Abs. 5 EUV, Art. 238 Abs. 3 AEUV Bezug nehmen, gelten seit dem 01.04.2017 nicht mehr. Danach wurden den einzelnen Mitgliedstaaten abhängig von ihrer Größe bestimmte Stimmkontingente zugeteilt.

121 Die qualifizierte Mehrheit ist allerdings bereits dann nicht erreicht, wenn ihr nach Art. 238 Abs. 3 Buchst. a UAbs. 2 AEUV eine **Sperrminorität** entgegensteht. Diese wird gebildet aus Mitgliedern des Rates, die zusammen mehr als 35% der Unionsbevölkerung repräsentieren, zuzüglich eines weiteren Ratsmitglieds.

122 Erfolgt die Beschlussfassung nicht auf Vorschlag der Kommission oder des Hohen Vertreters für Außen- und Sicherheitspolitik, ist für eine qualifizierte Mehrheit nach Art. 238 Abs. 3 Buchst. b AEUV sogar eine Mehrheit von mindestens 72% der Mitglieder des Rates notwendig, die zugleich mindestens 65% der Unionsbevölkerung vertreten.

Eine gewisse „Verzögerungsmöglichkeit" ergibt sich für die Mitgliedstaaten aus der sog. **Ioannina-Formel**. Diese wurde dem Vertrag von Lissabon als Erklärung Nr. 7 der Schlussakte beigefügt und ermöglicht es mehreren Mitgliedstaaten, die dem geplanten Beschluss des Rates ihre Zustimmung verweigern wollen, zu verlangen, dass der Rat alles in seiner Macht Stehende unternehmen muss, um innerhalb einer angemessenen Zeit und unbeschadet der durch das Unionsrecht vorgeschriebenen Fristen eine zufriedenstellende Lösung für die von diesen Mitgliedstaaten vorgebrachten Anliegen zu finden. Diese Nachverhandlungen müssen durchgeführt werden, wenn 75% der Mitgliedstaaten oder so viele Mitgliedstaaten, die 75% der Unionsbevölkerung repräsentieren, die für die Erwirkung der Sperrminorität erforderlich wären, eine entsprechende Aufforderung verfassen.[98]

123 Sofern die Verträge es vorsehen, kann auch eine **einfache Mehrheit** für die Beschlussfassung genügen. Nach Art. 238 Abs. 1 AEUV ist für einen Beschluss mit **einfacher Mehrheit** erforderlich, dass die Mehrheit der Mitglieder für den Beschluss stimmt. Jeder Mitgliedstaat hat in diesem Fällen eine Stimme, sodass der Beschluss gefasst ist, wenn 15 Mitgliedstaaten für ihn stimmen.

Beispiele: Beschlüsse über Verfahrensfragen und Erlass der Geschäftsordnung des Rates (Art. 240 Abs. 3 AEUV), Aufforderung der Kommission zur Durchführung einer Untersuchung (Art. 241 AEUV)

124 An einigen Stellen sehen die Verträge auch vor, dass der Rat **einstimmig** beschließen muss. Auch wenn dies grundsätzlich eine Zustimmung aller Mitgliedstaaten bedeutet, stehen nach Art. 238 Abs. 4 AEUV Stimmenthaltungen nicht entgegen.

Beispiele: Beitritt neuer Mitgliedstaaten (Art. 49 Abs. 1 S. 3 EUV), Harmonisierung im Binnenmarkt in den Bereichen Steuern, Freizügigkeit, Rechte und Interessen der Arbeitnehmer (Art. 115 AEUV)

D. Die Europäische Kommission

125 Während der Europäische Rat und der Rat durch Regierungsvertreter der Mitgliedstaaten besetzt werden, besteht die Europäische Kommission (kurz: Kommission, vgl. Art. 13 Abs. 1 UAbs. 2 EUV) aus unabhängigen Kommissaren ohne Amt in den Mitgliedstaaten. Die Kommission wird deshalb als **genuin europäisches Organ**[99] bezeichnet. Ihren Sta-

---

97 Geiger in: Geiger/Kahn/Kotzur, Art. 16 EUV Rn. 31.

98 Vgl. Obwexer in: Streinz, Art. 16 AEUV Rn. 48 ff.; Streinz, Rn. 360 ff.

99 So Oppermann/Classen/Nettesheim § 5 Rn. 95.

tus im Übrigen mit wenigen Worten zu umschreiben, ist anlässlich der geplanten und der tatsächlichen Entwicklung schwierig: Konzeptionell sollte die Kommission zur **europäischen Regierung** fortentwickelt werden und in diese Rolle hereinwachsen. Wenngleich die Kompetenzen der Kommission durch den Vertrag von Lissabon nicht ausdrücklich beschnitten wurden, wurden die Positionen von Europäischem Parlament und Europäischen Rat gestärkt, was sich nachteilig auf die Stellung der Kommission auswirkte. Deshalb wird man die Kommission heute als **Organ mit Exekutiv-, Legislativ-, Kontroll- und politischer Leitungsfunktion** bezeichnen können.

Aufgrund dieser gegenüber einer richtigen Regierung schwächeren Stellung der Kommission fällt auch die Gleichstellung bzw. der Vergleich mit dem Status der Bundesregierung schwer. So werden beispielsweise sowohl die Gubernative als auch die Richtlinienkompetenz nicht vom Kommissionspräsidenten, sondern vom Europäischen Rat ausgeübt – Funktionen, die nach deutschem Verfassungsrecht zur Regierungsarbeit gehören. Allerdings kann der Kommissionspräsident nach Art. 17 Abs. 6 Buchst. a EUV immerhin die Leitlinien bestimmen, nach denen die Kommission ihre Aufgaben erfüllt.

I. Sitz

Der Sitz der Kommission ist **Brüssel**. Hier sind jedoch nicht alle Dienststellen der Kommission untergebracht; einige befinden sich im Nebensitz in **Luxemburg**. 126

II. Zusammensetzung

1. Anzahl der Kommissare

Grundsätzlich soll die Kommission nach Art. 17 Abs. 5 UAbs. 1 EUV aus einer Anzahl an Kommissaren bestehen, die zwei Dritteln der Zahl der Mitgliedstaaten entspricht. Bei derzeit (noch) 28 Mitgliedstaaten ergäbe sich eine Stärke von **19 Kommissaren**. Die Ämter sollen nach dem **Prinzip der gleichberechtigten Rotation** mit Staatsangehörigen der Mitgliedstaaten besetzt werden, wobei das demografische und geografische Spektrum der Gesamtheit der Mitgliedstaaten zum Ausdruck kommen soll (Art. 17 Abs. 5 UAbs. 2 S. 1 EUV). Sinn und Zweck der Reduzierung von vormals 28 auf nunmehr 19 Kommissare ist es, die Funktions- und Handlungsfähigkeit der Kommission zu verbessern und ihrer Arbeit mehr Effektivität zu verleihen.[100] 127

Allerdings kann der Europäische Rat von der Reduzierung nach Art. 17 Abs. 5 UAbs. 1 EUV a.E. per einstimmigem Beschluss **abweichen**. Für die aktuelle Amtszeit der am 01.11.2014 gewählten Kommission hat der Europäische Rat hiervon Gebrauch gemacht. Die Kommission besteht daher wie zuvor aus **28 Kommissaren** (ein Kommissar pro Mitgliedstaat). Ein Kommissar bekleidet dabei das Amt des **Präsidenten der Kommission**, ein Kommissar fungiert als **Hoher Vertreter für Außen- und Sicherheitspolitik**. 128

Trotz seiner formalen Stellung als Teil der Kommission besteht für den Hohen Vertreter für Außen- und Sicherheitspolitik ein gesondertes Ernennungsverfahren nach Art. 18 AEUV. Zu diesem besonderen Verfahren s.u. unter Rn. 145 f.

100 Haratsch/Koenig/Pechstein Rn. 269.

Kommission	
Präsident der Kommission	**Hoher Vertreter der Außen- und Sicherheitspolitik**

26 weitere Kommissare

(neben Präsident und Hohem Vertreter für Außen- und Sicherheitspolitik)

- Derzeit ein Kommissar je Mitgliedstaat
- Reduzierung auf 17 Kommissare neben Präsident und Hohem Vertreter vorgesehen (Besetzung nach dem Prinzip der gleichberechtigten Rotation), mit Abweichungsmöglichkeit
- Zuständigkeit: Wird durch den Präsidenten der Kommission nach einzelnen Sachmaterien festgelegt, kann während der Amtszeit geändert werden

2. Ernennung

129 Die Ernennung der Kommission bzw. ihrer Mitglieder beginnt mit der **Wahl des Präsidenten der Kommission**. Das **Vorschlagsrecht** liegt nach Art. 17 Abs. 7 UAbs. 1 S. 1 EUV beim **Europäischen Rat**. Dieser soll mit qualifizierter Mehrheit und unter Berücksichtigung des Ergebnisses der Wahl zum Europäischen Parlament einen Kandidaten zur Wahl vorschlagen. Die Orientierung am Europäischen Parlament soll die demokratische Legitimation der Kommission und ihres Präsidenten stärken und hat dazu geführt, dass die stärksten politischen Gruppen im Europawahlkampf mit einem Spitzenkandidaten für das Amt des Präsidenten der Kommission angetreten sind.[101] Wählbar für dieses Amt ist nur, wer die **Ernennungsvoraussetzungen** des Art. 17 Abs. 3 UAbs. 2 EUV erfüllt, sodass der Europäische Rat nur solche Personen vorschlagen darf, die aufgrund ihrer allgemeinen Befähigung und ihres Einsatzes für Europa die volle Gewähr für ihre Unabhängigkeit bieten.

Dabei spielt die **allgemeine Befähigung** auf die fachliche Qualifikation des Bewerbers, aber auch auf seine allgemeine Fähigkeit zur Ausübung des Amtes an. Als Mindestanforderung für den **Einsatz für Europa** wird verlangt, dass der benannte Kandidat jedenfalls kein erklärter Gegner der europäischen Integration sein darf. Der Kandidat gibt **Gewähr für seine Unabhängigkeit**, wenn er auf der Grundlage seines bisherigen Verhaltens und seiner Darstellung im Ernennungsverfahren erwarten lässt, dass er sein Amt im Einklang mit den Pflichten aus Art. 17 Abs. 3 UAbs. 3 EUV und Art. 245 AEUV führen wird.[102]

130 Weiterhin folgt aus Art. 17 Abs. 4, Abs. 5 EUV, dass die Kandidaten die **Staatsangehörigkeit eines Mitgliedstaates besitzen** müssen.[103] Das **Wahlrecht** übt dann das **Europäische Parlament** aus. Der vorgeschlagene Kandidat ist nach Art. 17 Abs. 7 UAbs. 1 S. 2 EUV gewählt, wenn die Mehrheit der Parlamentsmitglieder für den Kandidaten stimmt (absolute Mehrheit). Sollte der vorgeschlagene Kandidat nicht gewählt werden, muss der Europäische Rat erneut sein Vorschlagsrecht ausüben (Art. 17 Abs. 7 UAbs. 1 S. 3 EUV), sodass dann die Wahlprozedur von vorne beginnt.

Insoweit ist die Kommission wiederum mit der **Bundesregierung** vergleichbar: Nach Art. 63 Abs. 1, Abs. 2 S. 1 GG wird hinsichtlich der Bundesregierung zunächst der Bundeskanzler auf Vorschlag des

101 Martenczuk in: Grabitz/Hilf/Nettesheim, Art. 17 EUV Rn. 105; Oppermann DVBl. 2003, 1235.

102 Martenczuk in: Grabitz/Hilf/Nettesheim, Art. 17 EUV Rn. 70 f.

103 Martenczuk in: Grabitz/Hilf/Nettesheim, Art. 17 EUV Rn. 69.

Bundespräsidenten gewählt, wobei ebenfalls die Mehrheit der Bundestagsabgeordneten für den Vorgeschlagenen stimmen muss.

Auch für die weiteren **Kommissare** gelten die zuvor benannten **Ernennungsvoraussetzungen** für den Kommissionspräsidenten entsprechend, Art. 17 Abs. 3 UAbs. 2 EUV. Formal werden die Kandidaten nach Art. 17 Abs. 7 UAbs. 2 S. 1 EUV vom Rat vorgeschlagen, der insoweit als Rat für Allgemeine Angelegenheiten mit den Außenministern der Mitgliedstaaten tagt.[104] Dieser Vorschlag bedarf des Einvernehmens des Präsidenten der Kommission, der das ihm insoweit zustehende Vetorecht gegen einzelne Kandidaten ausüben kann, wenn er glaubt, dass diese beispielsweise die Ernennungsvoraussetzungen (vor allem in fachlicher Hinsicht) nicht erfüllen. Praktisch wird von diesem Vetorecht kaum Gebrauch gemacht, sondern zuvor eine Lösung im Rahmen informeller Gespräche gesucht. Bei der Aufstellung der Kandidaten berücksichtigt der Rat zudem die vom Präsidenten der Kommission vorgeschlagene Ressortverteilung. 131

Das **Wahlrecht** obliegt wiederum dem **Europäischen Parlament**. Dieses muss der vom Rat im Einvernehmen mit dem bereits gewählten Präsidenten der Kommission vorgeschlagenen Liste von Persönlichkeiten seine **Zustimmung** erteilen, Art. 17 Abs. 7 UAbs. 3 S. 1 EUV. Dabei hat es sich eingebürgert, dass sich die einzelnen Kandidaten vor der endgültigen Entscheidung über die Zustimmung einer **Befragung** durch das Parlament stellen müssen. Hierbei wird insbesondere die fachliche Qualifikation der einzelnen Kandidaten von den Abgeordneten beurteilt. Besonders ist, dass die Zustimmung des Parlaments nur hinsichtlich der Kommission **als Kollegium** erteilt werden kann, d.h. einzelne Kandidaten können nicht abgelehnt werden. 132

Diese Konstruktion findet im nationalen Verfassungsrecht keine Entsprechung. Das Recht, die Amtsträger zu benennen, obliegt nach Art. 64 Abs. 1 GG ausschließlich dem Bundeskanzler. Die Ernennung selbst erfolgt durch den Bundespräsidenten, der aber nach ganz h.M. nicht berechtigt ist, die fachliche Qualifikation der durch den Bundeskanzler benannten Personen zu überprüfen.[105]

Nach erteilter Zustimmung durch das Europäische Parlament erfolgt die **Ernennung** durch den **Europäischen Rat** mit qualifizierter Mehrheit.

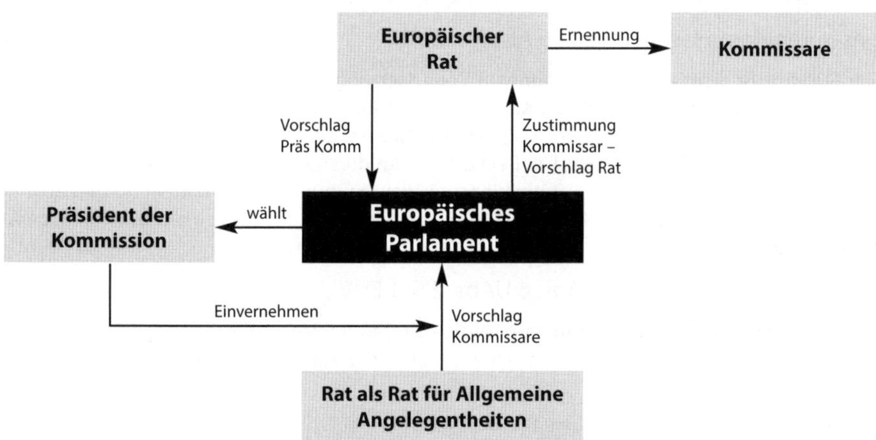

104 Schmidt/Schmitt von Sydow in: von der Groeben/Schwarze/Hatje, Art. 17 EUV Rn. 167.
105 Herzog in: Maunz/Dürig, Art. 64 GG Rn. 12 ff.; vgl. dazu ausführlich AS-Skript Staatsorganisationsrecht (2017), Rn. 366 f.

3. Status der Kommissare

133 Die Kommission kann ihre Aufgabe als **Hüterin und Förderin der Unionsinteressen** nur erfüllen, wenn sie ihre Aufgaben objektiv und unparteiisch ausführt und sich nicht von den Interessen einzelner Mitgliedstaaten oder Interessengruppen leiten lässt.[106] Ihre **Unabhängigkeit** wird deshalb durch Art. 17 Abs. 3 UAbs. 3 S. 1 EUV garantiert.

134 Die Unabhängigkeit erstreckt sich aber nicht nur auf die Kommission als Institution, sondern gemäß Art. 17 Abs. 3 UAbs. 3 S. 2 auch auf die **Kommissare**. Auch diese dürfen **keine Weisungen** von einer Regierung, einem Organ, einer Einrichtung oder einer anderen Stelle einholen oder entgegennehmen. Sie müssen vielmehr dem allgemeinen Wohl der Union Vorrang vor nationalen Partikularinteressen einräumen.[107] Ergänzt und abgesichert wird die Unabhängigkeit der Kommissare durch das **Verbot der Einflussnahme durch die Mitgliedstaaten** aus Art. 245 Abs. 1 S. 2 AEUV und das **Verbot der parallelen Beschäftigung** aus Art. 245 Abs. 2 S. 1 AEUV.

Ein **Verstoß** gegen diese Vorschriften kann durch Amtsenthebung nach Art. 247 AEUV, durch Verlust der Ruhegehaltsansprüche oder Verlust anderer Vergünstigungen sanktioniert werden.[108]

4. Amtszeit

135 Art. 17 Abs. 3 UAbs. 1 EUV legt die **Amtszeit** der Kommission auf **fünf Jahre** fest. Sie ist mit der Wahlperiode des Europäischen Parlaments identisch, dem die Kommission nach Art. 17 Abs. 8 S. 1 EUV verantwortlich ist. Eine Wiederwahl der Kommissare ist ohne Begrenzung möglich, keine Vorschrift der Verträge verbietet die Wiederwahl.[109]

a) Vorzeitiges Ende der Amtszeit

136 Die Amtszeit der Kommission als Ganzes oder auch einzelner Kommissare kann allerdings auch **vor dem Ablauf der Amtszeit enden**

- durch **Todesfall** (Art. 246 Abs. 1 AEUV),
- durch **freiwilligen Rücktritt** einzelner Kommissare (Art. 246 Abs. 1 AEUV) oder der gesamten Kommission (Art. 246 Abs. 6 AEUV),

  Der Rücktritt ist nicht an das Vorliegen von Voraussetzungen gebunden, sondern beruht auf der **freien Entscheidung** des jeweiligen Kommissars. Dadurch unterscheidet sich der Rücktritt nach Art. 246 Abs. 1 AEUV von der Abberufung des Kommissars durch den Kommissionspräsidenten gemäß Art. 17 Abs. 6 UAbs. 2 S. 1 EUV. Der Rücktritt erfolgt durch Abgabe einer schriftlichen Erklärung gegenüber dem Rat. Auch dem Kommissionspräsidenten muss hiervon Mitteilung gemacht werden. Der Rücktritt bedarf keiner Annahme, wird sofort wirksam und führt zum **unmittelbaren Ausscheiden** aus der Kommission.[110]

- durch **Abberufung** (Art. 17 Abs. 6 UAbs. 2 S. 1 EUV),

  Hinter dem Begriff der **Abberufung** verbirgt sich die verbindliche Aufforderung des Kommissionspräsidenten an einen Kommissar, von seinem Amt in der Kommission zurückzutreten. Man kann

---

106 Martenczuk in: Grabitz/Hilf/Nettesheim, Art. 17 EUV Rn. 74.

107 EuGH Slg. 2006, I-6387 Rn. 71 *Kommission/Cresson*; Schmidt/Schmitt von Sydow in: von der Groeben/Schwarze/Hatje, Art. 17 EUV Rn. 98.

108 Ruffert in: Calliess/Ruffert, Art. 245 AEUV Rn. 3.

109 Martenczuk in: Grabitz/Hilf/Nettesheim, Art. 17 EUV Rn. 68.

110 Martencuk in: Grabitz/Hilf/Nettesheim Art. 246 AEUV Rn. 3.

auch von einem „erzwungenen Rücktritt" sprechen. Wie sich bereits aus dem Wortlaut der Vorschrift ergibt, unterliegt die Berechtigung zur Abberufung **keinen Voraussetzungen** und steht deshalb im Ermessen des Kommissionspräsidenten.[111]

- durch **Amtsenthebung** durch den Gerichtshof auf Antrag des Rates oder der Kommission (Art. 246 Abs. 1 i.V.m. Art. 247 AEUV) oder

Eine **Amtsenthebung** kommt nach Art. 247 AEUV nur für den Fall in Betracht, dass der betreffende Kommissar die **Voraussetzungen für die Ausübung des Amtes nicht mehr erfüllt**, was beispielsweise beim Verlust der Staatsangehörigkeit eines Mitgliedstaates[112] oder bei einer **schweren Verfehlung** der Fall ist. Derartige schwere Verfehlungen können insbesondere in der Verletzung des Gebots der Unabhängigkeit liegen.[113] Während der Dauer des Amtsenthebungsverfahrens bleibt der Kommissar im Amt.[114]

- durch **Misstrauensvotum** des Europäischen Parlaments (Art. 17 Abs. 8 S. 2 EUV i.V.m. Art. 234 AEUV).

Das **Misstrauensvotum** ist die Konsequenz der politischen Verantwortlichkeit der Kommission gegenüber dem Europäischen Parlament aus Art. 17 Abs. 8 S. 1 EUV.

Die **Voraussetzungen** und das Verfahren ergeben sich aus Art. 234 AEUV und Art. 119 GO EP. **Formell** ist ein begründeter Misstrauensantrag erforderlich, der von mindestens einem Zehntel der Parlamentsmitglieder getragen und nach Beschluss der Kommission zugeleitet wird.[115] In **materieller Hinsicht** muss er sich gegen die Tätigkeit der Kommission als solche richten. Hierunter fällt jedes der Amtsausübung der Kommission zurechenbare Verhalten, unabhängig davon, ob die betreffende Handlung oder Unterlassung den Bereich eines der Verträge betrifft oder darüber hinausreicht.[116] Einer tatsächlichen Rechtsverletzung der Kommission bedarf es nicht,[117] aber eines Zusammenhangs mit dienstlichem Verhalten, das der Kommission als Kollegium zugerechnet wird. Dadurch wird verhindert, dass privates Verhalten ein Misstrauensvotum auslöst.[118]

Art. 234 Abs. 1 AEUV bestimmt, dass eine Abstimmung über den Antrag erst drei Tage nach der Einbringung entschieden werden darf. Der Kommission ist das Misstrauen ausgesprochen, wenn bei öffentlich-namentlicher Abstimmung mindestens zwei Drittel der abgegebenen Stimmen für den Misstrauensantrag stimmen und diese zugleich die Mehrheit der Mitglieder des Europäischen Parlaments bilden, vgl. Art. 234 Abs. 2 AEUV.

Ist der Kommission das Misstrauen ausgesprochen, sind alle Kommissare gemäß Art. 234 Abs. 2 S. 2 AEUV zur **Niederlegung ihres Amtes** verpflichtet. Allerdings führen die Kommissare ihre Geschäfte nach Art. 234 Abs. 2 S. 3 AEUV kommissarisch weiter, bis eine neue Kommission im Verfahren nach Art. 17 Abs. 7 EUV (dazu oben Rn. 129 f.) ernannt worden ist. Auf diese Weise wird eine Funktionslosigkeit der anderenfalls unbesetzten Kommission verhindert. Damit unterscheidet sich die Situation der Kommission von derjenigen in Deutschland: Die Bundesregierung kann nur durch Neuwahl eines Bundeskanzlers abgesetzt werden (Art. 67 Abs. 1 GG, sog. konstruktives Misstrauensvotum).

b) Folgen des frühzeitigen Ausscheidens

Scheiden einzelne Kommissare vor dem Ende ihrer Amtszeit aus der Kommission aus, **137**
regelt Art. 246 Abs. 2 und 3 AEUV das weitere Prozedere.

---

111 Schmidt/Schmitt von Sydow in: von der Groeben/Schwarze/Hatje, Art. 17 EUV Rn. 146.
112 Kugelmann in: Streinz, Art. 247 AEUV Rn. 1.
113 Kugelmann in: Streinz, Art. 247 AEUV Rn. 2.
114 Kugelmann in: Streinz, Art. 247 AEUV Rn. 4.
115 Kluth in: Calliess/Ruffert, Art. 234 AEUV Rn. 3; Hölscheidt in: Grabitz/Hilf/Nettesheim, Art. 234 AEUV Rn. 5.
116 Bieber in: von der Groeben/Schwarze/Hatje, Art. 234 AEUV Rn. 5.
117 Kluth in: Calliess/Ruffert, Art. 234 AEUV Rn. 3.
118 Vgl. Bieber in: von der Groeben/Schwarze/Hatje, Art. 234 AEUV Rn. 6.

- **Grundsätzlich** erfolgt eine **Neubesetzung** des vakant gewordenen Postens durch eine Person, welche über dieselbe Staatsangehörigkeit verfügt wie der ausgeschiedene Kommissar.

  Hierfür statuiert Art. 246 Abs. 2 AEUV ein abweichendes Verfahren: Die Neubesetzung erfolgt für die verbleibende Amtszeit durch den Rat mit Zustimmung der Kommission und nach Anhörung des Europäischen Parlaments. Insbesondere die Form der Mitwirkung des Europäischen Parlaments ist von der verbindlichen Zustimmung auf eine bloße Anhörung herabgesetzt.

- Nach Art. 246 Abs. 3 AEUV kann es **ausnahmsweise** bei einer **Vakanz** des frei gewordenen Postens bleiben. Dies ist insbesondere für den Fall vorgesehen, dass der Kommission nur noch eine kurze Restamtszeit verbleibt und deshalb die Ernennung eines neuen Kommissars nicht opportun ist. Die Vakanz kann nur vom Rat auf Vorschlag des Kommissionspräsidenten einstimmig beschlossen werden.

- **Sonderregeln** bestehen für den Fall, dass der **Kommissionspräsident** oder der **Hohe Vertreter für die Außen- und Sicherheitspolitik** durch Tod, Rücktritt oder Amtsenthebung ausscheiden oder **alle Kommissare zurücktreten**. Scheiden der Präsident oder der Hohe Vertreter aus, ist für die verbleibende Amtszeit gemäß Art. 246 Abs. 4 bzw. Abs. 5 AEUV ein Nachfolger zu ernennen. Dabei findet das ursprüngliche Ernennungsverfahren aus Art. 17 Abs. 7 UAbs. 1 EUV bzw. Art. 18 Abs. 1 EUV Anwendung. Treten alle Kommissare zurück, bleiben diese gemäß Art. 246 Abs. 6 AEUV kommissarisch im Amt, bis eine neue Kommission gewählt worden ist. Auch hier ist das ursprüngliche Ernennungsverfahren einzuhalten.

III. Präsident der Kommission

138 Der **Präsident der Kommission** wird nicht nur als erstes Mitglied der Kommission gewählt und ernannt (s.o. Rn. 129), sondern nimmt auch eine **herausgehobene Stellung innerhalb der Kommission** ein. Diese herausgehobene Position ist zum einen durch das Recht zur Abberufung einzelner Kommissare (s.o. Rn. 136), zum anderen durch seine besonderen **Aufgaben** aus Art. 17 Abs. 6 UAbs. 1 Buchst. a EUV und seine damit in Zusammenhang stehende **Leitungsfunktion** gemäß Art. 248 S. 3 AEUV belegt. Gerade Letztere führt dazu, dass die Rolle des Kommissionspräsidenten als **politisch-operationelle Führungsrolle** bezeichnet wird.[119]

139
- Ihm ist es nach Art. 17 Abs. 6 UAbs. 1 Buchst. a EUV übertragen, die **Leitlinien** der Kommissionsarbeit festzulegen. Diese Kompetenz berechtigt den Kommissionspräsidenten, die allgemeinen Ziele und Prioritäten für das Handeln der Kommission zu bestimmen, auf deren Grundlage die Kommission ihre Strategieplanung sowie ihr Arbeitsprogramm annimmt.[120] Die Befugnisse des Kommissionspräsidenten erstrecken sich dabei auch auf **Sachthemen**, sodass auch inhaltliche Vorgaben des Kommissionspräsidenten zu beachten sind, wenn sie die ihnen übertragenen Aufgaben im Wege des Ressortprinzips wahrnehmen.[121]

---

119 Schmidt/Schmitt von Sydow in: von der Groeben/Schwarze/Hatje, Art. 17 EUV Rn. 119.

120 Martenczuk in: Grabitz/Hilf/Nettesheim, Art. 17 EUV Rn. 93.

121 Kugelmann in: Streinz, Art. 248 AEUV Rn. 5; Ruffert in: Calliess/Ruffert, Art. 248 AEUV Rn. 3; a.A. Martenczuk in: Grabitz/Hilf/Nettesheim, Art. 17 EUV Rn. 93, nach dem der Kompetenz des Präsidenten kein Ressortprinzip entgegensteht.

Allerdings kann der Kommissionspräsident seine Leitlinienkompetenz nicht gegen den Willen der Kommission durchsetzen. Ihm stehen **keine besonderen Stimmrechte** zu. Er kann damit weder von einem Vetorecht Gebrauch machen noch gibt seine Stimme bei Stimmengleichheit den Ausschlag. Damit findet die Leitlinienkompetenz seine Grenze in dem innerhalb der Kommission geltenden **Kollegialitätsprinzip.**[122] Dies kommt in Art. 250 Abs. 1 AEUV zum Ausdruck und legt fest, dass die Entscheidungen der Kommission mit der Mehrheit ihrer Mitglieder – also im Kollegium – getroffen werden. Als einziges Druckmittel bleibt dem Präsidenten nur sein **Recht zur Abberufung** einzelner Kommissare (Art. 17 Abs. 6 UAbs. 2 S. 1 EUV), das er aber gerade zur Erhaltung der Funktionsfähigkeit der Kommission zurückhaltend wird einsetzen müssen. 140

- Nach Art. 17 Abs. 6 UAbs. 1 Buchst. b EUV obliegt dem Kommissionspräsidenten weiterhin die **interne Organisation** mit den Zielen, die Kohärenz, Effizienz und das Kollegialitätsprinzip in der Arbeit der Kommission sicherzustellen. Hierzu gliedert er die Kommission, indem er den einzelnen Kommissaren ihre jeweilige Zuständigkeit zuweist, Art. 248 S. 1 AEUV. Lediglich der Zuständigkeitsbereich des Hohen Vertreters für die Außen- und Sicherheitspolitik ist durch Art. 18 Abs. 4 EUV festgelegt. Die Aufteilung der Zuständigkeitsbereiche kann nach Art. 248 S. 2 AEUV auch während der Amtsperiode geändert werden. 141

- Als Ausfluss der Organisationskompetenz ernennt der Kommissionspräsident aus dem Kreis der Kommissare gemäß Art. 17 Abs. 6 Buchst. c EUV **Vizepräsidenten.** Nur der Hohe Vertreter der Außen- und Sicherheitspolitik kann nicht zum Vizepräsidenten ernannt werden, da er diese Stellung ohnehin kraft der Regelung in Art. 18 Abs. 4 S. 1 EUV innehat. Die **Anzahl der Vizepräsidenten** ist nicht festgelegt, sodass der Kommissionspräsident frei entscheiden kann, wie viele Vizepräsidenten er ernennt.[123] 142

  Die **Aufgabe der Vizepräsidenten** ist weder in den Verträgen noch in der Geschäftsordnung der Kommission festgelegt. Sie erschöpft sich regelmäßig darin, den Kommissionspräsidenten zu vertreten, sofern dieser an der Wahrnehmung seiner Aufgaben gehindert ist. Die Reihenfolge, in der die Vizepräsidenten die Vertretung durchführen, wird vom Kommissionspräsidenten festgelegt.[124]

- Eine besondere Form der **Abberufung** des Kommissionspräsidenten ist nicht vorgesehen. Für ihn ist nach Art. 246 Abs. 1, Abs. 4 AEUV ein vorzeitiges Ende seiner Amtszeit nur infolge Todes, Rücktritts oder Amtsenthebung denkbar. Als weiterer Beendigungsgrund kommt das Misstrauensvotum gegen die Kommission in Betracht, da im Anschluss daran nach dem ordentlichen Verfahren eine neue Kommission eingerichtet, also auch ein neuer Präsident gewählt werden muss. 143

IV. Hoher Vertreter für die Außen- und Sicherheitspolitik

Eine weitere **Sonderrolle** innerhalb der Kommission nimmt der **Hohe Vertreter für Außen- und Sicherheitspolitik** ein, da er zugleich als Kommissar und als eine Art „Außenminister" der Union fungiert (sog. **Doppelhutlösung**, vgl. Art. 18 Abs. 4 EUV).[125] 144

---

122 Vgl. Martenczuk in: Grabitz/Hilf/Nettesheim, Art. 17 EUV Rn. 94; Schmidt/Schmitt von Sydow in: von der Groeben/Schwarze/Hatje, Art. 17 EUV Rn. 122.

123 Martenczuk in: Grabitz/Hilf/Nettesheim, Art. 17 EUV Rn. 98.

124 Schmidt/Schmitt von Sydow in: von der Groeben/Schwarze/Hatje, Art. 17 EUV Rn. 134.

125 Mit dieser Bezeichnung Marquardt/Gaedtke in: von der Groeben/Schwarze/Hatje, Art. 18 EUV Rn. 13.

Der Europäische Verfassungsvertrag sah ein offizielles Außenministeramt vor. Im Vertrag von Lissabon trat der Hohe Vertreter mit deutlich geringeren Befugnissen an die Stelle des Außenministers, da ein ausdrücklich als solcher bezeichneter Außenminister mit den dazugehörigen Kompetenzen die Staatlichkeit der Union über Gebühr betont hätte. Ziel der Einführung dieser neuen Position und der herausgehobenen Stellung innerhalb der Kommission ist es gleichwohl, der Außendarstellung der Union Sichtbarkeit und Konstanz zu verleihen.[126]

1. Ernennung und Amtszeit

145 Abweichend von der Berufung der übrigen Kommissare regelt Art. 18 Abs. 1 S. 1 EUV ein **eigenständiges Ernennungsverfahren** für den Hohen Vertreter für Außen- und Sicherheitspolitik. Danach ernennt der Europäische Rat, der dabei mit qualifizierter Mehrheit entscheidet, den Hohen Vertreter mit Zustimmung des Kommissionspräsidenten. Da keine besonderen **Ernennungsvoraussetzungen** geregelt sind, gelten für ihn diejenigen der übrigen Kommissare aus Art. 17 Abs. 3 UAbs. 2 EUV[127] (s.o. Rn. 129 f.).

146 Auch die **Amtszeit** ist für den Hohen Vertreter nicht besonders geregelt, weshalb wiederum auf die Regelung für die Kommissare zurückgegriffen wird. Die Amtszeit des Hohen Vertreters beträgt deshalb ebenfalls fünf Jahre.[128] Für die **vorzeitige Beendigung der Amtszeit** trifft Art. 246 Abs. 5 AEUV eine Sonderregelung: Danach kann die Amtszeit nur durch Rücktritt, Amtsenthebung oder Tod des Hohen Vertreters vorzeitig beendet werden. Die Abberufung durch den Kommissionspräsidenten ist hingegen nicht möglich, dieses Recht steht nur dem Europäischen Rat nach Art. 18 Abs. 1 S. 2 EUV zu.

2. Aufgaben und Funktionen

147 ▪ Der Hohe Vertreter gibt nicht nur der **Außen- und Sicherheitspolitik** der Union (näher geregelt in den Art. 21 ff. EUV) ein Gesicht und **leitet** diese (vgl. Art. 18 Abs. 2 S. 1 EUV). Er ist zudem qua Amt **Mitglied der Kommission** und zugleich einer ihrer **Vizepräsidenten**, Art. 18 Abs. 4 S. 1, S. 3 EUV.

Hieraus folgt eine **Einschränkung der Organisationskompetenz des Präsidenten der Kommission**, der diesen Zuständigkeitsbereich nicht anderweitig vergeben darf (s.o. Rn. 141).

148 ▪ Zudem hat er den **Ratsvorsitz** in dessen Konstellation als **Rat „Auswärtige Angelegenheiten"** mit den Außenministern der Mitgliedstaaten inne, Art. 18 Abs. 3 EUV. Dieser ständige Vorsitz ist von der sonst im Rat üblichen Rotation ausgenommen (s.o. Rn. 113).[129] In dieser Funktion gestaltet der Hohe Vertreter die gemeinsame Außen- und Sicherheitspolitik der Union mit dem Rat nach den Vorgaben des Europäischen Rates, vgl. Art. 16 Abs. 6 UAbs. 3 EUV. Als Bindeglied zwischen der Kommission und den Ratsgremien hat er in dieser Funktion insbesondere für die Koheränz des auswärtigen Handelns der Union Sorge zu tragen.[130] Trotz der durch den Vorsitz vermittelten Zugehörigkeit zu diesem Gremium verfügt der Hohe Vertreter in den Sitzungen über kein Stimmrecht.[131]

---

126 Kaufmann-Bühler in: Grabitz/Hilf/Nettesheim, Art. 18 EUV Rn. 4; Oppermann/Classen/Nettesheim § 5 Rn. 103.
127 Kaufmann-Bühler in: Grabitz/Hilf/Nettesheim, Art. 18 EUV Rn. 12.
128 Cremer in: Calliess/Ruffert, Art. 18 EUV Rn. 6.
129 Kaufmann-Bühler in: Grabitz/Hilf/Nettesheim, Art. 18 EUV Rn. 22.
130 Kaufmann-Bühler in: Grabitz/Hilf/Nettesheim, Art. 18 EUV Rn. 28.
131 Kaufmann-Bühler in: Grabitz/Hilf/Nettesheim, Art. 18 EUV Rn. 31.

- Der Hohe Vertreter nimmt gemäß Art. 15 Abs. 2 S. 2 EUV auch an den Sitzungen des **Europäischen Rates** teil, verfügt dort aber über kein Stimmrecht.[132] **149**

- Sowohl im Europäischen Rat als auch im Rat fungiert der Hohe Vertreter als **Impulsgeber** für die gemeinsame Außen- und Sicherheitspolitik der Union und kann hierzu Vorschläge entwickeln und zur Abstimmung einbringen, Art. 18 Abs. 2, 42 Abs. 2 EUV. **150**

V. Aufgaben der Kommission

Die **Aufgaben** der Kommission werden in Art. 17 Abs. 1 EUV im Überblick beschrieben und lassen sich in drei Funktionen der Kommission zusammenfassen: Exekutivfunktion, Initiativfunktion und Wächterfunktion. **151**

1. Exekutivfunktion

Nach Art. 17 Abs. 1 S. 5 EUV übt die Kommission **Exekutiv- und Verwaltungsfunktionen** aus. Sie ist – ähnlich wie die Regierungen auf der Ebene der Mitgliedstaaten – zum einen in die übergreifende Regierungsarbeit eingebunden, dabei aber zugleich eine Art Verwaltungsbehörde der Union. Selbstverständlich will sich Art. 17 Abs. 1 S. 5 EUV nicht als globale Zuständigkeitsnorm verstanden wissen, sondern verweist über die Formulierung „nach Maßgabe der Verträge" darauf, dass diese Funktion durch spezielle Zuständigkeitsübertragungen mit Leben gefüllt werden muss.[133] **152**

- Die Kommission ist zum Schutz und der Erhaltung des gemeinsamen Binnenmarktes für die Überwachung und Freigabe **staatlicher Subventionen** zuständig (Art. 107 ff. AEUV). Erst wenn die Kommission im **Notifizierungsverfahren** nach Art. 108 Abs. 3 AEUV in ihrer Stellungnahme einer dort sog. Beihilfe eines Mitgliedstaates die Unbedenklichkeit bescheinigt, dürfen die Mitgliedstaaten die Beihilfe auszahlen. **153**

  Klausurhinweis: *Das Notifizierungsverfahren ist kein alleiniger Klausurgegenstand, sondern tauch bei der Rückforderung unionsrechtswidriger Subventionen nach § 48 VwVfG auf und ist dort inzident zu prüfen.*[134]

- Ebenfalls zur Absicherung des Binnenmarktes fungiert die Kommission als **Kartellbehörde**. Nach Art. 105 Abs. 1 S. 1 AEUV überwacht die Kommission die Einhaltung der in den Art. 101 ff. AEUV niedergelegten Wettbewerbsregeln für den Binnenmarkt. **154**

- Darüber hinaus obliegt ihr nach Art. 317 Abs. 1 AEUV die **eigenverantwortliche Ausführung des Haushalts**. Allerdings sind die übrigen Unionsorgane nach Art. 317 Abs. 2 AEUV an der Vornahme ihrer Ausgaben zu beteiligen, was dazu führt, dass die Union ihnen die Kompetenz für die Ausführung der sie jeweils betreffenden Einzelpläne ermächtigt.[135] **155**

---

132 Biervert in: Scharze, Art. 18 EUV Rn. 4.

133 Vgl. Martenczuk in: Grabitz/Hilf/Nettesheim, Art. 17 EUV Rn. 38 f.

134 Vgl. hierzu ausführlich AS-Skript Verwaltungsrecht AT 2 (2017), Rn. 132 ff.

135 Bieber in: von der Groeben/Schwarze/Hatje, Art. 317 AEUV Rn. 8 f.

156 ■ Nach Art. 249 Abs. 2 AEUV ist sie ferner zur **Erstellung eines Gesamtberichts über die Tätigkeit der Union** verpflichtet und kann **übertragene Gesetzgebungsbefugnisse wahrnehmen**. Letzteres ist nach Art. 290 AEUV in Form sog. delegierter Rechtsakte möglich (s.u. Rn. 260).

Diese Kompetenz ist mit dem Recht der Ministerien zum Erlass von Rechtsverordnungen nach Art. 80 Abs. 1 GG vergleichbar.

2. Initiativfunktion

157 Die Kommission besitzt das **Initiativmonopol**,[136] d.h. die Gesetzgebung der Union erfolgt – von den wenigen in den Verträgen vorgesehenen Ausnahmen abgesehen – nur auf ihre Initiative (s.u. Rn. 265 ff.). Diese Funktion hat der Kommission die Bezeichnung **„Motor der Verträge"** bzw. **„Motor der Integration"** eingebracht.[137]

3. Wächterfunktion

158 Weitere zentrale Aufgabe der Kommission ist es, über die **Einhaltung des Unionsrechts** durch die übrigen Organe der Union, aber auch durch die Mitgliedstaaten zu wachen. Sie wird insofern als **„Hüterin des Unionsrechts"** in Form einer Aufsichtsbehörde tätig.[138] Nach Art. 17 Abs. 1 S. 3 EUV steht sie dabei unter der Kontrolle des **Gerichtshofs der Europäischen Union**. Diese Formulierung ist indes sprachlich ungenau: Der Gerichtshof fungiert nicht als oberste Aufsichtsbehörde und überwacht gezielt die rechtmäßige Aufgabenwahrnehmung der Kommission, sondern wird vielmehr als Letztentscheidungsinstanz tätig. Stellt die Kommission beispielsweise eine Vertragsverletzung durch einen Mitgliedstaat fest, leitet sie ein Vertragsverletzungsverfahren nach Art. 258 AEUV (s.u. Rn. 653 ff.) ein. Ob tatsächlich eine Vertragsverletzung vorliegt, ist von der Entscheidung des Gerichtshofs abhängig, wie die entsprechende Antragsbefugnis der Kommission in Art. 258 Abs. 2 AEUV verdeutlicht.

159 Die Kommission kann ihre Wächterfunktion auch ausüben, indem sie von der Möglichkeit Gebrauch macht, **Empfehlungen und Stellungnahmen** (vgl. Art. 288 Abs. 5 AEUV) abzugeben. Ihr steht dieses Recht nicht nur dort zu, wo es die Verträge vorsehen, sondern allgemein, soweit sie es für notwendig erachtet.[139]

4. Sonstige Aufgaben

160 Nach Art. 17 Abs. 1 S. 6 EUV übernimmt die Kommission zudem die **Außenvertretung der Union** in allen Gebieten, die nicht zur Außen- und Sicherheitspolitik gehören; insoweit wird die Union durch den Hohen Vertreter für die Außen- und Sicherheitspolitik vertreten. Die Kommission vertritt die Union in den internationalen Beziehungen, d.h. im Verhältnis zu Drittstaaten und internationalen Organisationen.[140]

136 Oppermann/Classen/Nettesheim § 5 Rn. 121.
137 Haratsch/Koenig/Pechstein Rn. 280; Oppermann/Classen/Nettesheim § 5 Rn. 121.
138 Kugelmann in: Streinz, Art. 17 EUV Rn. 35; Oppermann/Classen/Nettesheim § 5 Rn. 130.
139 Schmidt/Schmitt von Sydow: von der Groeben/Schwarze/Hatje, Art. 17 EUV Rn. 22.
140 Martencuk in: Grabitz/Hilf/Nettesheim, Art. 17 Rn. 42.

VI. Beschlussfassung

Bei der **Beschlussfassung** kommt das Kollegialitätsprinzip der Kommission vollumfänglich zum Ausdruck. Die Beschlüsse werden nach Art. 250 AEUV mit der einfachen Mehrheit der Mitglieder gefasst. Dies liegt an der Konstruktion der Verträge hinsichtlich der politischen Verantwortlichkeit: Alle Mitglieder der Kommission sind für sämtliche erlassene Entscheidungen politisch gemeinsam verantwortlich (vgl. Art. 17 Abs. 8 S. 1 EUV), sodass die Entscheidungen auch vom Kollegium gemeinsam getroffen werden müssen.[141] Das Kollegialitätsprinzip steht dementsprechend einer echten Delegation der Organkompetenz auf nachgeordnete Stellen entgegen.[142] **161**

E. Die Europäische Zentralbank

Obwohl in Art. 13 Abs. 1 UAbs. 2 EUV ausdrücklich als Organ der Europäischen Union benannt, besitzt die **Europäische Zentralbank (EZB)** nach Art. 282 Abs. 3 S. 1 AEUV **eigene Rechtspersönlichkeit**. Dies hat zur Folge, dass die Handlungen der Organe und Institutionen der EZB nicht der Europäischen Union, sondern der EZB zugerechnet werden. Deshalb haftet auch die EZB selbst bei einem eventuellen Fehlverhalten ihrer Bediensteten (vgl. Art. 340 AEUV).[143] **162**

Ebenfalls besonders ist die Regelungssystematik hinsichtlich der EZB. Anders als bei den übrigen Organen – mit Ausnahme des Rechnungshofs – finden sich die Vorschriften über die Zusammensetzung und die Aufgaben der EZB nicht in den Art. 14 ff. EUV, sondern in den Art. 282 ff. AEUV. **163**

I. Sitz

Der **Sitz** der Europäischen Zentralbank ist an einem großen Finanzplatz angesiedelt, **Frankfurt am Main**. **164**

II. Zusammensetzung

Die EZB verfügt über zwei Institutionen, welche die Aufgaben der EZB wahrnehmen: dem Direktorium und dem Rat der Europäischen Zentralbank. **165**

1. Direktorium

Das **Direktorium** besteht gemäß Art. 283 Abs. 2 UAbs. 1 AEUV aus dem Präsidenten, dem Vizepräsidenten und vier weiteren Mitgliedern. Die Organwalter werden vom Rat vorgeschlagen und vom Europäischen Rat ernannt. Der Beschluss für die Ernennung muss dabei mit qualifizierter Mehrheit gefasst werden. Vor der Ernennung sind sowohl der Rat der Europäischen Zentralbank als auch das Europäische Parlament anzuhören. **166**

In diesem Verfahren werden insbesondere die **Ernennungsvoraussetzungen** überprüft. Insoweit schreibt Art. 283 Abs. 2 UAbs. 2, UAbs. 4 AEUV vor, dass nur solche Personen in das Direktorium berufen werden dürfen, die über die **Staatsangehörigkeit ei-** **167**

141 EuGH NJW 1987, 3070 Rn. 30 ff. *AKZO/Kommission*; Slg. 1994, I-2555 Rn. 63 ff. *Kommission/BASF u.a.*

142 EuGH Slg. 1958, 13, 43 *Meroni*; Slg. 1972, 787, 824 *Geigy*; Oppermann/Classen/Nettesheim § 5 Rn. 118.

143 Haratsch/Koenig/Pechstein Rn. 304.

nes Mitgliedstaates verfügen und zum Kreis der **in Währungs- oder Bankfragen anerkannten und erfahrenen Persönlichkeiten** gehören. Gerade durch die letzte Voraussetzung soll gewährleistet werden, dass die klügsten Köpfe und die besten Fachleute den Kurs der Institution bestimmen sollen, welche die Geldpolitik des Euro gestaltet. Damit werden zugleich Ernennungen aus politischen Gründen nahezu ausgeschlossen, da nur ernannt werden kann, wer mit Fachwissen und technischem Beurteilungsvermögen überzeugt.[144] Allerdings folgt aus der Verwendung der unbestimmten Rechtsbegriffe anerkanntermaßen ein **weiter Beurteilungsspielraum** für die an der Ernennung beteiligten Unionsorgane, der kaum justiziabel ist.[145]

2. Rat der Europäischen Zentralbank

168 Der **Rat der EZB** setzt sich gemäß Art. 283 Abs. 1 AEUV aus den Mitgliedern des Direktoriums und den Präsidenten der nationalen Zentralbanken der Mitgliedstaaten zusammen, die bereits den Euro als Währung eingeführt haben. Es besteht eine Mitgliedschaft qua Amt; eine gesonderte Wahl oder Ernennung findet nicht statt.

Um die Integration der europäischen Währung voranzutreiben, sieht Art. 141 Abs. 1 AEUV den Erweiterten Rat vor, dem neben den Mitgliedern des Rates der EZB auch die Präsidenten der nationalen Zentralbanken der Mitgliedstaaten angehören, die den Euro noch nicht eingeführt haben.[146]

Die weitere Binnenarchitektur der EZB ergibt sich aus der Satzung über das Europäische System der Zentralbanken (ESZB, vgl. Art. 282 Abs. 1 S. 1 AEUV). Sie spielt im Examen allerdings keine Rolle.

III. Aufgaben

169 Die EZB sorgt für die **Koordinierung** der Geldpolitiken der Mitgliedstaaten und die überwacht das Funktionieren des Europäischen Währungssystems. Sie übernimmt somit die Aufgaben der Vorgängerinstitution (Europäisches Währungsinstitut – EWI), das noch keine Organqualität besaß.[147]

1. Unabhängige Stellung in der Währungspolitik

170 In der **Währungspolitik** der Union nach den Art. 127 ff. AEUV liegt die Hauptaufgabe der EZB. Insoweit ist die EZB das Ergebnis der fortschreitenden Integration auf diesem Gebiet, die mit der Einführung der Unionswährung einen ersten Höhepunkt erreicht hat. Die Ausgabe einer eigenen Währung bedingt notwendigerweise das Vorhandensein einer eigenen Zentralbank, welche die Währungsproduktion und -ausgabe durchführt, steuert und überwacht (vgl. Art. 128 Abs. 1 S. 1, 282 Abs. 3 S. 2 AEUV). Diese Aufgabe nimmt die EZB mit dem Ziel wahr, die **Preisstabilität** im Euroraum zu gewährleisten, d.h. eine möglichst geringe Schwankung der Kaufkraft.[148]

171 Hinsichtlich der Erfüllung dieser Aufgaben, der Ausübung und der Verwaltung ihrer Mittel genießt die EZB **Unabhängigkeit**, sodass weder die übrigen Organe der Union noch

144 Zilioli in: von der Groeben/Schwarze/Hatje, Art. 283 AEUV Rn. 17.

145 Häde in: Calliess/Ruffert, Art. 283 AEUV Rn. 8; Palm in: Grabitz/Hilf/Nettesheim, Art. 283 AEUV Rn. 18.

146 Vgl. Haratsch/Koenig/Pechstein Rn. 308.

147 Vgl. Haratsch/Koenig/Pechstein Rn. 303.

148 Kramer/Hinrichsen JuS 2015, 673, 677, auch ausführlich zu den übrigen Aufgaben der EZB.

die Mitgliedstaaten oder deren Zentralbanken Einfluss auf die Geldpolitik der EZB nehmen können (Art. 282 Abs. 3 S. 3, 4 AEUV). Die Unabhängigkeit der EZB wird dadurch gestärkt, dass sie selbst und ihre Organwalter hinsichtlich der in den Art. 127 ff. AEUV geregelten Währungspolitik **keine Weisungen** anderer Unionsorgane oder Regierungen der Mitgliedstaaten einholen oder entgegennehmen dürfen, Art. 130 Abs. 1 AEUV. Die unabhängige Stellung der EZB ist erforderlich, um die EZB dem direkten Zugriff der Politik zu entziehen und damit die Preisstabilität zu sichern.[149]

2. OMT-Programm

Angesichts der **Finanz- und Wirtschaftskrise** in mehreren Mitgliedstaaten wurde Ende 2010 der dauerhafte **Europäische Stabilitätsmechanismus (ESM)** geschaffen, der nach einer Entscheidung des Gerichtshofs mit dem Unionsrecht vereinbar ist.[150] Ergänzend dazu fasste die EZB am 06.09.2012 einen Beschluss über „Technical features of Outright Monetary Transactions", sog. **OMT-Beschluss**. Hiernach dürfen Staatsanleihen ausgewählter Mitgliedstaaten in unbegrenzter Höhe aufgekauft werden, wenn und solange diese Mitgliedstaaten zugleich an einem mit dem ESM vereinbarten Reformprogramm teilnehmen. Erklärtes Ziel des OMT ist die Sicherstellung einer ordnungsgemäßen geldpolitischen Transmission und der Einheitlichkeit der Geldpolitik. **172**

Allerdings wurde die Absicht zum Staatsanleihekauf durch die EZB nicht überall positiv aufgenommen. Auf eine Verfassungsbeschwerde hin äußerte schließlich auch das BVerfG die Ansicht, das OMT-Programm sei mit Unionsrecht (insbesondere mit Art. 123 AEUV) unvereinbar, überschreite die Grenzen des Mandates der EZB und stelle deshalb einen sog. ultra-vires-Akt dar.[151] Der **Gerichtshof** beschied auf die Vorlage hin, dass das **OMT-Programm unionsrechtskonform** sei. **173**

- Das OMT-Programm führe zwar dazu, dass die EZB auf den Finanzmärkten tätig werde, verfolge damit aber die Programmziele, die geldpolitische Transmission und die Einheitlichkeit der Geldpolitik sicherzustellen, was währungspolitischer Art sei und deshalb **nicht zur reinen Wirtschaftspolitik** gehöre, die den Mitgliedstaaten vorbehalten bleibe. Zwar verfolge das OMT-Programm mit der Stabilisierung des Euro-Währungsgebietes auch wirtschaftspolitische Zwecke; allerdings könne eine währungspolitische Maßnahme wie der Staatsanleihekauf nicht allein deshalb einer wirtschaftspolitischen Maßnahme gleichgestellt werden, weil sie mittelbare Auswirkungen auf die Stabilität des Euro-Währungsgebietes habe.
- Auch die Verbindung mit der Europäischen Finanzstabilisierungsfazilität (EFSF) und dem Europäischen Stabilitätsmechanismus (ESM), die der Verfolgung wirtschaftspolitischer Ziele dienen, stehen der Einordnung als währungspolitische Maßnahme nach dem Gerichtshof nicht entgegen. Hiergegen sprächen die Vorschriften der Art. 119 Abs. 2, 127 Abs. 1, 282 Abs. 2 AEUV, die es der EZB gestatten, ohne Beeinträchtigung des Ziels der Preisstabilität die allgemeine Wirtschaftspolitik der Union zu unterstützen. Aus Gründen der Verhältnismäßigkeit macht der Gerichtshof aller-

149 Haratsch/Koenig/Pechstein Rn. 306.

150 EuGH EuZW 2013, 100 *Pringle*; dazu Ruffert JuS 2013, 278.

151 BVerfG RÜ 2014, 313.

dings folgende Einschränkungen: Wegen der Regelung in Art. 123 Abs. 1 AEUV dürfen Anleihekäufe nicht dazu eingesetzt werden, um das Ziel des **Anhaltens zu einer gesunden Haushaltspolitik** zu umgehen. Beim Anleihekauf müssten deshalb hinreichende Garantien hierfür vorgesehen sein. Zudem ist eine **Mindestfrist** zwischen der Ausgabe auf dem Primärmarkt und dem Ankauf durch die EZB auf dem Sekundärmarkt einzuhalten, damit nicht bereits bei der Ausgabe der Staatsanleihe der Eindruck entstehe, diese werde auf jeden Fall durch die EZB erworben, was anderenfalls zu einer Verfälschung der Emissionsbedingungen führen könnte.[152]

174 Dementsprechend traf auch das **BVerfG** die endgültige Entscheidung, dass sich die Deutsche Bundesbank an der Durchführung des OMT-Programms beteiligen dürfe, wenn und soweit die vom Gerichtshof aufgestellten Maßgaben erfüllt sind.[153]

Zusätzliche Bedeutung erlangt der Fall dadurch, dass das BVerfG hier erstmalig ein Vorabentscheidungsverfahren eingeleitet hat, was sich auf die Zuständigkeitsabgrenzung zwischen BVerfG und dem Gerichtshof der Europäischen Union auswirkt (s.u. Rn. 350 ff.). Ein weiteres Vorabentscheidungsverfahren hat das BVerfG zum Anleihekaufprogramm der EZB eingeleitet; eine Entscheidung steht noch aus.[154]

F. Der Rechnungshof

175 Der **Rechnungshof** hat seinen **Sitz** in **Luxemburg**. Wie auch die Europäische Zentralbank ist der Rechnungshof zwar mit Organqualität versehen, aber nicht im EUV geregelt. Die ihn betreffenden Vorschriften finden sich vielmehr in den Art. 285 ff. AEUV.

176 Er ist nach Art. 285 Abs. 1 AEUV für die **Rechnungsprüfung** zuständig, d.h. er prüft die Rechnung über alle Einnahmen und Ausgaben der Union sowie der von der Union geschaffenen Einrichtungen auf Rechtmäßigkeit und Ordnungsmäßigkeit und überzeugt sich von der Wirtschaftlichkeit der Haushaltsführung.[155] Hierzu erstattet er einen Jahresbericht, der nicht nur den übrigen Institutionen der Union zugeleitet, sondern gemäß Art. 287 Abs. 4 UAbs. 1 AEUV auch im Amtsblatt der Union veröffentlicht wird.

177 Der Rechnungshof ist mit einem Staatsangehörigen je Mitgliedstaat besetzt (Art. 285 Abs. 2 S. 1 AEUV). Die Mitglieder des Rechnungshofes üben ihre Aufgaben in voller Unabhängigkeit zum gemeinen Wohl der Union aus (Art. 285 Abs. 2 S. 2 AEUV).[156]

G. Sonstige Einrichtungen der EU

178 Zur Unterstützung der Tätigkeiten des Europäischen Parlaments, des Rates und der Kommission sind nach Art. 13 Abs. 4 EUV i.V.m. Art. 300 ff. AEUV zwei beratende Einrichtungen der Union geschaffen worden: der **Wirtschafts- und Sozialausschuss** sowie der **Ausschuss der Regionen**. Diese Ausschüsse besitzen **keine Organqualität**, wie sich bereits aus dem Fehlen ihrer Bezeichnung in Art. 13 Abs. 1 UAbs. 2 EUV ergibt. Sie sind vielmehr beratende Gremien sui generis mit organunterstützender Funktion.[157]

---

152 EuGH RÜ 2015, 591 *Pfeiffer & Langen*; vgl. auch Kramer/Hinrichsen JuS 2015, 673, 678 f.

153 BVerfG RÜ 2016, 518.

154 BVerfG NJW 2017, 2894.

155 Haratsch/Koenig/Pechstein Rn. 311.

156 Magiera in: Grabitz/Hilf/Nettesheim, Art. 285 AEUV Rn. 7.

157 Jaeckel in: Grabitz/Hilf/Nettesheim, Art. 301 AEUV Rn. 2; Hayder EuZW 2010, 171; vgl. EuGH Slg. 1982, 269 Rn. 26 *Mol*.

Trotz dieser vermeintlichen Stellung sind sie im Rechtsetzungsverfahren nicht nur informell, sondern formell durch Anhörungen und Abgaben einer Stellungnahme zu beteiligen, sofern dies im Vertrag für das jeweilige Rechtsetzungsverfahren vorgeschrieben ist.

I. Wirtschafts- und Sozialausschuss

Der Wirtschafts- und Sozialausschuss setzt sich aus Vertretern verschiedener Gesellschafts- und Wirtschaftsgruppen zusammen, die beispielhaft, aber nicht abschließend in Art. 300 Abs. 2 AEUV genannt werden. Er umfasst nach Art. 301 AEUV höchstens 350 Mitglieder, die nach Art. 302 AEUV für die Dauer von fünf Jahren durch den Rat nach Anhörung der Kommission ernannt werden. Die Zusammensetzung des Ausschusses wird künftig gemäß Art. 301 Abs. 2 AEUV durch Beschluss des Rates festgelegt. Damit ist der Ausschuss – ungeachtet seiner Mitwirkung im Rahmen der Sekundärgesetzgebung der Union – kein demokratisch repräsentatives Gremium.[158] Seine Aufgabe besteht weniger darin, die Bevölkerung zu repräsentieren, als vielmehr die Interessen und Auffassungen der verschiedenen Gesellschafts- und Wirtschaftsgruppen widerzuspiegeln. 179

Beispiele: obligatorische Anhörung bei Vorhaben zur Arbeitnehmerfreizügigkeit (Art. 46 AEUV) oder zur Niederlassungsfreiheit (Art. 50 Abs. 1 AEUV), fakultative Anhörung gemäß Art. 304 Abs. 1 S. 2 AEUV

Die Stellungnahmen des Wirtschafts- und Sozialausschusses sind **unverbindlich**, d.h. die dort niedergelegten Auffassungen müssen von den Organen der Union, welche die Stellungnahmen einholen, nicht beachtet werden. Dem Anhörungserfordernis ist Rechnung getragen, wenn eine Stellungnahme des Ausschusses eingeholt worden ist.

II. Ausschuss der Regionen

Der Ausschuss der Regionen besteht gemäß Art. 305 Abs. 1 AEUV aus bis zu 350 Mitgliedern, die in der **Regionalpolitik** verwurzelt sind. Deshalb kann nach Art. 300 Abs. 3 AEUV nur in den Ausschuss der Regionen berufen werden, wer Vertreter einer regionalen oder lokalen Gebietskörperschaft ist, ein auf Wahlen beruhendes Mandat in einer regionalen oder lokalen Gebietskörperschaft innehat oder gegenüber einer gewählten Versammlung politisch verantwortlich ist. Diese Verantwortlichkeit ist im Sinne einer parlamentarischen Verantwortlichkeit zu verstehen, also im Sinne eines Zitierungs-, Untersuchungs- und Abwahlrechts mit Blick auf den jeweiligen Vertreter. Es ist folglich möglich, dass Mitglieder der Exekutive einer regionalen oder lokalen Gebietskörperschaft Mitglieder im Ausschuss der Regionen werden, sofern sie der entsprechenden Versammlung rechenschaftspflichtig sind – wie Mitglieder einer Landesregierung.[159] 180

Auch der Ausschuss der Regionen ist vornehmlich im Rechtsetzungsverfahren durch **Anhörungen** zu beteiligen. Er kann dabei – ebenso wie der Wirtschafts- und Sozialausschuss – **Stellungnahmen** abgeben, die aber für die übrigen Unionsorgane **keinerlei Bindungswirkung** entfalten. 181

Beispiele: Durchführungsbeschlüsse bezüglich der Landwirtschafts-, Struktur- und Regionalfonds (Art. 175 ff. AEUV), Strukturfragen der transeuropäischen Netze (Art. 172 AEUV)

158 Blanke in: Grabitz/Hilf/Nettesheim, Art. 300 Rn. 40.

159 Blanke in: Grabitz/Hilf/Nettesheim, Art. 300 AEUV Rn. 99.

Organe der EU (Organkompetenz)

Keine Gewaltenteilung, aber Grundsatz des institutionellen Gleichgewichts der Organe: Jedes Organ übt seine Befugnisse unter Beachtung der Befugnisse der anderen Organe aus, Verstöße können durch den Gerichtshof geahndet werden.

Numerus clausus der Unionsorgane, Art. 13 EUV

Europäisches Parlament	■ **Sitz:** Straßburg (Hauptsitz), Luxemburg (Verwaltungssitz), Brüssel (Ausschusssitz) ■ **Zusammensetzung und Wahl** ■ 750 Abgeordnete nach dem Prinzip der degressiven Proportionalität (Demokratiedefizit wg. Verstoßes gegen die Wahlrechtsgleichheit) ■ Sog. Europawahl alle fünf Jahre ■ Wahlgrundsätze, Art. 14 Abs. 3 EUV; insbes. Sperrklausel nach BVerfG verfassungswidrig ■ **Aufgaben** ■ Hauptrechtsetzungsorgan (mit Rat) ■ Haushaltsbehörde (mit Rat) ■ Wahl des Parlaments- und Kommissionspräsidenten ■ Kontrolle der Kommission

Europäischer Rat	■ **Sitz:** Brüssel ■ **Zusammensetzung** (keine Wahl, Mitgliedschaft qua Amt) ■ Staats- und Regierungschefs der Mitgliedstaaten ■ Präsident des Europäischen Rates ■ Präsident der Kommission ■ Hoher Vertreter der Außen- und Sicherheitspolitik (nur Teilnahmerecht!) ■ **Aufgaben** ■ Politische Gesamtleitung der Union, Festlegung der allgemeinen politischen Zielvorstellungen und Prioritäten ■ Vertragsänderungen im vereinfachten Verfahren ■ Mitwirkung bei personalpolitischen Entscheidungen (Nominierungen) ■ Gemeinsame Außen- und Sicherheitspolitik ■ Politische Revisionsinstanz

Rat	■ **Sitz:** Brüssel (Hauptsitz), Luxemburg (Nebensitz) ■ **Zusammensetzung** (keine Wahl, Mitgliedschaft qua Amt) ■ Regierungsvertreter der Mitgliedstaaten auf Ministerebene (je nach Fachzusammensetzung) ■ Vertretung durch Staatssekretäre möglich (Gewohnheitsrecht) ■ **Aufgaben** ■ Hauptrechtsetzungsorgan (mit Europäischem Parlament) ■ Mitwirkung am Beitritt zur Union ■ Haushaltsbehörde (mit Europäischem Parlament) ■ Einfluss auf das auswärtige Handeln der Union

Organe der EU (Organkompetenz) – Fortsetzung

Kommission	▪ **Sitz:** Brüssel ▪ **Zusammensetzung und Wahl** ▪ Präsident der Kommission, Hoher Vertreter der Außen- und Sicherheitspolitik und 26 Kommissare (ggf. Reduzierung auf 18 Kommissare) ▪ Präsident: Wahl durch Europäisches Parlament auf Vorschlag des Europäischen Rates ▪ Kommissare: Wahl durch Europäisches Parlament auf Vorschlag des Rates und des Präsidenten der Kommission ▪ **Aufgaben** ▪ Exekutiv- und Verwaltungsfunktion ▪ Initiativmonopol hinsichtlich der Rechtsetzung der Union ▪ Wächterfunktion hinsichtlich der Einhaltung des Unionsrechts ▪ Außenvertretung der Union (soweit nicht Außen- und Sicherheitspolitik betroffen

Europäische Zentralbank	▪ **Sitz:** Frankfurt a.M. ▪ **Zusammensetzung** ▪ Rat der Europäischen Zentralbank ▪ Direktorium ▪ **Aufgaben** ▪ Unabhängige Ausübung der Währungspolitik

Rechnungshof	▪ **Sitz:** Luxemburg ▪ **Zusammensetzung** ▪ Ein Mitglied pro Mitgliedstaat ▪ **Aufgaben** ▪ Rechnungsprüfung ▪ Überwachung der Wirtschaftlichkeit der Haushaltsführung

Gerichtshof der Europäischen Union: im 4. Teil zum Prozessrecht!

3. Abschnitt: Beitritt zur und Austritt aus der Europäischen Union

A. Beitritt

182 Die Ermöglichung eines Beitritts zur Union zielt – insoweit schließt sich der Kreis zur ursprünglichen Entstehung der Union – nicht nur auf eine geografische Erweiterung des Unionsgebietes, sondern auch darauf, **Frieden, Stabilität und Sicherheit in der Europäischen Union und auf dem europäischen Kontinent zu gewährleisten.**[160] Geht man von der geringen Anzahl der ursprünglichen Mitgliedstaaten aus, ist die Union angesichts dieser Zielsetzung auf Expansion über das gesamte europäische Festland hin ausgelegt – wie auch die bisherige Entwicklung der Union sowie die Vorbemerkungen vor dem jeweils ersten Artikel von EUV und AEUV zeigen. Der Beitritt zur Union war deshalb seit jeher in den Verträgen vorgesehen und ist heute in **Art. 49 EUV** verankert.

I. Beitrittsvoraussetzungen

183 Auch bei Erfüllung aller Beitrittskriterien gibt Art. 49 EUV **keinen Anspruch auf Beitritt** zur Union, da dieser nicht nur von den Voraussetzungen, sondern auch von der Zustimmung der Mitgliedstaaten abhängt.[161]

1. Europäischer Staat

184 Um die beitrittsfähigen Staaten zu bestimmen, wird – anders als der Wortlaut vermuten lässt – **nicht ausschließlich auf die geografische Lage** abgestellt. Zu den **europäischen Staaten** i.S.d. Art. 49 Abs. 1 S. 1 EUV gehören vielmehr diejenigen Staaten, die in einer nahen räumlichen und wirtschaftlichen Beziehung zur Union stehen und eine der Grundstruktur der anderen Mitgliedstaaten entsprechende freiheitliche, politische und wirtschaftliche Verfassung im Sinne der europäischen Tradition besitzen.[162] Gleichwohl wirkt die Formulierung als Begrenzung: Staaten, die räumlich deutlich außerhalb der bisherigen Union liegen und über keinerlei Berührungspunkte mit ihr verfügen, sind von vornherein nicht beitrittsfähig.

So ist erklärlich, warum mit der Türkei, von der lediglich ein Teil nach geografischen Verständnis in Europa liegt, Beitrittsverhandlungen aufgenommen wurden, ein Beitrittsantrag Marokkos jedoch nicht zu Beitrittsverhandlungen führte.[163]

2. Kopenhagener Kriterien

185 Art. 49 Abs. 1 S. 1 EUV macht den Beitritt von der **Einhaltung der in Art. 2 EUV genannten Grundwerte der Union** (sog. **Kopenhagener Kriterien**) abhängig. Auf diese Weise soll die Identität der Union als Rechtsgemeinschaft gesichert und die Legitimität der im Verbund von Union und Mitgliedstaaten ausgeübten Herrschaftsgewalt begründet werden.[164] Für einen Beitritt müssen die folgenden **vier Kriterien** erfüllt werden.

160 Ohler in: Grabitz/Hilf/Nettesheim, Art. 49 EUV Rn. 3; Knauff DÖV 2010, 631, 632.

161 Cremer in: Calliess/Ruffert, Art. 49 EUV Rn. 4; Oppermann/Classen/Nettesheim § 42 Rn. 5; Sarcevic EuR 2002, 461, 479 f.

162 Ohler in: Grabitz/Hilf/Nettesheim, Art. 49 EUV Rn. 14.

163 Oppermann/Classen/Nettesheim § 42 Rn. 8.

164 Ohler in: Grabitz/Hilf/Nettesheim, Art. 49 EUV Rn. 15; Nettesheim EuR 2003, 36; Calliess JZ 2004, 1033, 1039 f.

- **Politisches Kriterium:** Der beitrittswillige Staat muss im Hinblick auf **Freiheit, Demokratie, Menschenrechte und Rechtsstaatlichkeit** den Grundsätzen entsprechen, auf denen die Union und die Verfassungen ihrer Mitgliedstaaten aufbauen.[165]

- **Wirtschaftliches Kriterium:** Die Mitgliedschaft in der Union erfordert eine **funktionsfähige Marktwirtschaft** sowie die Fähigkeit, dem Wettbewerbsdruck und den Marktkräften innerhalb der Union standhalten zu können.[166]

- **Acquis-Kriterium:** Der beitrittswillige Staat muss überdies die Gewähr dafür bieten, dass er in der Lage ist, die aus der Mitgliedschaft in der Union erwachsenden **Verpflichtungen** in demselben Umfang zu übernehmen wie die übrigen Mitgliedstaaten. Der beitrittswillige Staat muss deshalb nicht nur an der Wirtschaftsgemeinschaft der Union partizipieren, sondern auch am in der Union entstandenen Raum der Freiheit, der Sicherheit und des Rechts sowie an der gemeinsamen Außen- und Sicherheitspolitik (sog. **gemeinsamer Besitzstand**).[167]

- **Aufnahmefähigkeits-Kriterium:** Die Union selbst muss die Fähigkeit besitzen und beibehalten, neue Mitglieder aufzunehmen, und zugleich die Stoßkraft bei der Vertiefung der europäischen Integration aufrechterhalten.[168]

II. Beitrittsverfahren

Das Beitrittsverfahren ist in Art. 49 AEUV sowie in den konkretisierenden Vorschriften **186** des Ratsbeschlusses über das Beitrittsverfahren geregelt.[169] Es besteht aus der Verfahrenseinleitung, der Verhandlungsphase und dem Abschluss des Beitrittsvertrages.

1. Einleitung

Das Verfahren nimmt mit einem **Antrag** des beitrittswilligen Staates seinen Anfang, den **187** dieser gemäß Art. 49 Abs. 1 S. 3 Hs. 1 EUV an den Rat zu richten hat. Neben der Unterrichtung des **Europäischen Parlamentes** sowie der **nationalen Parlamente** vom Beitrittsantrag (Art. 49 Abs. 1 S. 2 EUV) wird auch die **Kommission** von den Beitrittsabsichten in Kenntnis gesetzt. Diese gibt daraufhin – obwohl in Art. 49 Abs. 1 EUV nicht ausdrücklich vorgesehen – eine **vorläufige Stellungnahme** darüber ab, ob die Beitrittsvoraussetzungen in einem Maße erfüllt sind, dass die Aufnahme von Beitrittsverhandlungen empfohlen werden können.[170] Auf dieser Grundlage trifft der **Rat** die Schlussfolgerung, ob mit dem antragstellenden Staat **Beitrittsverhandlungen** aufgenommen werden oder nicht. Fällt diese Entscheidung positiv aus, wird der antragstellende Staat als **Beitrittskandidat** bezeichnet.

Auf diese Entscheidung und Bezeichnung besteht kein Anspruch, sie hat vielmehr symbolische Bedeutung und ergeht im öffentlichen Interesse der Union.[171] Den Status des Beitrittskandidaten führen der-

165 Meng in: von der Groeben/Schwarze/Hatje, Art. 49 EUV Rn. 13; Oppermann/Classen/Nettesheim § 42 Rn. 10.
166 Meng in: von der Groeben/Schwarze/Hatje, Art. 49 EUV Rn. 13.
167 Oppermann/Classen/Nettesheim § 42 Rn. 12.
168 Meng in: von der Groeben/Schwarze/Hatje, Art. 49 EUV Rn. 13; Oppermann/Classen/Nettesheim § 42 Rn. 13.
169 Ratsbeschluss über das Beitrittsverfahren vom 09.06.1970, EA 1970, D 350.
170 Cremer in: Calliess/Ruffert, Art. 49 EUV Rn. 2; Meng in: von der Groeben/Schwarze/Hatje, Art. 49 EUV Rn. 26.
171 Ohler in: Grabitz/Hilf/Nettesheim, Art. 49 EUV Rn. 26.

zeit Montenegro, Serbien, Türkei, Albanien und Mazedonien. Die Beitrittsverhandlungen mit den drei zuerst genannten Staaten laufen bereits.

2. Verhandlung

188 Im Anschluss an den positiven Beschluss nehmen der Rat und die Kommission die **Beitrittsverhandlungen** mit dem Beitrittskandidaten auf. Hierbei werden die Beitrittsbedingungen ausgehandelt und die erforderlichen Änderungen an den Verträgen der Union vorbereitet. Ein **Abbruch** der Verhandlungen ist jederzeit möglich; aufseiten der Union muss über einen solchen Abbruch der Rat befinden.[172]

3. Abschluss

189 Erst nach dem Abschluss der Beitrittsverhandlungen findet die in Art. 49 EUV geregelte Beteiligung der Organe statt. Die **Kommission** gibt eine Stellungnahme zum geplanten Beitritt ab. Diese ist **unverbindlich**, da Art. 49 Abs. 1 S. 3 Hs. 2 EUV lediglich eine Anhörung der Kommission vorschreibt. Weiterhin wird die **Zustimmung** des **Europäischen Parlamentes** eingeholt. Verweigert das Parlament diese, ist der Beitritt des antragstellenden Staates ausgeschlossen,[173] was die herausgehobene Stellung des Parlaments zum Ausdruck bringt. Liegt die Zustimmung vor, hat schlussendlich der **Rat** durch **einstimmigen Beschluss** den Beitritt des Kandidaten zu beschließen. Verweigert der Rat den Beitritt oder das Europäische Parlament seine Zustimmung, steht dem Beitrittskandidaten zwar grundsätzlich der Rechtsweg zum Gerichtshof der Europäischen Union offen, allerdings besteht insoweit weder ein Rechtsanspruch auf einen Beitritt zur Union noch ein Anspruch auf ermessensfehlerfreie Entscheidung durch die Unionsorgane.[174]

Vielmehr prüft der Gerichtshof lediglich die formalen Voraussetzungen, wie die Einhaltung des richtigen Verfahrensablaufs und der vorgeschriebenen Mehrheiten für die Entscheidungen der Organe.

190 Hierdurch findet allerdings nur der Beteiligungsbereich der Unionsorgane seinen Abschluss, der Beitritt des Kandidaten ist dadurch noch nicht endgültig beschieden. Denn nach Art. 49 Abs. 2 EUV ist zum Beitritt ein **Vertrag zwischen dem Beitrittskandidaten und allen Mitgliedstaaten** erforderlich, der nach den verfassungsrechtlichen Vorschriften der Mitgliedstaaten **ratifiziert** werden muss, also eine Beteiligung der nationalen Parlamente oder sogar die Durchführung eines Referendums voraussetzt. Hierbei kommt der **völkerrechtliche Charakter des Beitritts** zum Ausdruck.[175]

III. Wirkungen des Beitritts

191 Sobald der Beitrittsvertrag von den Mitgliedstaaten ratifiziert wurde, wird der Beitrittskandidat zum **vollwertigen Mitgliedstaat der Europäischen Union**. Dies bedeutet, dass der neue Mitgliedstaat den oben beschriebenen sog. gemeinsamen Besitzstand, also das **gesamte primäre und sekundäre Unionsrecht sofort übernehmen** muss.[176]

---

172 Meng in: von der Groeben/Schwarze/Hatje, Art. 49 AEUV Rn. 27.

173 Ohler in: Grabitz/Hilf/Nettesheim, Art. 49 EUV Rn. 25; Cremer in: Calliess/Ruffert, Art. 49 EUV Rn. 3.

174 Ohler in: Grabitz/Hilf/Nettesheim, Art. 49 EUV Rn. 29; Cremer in: Calliess/Ruffert, Art. 49 EUV Rn. 4; vgl. auch Pechstein in: Streinz, Art. 49 EUV Rn. 15; Niedobitek DÖV 2003, 67, 70; a.A. Sarcevic EuR 2002, 461, 480 f.

175 Oppermann/Classen/Nettesheim § 42 Rn. 20.

176 EuGH Slg. 1982, 4261 *Metallurgiki Halyps*; Oppermann/Classen/Nettesheim § 42 Rn. 23; vgl. auch Ott EuZW 2000, 293.

Um dem neuen Mitgliedstaat die dadurch erforderlich werdenden Anpassungen des nationalen Rechts sowie der Verwaltungspraxis zu ermöglichen, werden i.d.R. **Übergangsfristen** vereinbart.

B. Austritt

Vor der Regelung in Art. 50 EUV war umstritten, ob ein Austritt aus der Union überhaupt möglich ist.[177] Dieser Streit ist durch die Aufnahme der Regelung erledigt. **192**

Ungeregelt geblieben sind jedoch das **einvernehmliche Ausscheiden eines Mitgliedstaates**, die einvernehmliche **Auflösung der Union** sowie der **einseitige Ausschluss eines Mitgliedstaates**. Alle Maßnahmen werden auch ohne ausdrückliche Regelung nach allgemeinen völkerrechtlichen Grundsätzen für möglich erachtet. Allerdings wären vor dem Ausschluss eines Mitgliedstaates zunächst die vertraglichen Rechtsschutzverfahren nach Art. 258 f. AEUV, das Zwangsgeldverfahren nach Art. 260 Abs. 2 AEUV sowie ggf. das Sanktionsverfahren nach Art. 7 EUV auszuschöpfen,[178] sodass der Ausschluss allenfalls als ultima ratio in Betracht kommt.

I. Austrittsvoraussetzungen

Der Austritt eines Mitgliedstaates ist dessen eigenständiges Recht und Entscheidung. **193** Art. 50 Abs. 1 EUV begründet ein einseitiges Optionsrecht jedes Mitgliedstaates zum Austritt in der Gestalt eines **einseitigen Kündigungsrechts**, das nach vorzugswürdiger Ansicht an **keine materiellen Voraussetzungen** geknüpft ist.[179] Teile der Lit. schlagen unter Verweis auf die Ziele der Union – fortschreitende Integration mit unbestimmter Vertragslaufzeit – unterschiedliche Einschränkungen des Austrittsrechts vor.

Zum Teil wird aus dem Prinzip der Unionstreue eine grundsätzliche Vertragserfüllungs- und Unterstützungspflicht hergeleitet, die bei der Anwendung des Austrittsrechts ebenfalls zu berücksichtigen sei.[180] Andere Teile der Lit. wollen einen Austritt nur nach Ausschöpfung aller Kompromissmöglichkeiten unter Beachtung des Solidaritätsprinzips zulassen.[181]

Diese werden aber allesamt an unionsrechtliche Grundsätze und Regeln geknüpft, denen der Mitgliedstaat durch seinen Austritt jedoch den Rücktritt kehren will. Zudem spricht der unbedingte Wortlaut des Art. 50 EUV, der keine expliziten Voraussetzungen statuiert, für einen voraussetzungslosen Austritt kraft einseitiger Willenserklärung.

II. Austrittsverfahren

1. Mitteilung der Austrittsabsicht

Das Austrittsverfahren beginnt mit der **Mitteilung der Austrittsabsicht** des Mitgliedstaates an den Europäischen Rat, Art. 50 Abs. 2 S. 1 EUV. **194**

Im Fall des Brexit ließ diese Mitteilung zunächst auf sich warten: Während die britische Bevölkerung in einem Referendum am 23.06.2016 für den Austritt aus der Union gestimmt hatten, ging die Mitteilung der Austrittsabsicht erst am 29.03.2017 beim Europäischen Rat ein. Die britische Regierung hatte eine frühere Austrittsmitteilung aufgrund innenpolitischer Probleme (z.B. Unabhängigkeitsbestrebungen

---

177 Die h.M. verneinte dabei eine Möglichkeit des einseitigen Austritts aus der Union mangels vertraglicher Grundlage, vgl. Calliess in: Calliess/Ruffert, Art. 50 EUV Rn. 2 m.w.N. in FN 3.

178 Dörr in: Grabitz/Hilf/Nettesheim, Art. 50 EUV Rn. 46; Haratsch/Koenig/Pechstein Rn. 112; Puttler EuR 2004, 669, 678 f.

179 Dörr in: Grabitz/Hilf/Nettesheim, Art. 50 EUV Rn. 17 f.; Thiele EuR 2016, 281, 296.

180 Zeh ZEuS 2004,173, 199.

181 Gussone, Das Solidaritätsprinzip in der Europäischen Union und seine Grenzen, 2006, S. 218.

Schottlands) verweigert. Da das im Vertrag von Lissabon eingefügte Austrittsrecht bewusst als **einseitiges Austrittsrecht** konzipiert worden ist, ist das „Ob" und „Wann" der Austrittsmitteilung in das Belieben des austrittswilligen Mitgliedstaates gestellt; eine äußerste zeitliche Grenze existiert nicht.[182] Auch aus der für alle Mitgliedstaaten bestehenden Pflicht zur Loyalität gegenüber der Union und ihren Mitgliedstaaten lässt sich keine Verpflichtung zur sofortigen Austrittsmitteilung ableiten.

195 Da es sich bei der Austrittsmitteilung um eine einseitige empfangsbedürftige Willenserklärung handelt, die ohne die Einhaltung von Voraussetzungen von dem jeweiligen Mitgliedstaat abgegeben werden kann, bleibt es dem Mitgliedstaat unbenommen, die Austrittserklärung jederzeit und ohne Einhaltung von Voraussetzungen **zu widerrufen**.[183] Es widerspräche der Grundkonzeption der Union, die auf Zusammenarbeit der Mitgliedstaaten auf unbestimmte Zeit ausgerichtet ist, dem austrittswilligen Mitgliedstaat seinen Verbleib in der Union zur verwehren, weil dieser im Rahmen einer einmaligen Erklärung seine Austrittsabsicht mitgeteilt hat.

2. Austrittsverhandlungen

196 An die Mitteilung schließen sich nach Art. 50 Abs. 2 S. 1 EUV die **Verhandlungen über ein Austrittsabkommen** an. Hierbei handelt es sich um einen völkerrechtlichen Vertrag, welcher das **„Wie" des Austritts** regelt. Er wird auf Grundlage der Leitlinien des Europäischen Rates zwischen der Union und dem Mitgliedstaat ausgehandelt. Die übrigen Mitgliedstaaten sind – anders als beim Beitritt eines neuen Mitgliedstaates – weder am Abschluss des Abkommens beteiligt noch müssen sie diesen zu seiner Wirksamkeit ratifizieren.[184] Allerdings wirken die Mitgliedstaaten vermittelt über die europäischen Organe und die dorthin entsandten Vertreter an der Gestaltung des Austritts mit. Der Austritt stellt sich damit nach seiner Konstruktion **nicht als actus contrarius zum Beitritt** dar. Denn das Abkommen über den Austritt wird nicht zwischen dem austrittswilligen Staat und den übrigen Mitgliedstaaten, sondern nur mit der Union abgeschlossen. Dies wird damit begründet, dass der Beitrittsvertrag von den Mitgliedstaaten mit der **antizipierten Zustimmung zur Auflösung des Beitrittsvertrages** zu den nach Art. 50 EUV ausgehandelten Bedingungen abgeschlossen worden ist.[185]

197 Inhaltlich soll das Abkommen die **Einzelheiten des Austritts** und die **künftigen Beziehungen zur Union** regeln. Hierin liegt die größte Hürde, da die Union zwei unterschiedliche Ziele im Auge behalten und im Abkommen miteinander in Einklang bringen muss: Zum einen muss der Union gerade bei langjährigen Mitgliedstaaten daran gelegen sein, auch zukünftig eine wirtschaftliche Kooperation möglich zu machen und deren Zugang zum Binnenmarkt zu erhalten. Zum anderen darf es dem austrittswilligen Mitgliedstaat nicht zu sehr entgegenkommen, da es ansonsten für ebenfalls grundsätzlich austrittswillige Mitgliedstaaten Anreize setzen könnte, ebenfalls aus der Union auszutreten.

Der erstmaligen Anwendung wird deshalb eine gewisse „Sprengkraft" zugeschrieben. Der Brexit wird zum Präzedenzfall, der verhindern muss, dass sich Großbritannien die „Integrationsrosinen" für die weitere Zusammenarbeit mit der Union herauspickt.[186]

---

182 Skouris EuZW 2016, 806.

183 Skouris EuZW 2016, 806, 807.

184 Calliess in: Calliess/Ruffert, Art. 50 EUV Rn. 5; Thiele EuR 2016, 281, 298.

185 Meng in: von der Groeben/Schwarze/Hatje, Art. 50 Rn. 7.

186 Thiele EuR 2016, 281, 300.

Für die Verhandlungen legt der Europäische Rat **Leitlinien** fest (Art. 50 Abs. 2 S. 2 EUV), durch die z.B. die Reihenfolge der zu klärenden Themenbereiche für die Austrittsverhandlungen vorgegeben wird. Im Hinblick auf die Verweisung des Art. 50 Abs. 2 S. 3 EUV auf Art. 218 Abs. 3 AEUV ist umstritten, ob die weiteren Verhandlungen aufgrund dieser Leitlinien durch die **Kommission** geführt werden – sie die h.M., die eine Verweisung auf den 1. Halbsatz des Art. 218 Abs. 3 AEUV präferiert[187] – oder ob die Zuständigkeit der Verhandlungsleitung bei **Europäischen Rat** verbleibt.[188] 198

Für die Brexit-Verhandlungen gab es unterschiedliche Personalvorschläge der Kommission und des Europäischen Rates für die Position des Verhandlungsführers. Da sich die Kommission mit ihrem Personalvorschlag durchgesetzt hat, wurde der Streit auch in der Praxis zugunsten der h.M. entschieden.

Für den Abschluss der Verhandlungen setzt Art. 50 Abs. 3 EUV den Parteien eine **Frist** von **zwei Jahren**. Die Frist beginnt mit der Mitteilung des Mitgliedstaates, aus der Union austreten zu wollen. Sollte innerhalb dieser Frist kein Austrittsabkommen abgeschlossen werden, wird der **Austritt ohne Abkommen** vollzogen (sog. „sunset clause"),[189] d.h. der Austritt aus der Union wird wirksam, ohne das die Umstände des Austritts sowie die weiteren Beziehungen zur Union geregelt wären. Damit erlangt der dann ehemalige Mitgliedstaat den Status eines Drittstaates. Die Frist kann allerdings vom Europäischen Rat im Einvernehmen mit dem Mitgliedstaat verlängert werden, Art. 50 Abs. 3 a.E. EUV. 199

Ist das Abkommen ausgehandelt, wird dieses gemäß Art. 50 Abs. 2 S. 4 EUV **vom Rat** im Namen der Union **abgeschlossen**. Der Rat muss diesen Abschluss zuvor mit qualifizierter Mehrheit beschließen, wobei aufgrund des Ausschlusses des Mitgliedstaates von der Abstimmung (vgl. Art. 50 Abs. 4 UAbs. 1 EUV) für die Bestimmung der erforderlichen Mehrheit Art. 238 Abs. 3 Buchst. b AEUV zur Anwendung kommt, auf den Art. 50 Abs. 4 UAbs. 2 EUV zusätzlich verweist. Zudem ist die **Zustimmung des Europäischen Parlaments** erforderlich. 200

III. Austrittsfolgen

Nach Art. 50 Abs. 3 EUV scheidet der Mitgliedstaat zum vereinbarten Termin oder – mangels Vereinbarung – zwei Jahre nach der Mitteilung der Austrittsabsicht aus der Union aus. Dies hat für ihn zur Folge, dass das **primäre und sekundäre Unionsrecht nicht mehr zur Anwendung** gelangen. Durch Richtlinien harmonisiertes nationales Recht gilt zwar fort, kann aber durch den ehemaligen Mitgliedstaat frei abgeändert werden. Bis zu diesem Zeitpunkt – also auch während der Verhandlungen – ist der Mitgliedstaat allerdings vollwertiges Mitglied der Union mit allen Rechten und Pflichten.[190] 201

Vorbehaltlich einer anderweitigen Regelung im Austrittsabkommen wird der nun ehemalige Mitgliedstaat **behandelt wie jeder andere Drittstaat**. Dies kommt vor allem dadurch zum Ausdruck, dass bei einer Revision der Austrittsentscheidung ein erneuter Beitritt zur Union zwar möglich ist, aber das Beitrittsverfahren nach Art. 49 EUV mit dem ehemaligen Mitgliedstaat in gleichem Umfang durchzuführen ist wie mit jedem anderen beitrittswilligen Staat. Dies wird durch Art. 50 Abs. 5 EUV ausdrücklich klargestellt. 202

187 Dörr in: Grabitz/Hilf/Nettesheim, Art. 50 EUV Rn. 27; Streinz in: Streinz, Art. 50 Rn. 6; Skouris EuZW 2016, 806, 808.

188 Callies in: Callies/Ruffert, Art. 50 EUV Rn. 5.

189 Vgl. Meng in: von der Groeben/Schwarze/Hatje, Art. 50 Rn. 6; Thiele EuR 2016, 281, 298.

190 Dörr in: Grabitz/Hilf/Nettesheim, Art. 50 EUV Rn. 21; Philipp EuZW 2017, 326.

3. Teil: Materielles Unionsrecht

203 Das Unionsrecht ist – anders als es die Ausführungen zur Konstruktion der Union befürchten lassen – nicht nur von staatsorganisationsrechtlichen Normen geprägt, sondern enthält eine Vielzahl von Rechtsvorschriften mit unmittelbarer Auswirkung für die Unionsbürger. Dies betrifft insbesondere die in den Grundfreiheiten und der Grundrechtecharta enthaltenen individuellen Rechte, die zukünftig um die Rechte der Europäischen Menschenrechtskonvention erweitert werden. Darüber hinaus nimmt die Union über die Schaffung insbesondere sekundären Unionsrechts Einfluss auf die nationalen Rechtsordnungen und damit auch auf die Rechte und Pflichten der Unionsbürger.

1. Abschnitt: Rechtsquellen des Unionsrechts

204 Üblicherweise wird das Unionsrecht in das von den Mitgliedstaaten geschaffene Recht (sog. **primäres Unionsrecht**) und das von den Organen der Union aufgrund des Primärrechts geschaffene Recht (sog. **sekundäres Unionsrecht**) unterteilt.

A. Primäres Unionsrecht

I. Bestandteile

205 Zum primären Unionsrecht zählen die **Gründungsverträge der Europäischen Union** (EUV und AEUV) sowie ihre Anhänge und Protokolle, die nach Art. 51 EUV als Bestandteile der Verträge anzusehen sind. Auch die **Änderungen der Gründungsverträge** sind dem Primärrecht zuzuordnen, da diese grundsätzlich durch die Mitgliedstaaten mittels Abschlusses eines völkerrechtlichen Vertrages bewirkt werden.[191]

206 Ebenfalls zum Primärrecht wird dasjenige **Gewohnheitsrecht** gezählt, das sich unmittelbar aus der Anwendung der EUV- oder AEUV-Vorschriften entwickelt hat.

Beispiel: Entsendung von Staatssekretären in die Sitzungen des Rates entgegen Art. 16 Abs. 2 EUV

207 Entgegen der Begriffsbestimmung gehört ein von einem Unionsorgan geschaffener Bereich zum primären Unionsrecht: die **allgemeinen Rechtsgrundsätze**, die der **Gerichtshof der Europäischen Union** in seiner Rechtsprechung entwickelt hat.

Beispiele: Recht auf wirksamen gerichtlichen Rechtsschutz,[192] Amtsermittlungsgrundsatz[193]

208 Der Vertrag von Lissabon und die durch ihn ausgelösten Veränderungen der Verträge hatte zur Folge, dass das primäre Unionsrecht um einen Bestandteil angewachsen ist. Aufgrund der Regelung in Art. 6 Abs. 1 Hs. 2 EUV sind die Gründungsverträge und die **Grundrechtecharta** rechtlich gleichrangig, sodass die Grundrechtecharta ebenfalls zum primären Unionsrecht zu zählen ist.

209 Von Bedeutung ist die **Rangfolge**: Da das primäre Unionsrecht den Ursprung des sekundären Unionsrechts markiert, steht das **primäre Unionsrecht im Rang über dem sekundären Unionsrecht**. Deshalb ist das Primärrecht Prüfungs- und Geltungsmaß-

191 Haratsch/Koenig/Pechstein Rn. 366; Oppermann/Classen/Nettesheim § 9 Rn. 19.

192 EuGH Slg. 1986, 1651 *Johnston*; Slg. 2001, II-813 *Dunnett u.a.*

193 EuGH NVwZ 1992, 358 *TU München*.

stab für die Rechtmäßigkeit des Sekundärrechts sowie Maßstab seiner Auslegung.[194] **Innerhalb des primären Unionsrechts** herrscht hingegen **Gleichrangigkeit**, unabhängig von der Entstehung der jeweiligen Norm (siehe dazu Normenpyramide bei Rn. 40).

II. Unmittelbare Geltung und unmittelbare Anwendbarkeit

Das primäre Unionsrecht beansprucht in vollem Umfang unmittelbare Geltung, ist aber 210
nur in Teilen für die Unionsbürger unmittelbar anwendbar. Durch diese beiden Begriffe wird beschrieben, ob primäres Unionsrecht der Konkretisierung bedarf und wer sich auf die Vorschriften des primären Unionsrechts berufen darf.

1. Unmittelbare Geltung

Mit dem Begriff der **unmittelbaren Geltung** wird der Umstand umschrieben, dass das 211
primäre Unionsrecht und damit insbesondere die Vorschriften der Verträge in allen Mitgliedstaaten zur verbindlichen und zu vollziehenden Rechtsordnung gehören, ohne dass es eines transformierenden Rechtsaktes bedarf. Dies hat zur Folge, dass die Vorschriften des Primärrechts nicht nur – wie sonst bei völkerrechtlichen Verträgen – zwischen den Mitgliedstaaten als Vertragsparteien Geltung beanspruchen.

Hierbei handelt es sich um eine Folge der Ausstattung der Union mit eigenen Hoheitsrechten über Art. 23 GG. Anderenfalls wäre ein Transformationsakt über Art. 59 Abs. 2 GG nötig.[195]

2. Unmittelbare Anwendbarkeit

Davon zu unterscheiden ist die **unmittelbare Anwendbarkeit**. Unmittelbar anwend- 212
bar sind die Normen des primären Unionsrechts, die eine **hinreichend genaue und unbedingte Verpflichtung oder Berechtigung** enthalten.[196] Dies hat zur Folge, dass der Einzelne Rechte und Pflichten unmittelbar aus dem Unionsrecht ableiten kann. Zu den unmittelbar anwendbaren Normen gehören die **Grundfreiheiten**, Teile der Wettbewerbsregeln (Art. 101 f. AEUV) und die Klagemöglichkeiten aus den Art. 263, 265 AEUV.

B. Sekundäres Unionsrecht

I. Allgemeines

Welche Rechtsakte die Organe der Union gestützt auf das primäre Unionsrecht erlassen 213
können, fasst Art. 288 AEUV zusammen: **Verordnungen** (Abs. 2), **Richtlinien** (Abs. 3), **Beschlüsse** (Abs. 4), **Empfehlungen und Stellungnahmen** (Abs. 5).

1. Bedeutung des Art. 288 AEUV

Die Wirkung und Bedeutung des Art. 288 AEUV erschöpft sich dabei in der **reinen Aufzählung der grundsätzlich zur Verfügung stehenden Handlungsformen** der Unionsorgane. Sie dürfen die Vorschrift deshalb nicht dahingehend missverstehen, dass

194 Haratsch/Koenig/Pechstein Rn. 365.
195 Vgl. Nettesheim in: Maunz/Dürig, Art. 59 GG Rn. 96.
196 EuGH NJW 1963, 1751 *van Gend und Loos*; Slg. 1966, 257, 266 *Lütticke*; Herdegen § 8 Rn. 13.

Art. 288 AEUV selbst als Befugnis- oder Ermächtigungsgrundlage zum Erlass eines dort näher bezeichneten Rechtsaktes fungiert. Die Befugnisnormen sind vielmehr dem übrigen Primärrecht zu entnehmen (z.B. Art. 114 Abs. 1 AEUV).

2. Wahlfreiheit

214 Welche Handlungsform die Organe zur Erfüllung der jeweiligen Befugnis verwenden, ist ihnen überlassen. Sie genießen nach Art. 296 Abs. 1 AEUV grundsätzlich **Wahlfreiheit hinsichtlich der Handlungsform**. Etwas anderes gilt nur für den Fall, dass in der jeweiligen Befugnisnorm des Primärrechts eine besondere Handlungsform vorgegeben ist.

Beispiel: Nach Art. 114 Abs. 1 AEUV werden „Maßnahmen" zur Rechtsangleichung im Hinblick auf die Verwirklichung der Ziele des Art. 26 AEUV ergriffen. Da keine bestimmte Handlungsform vorgegeben ist, können die Unionsorgane eigenständig entscheiden, welche Handlungsform i.S.d. Art. 288 Abs. 1 AEUV sie bei der Umsetzung dieser Befugnis verwenden.[197]

3. Ermittlung der Handlungsform

215 Um **welche Handlungsform** es sich im konkreten Fall handelt, ist **nicht nach der Bezeichnung** zu beurteilen. Insoweit findet der allgemeine Grundsatz „falsa demonstratio non nocet" Anwendung, sodass es stets auf den **materiellen Regelungsgehalt** im Hinblick darauf ankommt, welche Rechtswirkungen sie erzeugt oder erzeugen soll.

4. Ungeschriebenes sekundäres Unionsrecht

216 Da die Aufzählung sekundären Unionsrechts in Art. 288 Abs. 1 AEUV **nicht abschließend** ist, existiert zudem **ungeschriebenes sekundäres Unionsrecht**. Auch hier sind – wie im Bereich des Primärrechts – **Gewohnheitsrecht** oder **allgemeine Rechtsgrundsätze** denkbar. Ist der materielle Anknüpfungspunkt sekundäres Unionsrecht, gehört auch das daraus abgeleitete Gewohnheitsrecht bzw. der hergeleitete allgemeine Rechtsgrundsatz zum Sekundärrecht.

Beispiel: Vorschriften über das allgemeine Verwaltungsverfahren beim Vollzug des Unionsrechts ergeben sich aus den zu vollziehenden Verordnungen und Richtlinien, die durch allgemeine Rechtsgrundsätze ergänzt werden.[198]

5. Rang des sekundären Unionsrechts

217 Da jedes Organ gemäß Art. 13 Abs. 2 S. 1 EUV nur nach Maßgabe der ihm in den Verträgen zugewiesenen Befugnisse handeln darf, steht das sekundäre Unionsrecht im **Rang** unter dem primären Unionsrecht. Die Rechtmäßigkeit des sekundären Unionsrechts ist stets anhand der Vorschriften des primären Unionsrechts zu beurteilen. Die einzelnen Handlungsformen des Sekundärrechts sind hingegen untereinander gleichrangig.[199]

Das sekundäre Unionsrecht steht im Rang nicht nur dem Primärrecht nach, sondern auch den durch die Union abgeschlossenen völkerrechtlichen Verträgen, die wegen der Regelung in Art. 216 Abs. 2 AEUV einen Zwischenrang zwischen dem Primär- und dem Sekundärrecht einnehmen (s.o. Rn. 39).

---

197 Vgl. EuGH EuZW 2006, 369 *Großbritannien u. Nordirland/Europäisches Parlament u.a.*; EuZW 2010, 539 *Vodafone*.

198 Haratsch/Koenig/Pechstein Rn. 376; Kraft JA 2/2016, I zum Entwurf eines EU-VwVfG.

199 Haratsch/Koenig/Pechstein Rn. 379.

6. Rechtsakte ohne Gesetzgebungscharakter

Terminologisch wird das sekundäre Unionsrecht weiterhin danach unterschieden, auf welchem Wege es zustande kommt. Die **Gesetzgebungsakte** werden im ordentlichen (Art. 289 Abs. 1, 294 AEUV) oder im besonderen (Art. 289 Abs. 2 AEUV) Gesetzgebungsverfahren erlassen (dazu unten Rn. 265 ff.). Hierzu gehören insbesondere Richtlinien und Verordnungen. Die übrigen Rechtsakte kommen in anderweitigen Verfahren zustande und sind deshalb **Rechtsakte ohne Gesetzgebungscharakter**. **218**

7. Wirkung des sekundären Unionsrechts

Wie auch das primäre Unionsrecht genießt das sekundäre Unionsrecht **unmittelbare** **219**
Geltung. Seine **unmittelbare Anwendbarkeit** hängt indes von der Art des Rechtsaktes ab: Verordnungen genießen unmittelbare Anwendbarkeit (vgl. Art. 288 Abs. 2 S. 2 AEUV), sodass sich jede natürliche oder juristische Person eines Mitgliedstaates auf die darin enthaltenen Regelungen berufen kann. Richtlinien dienen hingegen der Rechtsangleichung in den Mitgliedstaaten, sodass die in ihnen enthaltenen Vorschriften erst nach der Transformation in nationales Recht angewendet werden können. Allerdings sind hiervon auch Ausnahmen möglich, dazu ausführlich unten bei Rn. 232 ff.

II. Verordnungen

Nach Art. 288 Abs. 2 AEUV hat die **Verordnung** unmittelbare Geltung. Zudem ist sie in **220**
den Mitgliedstaaten der Union verbindlich und gilt unmittelbar in jedem Mitgliedstaat, ist also unmittelbar anwendbar. Sind die Regelungen der Verordnung hinreichend bestimmt, können sie also ohne mitgliedstaatlichen Umsetzungsakt mit ihrem Inkrafttreten Rechte verleihen und Pflichten auferlegen.[200] Ihrer Konstruktion und Wirkung nach ist der Verordnung deshalb mit einem nationalen **Gesetz** vergleichbar, weshalb die Verordnung auch als **europäisches Gesetz** bezeichnet wird.[201] Die Union wird über das Instrument der Verordnung in die Lage versetzt, allgemein verbindliche, abstrakte Regelungen für das gesamte Unionsgebiet zu schaffen, die sich sowohl an die Mitgliedstaaten selbst, aber bei entsprechendem Inhalt auch unmittelbar an die natürlichen und juristischen Personen in den Mitgliedstaaten richten können.[202]

Beispiel: Die Verordnung (EU) 2016/679, die als Datenschutzgrundverordnung bezeichnet wird, gibt die Regeln für die Verarbeitung und Speicherung von personenbezogenen Daten durch Privatunternehmen und öffentliche Stellen und normiert damit ein europäisches Datenschutzrecht.[203]

Die Verordnung muss als Teil des sekundären Unionsrechts mit dem primären Unions- **221**
recht vereinbar sein. Sollten hieran Zweifel bestehen oder die Verordnung beispielsweise mit den Grundfreiheiten des AEUV unvereinbar sein, steht die Möglichkeit der **Nichtigkeitsklage** gemäß Art. 263 AEUV gegen die Verordnung zur Verfügung.[204]

200 EuGH NVwZ 2014, 208 *Abdullahi/Bundesasylamt*; Ruffert in: Calliess/Ruffert, Art. 288 AEUV Rn. 20.
201 So beispielsweise bei Oppermann/Classen/Nettesheim § 9 Rn. 72.
202 Vgl. Nettesheim in: Grabitz/Hilf/Nettesheim, Art. 288 AEUV Rn. 98.
203 Dazu Kühling/Martini EuZW 2016, 448.
204 Nettesheim in: Grabitz/Hilf/Nettesheim, Art. 288 AEUV Rn. 103.

III. Richtlinien

222 Die **Richtlinie** ist das wichtigste Mittel der **Rechtsangleichung** innerhalb der Mitgliedstaaten der Union. Hintergrund ist die fortschreitende Integration der Mitgliedstaaten in die Union selbst sowie die Regulierung der Folgen des gemeinsamen Binnenmarktes. Die Richtlinien fungieren als Anstoß und Ausgangspunkt eines indirekten und **zweistufigen Rechtsetzungsprozesses.**[205] Insofern ist die Richtlinie ein Rechtsakt der Union, der sich an die Mitgliedstaaten richtet, für diese verbindlich ist und sie verpflichtet, die Richtlinie auszuführen, indem sie innerstaatliches Recht beseitigen, modifizieren, neu schaffen oder beibehalten.[206] Gleichwohl stellt es einen schonenderen Eingriff in die Hoheitsrechte der Mitgliedstaaten als die Verordnung dar, da den Mitgliedstaaten bei der Umsetzung der Richtlinien ein eigener Spielraum verbleibt.

223 Die Richtlinie ist mit keinem Rechtsakt nationalen Rechts vergleichbar, es handelt sich vielmehr um einen **Rechtsakt sui generis** ohne jedwedes Vorbild.[207]

1. Umsetzung der Richtlinie

a) Adressaten

224 **Adressaten** der Richtlinie sind die **Mitgliedstaaten**. Die Souveränität der Mitgliedstaaten wird dabei insoweit geachtet, als dass sie nach Art. 288 Abs. 3 AEUV **in der Wahl der Form und Mittel frei** sind. Während durch die Richtlinie das „Ob" der Rechtsangleichung mit einem bestimmten Ziel vorgegeben wird, obliegt den Mitgliedstaaten die Ausgestaltung des „Wie" durch Umsetzung der Richtlinie in nationales Recht.

b) Art und Weise der Umsetzung

225 Bei der Umsetzung müssen die in den Mitgliedstaaten zur Transformation berufenen Organe zunächst entscheiden, in welcher **Art und Weise** sie die Richtlinienvorgaben umsetzen. Dies kann durch ein formelles Gesetz, aber auch durch eine Rechtsverordnung oder Satzung geschehen. Grundsätzlich hat der Mitgliedstaat insoweit ein Wahlrecht. Allerdings unterliegt das Wahlrecht durch den Grundsatz der praktischen Wirksamkeit des Unionsrechts (sog. **effet utile**) aus Art. 4 Abs. 3 UAbs. 2 EUV verschiedenen Einschränkungen: Die Mitgliedstaaten sind verpflichtet, durch eine Änderung des nationalen Rechts dafür zu sorgen, dass die Vorgaben des Unionsrechts ihre volle praktische Wirksamkeit entfalten können. Dabei muss die Umsetzung die **vollständige Anwendung der Richtlinie** tatsächlich gewährleisten.[208] Die Wahl des Umsetzungsaktes muss folglich die tatsächliche Zielerreichung hinreichend gewährleisten.[209] Die Richtlinie muss so konkret, bestimmt und klar umgesetzt werden, dass **Rechtssicherheit** besteht. Soweit die Richtlinie für Einzelne Rechte begründen soll, müssen die Adressaten durch

205 Ruffert in: Calliess/Ruffert, Art. 288 AEUV Rn. 23; Hilf EuR 1993, 1, 4 f.; Pernice EuR 1994, 325.

206 Nettesheim in: Grabitz/Hilf/Nettesheim, Art. 288 AEUV Rn. 104.

207 Geismann in: von der Groeben/Schwarze/Hatje, Art. 288 AEUV Rn. 39.

208 EuGH EuZW 1999, 763 Rn. 31 *Kommission/Deutschland*; Slg. 2000, I-9601 Rn. 49 *Kommission/Griechenland*; Urt. v. 29.03. 2012 – C-500/10 Rn. 20 *Belvedere Costruzioni*.

209 EuGH Slg. 2002, I-6325 Rn. 27 *Marks & Spencer*.

die Umsetzung in die Lage versetzt werden, von ihren Rechten Kenntnis zu erlangen; der Normgeber muss **Rechtsklarheit** herstellen.[210] Für die Art und Weise der Umsetzung gelten folglich die **Grundsätze der Rechtssicherheit und Rechtsklarheit**.

Diese beiden Grundsätze wirken sich auch auf die Wahl des **Umsetzungsmittels** aus. **226**
Bei Richtlinien, welche die Mitgliedstaaten zur Schaffung gerichtlich durchsetzbarer Individualrechtspositionen verpflichten, führen die vorgenannten Grundsätze faktisch zu einem **Rechtsnormvorbehalt**:[211] Die Mitgliedstaaten sind verpflichtet, die Umsetzung durch formelles Gesetz oder durch Rechtsverordnung zu gewährleisten.

Die Umsetzung durch bloße **Anpassung der Verwaltungspraxis** ohne Änderung ir- **227**
gendeiner von der Verwaltung anzuwendenden Rechtsnorm genügt hingegen nicht. Die Verwaltungspraxis kann jederzeit geändert werden, sodass eine kontinuierliche Richtlinienkonformität in der Umsetzung nicht gewährleistet werden könnte. Richtlinien müssen deshalb durch **verbindliche, normative Akte** umgesetzt werden,[212] wobei eine Umsetzung durch formelles Gesetz nicht zwingend erforderlich ist.

Umstritten ist, ob die Umsetzung durch Anpassung von **Verwaltungsvorschriften** aus- **228**
reichend ist. Der Gerichtshof verneint diese Möglichkeit zumindest in den Fällen, in denen dem einzelnen Ansprüche aus unionsrechtlichen Bestimmungen zustehen sollen. Insofern zwinge der Rechtsnormvorbehalt zu einer Anpassung verbindlicher Rechtsnormen.[213] Die deutsche Lit. will zwischen norminterpretierenden und normkonkretisierenden Verwaltungsvorschriften unterscheiden.

Norminterpretierende Verwaltungsvorschriften sollen sicherstellen, dass Rechtsvorschriften von der Verwaltung gleichmäßig ausgelegt und angewendet werden. **Normkonkretisierende Verwaltungsvorschriften** zielen darauf ab, dass in den Gesetzen auftauchende unbestimmte Rechtsbegriffe aufgrund von fachlichen Feststellungen, Bewertungen und Prognosen verbindlich für die Verwaltung konkretisiert werden.[214]

Soweit der Gerichtshof die Umsetzung durch norminterpretierende Verwaltungsvor- **229**
schriften nicht anerkenne, greife er nach der Lit. in gewachsene mitgliedstaatliche Regelungsstrukturen ein und schade dem effektiven Vollzug des Unionsrechts.[215] Diese Kritik trifft allerdings nicht zu. Auch wenn den Mitgliedstaaten ein Gestaltungsspielraum hinsichtlich der Umsetzung zusteht, muss diese rechtssicher sein. Dies ist bei Verwaltungsvorschriften nicht der Fall, da sie nach h.M. keine Außenwirkung besitzen.[216]

Beispiel: Die Luftreinhalterichtlinie 80/779/EWG wurde in Deutschland durch die Technische Anleitung (TA) Luft umgesetzt. Hierbei handelt es sich um normkonkretisierende Verwaltungsvorschriften, die eine einheitliche Anwendung des Begriffs „schädliche Umwelteinwirkungen" aus dem BImSchG sicherstellen sollen. Sie regeln dabei u.a., welche Umwelteinwirkungen dem Einzelnen zumutbar sind und damit von diesem ausgehalten werden müssen. – Der Gerichtshof hielt die Umsetzung für nicht ausreichend. Zur Begründung führte er zusätzlich zum Streit über die Wirkung an, dass sich der Einzelne über den Umfang seiner Rechte nicht belastungssicher informieren könne. Er werde dadurch daran gehin-

210 EuGH, Urt. v. 09.07.2015 – C-144/14 Rn. 35 *Tomoiaga*; EuGH EuZW 2016, 66 Rn. 51 *Kommission/Deutschland*.

211 Vgl. EuGH NVwZ 1991, 868 *Kommission/Deutschland*; Streinz Rn. 481.

212 EuGH Slg. 1980, 1473 Rn. 10 f. *Kommission/Belgien*; Slg. 1991, I-825 Rn. 8 *Kommission/Deutschland*; Slg. 2000, I-1255 Rn. 17 *Kommission/Italien*; Ruffert in: Calliess/Ruffert, Art. 288 AEUV Rn. 37.

213 EuGH Slg. 1991, I-825; Slg. 1991, I-2607 Rn. 9 ff.; Slg. 1997, I-1653 Rn. 38, *alle Kommission/Deutschland*.

214 Vgl. ausführlich AS-Skript Verwaltungsrecht AT 1 (2017), Rn. 139 f.

215 Reinhardt DÖV 1992, 102; Salzwedel/Reinhardt NVwZ 1991, 946, 947; di Fabio DVBl. 1992, 1338, 1346.

216 Vgl. dazu ausführlich AS-Skript Verwaltungsrecht AT 1 (2017), Rn. 134 f.

dert, seine Rechte vor den Gerichten geltend zu machen. Deshalb sei die Umsetzung nicht in der Bestimmtheit und Klarheit erfolgt, die das Erfordernis der Rechtssicherheit gebiete.[217]

c) Inhaltliche Umsetzung

230 Hinsichtlich der **inhaltlichen Umsetzung** des Richtlinienziels sind die Mitgliedstaaten verpflichtet, **mindestens** den Rechtszustand herbeizuführen, der durch die Richtlinie vorgegeben wird. Ihnen wird allerdings ein **Wertungsspielraum** zugebilligt, der es u.a. erlaubt, über den Inhalt der Richtlinie hinauszugehen, also strengere Regeln zu schaffen, oder den Inhalt der Richtlinie auch auf Fälle zu erstrecken, die von der Richtlinie nicht erfasst sind (sog. **überschießenden Umsetzung**).[218] Grenze sind dabei nicht nur die Vorgaben der Richtlinie, sondern auch der Grundsatz der Verhältnismäßigkeit.[219]

d) Umsetzungsfrist und Umsetzungspflicht

231 Jede Richtlinie beinhaltet – zumeist am Ende – eine **Umsetzungsfrist**. Mit Ablauf dieser Frist entsteht für die Mitgliedstaaten eine **Pflicht zur Herstellung des richtlinienkonformen Rechtszustands**.[220] Sofern ein Mitgliedstaat die Umsetzungsfrist verstreichen lässt, ohne sie durch die Richtlinie umzusetzen, verstößt er gegen seine **Umsetzungspflicht** aus Art. 288 Abs. 3 AEUV und verletzt den Vertrag. Die Kommission wird dadurch in die Lage versetzt, ein **Vertragsverletzungsverfahren** i.S.v. Art. 258 AEUV gegen den Mitgliedstaat einzuleiten, das zur Verhängung eines **Zwangsgeldes** nach Art. 260 AEUV führen kann. Daneben kommt ausnahmsweise die **unmittelbare Wirkung der Richtlinie** (dazu sogleich) oder eine **Haftung des Staates** für die seinen Staatsangehörigen durch die Nichtumsetzung entstandenen Schäden in Betracht (dazu Rn. 707 ff.).

2. Unmittelbare Wirkung von Richtlinien

232 Auch wenn die Mitgliedstaaten qua Europarecht zur inhaltlich korrekten und rechtzeitigen Umsetzung der Frist verpflichtet sind, kann eine derartige Umsetzung – aus politischen oder sonstigen Gründen – unterbleiben. Das Vertragsverletzungsverfahrens nimmt einen nicht unerheblichen Zeitraum in Anspruch – und bietet keinerlei Gewähr dafür, dass danach die korrekte Umsetzung der Richtlinie erfolgt. Die Konsequenz ist eine **Ungleichbehandlung der Unionsbürger** in den Mitgliedstaaten, die sich insbesondere in den Bereichen negativ auswirkt, in denen durch die Richtlinie neue Rechte für sie geschaffen oder bereits bestehende Rechte ausgeweitet und gestärkt werden sollen. Die **Unionsbürger** selbst haben jedoch **keine Rechtsschutzmöglichkeit**, um diese Ungleichbehandlung zu beenden, insbesondere können sie von dem jeweiligen Mitgliedstaat die Umsetzung der Richtlinie weder verlangen noch einklagen.

So geht das BVerfG davon aus, dass sich selbst aus der Schutzverpflichtung der Grundrechte grundsätzlich kein Anspruch gegen den Gesetzgeber auf Erlass eines bestimmten Gesetzes ergibt. Etwas anderes soll nur gelten, wenn der Gesetzgeber seine Pflichten evident verletzt hat, das Gesetz durch Änderung der Verhältnisse untragbar geworden ist oder bisherige Maßnahmen evident unzureichend waren.[221]

---

217 EuGH NVwZ 1991, 868 *Kommission/Deutschland*.

218 Mit dieser Bezeichnung u.a. Nettesheim in: Grabitz/Hilf/Nettesheim, Art. 288 AEUV Rn. 131.

219 EuGH EuZW 2008, 411 *Danske Svineproducenter*; Haratsch/Koenig/Pechstein Rn. 385.

220 Nettesheim in: Grabitz/Hilf/Nettesheim, Art. 288 AEUV Rn. 114.

221 BVerfG NJW 2016, 1716; NJW 2013, 1148; siehe auch AS-Skript Grundrechte (2017), Rn. 182 ff.

Den dadurch entstehenden Nachteil versuchen Rspr. und Lit. durch die **unmittelbare Wirkung bzw. Anwendbarkeit der Richtlinien** zu kompensieren.

a) Vertikale unmittelbare Wirkung

Fall 2: Umweltinformationsrichtlinie

Die P-AG hatte mit der erforderlichen Genehmigung der zuständigen kreisfreien Stadt S im Bundesland L eine Müllverbrennungsanlage errichtet. Aufgrund der steigenden Geruchsbelästigung nach der Inbetriebnahme befürchten die Anwohner, dass die Anlage die zulässigen Schadstoffgrenzwerte überschreitet. Deshalb wendet sich Anwohner A an die Stadt S mit dem Antrag, ihm die im Genehmigungsverfahren angefallenen Messergebnisse über die Luftqualität zugänglich zu machen. Die Stadt lehnt den Antrag ab. Es gebe – was zutrifft – im Land L kein Umweltinformationsgesetz, dass dem des Bundes vergleichbar sei. Mangels Anspruchsgrundlage könne seinem Verlangen deshalb nicht entsprochen werden. Im anschließenden Klageverfahren beruft sich A auf die Richtlinie 2003/4/EG über den Zugang der Öffentlichkeit zu Umweltinformationen. Da das Land L seiner Verpflichtung zur Umsetzung nicht nachgekommen und die Umsetzungsfrist inzwischen abgelaufen sei, müsse diese unmittelbare Wirkung entfalten. Die Richtlinie enthält u.a. folgende Vorschriften:

Art. 1: Mit dieser Richtlinie werden folgende Ziele verfolgt: a) die Gewährleistung des Rechts auf Zugang zu Umweltinformationen, die bei Behörden vorhanden sind oder für sie bereitgehalten werden, und die Festlegung der grundlegenden Voraussetzungen und praktischer Vorkehrungen für die Ausübung dieses Recht s...

Art. 2: Im Sinne dieser Richtlinie bezeichnet der Ausdruck:

1. „Umweltinformationen" sämtliche Informationen in schriftlicher, visueller, akustischer, elektronischer oder sonstiger materieller Form über

a) den Zustand von Umweltbestandteilen wie Luft und Atmosphäre, Wasser, Boden, Land, Landschaft und natürliche Lebensräume einschließlich Feuchtgebiete, Küsten- und Meeresgebiete, die Artenvielfalt und ihre Bestandteile, einschließlich genetisch veränderter Organismen sowie die Wechselwirkungen zwischen diesen Bestandteilen; ...

2. „Behörde"

a) die Regierung oder eine andere Stelle der öffentlichen Verwaltung, einschließlich öffentlicher beratender Gremien, auf nationaler, regionaler oder lokaler Ebene, ...

5. „Antragsteller" eine natürliche oder juristische Person, die Zugang zu Umweltinformationen beantragt, ...

Art. 3: (1) Die Mitgliedstaaten gewährleisten, dass Behörden gemäß den Bestimmungen dieser Richtlinie verpflichtet sind, die bei ihnen vorhandenen oder für sie bereitgehaltenen Umweltinformationen allen Antragstellern auf Antrag zugänglich zu machen, ohne dass diese ein Interesse geltend zu machen brauchen.

Art. 4: (2) Die Mitgliedstaaten können vorsehen, dass ein Antrag auf Zugang zu Umweltinformationen abgelehnt wird, wenn die Bekanntgabe negative Auswirkungen hätte

d) auf Geschäfts- oder Betriebsgeheimnisse, sofern diese durch einzelstaatliches oder gemeinschaftliches Recht geschützt sind, um berechtigte wirtschaftliche Interessen, einschließlich des öffentlichen Interesses an der Wahrung der Geheimhaltung von statistischen Daten und des Steuergeheimnisses, zu schützen; ...

Die Stadt verweist auf den Unterschied der Richtlinie zur Verordnung. Darüber hinaus ermögliche die Veröffentlichung der Luftwerte Rückschlüsse auf das Verbrennungsverfahren, die als Betriebsgeheimnisse auch nach der Richtlinie geschützt seien. Hat A den geltend gemachten Anspruch auf Zugang zu den Informationen?
Bearbeitungsvermerk: Es existieren keine weiteren landesrechtlichen Normen zum Schutz von Betriebs- und Geschäftsgeheimnissen oder den Informationszugang.

233 I. Ein Anspruch des A gegen die Stadt S auf Zugang zu den Informationen folgt nicht aus **§ 3 Abs. 1 Umweltinformationsgesetz des Bundes (UIG)**, da dies nach § 1 Abs. 2 UIG nicht auf Landesbehörden anwendbar ist.

II. Mangels landesrechtlicher Umsetzung der Richtlinie 2003/4/EG kommt auch eine Anspruchsgrundlage aus dem **Landesrecht** nicht in Betracht.

Nicht jede Richtlinie kann durch den Bund umgesetzt werden. Vielmehr ist der mit der Gesetzgebungskompetenz für das jeweilige Fachgebiet ausgestattete Hoheitsträger für die Umsetzung zuständig. Für den Bereich der Umweltinformationen hat das zur Folge, dass sowohl der Bund für seine Behörden und Körperschaften als auch die Länder für ihre Behörden tätig werden müssen.

234 III. Ein Anspruch auf Zugang zu den Informationen könnte sich allerdings aus **Art. 3 Abs. 1 der Richtlinie 2003/4/EG** ergeben.

1. Grundsätzlich gelten Richtlinien nicht unmittelbar für die Bürger, sondern richten sich nach Art. 288 Abs. 3 AEUV an die Mitgliedstaaten. Deshalb ist bereits fraglich, ob Richtlinien **überhaupt unmittelbare Wirkung** haben können.

   a) Gegen die unmittelbare Wirkung spricht der konstruktive Unterschied zur Verordnung; eine dem Art. 288 Abs. 2 S. 2 AEUV entsprechende Regelung fehlt. Zudem sehen die Verträge mit der Möglichkeit eines **Vertragsverletzungsverfahrens** nach Art. 258 AEUV bereits eine Sanktionierung der Mitgliedstaaten vor, die ihrer Umsetzungspflicht nicht nachkommen.

235 b) Fraglich ist jedoch, ob das Vertragsverletzungsverfahren als Sanktion ausreichend ist. Denn die Einleitung setzt voraus, dass die **Nichtumsetzung der Richtlinie** der Kommission **bekannt wird**. Hinzu kommt, dass das Vertragsverletzungsverfahren nicht nur **sehr langwierig** ist, sondern auch nur mittelbaren Druck auf die Mitgliedstaaten erlaubt. Sollten sich die Mitgliedstaaten trotz eines verhängten Zwangsgelds gegen eine Umsetzung der Richtlinie entscheiden, stehen der Union **keine weiteren Druckmittel** zur Verfügung. Das Vertragsverletzungsverfahren allein ist folglich nicht geeignet, die weitestgehende Wirksamkeit der Richtlinie zu gewährleisten.[222] Deshalb erkennt auch der Gerichtshof die unmittelbare Wirkung der Richtlinien an.

222 Scherzberg Jura 1993, 225 m.w.N.

aa) Die weitestgehende Wirksamkeit der Richtlinie ist bereits wegen des Grundsatzes des **effet utile** aus Art. 4 Abs. 3 UAbs. 2 EUV erforderlich. Die Wirkung einer Richtlinie darf nicht dadurch abgeschwächt werden, dass der Unionsbürger sich vor nationalen Gerichten nicht auf sie berufen kann, nur weil sie nicht fristgerecht umgesetzt wurde.[223] Es würde zudem der **Funktionsfähigkeit der Union** zuwiderlaufen, wenn es den Mitgliedstaaten möglich wäre, den Umsetzungsbefehl zu ignorieren. Das Anliegen der Union, dem Einzelnen eine bestimmte Rechtsposition über die Richtlinie zu verleihen, könnte durch die Weigerung der Mitgliedstaaten sonst beeinträchtigt, möglicherweise sogar vereitelt werden.[224] **236**

bb) Für eine unmittelbare Wirkung spricht weiterhin der Grundsatz des **venire contra factum proprium**. Unionsrechtlich ist dieser Grundsatz dann berührt, wenn ein Mitgliedstaat sich seinem früheren Verhalten entgegen widersprüchlich verhält, indem er einerseits durch die nicht fristgerechte Umsetzung der Richtlinie gegen seine Verpflichtung aus Art. 4 Abs. 3 EUV i.V.m. Art. 288 Abs. 3 AEUV verstößt, sich andererseits aber dem Unionsbürger gegenüber gerade auf die Nichtumsetzung berufen will (sog. estoppel-Prinzip).[225] Insoweit bedeutet die unmittelbare Wirkung der nicht umgesetzten Richtlinie eine **Sanktion für die Mitgliedstaaten**.[226] **237**

Eine unmittelbare Wirkung der Richtlinien kommt also grundsätzlich in Betracht.

Der Gerichtshof ergänzt seine Argumentation mit dem Argument, dass allein aus der unmittelbaren Geltung von Verordnungen nicht zwingend folge, dass die anderen Rechtsakte nicht auch ähnliche Wirkungen entfalten könnten.[227] Vielmehr sei es mit der verbindlichen Wirkung der Richtlinien unvereinbar, ihre unmittelbare Wirkung ganz auszuschließen.[228] Auch wenn es sich bei der unmittelbaren Wirkung „nur" um eine **richterliche Rechtsfortbildung** des Gerichtshofs handelt, die in den Verträgen keine ausdrückliche Stütze findet, ist diese in der Rechtsprechung der nationalen Gerichte aller Mitgliedstaaten inzwischen uneingeschränkt anerkannt.[229]

2. Fraglich ist, **welcher Art** die unmittelbare Wirkung ist. Wie sich aus der Herleitung ergibt, knüpft die Anerkennung der Wirkung an Fehlverhalten der Mitgliedstaaten an. Daraus folgt, dass die unmittelbare Wirkung der Richtlinie in erster Linie **zwischen den Bürgern und dem jeweiligen Mitgliedstaat** einsetzt (sog. **vertikale Direktwirkung**). Alle innerstaatlichen Verwaltungsträger und Gerichte sind deshalb von Amts wegen[230] verpflichtet, den Inhalt der Richtlinie so zu beachten und anzuwenden, als sei die Richtlinie ordnungsgemäß umgesetzt worden.[231] Da das Land L seiner Verpflichtung zur Umsetzung der Richtlinie nicht nachgekommen ist, müssen die dem Land nachgeordneten Behörden über die vertikale Direktwirkung zur Gewährung der Rechte aus der Richtlinie angehalten werden. **238**

223 EuGH NJW 1979, 1764 *Ratti*.
224 Nettesheim in: Grabitz/Hilf/Nettesheim, Art. 288 AEUV Rn. 140.
225 EuGH NJW 1979, 1764 *Ratti*; Geismann in: von der Groeben/Schwarze/Hatje, Art. 288 AEUV Rn. 47.
226 Ruffert in: Calliess/Ruffert, Art. 288 AEUV Rn. 49; Streinz Rn. 486.
227 EuGH NJW 1977, 2022 Rn. 20/24 *Niederlandse Ondernemingen*; Ruffert in: Calliess/Ruffert, Art. 288 AEUV Rn. 48 m.w.N.
228 EuGH DVBl. 1975, 2165 Rn. 12 *van Duyn/Home Office*; NJW 1977, 2022 Rn. 20/24 *Niederlandse Ondernemingen*.
229 Vgl. den Überblick über die Entwicklung bei Ruffert in: Calliess/Ruffert, Art. 288 AEUV Rn. 49.
230 EuGH NVwZ 1997, 473 *Kraaijeveld*; Jarass NJW 1991, 2665, 2668 f.; Scherzberg Jura 1993, 226 f.
231 EuGH NJW 1991, 3086 *Foster u.a.*; Scherzberg Jura 1989, 225, 227 m.w.N.

Ob die Richtlinien auch **horizontale Direktwirkung** im Verhältnis Bürger zu Bürger entfalten können, ist umstritten. Sie hierzu ausführlich unten Rn. 249 ff.

239 3. Allerdings kann nicht jede Richtlinie unmittelbare Wirkung entfalten. Der Gerichtshof verlangt die Erfüllung folgender **Voraussetzungen**:

Unmittelbare Wirkung von Richtlinien
■ Umsetzungsfehler bei Ablauf der Umsetzungsfrist ▪ Umsetzungsausfall ▪ Umsetzungsdefizit
■ Inhaltliche Unbedingtheit der Richtlinienregelung
■ Hinreichend genaue Regelung in der Richtlinie

240 a) Eine Richtlinie kann nur dann unmittelbare Wirkung entfalten, wenn dem Mitgliedstaat ein **Umsetzungsfehler** unterlaufen ist. Dies ist der Fall, wenn die Richtlinie bis zum **Ablauf der Umsetzungsfrist**[232] überhaupt **nicht umgesetzt** (sog. **Umsetzungsausfall**)[233] oder **nicht vollständig** oder **nicht ordnungsgemäß umgesetzt** worden ist (sog. **Umsetzungsdefizit**).[234]

Hier kommt ein Umsetzungsausfall in Betracht. Ein UIG für die Behörden des Landes L existiert trotz Ablaufs der Umsetzungsfrist nicht. Eine Kompensation des Umsetzungsausfalls über die **richtlinienkonforme Auslegung** allgemeinerer Ansprüche auf Informationszugang ist nicht möglich, da im Land L keine derartigen Ansprüche existieren.

Hiermit hat das OVG NRW die unmittelbare Wirkung der UIG-Richtlinie in NRW abgelehnt. Es hat die Vorschriften des IFG NRW richtlinienkonform ausgelegt.[235]

241 b) Die Richtlinie müsste **inhaltlich unbedingt** sein. Dies ist der Fall, wenn die Richtlinie – wie hier – vorbehaltlos und ohne Bedingung anwendbar ist und keiner weiteren gestalterischen Maßnahme der Organe der Mitgliedstaaten oder der Union bedarf.[236] Dies folgt u.a. aus Art. 3 Abs. 1 der Richtlinie, nach dem die Mitgliedstaaten den Informationszugang gewährleisten müssen.

Zum Teil wird die inhaltlich unbedingte Richtlinie auch als **„self executing"** bezeichnet.

242 c) Die Richtlinie ist **hinreichend bestimmt**, wenn sich aus der verpflichtenden Richtlinienbestimmung Adressat und Inhalt der Pflicht, bei anspruchsbegründenden Normen Gläubiger, Schuldner und Anspruchsinhalt ergeben.[237]

232 Vor Ablauf der Umsetzungsfrist kommt eine unmittelbare Wirkung nicht in Betracht, vgl. EuGH NJW 1979, 1764 *Ratti*; Nettesheim in: Grabitz/Hilf/Nettesheim, Art. 288 AEUV Rn. 142.

233 Mit der Bezeichnung VG Stuttgart NVwZ-RR 2006, 392, 393; EuGH Slg. 1984, 1075, 1085 *Gerda Kloppenburg*; Nettesheim in: Grabitz/Hilf/Nettesheim, Art. 288 AEUV Rn. 143.

234 Bezeichnung nach VG Stuttgart a.a.O. m.w.N.; EuGH NJW 1986, 2178 *Marshall I*; NJW 1992, 165 Rn. 11 *Francovich u.a.*; IStR 2002, 565 *Marks & Spencer*; EuZW 2004, 691, 696 Rn. 112 *Pfeiffer u.a./DRK*; Ruffert in: Calliess/Ruffert, Art. 288 AEUV Rn. 52.

235 OVG NRW ZUR 2006, 600; allgemein zur richtlinienkonformen Auslegung Tonikidis JA 2013, 598.

236 EuGH DVBl. 1975, 2165 Rn. 13/14 *van Duyn/Home Office*; Ruffert in: Calliess/Ruffert, Art. 288 AEUV Rn. 54 m.w.N.

237 Nettesheim in: Grabitz/Hilf/Nettesheim, Art. 288 AEUV Rn. 147; vgl. auch Ruffert in: Calliess/Ruffert, Art. 288 AEUV Rn. 54.

Die Verwendung unbestimmter Rechtsbegriffe steht der hinreichenden Bestimmtheit nicht entgegen. Eine eindeutige Abfassung der Richtlinie ist nicht erforderlich, da ein Durchgriff sonst nur zugelassen werden könnte, wenn eine Richtlinienbestimmung so formuliert ist, dass jede Unsicherheit bzgl. des Regelungsgehaltes ausgeschlossen ist. Dies würde der eingangs geschilderten Begründung der unmittelbaren Wirkung zuwiderlaufen.[238]

aa) Die Richtlinie 2003/4/EG enthält in Art. 2 Nr. 1 eine Definition der Umweltinformationen und legt in Art. 2 Nr. 2 den Behördenbegriff, in Art. 2 Nr. 5 den des Antragstellers fest. Zudem enthält Art. 3 Abs. 1 der Richtlinie die Anspruchsgrundlage für den Informationszugang. Die Richtlinie enthält damit die rechtliche Grundlage, die unbedingte Beschreibung des Anspruchsinhalts sowie die Beschreibung der Anspruchsberechtigten und Anspruchsverpflichteten. Sie ist grundsätzlich hinreichend bestimmt. **243**

bb) A erfüllt die in der Richtlinie niedergelegten Anforderungen. Er macht als natürliche Person und damit tauglicher Anspruchsteller gegenüber der Stadt S als anspruchsverpflichteter Institution einen Anspruch auf Zugang zu Messergebnissen über die Luftqualität bei Betrieb der Müllverbrennungsanlage und damit zu Umweltinformationen i.S.d. Richtlinie geltend. **244**

cc) Allerdings könnte dem Anspruch des A und damit auch der hinreichenden Bestimmtheit der **Ausschlussgrund des Art. 4 Abs. 2 Buchst. d der Richtlinie** entgegenstehen, auf den sich die Stadt S auch berufen hat. Danach kann die anspruchsverpflichtete Institution den Anspruch auf Informationszugang ablehnen, um **Geschäfts- und Betriebsgeheimnisse** zu schützen. **245**

(1) Dieser Umstand steht der hinreichenden Bestimmtheit des Anspruchs nicht entgegen. Denn die Richtlinie sieht den Anspruch auf Informationszugang hinreichend bestimmt und inhaltlich unbedingt vor. Die **Ablehnungsgründe** des Art. 4 der Richtlinie werden lediglich den **Mitgliedstaaten als Gestaltungselement** an die Hand gegeben.[239] **246**

Klausurhinweis: *Es ist auch zulässig, diesen Punkt bei der Prüfung der inhaltlichen Unbedingtheit anzusprechen. Logisch vorzugswürdig ist die Platzierung an dieser Stelle, weil es erst hier darauf ankommt, ob dem Anspruch des A der Ablehnungsgrund entgegengehalten werden kann.*

Art. 4 Abs. 2 der Richtlinie ist damit **kein echter Ausschlussgrund**.

(2) Zudem liegen die Voraussetzungen des Art. 4 Abs. 2 Buchst. d der Richtlinie nicht vor. Dieser ermöglicht den Mitgliedstaaten lediglich den Schutz der Betriebs- und Geschäftsgeheimnisse selbst. Hierzu gehören die gemessenen Luftwerte in der Umgebung jedoch nicht. **247**

Die Stadt S kann dem Anspruch des A die Regelung in Art. 4 Abs. 2 Buchst. d nicht entgegenhalten. Die Richtlinie ist hinreichend bestimmt.

Ergebnis: A hat gegen die Stadt S einen Anspruch auf Zugang zu den Messergebnissen.

---

238 Nettesheim in: Grabitz/Hilf/Nettesheim, Art. 288 AEUV Rn. 147; vgl. auch Ruffert in: Calliess/Ruffert, Art. 288 AEUV Rn. 55.

239 VG Stuttgart NVwZ-RR 2006, 392, 393.

b) Vertikale Direktwirkung zum Nachteil des Bürgers

248 Nach h.M. und st.Rspr. des Gerichtshofs sollen sich die Mitgliedstaaten bei fehlender oder nicht ordnungsgemäßer Umsetzung der Richtlinie **nicht zulasten des Bürgers** auf Richtlinienbestimmungen berufen können. Dies stünde im Widerspruch zum zugrunde liegenden Rechtsmissbrauchs- und Sanktionsgedanken.[240] Die Mitgliedstaaten sollen aus der Nichtumsetzung einer Richtlinie keine Vorteile ziehen. Richtlinien gelten ausschließlich **zugunsten der Bürger** unmittelbar und sind auch bei einem Umsetzungsdefizit nicht geeignet, Verpflichtungen für die Bürger zu begründen.[241]

c) Horizontale unmittelbare Wirkung

249 Während die vertikale Direktwirkung der Richtlinien bei Vorliegen der Voraussetzungen anerkannt ist, wird die **horizontale unmittelbare Wirkung** (auch **horizontale Direktwirkung**) der Richtlinie im Verhältnis Bürger zu Bürger unterschiedlich beurteilt.

Beispiel: Ein Verbraucher macht nach dem Kauf einer beweglichen Sache Gewährleistungsrechte aus der sog. Verbrauchsgüterkaufrichtlinie (Richtlinie 1999/44/EG) gegenüber dem gewerblichen Verkäufer geltend, obwohl die Bestimmungen in dem betreffenden Mitgliedstaat noch nicht umgesetzt sind.

250 Der **Gerichtshof verneint** in st.Rspr. ebenso wie die **h.Lit.** die **horizontale Direktwirkung** von Richtlinien. Dies laufe zum einen – ähnlich wie im Rahmen der belastenden vertikalen Direktwirkung – der Herleitung der unmittelbaren Wirkung als Sanktion des Mitgliedstaates zuwider, da sich die ggf. in der Richtlinie enthaltenen, aber noch nicht umgesetzten Nachteile jetzt auf ein Privatrechtssubjekt auswirken würden. Damit würde die Direktwirkung für ihn nachteilige Wirkung besitzen, was jedoch generell vermieden werden soll. Schließlich seien die Richtlinien an die Mitgliedstaaten adressiert, sodass die Bürger darauf vertrauen dürften, erst durch mitgliedstaatliche Umsetzungsakte belastet zu werden.[242] Ferner liefe eine Anerkennung der horizontalen Direktwirkung darauf hinaus, der Union die Befugnis zuzuerkennen, mit unmittelbarer Wirkung zulasten der Bürger Verpflichtungen anzuordnen, obwohl sie nur dort dazu berechtigt ist, wo ihr die Befugnis zum Erlass von Verordnungen zugewiesen ist.[243]

Obgleich diese Argumentation des Gerichtshofs schlüssig und überzeugend klingt, passt sie nicht auf alle Fallkonstellationen – weshalb die Lit. ihm Inkonsequenzen in Bezug auf die eigene Rechtsprechung vorwirft.[244] **Beispiele:**

251
- **Unilever:** In diesem Fall hatte der Kläger der Beklagten Olivenöl geliefert, welches nicht über die nach italienischem Recht erforderlichen Etiketten verfügte. Der Kläger hatte auf die Einhaltung der Vorschriften verzichtet, da er diese wegen Unvereinbarkeit mit einer europäischen Richtlinie (Informationsrichtlinie 83/109/EWG) für unanwendbar hielt. Hätte Italien die Richtlinie fristgemäß umgesetzt, hätte die nationale Etikettierungsvorschrift nicht mehr bestanden. Die Beklagte verweigerte nun aber unter Verweis auf die fehlerhafte Etikettierung die Bezahlung der Ware. – Der Gerichtshof entschied trotz einer **richtlinienwidrigen staatlichen Verbotsnorm** zugunsten des Klägers und lehnte die Anwendbarkeit des nationalen Gesetzes ab. Der Beklagten war ihre Mängeleinrede, die

240 EuGH NJW 1986, 2178 *Marshall I*; NJW 1982, 499 *Becker/Finanzamt Münster-Innenstadt*; Ruffert in: Calliess/Ruffert, Art. 288 AEUV Rn. 57; vgl. auch Krimphove EuZW 2014, 178.

241 EuGH EuZW 2008, 611, 613 Rn. 35 *Arcor AG & Co. KG/Deutschland.*

242 Ruffert in: Calliess/Ruffert, Art. 288 AEUV Rn. 61; Langenfeld DÖV 1992, 955, 959; Jarass NJW 1991, 2656, 2666.

243 EuGH NJW 1986, 2178 Rn. 48 *Marshall I*; NJW 1994, 2473, 2474 Rn. 24 *Faccini Dori*; EuZW 2004, 691, 696 Rn. 108 *Pfeiffer u.a./DRK*; NJW 2010, 427, 429 Rn. 46 *Kücükdeveci*; Urt. v. 10.10.2017 – C-413/15 Rn. 31 *Farrell/Irland.*

244 Von Kielmansegg EuR 2014, 30.

sie auf das nationale Gesetz gestützt hatte, entzogen.[245] Ob in diesem Verständnis ein Widerspruch zur o.g. Rspr. liegt, wird unterschiedlich beurteilt. Zum Teil wird die Entscheidung dahingehend verstanden, dass der Beklagten unter Verweis auf die unmittelbar wirkende Richtlinie eine Rechtsposition entzogen wurde, aus der Richtlinie also negative Folgen für ein privatrechtliches Rechtsverhältnis abgeleitet worden sind.[246] Dabei wird jedoch missachtet, dass sich der Gerichtshof in der Unilever-Entscheidung ausdrücklich bemüht hat, an dem Verbot der horizontalen Direktwirkung festzuhalten. Deshalb wird die Entscheidung zum Teil dahingehend interpretiert, dass in ihr keine Aussage über das Privatrechtsverhältnis als solches, sondern nur über die Anwendbarkeit einer nationalen Norm getroffen worden sei. Die Rechtsposition, auf die sich die Beklagte berufen habe, stehe ihr unter Berücksichtigung des Unionsrechts schon gar nicht zu.[247]

- **Wells:** Die Klägerin wendet sich gegen eine Bergbaugenehmigung für einen Steinbruch und begehrt deren Aufhebung. Die Genehmigung war von der beklagten Bergbaubehörde erteilt worden, ohne zuvor eine Umweltverträglichkeitsprüfung durchzuführen. Eine Pflicht zu dieser Prüfung ergibt sich nach Ansicht der Klägerin – mangels nationaler Vorschrift – aus der Richtlinie 85/337/EWG. Der Steinbruch wird von der Beigeladenen betrieben. – Diese Entscheidung betrifft die Fallgruppe der **Richtlinien mit Doppelwirkung**: Sofern die Richtlinie unmittelbare Wirkung gegenüber der staatlichen Bergbaubehörde entfaltet, ist die der Beigeladenen erteilte Bergbaugenehmigung rechtswidrig und muss aufgehoben werden. Auch hier hätte die unmittelbare Wirkung der Richtlinie – quasi als Regelungsreflex – eine direkte Belastung der Beigeladenen zur Folge, die ihr Recht zum Betrieb des Steinbruchs verliert. Der Gerichtshof hat eine unmittelbare Wirkung der Richtlinie bejaht,[248] ohne sich vertieft mit der Benachteiligung der Beigeladenen auseinanderzusetzen. Formal betrachtet bleibt er gleichwohl seiner Linie treu, da er die Richtlinie im Verhältnis zwischen Bürger (Klägerin) und Staat (Bergbaubehörde) zur Anwendung bringt. **252**

- **Mangold:** Das deutsche Teilzeit- und Befristungsgesetz (TzBfG) enthielt eine Regelung, die den Abschluss eines befristeten Arbeitsvertrages uneingeschränkt erlaubte, sofern die Arbeitnehmer älter als 52 Jahre sind. Der Kläger wurde von der Beklagten unter Verweis auf diese Vorschrift befristet angestellt. Der Kläger ist der Ansicht, dass die Befristung wegen Verstoßes gegen die sog. Antidiskriminierungsrichtlinie (Richtlinie 2000/78/EG), welche Deutschland nicht umgesetzt hat, unwirksam sei. – Auch hier gab der Gerichtshof dem Kläger recht.[249] Allerdings stützte er sich bei genauerem Hinsehen nicht auf eine horizontale Direktwirkung der Richtlinie, sondern bemühte ein **allgemeines Diskriminierungsverbot als allgemeinem Rechtsgrundsatz**. Diese Grundsätze sind Bestandteil des Primärrechts und damit nicht den Beschränkungen des Sekundärrechts unterworfen. Für den Gerichtshof war es so möglich, diesem primärrechtlichen Grundsatz horizontale Direktwirkung zu verleihen, ohne unmittelbar mit seiner bisherigen Rspr. brechen zu müssen. Teilweise wurde hierin von der Lit. ein Wandel in der Rspr. des Gerichtshofs zur horizontalen Direktwirkung von Richtlinien gesehen.[250] Dies hat sich aber angesichts der nachfolgenden Entscheidungen nicht bewahrheitet. **253**

Ein **Teil der Lit. bejaht die horizontale Direktwirkung**. Für sie spreche der Grundsatz des effet utile, da der Wirkungskreis der Richtlinie auf die Verhältnisse zwischen Privaten ausgedehnt und der Richtlinie somit zur praktischen Wirksamkeit verholfen werde.[251] Durch die gleichmäßige Direktwirkung der Richtlinien würden zudem Ungleichbehandlungen staatlicher und privater Stellen vermieden, die – wie beispielsweise im Bereich der Arbeitgeber – sonst zu Wertungswidersprüchen führen würden.[252] **254**

245 EuGH EuZW 2001, 153 *Unilever.*

246 In diese Richtung von Kielmansegg EuZW 2014, 30.

247 Gundel EuZW 2001, 143, 149.

248 EuGH NVwZ 2004, 593 *Wells*; vgl. auch EuGH NVwZ 1990, 649 *Costanzo*; EuZW 2008, 611 *Arcor.*

249 EuGH EuZW 2006, 17 *Mangold.*

250 So Bauer/Arnold NJW 2006, 6, 9.

251 Bach JZ 1990, 1108, 1115; Nicolaysen EuR 1986, 370, 371.

252 GA van Gerwen Slg. 1993, I-4367 Rn. 12 (Schlussantrag zu EuGH NJW 1986, 2178 *Marshall I*); Bach JZ 1990, 1108, 1115; Richter EuR 1988, 394, 396.

255 Die letztgenannte Auffassung erhält kaum noch Zuspruch. Dies liegt nicht nur an der gefestigten Rspr. des Gerichtshofs zu diesem Thema, sondern auch daran, dass diese Ansicht die Herleitung des Rechtsinstituts der unmittelbaren Wirkung völlig ausblendet. Wenn der Sanktionscharakter im Vordergrund stehen soll, muss die Norm gegen den säumigen Mitgliedstaat angewendet werden. Soll eine Benachteiligung der Bürger dieses Mitgliedstaates gegenüber anderen Unionsbürgern vermieden werden, kann die Richtlinie nur zu ihren Gunsten angewendet werden.

3. Exkurs: Unionsrechtlicher Staatshaftungsanspruch

256 Eine letzte Schutzlücke verbleibt für den Bürger in dem Fall, dass eine Richtlinie **inhaltlich nicht unbedingt oder nicht hinreichend bestimmt** ist und deshalb eine unmittelbare Anwendung ausscheidet. Sollten dem Bürger in dieser Situation **Schäden** entstehen, steht ihm **kein Amtshaftungsanspruch** zu: Die Union haftet gemäß Art. 340 Abs. 2 AEUV nur für die Schäden, die ihre Organe oder Bediensteten verursachen. Hierzu gehören die Mitgliedstaaten jedoch nicht. Auch eine Haftung des Mitgliedstaates selbst scheidet aus, da **keine Haftung für legislatives Unrecht** übernommen wird.

Die deutsche Rspr. verneint einen Amtshaftungsanspruch aus Art. 34 GG i.V.m. § 839 BGB mit dem Argument, dass die beim Erlass von Rechtsnormen bestehenden Amtspflichten nur gegenüber der Allgemeinheit, nicht aber gegenüber bestimmten Personen oder Personengruppen wahrgenommen werden. Es fehle deshalb an der Verletzung einer drittschützenden Amtspflicht.[253]

257 Um diese Lücke zu schließen, hat der Gerichtshof grundlegend in der Francovich-Entscheidung ein eigenständiges Rechtsinstitut der **unionsrechtlichen Staatshaftung der Mitgliedstaaten** geschaffen (s.u. Rn. 707 ff.). Ein solcher Anspruch soll insbesondere für den Fall in Betracht kommen, dass ein Mitgliedstaat solche Richtlinien nicht fristgemäß oder nicht ordnungsgemäß umgesetzt hat, die individualschützende Rechtspositionen für seine Staatsangehörigen beinhalten.[254]

Klausurhinweis: *Häufig werden Klausuren zu diesem Thema in zwei Schritten aufgebaut – erst die unmittelbare Wirkung der Richtlinie, dann der Schadensersatzanspruch. Beginnen Sie – zumindest bei in Deutschland „spielenden" Sachverhalten – zunächst mit dem Amtshaftungsanspruch aus Art. 34 GG i.V.m. § 839 BGB, um das lückenschließende Erfordernis für den ungeschriebenen Staatshaftungsanspruch des Gerichtshofs deutlich zu machen!*

253 BGH NJW 2013, 168, 172; BGHZ 134, 30, 32; Karpenstein/Johann NJW 2010, 3405.
254 Vgl. Dörr DVBl. 2006, 598, 599.

Richtlinien

Umsetzungserfordernis und Umsetzungspflicht

- Richtlinie stößt **zweistufigen Rechtssetzungsprozess** an
  - Adressaten: Mitgliedstaaten
  - Umsetzung: Anpassung des nationalen Rechts an den Inhalt und das Ziel der Richtlinie
  - Umsetzungsverpflichtung innerhalb der in der Richtlinie vorgegebenen Umsetzungsfrist
- Umsetzungsakt muss die **praktische Wirksamkeit (effet utile)** der Richtlinie so gut wie möglich gewährleisten, insbesondere gilt:
  - **Rechtsnormvorbehalt:** Umsetzung der Richtlinie in verbindliches innerstaatliches Recht erforderlich, soweit dieses nicht bereits den Vorgaben der Richtlinie entspricht
  - Umsetzung durch formelles Gesetz oder Rechtsverordnung erforderlich
  - Umsetzung durch Anpassung der Verwaltungspraxis genügt nicht
  - Umsetzung durch Verwaltungsvorschrift str., nach st.Rspr. des Gerichtshofs nicht ausreichend
  - **Grundsätze der Rechtssicherheit und Rechtsklarheit:** Umsetzungsakt muss klar, bestimmt und verständlich sein, um Kenntnis von Rechten und Pflichten erlangen zu können
  - **Inhalt:** Wertungsspielraum des nationalen Gesetzgebers; mindestens aber Verpflichtung zur Herbeiführung des in der Richtlinie vorgesehenen Rechtszustandes, überschießende Richtlinienumsetzung aber möglich

Unmittelbare Wirkung

I. Herleitung der unmittelbaren Wirkung

1. **Grundsatz:** keine unmittelbare, sondern nur mittelbare Wirkung der Richtlinien

   Art. 288 Abs. 3 AEUV: Richtlinien wenden sich an die Mitgliedstaaten und entfalten ihre Wirkung erst über nationale Umsetzungsakte, auf die sich der Bürger sodann berufen kann

2. **Ausnahme:** unmittelbare Wirkung nach st.Rspr. des Gerichtshofs bei Umsetzungsfehler (richterliche Rechtsfortbildung)
   - effet utile: praktische Wirksamkeit der Richtlinie verlangt, dass Bürger sich trotz fehlender Umsetzung auf den Richtlinieninhalt berufen können
   - venire contra factum proprium: Mitgliedstaat darf sich nicht auf eigenes Fehlverhalten berufen, um der Anwendung der Richtlinie zu entgehen (Sanktionsgedanke)

II. Voraussetzungen für die unmittelbare Wirkung

1. Umsetzungsfehler: Richtlinie nicht (Umsetzungsausfall), nicht vollständig oder nicht ordnungsgemäß (Umsetzungsdefizit) umgesetzt
2. Inhaltlich unbedingt: Richtlinie vorbehaltlos und ohne Bedingung anwendbar und keine gestalterische Maßnahme der Mitgliedstaaten/Union erforderlich
3. Hinreichend bestimmt: Adressat, Inhalt der Pflicht, Begünstigter aus der Richtlinie erkennbar

Wenn die Voraussetzungen für die unmittelbare Wirkung nicht vorliegen, dem Bürger aber durch die Nichtumsetzung Schäden entstanden sind, kommt ggf. eine Staatshaftung des Mitgliedstaates nach der ungeschriebenen unionsrechtlichen Staatshaftung in Betracht!

III. Adressat der unmittelbaren Wirkung

- **Vertikale Direktwirkung:** Bürger darf sich gegenüber staatlichen Institutionen auf Richtlinie berufen, soweit sie für ihn begünstigend ist; Staat darf sich gegenüber Bürger nicht auf Richtlinie berufen, schon gar nicht auf belastenden Inhalt
- **Horizontale Direktwirkung:** nach h.M. keine Auswirkung der Richtlinie im Rechtsverhältnis Bürger zu Bürger, läuft dogmatischer Herleitung der unmittelbaren Wirkung zuwider

IV. Beschluss

258 Beschlüsse sind nach Art. 288 Abs. 4 S. 1 AEUV in allen ihren Teilen verbindlich. Sind sie an bestimmte Adressaten gerichtet, binden sie nach Art. 288 Abs. 4 S. 2 AEUV nur diese. Danach existieren zwei Arten von Beschlüssen: der **adressatspezifische** und der **adressatenlose Beschluss**.

1. Adressatspezifischer Beschluss

259 Der adressatspezifische Beschluss kann an einzelne oder die Gesamtheit der Mitgliedstaaten ebenso gerichtet werden wie an natürliche oder juristische Personen in den Mitgliedstaaten. Er zeichnet sich durch einen **auf einen bestimmten Adressaten bezogene Einzelfallregelung** aus. Durch den Adressatenbezug lässt sich der Beschluss von der **Verordnung** abgrenzen: Während sich der Beschluss an einen **geschlossenen Adressatenkreis** richtet, ist die Verordnung an einen generellen Adressatenkreis gerichtet.

Deshalb lässt sich die abstrakt-generelle Gestaltung der Verordnung am ehesten mit einem nationalen Gesetz, die konkret-individuelle Regelung des Beschlusses am besten mit dem Verwaltungsakt i.S.d. § 35 S. 1 VwVfG vergleichen.

260 Der Hauptanwendungsfall für adressatenspezifische Beschlüsse sind sein Erlass als delegierter Rechtsakt i.S.d. Art. 290 AEUV bzw. als Durchführungsrechtsakt i.S.d. Art. 291 AEUV. In beiden Fällen ist die **Kommission** für den Erlass der Beschlüsse zuständig.[255]

261 Als Rechtsschutz steht den Adressaten die **Nichtigkeitsklage** zur Verfügung, für die sie als Adressaten des Rechtsakts der Union gemäß Art. 263 Abs. 4 AEUV klagebefugt sind.

2. Adressatenloser Beschluss

262 Der adressatenlose Beschluss stellt eine Handlung dar, der die **Rechtslage ändert, ohne in individuell zugeordnete Rechtspositionen einzugreifen**. Von der Verordnung lässt er sich dadurch abgrenzen, dass die Verordnung aufgrund ihrer allgemeinen Geltung Rechte und Pflichten auch und gerade außerhalb des Innenbereichs der Union begründen kann, während der adressatenlose Beschluss bislang lediglich für Regelungen im **unionsinternen Bereich** verwendet worden ist. Von der Richtlinie erfolgt die Abgrenzung durch die Festlegung des Adressaten: Während der adressatenlose Beschluss bereits begriffsnotwendig über keinen Adressaten verfügt, sind die Richtlinien an die Mitgliedstaaten gerichtet.[256] Für die Zuständigkeit gilt das zum adressatenspezifischen Beschluss Gesagte entsprechend. Ein Rechtsschutz gegen derartige Beschlüsse ist allerdings im Hinblick auf die Klagebefugnis problematisch, da gerade kein Adressat i.S.d. Art. 263 Abs. 4 AEUV gegeben ist.

V. Empfehlung und Stellungnahme

263 Empfehlungen und Stellungnahmen i.S.d. Art. 288 Abs. 5 AEUV sind **nicht unmittelbar verbindlich**, sondern legen ihren Adressaten lediglich ein bestimmtes Verhalten nahe.

---

255 Nettesheim in: Grabitz/Hilf/Nettesheim, Art. 288 AEUV Rn. 179.

256 Nettesheim in: Grabitz/Hilf/Nettesheim, Art. 288 AEUV Rn. 195; Beispiele bei Schroeder in: Streinz, Art. 288 Rn. 132.

Sie begründen keine unmittelbare rechtliche Verpflichtung.[257] Empfehlungen ergehen zumeist auf Eigeninitiative des erlassenden Organs, während Stellungnahmen als Reaktion auf das Verhalten eines anderen Unionsorgans oder eines Mitgliedstaates ausgesprochen werden. Eine weitere Differenzierung ist aufgrund der Gleichbehandlung beider Handlungsformen jedoch nicht erforderlich.[258] Besondere Bedeutung erhalten die Stellungnahmen in den **Rechtsetzungsverfahren**, in denen sie zum Teil verbindlich vorgeschrieben sind. Da die Stellungnahme den Inhalt der rechtsetzenden Entscheidung beeinflussen kann, ist ihr Ausbleiben so gravierend, dass es die Nichtigkeit des Rechtsakts zur Folge hat.[259]

C. Tertiäres Unionsrecht

Gelegentlich findet sich inzwischen sogar die Kategorie des **tertiären Unionsrechts**. 264
Hierbei handelt es sich um Durchführungsakte, welche von Organen der Europäischen Union auf Grundlage des sekundären Unionsrechts geschaffen worden sind.[260]

Beispiel: Durchführungsrechtsakte der Kommission nach Art. 291 Abs. 2–4 AEUV

2. Abschnitt: Rechtsetzungsverfahren der Union

Einige der vorgenannten Handlungsformen können im **ordentlichen** oder im **besonderen Gesetzgebungsverfahren** erlassen werden. Rechtsakte, die in diesen Verfahren zustande kommen, werden gemäß Art. 289 Abs. 3 AEUV als **Gesetzgebungsakte** bezeichnet. Hierunter fallen **Verordnungen, Richtlinien und Beschlüsse**. 265

A. Die Verbandskompetenz der Union

Staaten, Verwaltungsträger und andere juristische Personen des öffentlichen Rechts dürfen nur dort tätig werden, wo sie **zuständig** sind. Hier können Sie mit Begriffen operieren, die Ihnen aus dem Staatsorganisationsrecht oder dem Kommunalrecht geläufig sein dürften: der Verbandskompetenz und der Organkompetenz. 266

- Die **Verbandskompetenz** beschreibt, welcher Verwaltungsträger bzw. welche juristische Person die jeweilige Aufgabe wahrzunehmen hat.
- Da die einzelnen juristischen Personen selbst nicht handeln können, verfügen sie über Organe. Da die Anzahl der Organe einer juristischen Person zahlenmäßig nicht beschränkt sind, also eine juristische Person über mehrere Organe verfügen kann, regelt die **Organkompetenz**, welches Organ der juristischen Person die sachliche Aufgabe konkret wahrzunehmen hat (siehe hierzu Rn. 43 ff.).

Die Verbandskompetenz kann die Union aufgrund des **Prinzips der begrenzten Einzelermächtigung** nach Art. 5 Abs. 1, Abs. 2 EUV nur von den Mitgliedstaaten ableiten. Diese Kompetenzverleihung wird durch die Art. 2–6 AEUV vollzogen und im Hinblick auf 267

257 Haratsch/Koenig/Pechstein Rn. 411.
258 Oppermann/Classen/Nettesheim § 9 Rn. 123.
259 EuGH NVwZ 1992, 1181 *Parlament/Rat*.
260 Oppermann/Classen/Nettesheim § 9 Rn. 19.

die einzelnen Sachmaterien konkretisiert. Die geschriebenen Kompetenzen unterscheiden zwischen der ausschließlichen und der geteilten Unionskompetenz. Diese werden durch ungeschriebene Kompetenzen (sog. implied powers) ergänzt.

Sowohl die Gründungsverträge als auch die späteren Fassungen der Gemeinschaftsverträge sahen keine ausdrückliche Kompetenzordnung vor. Erst der Verfassungsvertrag sah eine positivrechtlich ausgestaltete Kompetenzordnung vor. Diese wurde im Vertrag von Lissabon wieder aufgenommen.[261]

I. Ausschließliche Unionskompetenz

268 Nach Art. 3 AEUV steht der Union die ausschließliche Kompetenz zu in Bezug auf die Zollunion, die Festlegung der für das Funktionieren des Binnenmarktes erforderlichen Wettbewerbsregeln, die Währungspolitik für die Euro-Staaten, Fischereipolitik, gemeinsame Handelspolitik sowie für den Abschluss internationaler Übereinkünfte auf diesen Gebieten.

269 Die **Bedeutung** dieser Zuständigkeitsübertragung umschreibt Art. 2 Abs. 1 AEUV: Innerhalb der vorgenannten Sachgebiete ist ausschließlich die Union zu Rechtsetzungsakten berechtigt. Eine Kompetenz verbleibt den Mitgliedstaaten in diesen Sachbereichen nur, wenn sie von der Union hierzu ermächtigt werden oder sie Rechtsakte der Union durchführen müssen. Damit ist in positiver Hinsicht die sachliche Zuständigkeit der Union geregelt, in negativer Hinsicht ist es den Mitgliedstaaten zugleich grundsätzlich untersagt, in dem jeweiligen Sachbereich tätig zu werden. Art. 2, 3 AEUV entfalten in dieser Hinsicht **Sperrwirkung** gegenüber den Mitgliedstaaten.[262]

Die Konzeption der Vorschriften entspricht in etwa derjenigen der **ausschließlichen Gesetzgebungskompetenz des Bundes in den Art. 71, 73 GG.**[263] Während Art. 73 GG die einzelnen Sachmaterien in Form von Kompetenztiteln aufzählt – was der Regelung in Art. 3 Abs. 1, Abs. 2 AEUV entspricht – erläutert Art. 71 GG die Bedeutung der Übertragung der ausschließlichen Gesetzgebungskompetenz auf den Bund. Diese Funktion übernimmt auf europäischer Ebene die Regelung des Art. 2 AEUV.

270 Eine **Ausnahme** von der ausschließlichen Unionskompetenz wird vom Gerichtshof für die Fälle zugelassen, in denen auf den in Art. 3 AEUV beschriebenen Sachgebieten eine (Neu-)Regelung dringend erforderlich ist, es dem Unionsgesetzgeber aber trotz seiner Sachkompetenz nicht gelingt, eine Regelung zu treffen. Dann können die Mitgliedstaaten als **Sachwalter des gemeinsamen Interesses** nationale Maßnahmen schaffen oder können bestehende Regelungen aufrecht erhalten. Sie müssen jedoch zuvor die Kommission konsultieren und deren Zustimmung einholen.[264]

II. Geteilte Unionskompetenz

271 Die geteilte Unionskompetenz nach Art. 2 Abs. 2, Art. 4 AEUV wird auch **konkurrierende Unionskompetenz** genannt. Sie umfasst nach Art. 4 Abs. 2 AEUV insbesondere den Binnenmarkt, die Sozialpolitik, die wirtschaftliche Zusammenarbeit sowie den Verbraucherschutz.

---

261 Dazu Streinz Rn. 152.

262 Nettesheim in: Grabitz/Hilf/Nettesheim, Art. 2 AEUV Rn. 18.

263 Vgl. dazu AS-Skript Staatsorganisationsrecht (2017), Rn. 376 ff.

264 EuGH NJW 1983, 506 *Kommission/Großbritannien u. Nordirland*; Calliess in: Calliess/Ruffert Art. 2 AEUV Rn. 8 ff.; Streinz Rn. 155, der diese Konstellation als „Gesetzgebungsnotstand" bezeichnet.

Die geteilte Unionskompetenz stellt den **Regelfall** der Unionszuständigkeiten dar.[265] Sie hat zur Folge, dass sowohl die Union als auch die Mitgliedstaaten auf den jeweiligen Sachgebieten Regelungen treffen können (Art. 2 Abs. 2 S. 1 AEUV). Die Union darf von ihren Kompetenzen jedoch nur nach Maßgabe des in Art. 5 Abs. 3 UAbs. 1 EUV zum Ausdruck kommenden **Subsidiaritätsprinzips** Gebrauch machen. Sie nimmt ihre Zuständigkeiten danach nur wahr, sofern und soweit die Ziele der in Betracht gezogenen Maßnahmen von den Mitgliedstaaten nicht auf zentraler oder regionaler oder lokaler Ebene ausreichend verwirklicht werden können, sondern wegen ihres Umfangs oder ihrer Wirkungen auf Unionsebene besser zu verwirklichen sind. Hierdurch soll einem europäischen Zentralismus entgegengewirkt und stattdessen den Mitgliedstaaten und ihren Untergliederungen ein möglichst breiter Handlungsspielraum zuteil werden.[266] Die Mitgliedstaaten sind jedoch gemäß Art. 2 Abs. 2 S. 2 AEUV nur zum Tätigwerden ermächtigt, sofern und soweit die Union ihre Zuständigkeit nicht ausgeübt hat. Ebenfalls können die Mitgliedstaaten wieder tätig werden, wenn die Union entschieden hat, von ihrer Kompetenz keinen Gebrauch mehr zu machen, Art. 2 Abs. 2 S. 3 AEUV. **272**

Damit ist diese Unionskompetenz mit der **konkurrierenden Gesetzgebungskompetenz des Bundes in Art. 72, 74 GG** vergleichbar,[267] wenngleich eine Art. 72 Abs. 2 GG entsprechende Regelung fehlt.

Sobald die Union auf einem der Sachgebiete der geteilten Unionskompetenz tätig wird, hat dies zur Folge, dass die Kompetenz der Mitgliedstaaten in Bezug auf dieselbe Materie ex nunc entfällt. Wie weit diese **Sperrwirkung** aus Art. 2 Abs. 2 S. 2 AEUV reicht, hängt vom Umfang der Unionsregelung ab. Regelt die Union den Sachbereich vollumfänglich, können die Mitgliedstaaten überhaupt keine Regelungen mehr treffen. Beschränkt sich die Union allerdings darauf, einen Mindeststandard festzusetzen, oder besteht die Möglichkeit, von der Union getroffene Schutzmaßnahmen in den Mitgliedstaaten zu verstärken, wie es z.B. Art. 193 S. 1 AEUV vorsieht, steht es den Mitgliedstaaten frei, darüber hinausgehende Regelungen zu treffen.[268] **273**

Einen **Sonderfall** der geteilten Unionskompetenz stellt die in Art. 4 Abs. 3, Abs. 4 AEUV geregelte **parallele Unionskompetenz** dar. In den dort genannten Sachmaterien (Forschung, technologische Entwicklung, Raumfahrt, Entwicklungszusammenarbeit, humanitäre Hilfe) sind sowohl die Union als auch die Mitgliedstaaten zur Rechtsetzung befugt. Allerdings fehlt es bei den parallelen Unionskompetenzen an einer Sperrwirkung nach Art. 2 Abs. 2 S. 2 AEUV. Die Mitgliedstaaten können also auch dann Recht setzen, wenn die Union bereits tätig geworden ist. Die dadurch ermöglichte **Kollision** zwischen Unionsvorschriften und mitgliedstaatlichem Recht wird durch den **Anwendungsvorrang des Unionsrechts** aufgelöst (siehe dazu Rn. 336 ff.). Diese Verdrängung findet allerdings nicht bereits im Bereich der Kompetenzen statt, sondern tritt erst im Einzelfall bei dem aufgrund der generell bestehenden Kompetenz erlassenen Recht statt.[269] **274**

---

265 Nettesheim in: Grabitz/Hilf/Nettesheim, Art. 2 AEUV Rn. 23.

266 Haratsch/Koenig/Pechstein Rn. 166.

267 So auch Calliess in: Calliess/Ruffert Art. 2 AEUV Rn. 12; Görlitz DÖV 2004, 374, 375; Nettesheim EuR 2004, 511, 529; zur konkurrierenden Gesetzgebungskompetenz siehe AS-Skript Staatsorganisationsrecht (2017), Rn. 377 ff.

268 Calliess in: Calliess/Ruffert Art. 2 AEUV Rn. 13.

269 Nettesheim in: Grabitz/Hilf/Nettesheim, Art. 2 AEUV Rn. 33.

III. Unterstützungs-, Koordinierungs- und Ergänzungsmaßnahmen

275 In den durch Art. 5, 6 AEUV beschriebenen Sachmaterien bleiben die grundsätzlichen Kompetenzen der Mitgliedstaaten erhalten, die Union bleibt auf die genannten Unterstützungs-, Koordinierungs- und Ergänzungsmaßnahmen beschränkt. Um dies zu verstärken, statuiert Art. 2 Abs. 5 UAbs. 2 AEUV ein **Harmonisierungsverbot**: In diesem Bereich darf die Union keine bindende Rechtsetzung mit dem Ziel der Harmonisierung mitgliedstaatlicher Rechts- und Verwaltungsvorschriften betreiben.[270]

IV. implied powers

276 Trotz des Prinzips der begrenzten Einzelermächtigung ist anerkannt, dass die Verbandskompetenz der Union auch durch **ungeschriebene Kompetenzen** begründet werden kann. Diese als **implied-powers-Theorie** bezeichnete Rechtsfigur des Völkerrechts umschreibt eine Auslegungsregel, nach der die Vorschriften eines völkerrechtlichen Vertrages oder eines Gesetzes zugleich diejenigen Vorschriften beinhalten sollen, bei deren Fehlen sie sinnlos wären oder nicht in vernünftiger oder zweckmäßiger Weise zur Anwendung gelangen könnten.[271] Ein Verstoß gegen Art. 5 Abs. 2 EUV ergibt sich dadurch nicht, weil die ungeschriebenen Kompetenzen ausschließlich mithilfe einer **extensiven Auslegung der geschriebenen Kompetenztitel** gewonnen werden.[272]

Damit entspricht die implied-powers-Theorie den **ungeschriebenen Gesetzgebungskompetenzen**, wie sie im deutschen Staatsorganisationsrecht anerkannt sind. Auch hier wird aufgrund der Regelung in Art. 70 GG, der eine ausdrückliche Kompetenzübertragung auf den Bundesgesetzgeber erfordert, von einer extensiven Auslegung bestehender Kompetenztitel ausgegangen.[273]

B. Ordentliches Gesetzgebungsverfahren

277 Nach Art. 289 Abs. 1 S. 1 AEUV werden Verordnungen, Richtlinien und Beschlüsse i.d.R. im **ordentlichen Gesetzgebungsverfahren** erlassen, sofern nicht ein besonderes Gesetzgebungsverfahrens vorgeschrieben ist (vgl. Art. 289 Abs. 2 AEUV).

I. Initiativrecht

278 Das **Initiativrecht** und damit die Einleitung des Gesetzgebungsverfahrens obliegt ausweislich Art. 289 Abs. 1 S. 1 AEUV und Art. 17 Abs. 2 S. 1 EUV **grundsätzlich** der **Kommission**. Nur **ausnahmsweise** kann das Initiativrecht nach Art. 289 Abs. 4 AEUV kraft besonderer Regelung **auf andere Organe der Union übertragen** werden.

Beispiele:

- Gruppe von Mitgliedstaaten: polizeiliche und institutionelle Zusammenarbeit in Strafsachen, Art. 76 Buchst. b AEUV
- Europäisches Parlament: Wahrnehmung der Aufgaben seiner Mitglieder, Art. 223 Abs. 2 AEUV
- Europäische Zentralbank: Änderung der Satzung der EZB, Art. 129 Abs. 3 AEUV
- Gerichtshof der Europäischen Union: Einrichtung von Fachgerichten, Art. 257 Abs. 1 AEUV

---

270 Nettesheim in: Grabitz/Hilf/Nettesheim, Art. 2 AEUV Rn. 35.

271 EuGH Slg. 1956, 297, 312 *Federation Charbonniere de Belgique*.

272 Calliess in: Calliess/Ruffert Art. 5 EUV Rn. 17; Schröder JZ 2004, 8, 10; von Borries EuR 1994, 263, 268.

273 Vgl. dazu AS-Skript Staatsorganisationsrecht (2017), Rn. 391 ff.

Dem **Europäischen Parlament** steht hingegen kein selbstständiges Initiativrecht zu. Es hat vielmehr nach Art. 225 S. 1 AEUV – ebenso wie der **Rat** nach Art. 241 S. 1 AEUV – lediglich ein **mittelbares Initiativrecht**. Beide Organe können die Kommission auffordern, ein Gesetzgebungsverfahren einzuleiten. Dabei ist die Kommission grundsätzlich verpflichtet, der Aufforderung nachzukommen.[274] Sollte sie ausnahmsweise doch von der Einleitung des Verfahrens absehen, ist sie nach Art. 225 S. 2, 241 S. 2 AEUV zur Mitteilung der Gründe verpflichtet. 279

Das unterscheidet das Europäische Parlament beispielsweise vom Deutschen Bundestag, aus dessen Mitte heraus ebenfalls Gesetzesinitiativen möglich sind (vgl. Art. 76 Abs. 1 GG, § 76 GOBT).

II. Verfahren

Nach der Einleitung des Gesetzgebungsverfahrens schließen sich Stellungnahmen einzelner Organe sowie die Lesungen im Europäischen Parlament und im Rat an, ggf. folgt ein Vermittlungsverfahren. Die Einzelheiten des Verfahrens ergeben sich aus Art. 294 AEUV, wie die Verweisung in Art. 289 Abs. 1 S. 2 AEUV klarstellt. 280

1. Zuleitung und Stellungnahmen

Nach Art. 294 Abs. 2 AEUV hat die Kommission die vorgeschlagene Verordnung, Richtlinie oder Beschluss zunächst dem **Europäischen Parlament** und dem **Rat** zuzuleiten. Damit und aus den folgenden Absätzen des Art. 294 AEUV wird deutlich, dass Parlament und Rat die **Hauptrechtsetzungsorgane** der Union sind. 281

Der **Wirtschafts- und Sozialausschuss** oder der **Ausschuss der Regionen** sind bei den Gesetzesvorhaben zu beteiligen, die eine **Stellungnahme** dieser Institutionen erfordern. Die Anhörung dieser Organe, die zur Abgabe der Stellungnahme führt, kann nach Art. 304 bzw. Art. 307 AEUV von der Kommission oder vom Rat durchgeführt werden. 282

Beispiel: obligatorische Stellungnahme bei Vorhaben zur Umweltpolitik, Art. 192 Abs. 1 AEUV

2. Lesungen

Das **Europäische Parlament** legt in einer **ersten Lesung** seinen **Standpunkt** zur Initiative fest und übermittelt diesen dem Rat, Art. 294 Abs. 3 AEUV. Zur Entwicklung dieses Standpunkts wird der Vorschlag der Kommission sowohl im Plenum des Parlaments als auch in den zu beteiligenden Ausschüssen behandelt; die Einzelheiten hierzu sind den Art. 35 ff. der Geschäftsordnung des Europäischen Parlaments (GO EP) zu entnehmen. Bei der Abstimmung im Plenum genügt die **einfache Stimmenmehrheit** gemäß Art. 231 AEUV. Der Vorschlag der Kommission kann im Standpunkt des Europäischen Parlaments **unverändert angenommen** oder **mit Änderungen versehen** werden. Ein **Ablehnungsrecht** sieht Art. 294 Abs. 3 AEUV für das Parlament nicht vor. Allerdings ermächtigt Art. 60 Nr. 1 GO EP das Parlament bei einer Ablehnung des Vorschlags, die Kommission aufzufordern, ihren Vorschlag zurückzuziehen. Damit wird das Gesetzgebungsverfahren gegenstandslos und beendet. Hat das Europäische Parlament, wie es praktisch häufig vorkommt, **Änderungen** an dem Vorschlag der Kommission vorge- 283

274 Kluth in: Calliess/Ruffert, Art. 225 AEUV Rn. 4.

nommen, **übernimmt die Kommission die Änderungen** in den Vorschlag und passt diesen entsprechend an. Dazu ist sie gemäß Art. 293 Abs. 2 AEUV bis zu einem Beschluss des Rates berechtigt und aufgrund eines Abkommens mit dem Europäischen Parlament, solange keine gravierenden Umstände entgegenstehen, auch verpflichtet.

284 Diesen Standpunkt leitet das Europäische Parlament daraufhin dem **Rat** zu. Dieser kann den Standpunkt des Europäischen Parlamentes **billigen** mit der Folge, das der von der Kommission vorgeschlagene Rechtsakt in der Fassung des Standpunktes des Europäischen Parlaments **zustande kommt**, Art. 294 Abs. 4 AEUV. Billigt der Rat den Standpunkt des Europäischen Parlamentes nicht, muss der Rat selbst in **erster Lesung** einen – logischerweise **abweichenden** – **Standpunkt** festlegen und diesen seinerseits dem Europäischen Parlament übermitteln, Art. 293 Abs. 5 AEUV. Dieser Standpunkt ist gemäß Art. 294 Abs. 6 S. 1 AEUV mit einer ausführlichen **Begründung** zu versehen.

285 Hiernach beschäftigt sich das **Europäische Parlament** mit dem Vorschlag und dem abweichenden Standpunkt des Rates in **zweiter Lesung**. Nach Art. 294 Abs. 7 AEUV hat das Parlament in diesem Stadium **drei Entscheidungsmöglichkeiten**, muss aber grundsätzlich innerhalb einer **Frist** von drei Monaten tätig werden.

- Es kann den abweichenden Standpunkt des Rates **ausdrücklich billigen** oder hierzu **schweigen** und die Frist ablaufen lassen. Dann ist bzw. gilt der Rechtsakt in der Fassung des Standpunktes des Rates als angenommen (Art. 294 Abs. 7 Buchst. a AEUV).
- Das Parlament kann den Standpunkt des Rates **mit der Mehrheit seiner Mitglieder ablehnen**. Dann ist das Rechtsetzungsverfahren gescheitert, der Rechtsakt kommt nicht zustande (Art. 294 Abs. 7 Buchst. b AEUV).
- Das Verfahren wird fortgesetzt, wenn das Parlament **mit der Mehrheit seiner Mitglieder Änderungen** vorschlägt. Diese werden dem Rat und der Kommission zugeleitet, die Kommission ist zur Stellungnahme aufgefordert (Art. 294 Abs. 7 Buchst. c AEUV).

286 In letzterem Fall liegt der Ball wieder im Feld des **Rates**. Dieser muss – ebenfalls in **zweiter Lesung** – innerhalb einer Frist von wiederum **drei Monaten** mit qualifizierter Mehrheit über die Änderungsvorschläge des Parlaments beschließen. Nimmt der Rat die Änderungen an, kommt der Rechtsakt in der Fassung des Parlamentes zustande (Art. 294 Abs. 8 Buchst. a AEUV). Werden nicht alle Änderungen vom Rat gebilligt, ist innerhalb einer Frist von sechs Wochen der **Vermittlungsausschuss** einzuberufen (Art. 294 Abs. 8 Buchst. b AEUV).

287 Der Vermittlungsausschuss ist mit Mitgliedern des Parlaments und des Rates paritätisch besetzt (Art. 294 Abs. 10 AEUV) und arbeitet mit Unterstützung der Kommission (Art. 294 Abs. 11 AEUV). Er stellt die letzte Gelegenheit dar, Differenzen im Rechtsetzungsverfahren zu beseitigen und das Verfahren zu einem positiven Abschluss zu führen. Sollte dazu innerhalb einer Frist von **sechs Wochen** keine Einigung erzielt werden, gilt der vorgeschlagene Rechtsakt gemäß Art. 294 Abs. 12 AEUV als nicht erlassen. Entwickelt der Vermittlungsausschuss innerhalb der Frist einen (neuen) Entwurf, müssen das **Europäische Parlament** und der **Rat** in **dritter Lesung** mit diesem (Vermittlungs-)Entwurf befasst werden. Für eine Bestätigung dieses Entwurfs ist im Rat die qualifizierte Mehrheit und im Parlament die Mehrheit der abgegebenen Stimmen erforderlich, Art. 294 Abs. 13 S. 1 AEUV. Wird die jeweilige Mehrheit in nur einem Organ nicht erreicht, kommt der Rechtsakt nicht zustande, Art. 294 Abs. 13 S. 2 AEUV. Das ordentliche Gesetzgebungsverfahren folgt somit dem Grundgedanken, dass ein Rechtsakt nur bei positiver Übereinstimmung von Europäischem Parlament und Rat erlassen werden kann.[275]

Sonderregeln für das ordentliche Gesetzgebungsverfahren finden sich in Art. 48 Abs. 2, Art. 82 Abs. 3 und Art. 83 Abs. 3 AEUV. In diesen Fällen kann das Verfahren durch das Veto eines Mitglieds des Rates ausgesetzt und der Gesetzgebungsvorschlag dem Europäischen Rat vorgelegt werden.

Ordentliches Gesetzgebungsverfahren, Art. 294 AEUV

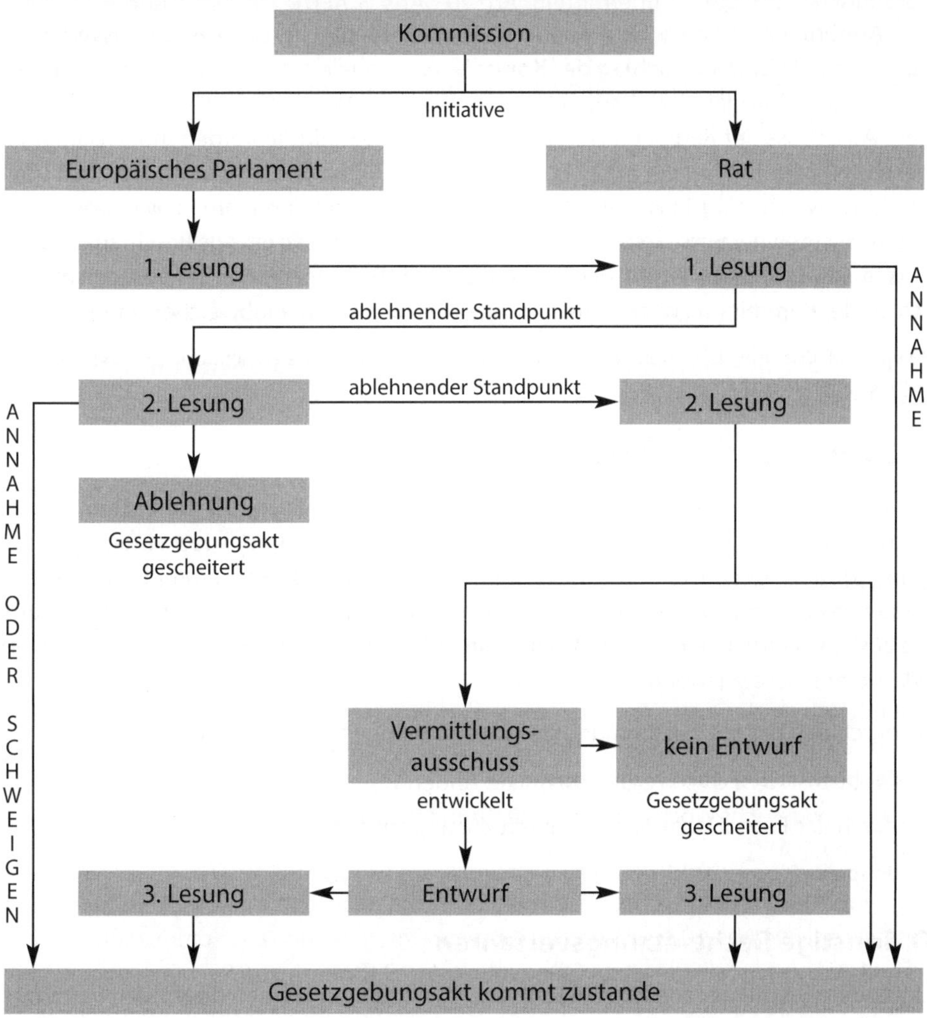

Aufgrund der gleichberechtigten Entscheidungskompetenz vom Europäischen Parlament kann man das vorstehende System als echtes **Zwei-Kammer-System** begreifen. Anders in der Bundesrepublik: Dort wirkt der Bundesrat nach Art. 50 GG lediglich bei der Gesetzgebung des Bundes mit.

275 Kluth in: Calliess/Ruffert, Art. 294 AEUV Rn. 4.

C. Besondere Gesetzgebungsverfahren

288 In bestimmten, in den Verträgen vorgesehenen Fällen sind **besondere Gesetzgebungsverfahren** zum Erlass der Gesetzgebungsakte durchzuführen. Unterschieden wird zwischen **Anhörungsverfahren** und **Zustimmungsverfahren**. Die beiden Verfahren zeichnen sich dadurch aus, dass das Europäische Parlament und der Rat **nicht gleichberechtigt** am Gesetzgebungsverfahren mitwirken, vgl. Art. 289 Abs. 2 AEUV.

Allerdings spielen diese Verfahren **quantitativ eine untergeordnete Rolle**, da für die meisten Gesetzgebungsakte der Erlass im ordentlichen Gesetzgebungsverfahren vorgeschrieben ist.

I. Anhörungsverfahren

289 Das Anhörungsverfahren wird ebenso wie das ordentliche Gesetzgebungsverfahren durch einen **Initiativvorschlag der Kommission** eingeleitet, der – je nach Kompetenznorm – dem Europäischen Parlament, dem Wirtschafts- und Sozialausschuss und ggf. dem Ausschuss der Regionen zur Stellungnahme übermittelt werden muss. Daraufhin **beschließt der Rat** mit der in der Ermächtigungsgrundlage geforderten Mehrheit über den Initiativvorschlag. Er ist dabei an das Ergebnis der Stellungnahmen nicht gebunden und somit in seiner Entscheidung über den Vorschlag frei. Die einzige Beschränkung der Entscheidungsfreiheit ergibt sich aus Art. 293 AEUV, wonach der Rat von einem Vorschlag der Kommission nur in einstimmiger Beschlussfassung abweichen kann.

Beispiel: Maßnahmen betreffend die soziale Sicherheit oder den sozialen Schutz im Rahmen der Freizügigkeit der Unionsbürger, Art. 21 Abs. 3 AEUV

II. Zustimmungsverfahren

290 Im Zustimmungsverfahren ist entweder der **Rat** oder das **Europäische Parlament** zur Rechtsetzung berufen. Es bedarf dazu aber der **Zustimmung** des jeweils anderen Organs, ggf. auch der Zustimmung der Kommission.[276] Anders als im ordentlichen Gesetzgebungsverfahren können die Organe ihre Zustimmung nur erteilen oder verweigern. Sie besitzen jedoch **keinen inhaltlichen Gestaltungsspielraum**. Denkbar ist damit der Erlass eines Gesetzgebungsakts

- durch den Rat mit Zustimmung des Europäischen Parlaments oder

  Beispiel: Anti-Diskriminierungsvorschriften

- durch das Europäische Parlament mit Zustimmung des Rates.

  Beispiel: VO über die Wahrnehmung der Aufgaben der Parlamentsmitglieder, Art. 223 Abs. 2 AEUV

D. Sonstige Rechtsetzungsverfahren

291 Unter dem Begriff der sonstigen Rechtsetzungsverfahren werden diejenigen Verfahren zusammengefasst, die zum Erlass von Maßnahmen führen, die **keine Gesetzgebungsakte** sind (insbesondere delegierte Rechtsakte oder Durchführungsakte). Diese Verfahren sind dadurch gekennzeichnet, dass sie **grundsätzlich keine Beteiligung des Euro-**

276 Haratsch/Koenig/Pechstein Rn. 342.

päischen Parlaments vorsehen. Nur ausnahmsweise ist seine Anhörung oder seine Zustimmung zum Erlass des Rechtsakts erforderlich.

Beispiel: Feststellung der Verletzung der Grundwerte durch einen Mitgliedstaat (Zustimmung)

I. Delegierte Rechtsakte

Delegierte Rechtsakte werden durch die **Kommission** erlassen. Sie enthalten Ergänzungen oder Änderungen zu Gesetzgebungsakten. Dieses Vorgehen ist der Kommission allerdings nur für den Fall gestattet, dass der Gesetzgebungsakt zum Erlass des deligierten Rechtsakts **ausdrücklich ermächtigt**. Da der delegierte Rechtsakt auf der Grundlage einer Ermächtigung in einem Rechtsakt des sekundären Unionsrechts erlassen wird, spricht man insoweit auch von **tertiärem Unionsrecht**. 292

Dieses Vorgehen entspricht dem Erlass von **Rechtsverordnungen** durch die Exekutive. Auch hier ist aufgrund der Durchbrechung der Gewaltenteilung (Erlass abstrakt-genereller Rechtsvorschriften durch die Exekutive) eine ausdrückliche Ermächtigung durch formelles Gesetz erforderlich, Art. 80 Abs. 1 GG.

Zudem dürfen die Änderungen und Ergänzungen nur solche Vorschriften des Gesetzgebungsaktes betreffen, die **nicht wesentlich** sind. Dem Gesetzgeber in Gestalt des Europäischen Parlaments und des Rates sollen dadurch die wesentlichen politischen Grundentscheidungen einer Materie vorbehalten bleiben.[277] Dabei wird die Wesentlichkeit nicht rechtsstaatlich-grundrechtsbezogen, sondern **demokratisch-politisch** verstanden.[278] Hinsichtlich dieser demokratisch-politisch wesentlichen Entscheidungen besteht damit faktisch ein **Gesetzesvorbehalt**. 293

Nach der sog. **Wesentlichkeitstheorie** des **BVerfG** müssen die wesentlichen Entscheidungen ebenfalls vom Gesetzgeber (Legislative) getroffen und dürfen nicht auf die Exekutive übertragen werden. Wesentlich sind vor allem solche Entscheidungen, die den Grundrechtsbereich in nennenswertem Umfang tangieren.[279] Auf die demokratisch-politische Sichtweise kommt es demgegenüber nicht an.

Um eine vollständige Übertragung der Rechtsetzungskompetenzen auf die Kommission zu verhindern, müssen **Ziel, Inhalt, Geltungsbereich und Dauer** der übertragenen Rechtsetzungskompetenz in jedem Gesetzgebungsakt angelegt sein. Werden die Grenzen nicht oder nicht hinreichend gesetzt, entspricht der Gesetzgebungsakt nicht den Vorgaben des Art. 290 Abs. 1 UAbs. 2 S. 1 AEUV und ist deshalb **nichtig**.[280] 294

Das Europäische Parlament und der Rat haben als eigentlicher Gesetzgeber zudem die Möglichkeit, die Rechtsetzungskompetenz jederzeit wieder an sich zu ziehen (**Revokationsrecht**, vgl. Art. 290 Abs. 2 Buchst. a AEUV). Sollte das aufgrund der Delegation von der Kommission erlassene Recht bereits angewendet worden sein, muss der delegierte Rechtsakt durch einen Gesetzgebungsakt aufgehoben und hierzu das ordentliche Gesetzgebungsverfahren bemüht werden.[281] 295

---

277 EuGH NJW 1993, 47 *Deutschland/Kommission*.

278 Ruffert in: Calliess/Ruffert, Art. 290 AEUV Rn. 10 m.w.N.; Siegel DÖV 2010, 1, 6.

279 BVerfG NJW 1998, 2515, 2520; BVerwG RÜ 2014, 320, 322; ausführlich zur Wesentlichkeitstheorie AS-Skript Verwaltungsrecht AT 1 (2017), Rn. 101 ff.

280 Ruffert in: Calliess/Ruffert, Art. 288 AEUV Rn. 11; vgl. auch Nettesheim in: Grabitz/Hilf/Nettesheim, Art. 290 AEUV Rn. 48.

281 Ruffert in: Calliess/Ruffert, Art. 290 AEUV Rn. 18.

II. Durchführungsakte

296 Die Gesetzgebungsakte werden i.d.R. nicht von Unionsorganen, sondern von den Mitgliedstaaten und ihren Institutionen durchgeführt und umgesetzt (vgl. Art. 291 Abs. 1 AEUV, zum Vollzug des Unionsrechts sogleich unter Rn. 306 ff.). Um zu verhindern, dass ein und derselbe Gesetzgebungsakt in den einzelnen Mitgliedstaaten unterschiedlich verstanden, ausgelegt und durchgeführt wird, gestattet Art. 291 Abs. 2 AEUV der Kommission und zum Teil auch dem Rat, **Durchführungsrechtsakte** zu erlassen. Ebenso wie im Rahmen der delegierten Rechtsakte ist für den Erlass eines Durchführungsaktes eine **Ermächtigung** in dem durchzuführenden Rechtsakt erforderlich.[282]

Damit sind die Durchführungsrechtsakte im Hinblick auf ihren Inhalt und ihre Zielsetzung mit den Verwaltungsvorschriften des deutschen Rechts vergleichbar.[283]

297 Wann es einheitlicher Bedingungen und damit des Erlasses eines Durchführungsaktes bedarf, legt Art. 291 Abs. 2 AEUV nicht fest. Überwiegend und richtigerweise wird die Beurteilung dieser Frage in das **Ermessen des zuständigen EU-Organs** gestellt, das einschätzen kann und muss, ob es eines Durchführungsaktes bedarf, um die Durchsetzung und den Vollzug des effet utile einer EU-Regelung sicherzustellen.[284]

E. Abschlussverfahren

298 Unabhängig davon, ob ein Rechtsakt im ordentlichen oder einem besonderen Gesetzgebungsverfahren zustande gekommen ist, muss er einige allgemeine Voraussetzungen erfüllen, um nach dem Durchlauf des Verfahrens **in Kraft treten** zu können. Hierzu gehören die Begründungs- und die Unterzeichnungspflicht sowie die Veröffentlichung.

I. Begründung des Rechtsaktes

299 Nach Art. 296 Abs. 2 AEUV sind die Rechtsakte mit einer **Begründung** zu versehen. Die Begründungsverpflichtung soll die Organe zum einen zur **Selbstkontrolle** anhalten, da diese bei Abfassung der Begründung gezwungen sind, Inhalt und Sinn des jeweiligen Rechtsakts zu überdenken.[285] Zum anderen soll dem Gerichtshof die **Rechtskontrolle** durch die Begründung möglich gemacht und erleichtert werden.[286]

300 In der Begründung sind nicht nur die Beweggründe der Organe für den Erlass des Rechtsakts anzugeben, sondern auch auf Vorschläge, Initiativen, Empfehlungen, Anträge oder Stellungnahmen Bezug zu nehmen. Weitere Vorgaben bzgl. **Inhalt** und **Umfang** der Begründung enthält Art. 296 Abs. 2 AEUV nicht. Jedenfalls muss die an den Einzelfallumständen zu orientierende Begründung[287] die wichtigsten rechtlichen und tatsächlichen Erwägungen enthalten, auf denen die Maßnahme beruht und die für das

282 Nettesheim in: Grabitz/Hilf/Nettesheim, Art. 291 AEUV Rn. 19.

283 Vgl. dazu AS-Skript Verwaltungsrecht AT 1 (2017), Rn. 132 ff.

284 Nettesheim in: Grabitz/Hilf/Nettesheim, Art. 291 AEUV Rn. 22; von der Groeben/Schwarze/Hatje, Art. 291 AEUV Rn. 11; a.A. Ruffert in: Calliess/Ruffert, Art. 291 AEUV Rn. 6 (Subsidiaritätsprinzip).

285 Geismann in: von der Groeben/Schwarze/Hatje, Art. 296 AEUV Rn. 9 m.w.N.

286 Magiera Jura 1989, 595, 603 m.w.N.

287 EuGH Slg. 1998, I-1719 Rn. 63 *Kommission/Sytraval u.a.*; EuGH, Urt. v. 02.12.2009 – C-89/08 Rn. 77 *Kommission/Irland u.a.*

Verständnis der Gedankengänge der erlassenden Organe erforderlich sind.[288] Dabei müssen nicht alle, sondern die **tragenden Gründe** angegeben werden.[289]

Hierzu gehört beispielsweise die Rechtsgrundlage für den Erlass des Rechtsaktes.[290]

Eine **Abänderung** der Begründung ist – mit Ausnahme der Berichtigung von Rechtschreib- oder Grammatikfehlern – **nicht zulässig**. Ein **Nachschieben von Gründen** ist deshalb **ausgeschlossen**.[291] **301**

Obwohl die **Form** der Begründung nicht ausdrücklich vorgeschrieben ist, lässt sich aus der Formulierung des Art. 296 Abs. 2 AEUV ableiten, dass sie mit dem Rechtsakt verbunden sein muss. Daraus folgt, dass die Begründung **schriftlich** zu erfolgen hat und regelmäßig **mit dem Rechtsakt in einer Urkunde vereint** sein muss.[292] **302**

Wird der Rechtsakt **ohne Begründung** erlassen, wurde eine wesentliche Formvorschrift i.S.d. Art. 263 Abs. 2 AEUV missachtet, sodass der Rechtsakt angreifbar ist. Zur Nichtigkeit führt die fehlende Begründung jedoch grundsätzlich nicht.[293] Nur bei besonders schwerwiegenden Fehlern ist ausnahmsweise die Nichtigkeit anzunehmen, wenn beispielsweise die Rechtsgrundlage für den Rechtsakt nicht angegeben wird.[294] **303**

II. Unterzeichnung

Jeder Rechtsakt bedarf zudem der **Unterzeichnung**. Da sie die **Urheberschaft** des erlassenden Organs dokumentieren soll,[295] hängt es vom durchgeführten Verfahren ab, wer die Unterzeichnung vornimmt. **304**

- Wurde der Gesetzgebungsakt im **ordentlichen Gesetzgebungsverfahren** erlassen, ist er gemäß Art. 297 Abs. 1 UAbs. 1 AEUV vom **Präsidenten des Europäischen Parlaments** und vom **Präsidenten des Rates** zu unterzeichnen.
- Ist der Gesetzgebungsakt hingegen in einem **besonderen Gesetzgebungsverfahren** erlassen worden, ist der Präsident des Organs zur Unterzeichnung berufen, dass den Gesetzgebungsakt erlassen hat, Art. 297 Abs. 1 UAbs. 2 AEUV. In diesen Fällen nimmt die Unterzeichnung deshalb entweder der **Präsident des Europäischen Parlaments** oder der **Präsident des Rates** vor.
- **Rechtsakte ohne Gesetzescharakter** werden ebenfalls vom Präsidenten des Organs, das den Rechtsakt erlassen hat, unterzeichnet.

Nur **adressatspezifische Beschlüsse** bedürfen – da sie in der Vorschrift nicht auftauchen – zu ihrer Wirksamkeit **keiner Unterzeichnung**.[296]

---

288 EuG, Urt. v. 08.10.2008 – T-411/06 Rn. 120 *Sogelma/EAR*; Calliess in: Calliess/Ruffert, Art. 296 AEUV Rn. 17.
289 EuGH Slg. 1954-1955, 213, 232 *Niederlande/Hohe Behörde*; Calliess in: Calliess/Ruffert, Art. 296 AEUV Rn. 17.
290 EuGH NJW 1987, 3073; Urt. v. 01.10.2009 – C-370/07 *Kommission/Rat*.
291 EuGH Slg. 1988, 905 Rn. 38 *Großbritannien/Rat*; Slg. 1994, I-2555 Rn. 68 ff. *Kommission/BASF*.
292 Krajewski/Rösslein in: Grabitz/Hilf/Nettesheim, Art. 296 AEUV Rn. 35.
293 EuGH Slg. 1994, I-2555 *Kommission/BASF*; Geismann in: von der Groeben/Schwarze/Hatje, Art. 296 AEUV Rn. 21.
294 EuGH Slg. 1981, 1805 Rn. 26 *Rewe/HZA Kiel*; Urt. v. 01.10.2009 – C-370/07 *Kommission/Rat*.
295 Ruffert in: Calliess/Ruffert, Art. 297 AEUV Rn. 2.
296 Krajewski/Rösslein in: Grabitz/Hilf/Nettesheim, Art. 297 AEUV Rn. 27.

III. Veröffentlichung oder Bekanntgabe

305 Letztlich werden die Rechtsakte erst mit ihrer **Veröffentlichung** oder **Bekanntgabe** wirksam. Insoweit ist zwischen den unterschiedlichen Akten zu differenzieren:

- **Gesetzgebungsakte** sind im **Amtsblatt der Europäischen Union** zu **veröffentlichen**. Sie treten entweder in dem im Gesetzgebungsakt festgelegten Zeitpunkt oder für den Fall, dass eine solche Bestimmung nicht getroffen wird, am zwanzigsten Tag nach ihrer Veröffentlichung in Kraft, Art. 297 Abs. 1 UAbs. 3 AEUV.
- Gleiches gilt für **Verordnungen, Richtlinien**, welche **an alle Mitgliedstaaten** gerichtet sind, sowie **adressatenlose Beschlüsse** gemäß Art. 297 Abs. 2 UAbs. 2 AEUV.
- Die **Richtlinien**, die **an einzelne Mitgliedstaaten gerichtet** sind sowie die **adressatspezifischen Beschlüsse** werden nicht veröffentlicht, sondern gemäß Art. 297 Abs. 2 UAbs. 3 AEUV mit ihrer **Bekanntgabe** gegenüber dem Adressaten wirksam.

3. Abschnitt: Vollzug des Unionsrechts

306 Von der Rechtsetzungskompetenz ist die **Vollzugskompetenz** strikt zu unterscheiden. Letztere bestimmt, wer die **Zuständigkeit** für den **Vollzug des Unionsrechts** besitzt. Die Verträge unterscheiden zwischen dem Vollzug durch Organe der Union (sog. **unionsunmittelbarer** oder **direkter Vollzug**) und dem Vollzug durch Institutionen der Mitgliedstaaten (sog. **Vollzug durch die Mitgliedstaaten** oder **indirekter Vollzug**). Da es grundsätzlich zu keiner Verbindung der Verwaltungsträger kommt, liegt dem Vollzug des Unionsrechts das **Trennungsprinzip** zugrunde.[297]

Auch hierzu existiert eine Parallele im deutschen **Staatsorganisationsrecht**: Weder die Gesetzgebungskompetenz noch die Ausgestaltung des Gesetzgebungsverfahrens geben Ausschluss darüber, welcher Hoheitsträger zum Vollzug des Gesetzes berufen ist. Dies ergibt sich vielmehr für den Bereich der Bundesgesetze aus den Art. 83 ff. GG, die insoweit zwischen bundeseigener Verwaltung, Verwaltung durch die Länder als eigene Angelegenheit und Bundesauftragsverwaltung unterscheiden.[298]

307 Das Prinzip der begrenzten Einzelermächtigung führt dazu, dass die Union das von ihr geschaffene Recht nur dort vollziehen darf, wo ihr die Kompetenz dafür zugeschrieben worden ist.[299] **Direkter Vollzug** findet dementsprechend nur dort statt, wo die **Union** kraft ausdrücklicher Regelung **für den Vollzug zuständig** ist. Eine flächendeckende Vollzugszuständigkeit der Union scheidet zudem aus organisatorischen Gründen aus: Die Union und ihre Organe verfügen über keinen mehrzügigen Verwaltungsapparat, wie dies für die Erfüllung dieser Aufgabe erforderlich wäre. Deshalb obliegt außerhalb der ausdrücklichen Verwaltungskompetenzen der Union – und damit im **Regelfall** – der Vollzug den Mitgliedstaaten und ihren Behörden (**indirekter Vollzug**). Dies ergibt sich bereits aus der allgemeinen Loyalitätspflicht des Art. 4 Abs. 3 EUV, kann aber auch aus Art. 197, 291 AEUV abgeleitet werden.[300]

Zum Teil wird die Formulierung als Merksatz für die grundsätzliche Funktionenverteilung dahingehend zugespitzt, dass die Union für den Normerlass, die Mitgliedstaaten für den Normvollzug zuständig sind.

---

297 Ruffert in: Calliess/Ruffert, Art. 197 AEUV Rn. 7.

298 Vgl. dazu ausführlich AS-Skript Staatsorganisationsrecht (2017), Rn. 442 ff.

299 EuGH Slg. 1989, 3481 *Kommission/Rat*; Oppermann/Classen/Nettesheim, § 12 Rn. 6.

300 Vgl. Calliess/Karl/Puttler in: Calliess/Ruffert, Art. 4 EUV Rn. 63; Oppermann/Classen/Nettesheim, § 12 Rn. 6.

A. Direkter Vollzug

Der direkte Vollzug durch die Union und ihre Organe erstreckt sich sowohl auf **unionsinterne** als auch auf **unionsexterne** Bereiche, verlangt aber immer eine – mehr oder weniger ausdrückliche – Vollzugsermächtigung. Von dieser Unterscheidung interner und externer Sachbereiche hängt sowohl die Verwaltungsorganisation als auch das einzuhaltende Verfahren ab. 308

I. Vollzugsermächtigungen

- Im **unionsinternen Bereich** ist die Union zuständig für die Angelegenheiten des eigenen Personals, die Personalverwaltung, den Haushaltsvollzug (vgl. Art. 317 Abs. 1 AEUV) und – als eine Selbstverständlichkeit – für die unionsinterne Organisation. 309
- Im **unionsexternen Bereich** besitzt die Union Verwaltungskompetenzen im Wettbewerbsrecht (Art. 105, 106 Abs. 3 AEUV), im Beihilfenrecht (Art. 108 AEUV), für die Handelspolitik (Ein- und Ausfuhrkontrolle und -beschränkungen, Art. 206 f. AEUV) sowie die Sozialpolitik (Verwaltung des Europäischen Sozialfonds, Art. 163 AEUV). 310

  Die Aufzählung ist nicht abschließend, sondern gibt die wichtigsten Sachbereiche wieder.

II. Verwaltungsorganisation

- Für den Vollzug im **unionsinternen Bereich** existiert **keine ausschließliche Zuständigkeit**. Vielmehr wird die Verwaltung von dem Organ durchgeführt, das von der Maßnahme betroffen wird. 311

  Beispiel: Die Personalverwaltung wird nicht von einem zentralen „Personalamt" in der Union, sondern von allen Organen hinsichtlich des eigenen Personals wahrgenommen.

- Für den **unionsexternen Bereich** weisen die einschlägigen Vollzugsermächtigungen die Verwaltungskompetenz grundsätzlich der **Kommission** zu. 312

  Beispiele: Kommission als Wettbewerbsbehörde (Art. 105 Abs. 1 S. 1 AEUV) oder als Beihilfenkontrollbehörde (Art. 108 AEUV)

- Zusätzlich schafft die Union durch Verordnung weitere Verwaltungseinheiten, die als selbstständige Einrichtungen für bestimmte Verwaltungsbereiche zuständig sind. Hierzu zählen insbesondere die **Agenturen**. 313

  Beispiel: Europäische Agentur für die operative Zusammenarbeit an den Außengrenzen der Mitgliedstaaten der Europäischen Union (FRONTEX)

III. Verwaltungsverfahren

Eine **einheitliche Regelung des Verwaltungsverfahrens**, die mit dem deutschen VwVfG vergleichbar wäre, **existiert** für die Union **nicht**. Vielmehr lassen sich die Verwaltungsgrundsätze zum einen den speziellen Vorgaben des **europäischen Sekundärrechts**, zum anderen den vom Gerichtshof entwickelten **allgemeinen Rechtsgrundsätzen** entnehmen. Zu diesen Grundsätzen zählen insbes. die Grundsätze der Verhältnismäßigkeit, des Vertrauensschutzes, der Gesetzmäßigkeit der Verwaltung, der Schutz 314 des guten Glaubens, das Recht auf Akteneinsicht, der Untersuchungsgrundsatz und die Regeln über die Rücknahme und den Widerruf von Einzelfallentscheidungen.[301]

Allerdings wird die Einführung eines EU-VwVfG immer wieder diskutiert. Derzeit ist ein neuer Entwurf im Umlauf, der auf seine Umsetzung wartet.[302] Allerdings darf angesichts der Zurückhaltung, welche die Union und ihre Mitgliedstaaten in der Vergangenheit bei diesem Thema haben walten lassen, mit einer zeitnahen Entscheidung über die Einführung nicht gerechnet werden.

B. Indirekter Vollzug

315 Sofern das Unionsrecht die Verwaltungskompetenz nicht den Unionsorganen zuweist, vollziehen die **Behörden der Mitgliedstaaten das Unionsrecht** (vgl. Art. 4 Abs. 3 EUV, Art. 197 Abs. 1, Art. 291 Abs. 1 AEUV). Damit bedient sich die Union des nationalen Verwaltungsapparates. Der indirekte Vollzug unterteilt sich in den **unmittelbaren indirekten Vollzug** und den **mittelbaren indirekten Vollzug**.

I. Unmittelbarer indirekter Vollzug

316 Unmittelbarer indirekter Vollzug liegt vor, wenn die Behörden eines Mitgliedstaates **unmittelbar anwendbares und geltendes Unionsrecht vollziehen**. Dies ist bei Verordnungen der Fall, kann aber auch bei unmittelbar geltenden Richtlinien relevant werden.

1. Vollzugsermächtigung

317 Das vorrangig geltende Unionsrecht enthält in der Regel keine ausdrückliche Aussage darüber, welche Behörde oder welcher Verwaltungsträger innerhalb des Mitgliedstaates für die Umsetzung zuständig ist. Art. 291 Abs. 1 AEUV bestimmt insoweit nur, dass die Durchführung der verbindlichen Rechtsakte der Union **nach innerstaatlichem Recht** zu erfolgen habe. Zur Abgrenzung, ob **Bundes- oder Landesbehörden** tätig werden, wird für die Umsetzung des Unionsrechts in der Bundesrepublik Deutschland auf die **Art. 83 ff. GG analog** zurückgegriffen.[303] Aufgrund der dortigen Zuständigkeitsverteilung fällt die Vollzugsermächtigung grundsätzlich den **Landesbehörden** zu.

2. Verwaltungsverfahren

318 Auch das Verwaltungsverfahren richtet sich ausweislich des Art. 291 Abs. 1 AEUV nach dem innerstaatlichen Recht, sodass – je nach Zuständigkeit – das **Verwaltungsverfahrensgesetz** des Bundes oder der Länder Anwendung findet.[304]

319 Da das Verwaltungsverfahrensrecht der einzelnen Mitgliedstaaten mitunter erhebliche Unterschiede aufweist, wird der **einheitliche Vollzug des Unionsrechts** gefährdet. Dies kann die Union durch den Erlass von **Durchführungsrechtsakten** verhindern (siehe dazu oben Rn. 296 f.). Weitere Einschränkungen ergeben sich aus allgemeinen Rechtsgrundsätzen des Gerichtshofs: Danach darf das nationale Recht im Vergleich zu

---

301 Vgl. die ausführliche Aufzählung bei Oppermann/Classen/Nettesheim, § 12 Rn. 13 f.

302 Dazu Kraft JA Heft 2/2016, S. I.

303 Callies/Kahl/Puttler in: Calliess/Ruffert, Art. 4 EUV Rn. 63; Haratsch/Koenig/Pechstein Rn. 458; Streinz Rn. 540.

304 Vgl. EuGH EuZW 2006, 696 Rn. 57 *Arcor*; EuG, Urt. v. 19.09.2012 – T-265/08 Rn. 37, 40 *Deutschland/Kommission*; vgl. auch BVerwG NVwZ 2010, 1016, 1017; Callies/Kahl/Puttler in: Calliess/Ruffert, Art. 4 EUV Rn. 63 m.w.N.

den Verfahren, in denen über gleichartige, rein nationale Fälle entschieden wird, nicht ungünstiger sein (sog. **Äquivalenzgrundsatz**). Zudem darf die Verwirklichung der unionsrechtlichen Regelung durch die Anwendung des nationalen Rechts nicht praktisch unmöglich gemacht werden (sog. **Effizienzgrundsatz**).[305]

II. Mittelbarer indirekter Vollzug

Von mittelbar indirektem Vollzug spricht man, wenn **durch Unionsrecht determiniertes nationales Recht vollzogen** wird.[306] Hierzu kommt es, wenn ein Mitgliedstaat eine Richtlinie in nationales Recht umgesetzt hat. Sofern das Unionsrecht Vorgaben hinsichtlich der Zuständigkeit, der Verwaltungsorganisation oder dem Verwaltungsverfahren macht, werden diese Vorgaben mit den übrigen Vorschriften der Richtlinie in nationales Recht umgesetzt und gehen als besonderes Verwaltungsrecht nach dem lex-specialis-Grundsatz der Anwendung des VwVfG vor. Anderenfalls bestimmt sich die Zuständigkeit nach den Art. 83 ff. GG. Auch die Grundsätze der Äquivalenz und Effizienz sind zu berücksichtigen, da das Interesse der Union an der einheitlichen Beachtung ihres Rechts im Fall des unmittelbaren und mittelbaren indirekten Vollzuges identisch ist.[307] 320

C. Verwaltungskooperationen

Anders als im deutschen Recht sind auch **Verwaltungskooperationen** zwischen den Organen und Behörden der Union und den Behörden der Mitgliedstaaten sowie Behörden der Mitgliedstaaten untereinander denkbar, es existiert **kein Verbot der Mischverwaltung**, vgl. Art. 197 Abs. 3 S. 2 EUV. Die Formen der Kooperation sind vielfältig und reichen vom Informationsaustausch zwischen den Behörden über Amts- und Vollzugshilfe bis hin zu echter gemeinsamer Verwaltungsarbeit. 321

- Der **Informationsaustausch** zwischen den Behörden ist ein zentraler Bestandteil der Kooperation und dient der Abstimmung der Verwaltungspraxis durch Mitteilung getroffener Entscheidungen, der Weitergabe von Erfahrungen, aber auch dem grenzüberschreitenden Hinweis auf Gefahren und Gefahrenquellen. Dafür werden insbes. **technische Informationssysteme** angelegt, die von den Behörden der Mitgliedstaaten mit Informationen bestückt und wieder abgerufen werden können.[308] 322

  Beispiel: System „Eurodac" mit Fingerabdrücken von Asylbewerbern (VO (EU) Nr. 603/2013)

- **Amts- und Vollzugshilfe** wird von den Behörden der Mitgliedstaaten im grenzüberschreitenden Verkehr in erster Linie bei der Zustellung und Vollstreckung (vgl. auch Art. 299 AEUV) geleistet. Erforderlich sind derartige Unterstützungshandlungen, da die Behörden der Mitgliedstaaten nur auf ihrem jeweiligen Hoheitsgebiet tätig werden können und dürfen. Die Rechtsgrundlagen für die Amts- und Vollzugshilfe finden sich i.d.R. im Sekundärrecht. 323

  Beispiel: Art. 28 VO (EU) Nr. 904/2010 zur Amtshilfe bei der Mehrwertsteuererhebung

---

305 EuGH Slg. 1983, 2633 Rn. 17 *Deutsche Milchkontor*; EuGH EuZW 1998, 499 Rn. 14 *Steff-Houlberg*; Callies/Kahl/Puttler in: Calliess/Ruffert, Art. 4 EUV Rn. 63.

306 Streinz in: Streinz, Art. 4 EUV Rn. 52, 55.

307 Callies/Kahl/Puttler in: Calliess/Ruffert, Art. 4 EUV Rn. 63 m.w.N.

308 Vgl. Classen in: Grabitz/Hilf/Nettesheim, Art. 197 Rn. 56.

324 ■ Auch **kooperative Verwaltungsverfahren** sind zulässig, in denen **parallele Zuständigkeiten** verschiedener nationaler Behörden und der Kommission bestehen.

Beispiel: Wettbewerbsrecht, Art. 11, 13 KartellVO Nr. 1/2003

Die Kooperation zieht jedoch unterschiedliche Probleme nach sich: Auch wenn unterschiedliche Verwaltungsträger beteiligt sind, müssen die Maßnahmen immer einem der Beteiligten final zugerechnet werden, um die **verantwortliche Stelle** identifizieren zu können. In der Regel liegt die **Letztentscheidungskompetenz** bei der **Kommission**.[309] Zudem bereiten die **Rechtsschutzmöglichkeit** und **Haftungsfragen** Probleme. Maßnahmen der jeweiligen Behörden können nach dem für sie geltenden Recht angefochten werden, d.h. Einzelmaßnahmen der Kommission vor dem Gerichtshof und Einzelmaßnahmen der nationalen Behörden vor den nationalen Gerichten. Es kommt also darauf an, gegen welchen konkreten Einzelakt sich der jeweilige Kläger richtet. Die Haftungsfrage wird nach der Zurechnung und Verantwortung entschieden. Grundsätzlich haftet der Verwaltungsträger, dem die Maßnahme zugerechnet werden kann. Sind mehrere Verwaltungsträger an der Maßnahme beteiligt, sind beide haftungsrechtlich verantwortlich.[310]

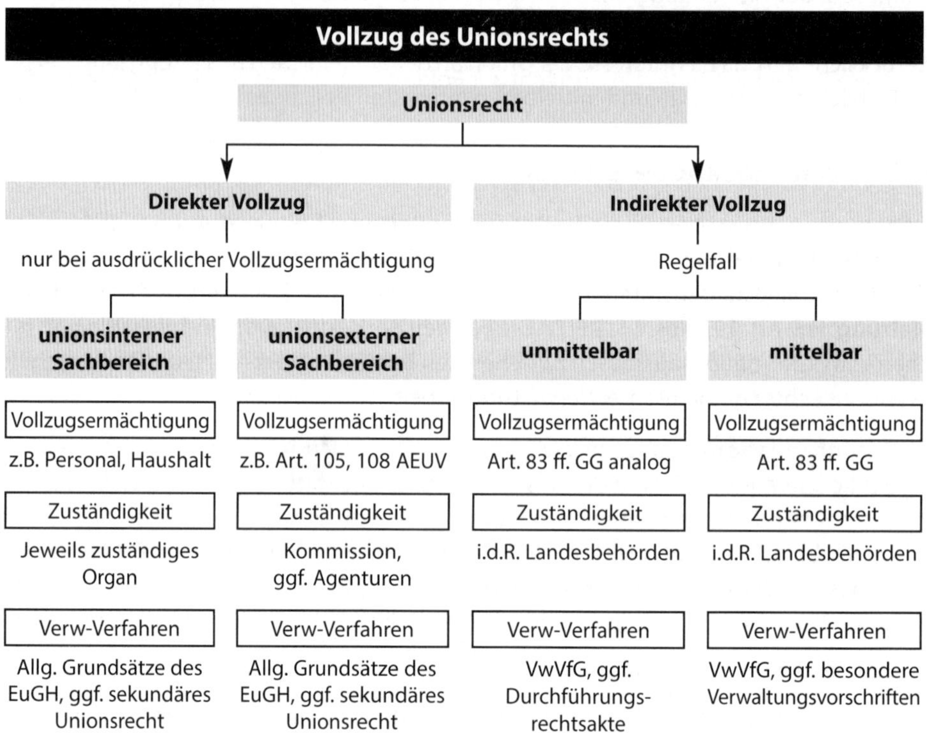

4. Abschnitt: Verhältnis zum nationalen Recht

325 Durch seine Rechtsetzungskompetenz und die Verpflichtung der Mitgliedstaaten zur Umsetzung der Rechtsvorschriften greift die Unionsrechtsordnung stark in die Rechtsordnung der Mitgliedstaaten ein. Gleichwohl belässt es das Unionsrecht – im Bereich des Vollzuges sogar ausdrücklich – bei der Geltung des nationalen Rechts, wünscht sich aber eine gleichförmige Verwaltung des Unionsrechts in den Mitgliedstaaten. Als logi-

---

309 Classen in: Grabitz/Hilf/Nettesheim, Art. 197 Rn. 70.

310 EuGH Slg. 1967, 331, 357 *Kampffmeyer*; Classen in: Grabitz/Hilf/Nettesheim, Art. 197 Rn. 75.

sche Folge entsteht eine **Vermischung von nationalem und Unionsrecht**, die natürlich nicht immer zu konsistenten Ergebnissen führen kann. Deshalb stellt sich in **Kollisionsfällen** die Frage nach dem **vorrangigen Recht**.

Beispiel: Rücknahme einer unter Verstoß gegen das Notifizierungsverfahren aus Art. 108 AEUV gewährten Subvention nach § 48 VwVfG[311]

A. Öffnung der nationalen Rechtsordnung

Grundsätzlich stellen die Verträge der Union **Völkerrecht** dar. Um das Völkerrecht in die nationale Rechtsordnung zu integrieren, bedarf es grundsätzlich eines **Umsetzungsbefehls** oder **Umsetzungsaktes**. Für die allgemeinen Regeln des Völkerrechts ergibt sich diese Umsetzung aus Art. 25 GG, der diesen Regeln einen Zwischenrang zwischen dem Gesetzesrecht und der Verfassung einräumt (vgl. Art. 25 S. 1 und 2 GG). Dem Völkervertragsrecht kommt hingegen nur der Rang eines **einfachen Bundesgesetzes** zu, da es zu ihrer Umsetzung eines Zustimmungsgesetzes bedarf, Art. 59 Abs. 2 S. 1 GG.[312] **326**

Da diese Regelung für das Unionsrecht zur Folge hätte, dass es sich im Rang **unter** den nationalen Verfassungen einordnen müsste und dies dem supranationalen Charakter, der Effektivität sowie der gleichförmigen Anwendung des Unionsrechts zuwider liefe, besteht für das Recht der Union mit **Art. 23 GG** eine **Sonderregelung**.[313] Nach Art. 23 Abs. 1 S. 2 GG kann der Bund per Gesetz, das der Zustimmung des Bundesrates bedarf, **Hoheitsrechte auf die Europäische Union übertragen**. Diese Regelung hat die **Öffnung der nationalen Rechtsordnung** zur Folge, in dem der ausschließliche Herrschaftsanspruch der Bundesrepublik Deutschland im Geltungsbereich des Grundgesetzes zurückgenommen und dem Unionsrecht Raum für dessen Geltung eingeräumt wird.[314] Art. 23 GG wird insoweit als **Integrationshebel** bezeichnet. **327**

Verkürzt ausgedrückt: Wer Hoheitsrechte auf eine supranationale und damit „über ihm" positionierte Institution überträgt, ist an das Recht gebunden, das in Ausübung dieser Hoheitsrechte erlassen wird.

Auch wenn damit die nationale Rechtsordnung für den Einfluss des Europarechts geöffnet wird, geht dies **nicht** mit der **Aufgabe aller nationalen verfassungsrechtlichen Prinzipien** einher. Gerade um dies zu verhindern, schreibt Art. 23 Abs. 1 S. 3 GG vor, dass Art. 79 Abs. 2 und Abs. 3 GG gelten, soweit durch die Gründungsverträge zur Union oder durch spätere Änderungen und andere vergleichbare Regelungen das Grundgesetz seinem Inhalt nach geändert oder ergänzt wird oder solche Änderungen oder Ergänzungen ermöglicht werden. Damit wird klargestellt, dass die Union nicht die der sog. **Ewigkeitsgarantie** unterliegenden Grundprinzipien missachten darf. **328**

Durch die Öffnung des Grundgesetzes für eine Integration des Europarechts wird ein Unterschied zum sonstigen Völkerrecht deutlich: Das Unionsrecht überlässt die Bestimmung seines Ranges nicht den mitgliedstaatlichen Rechtsordnungen, sondern schreibt seine Vorrangposition selbst fest.[315] **329**

---

311 Vgl. AS-Skript Verwaltungsrecht AT 2 (2017), Rn. 132 ff.

312 Vgl. Nettesheim in: Maunz/Dürig, Art. 59 GG Rn. 183.

313 Für das Spezialitätsverhältnis BVerfG NJW 2009, 2267, 2281 Rn. 312 *Lissabon*.

314 Koenig/Haratsch/Pechstein Rn. 119 unter Verweis auf BVerfGE 37, 271, 280; 73, 339, 375.

315 Nettesheim in: Grabitz/Hilf/Nettesheim, Art. 288 AEUV Rn. 38.

B. Verständnis des Gerichtshofs

330 Diesem Ansatz folgt auch der Gerichtshof und geht von einem **uneingeschränkten Vorrang des Unionsrechts** aus (sog. europarechtliche Theorie).[316]

I. Begründungsansätze für uneingeschränkten Vorrang

331 Die unterschiedlichen Begründungsansätze sind notwendig, da das Unionsrecht selbst **keine ausdrückliche Regelung** über das Verhältnis zwischen Unionsrecht und dem nationalen Recht der Mitgliedstaaten enthält.

Anders der Entwurf der Europäischen Verfassung, der eine eindeutige Vorrangregel zugunsten des Unionsrechts enthielt. Diese Vorrangregel wurde aber im Vertrag von Lissabon nicht übernommen. Lediglich die Erklärung Nr. 17 zum AEUV enthält unter Verweis auf die Rechtsprechung des Gerichtshofs den Verweis auf den Vorrang des Unionsrechts.[317]

332 ■ Der Gerichtshof führt zunächst die **Eigenständigkeit der Unionsrechtsordnung** an. Die Gründungsverträge der Union hätten im Unterschied zu anderen völkerrechtlichen Verträgen eine eigene Rechtsordnung geschaffen, welche durch die Organe der Union, ihre Handlungsfähigkeit und ihre Rechtsetzungsbefugnisse geprägt werde. Um eine solche Rechtsordnung schaffen zu können, hätten die Mitgliedstaaten die Union unter Beschränkung ihrer eigenen Souveränität mit Hoheitsbefugnissen ausgestattet. Diese Eigenständigkeit würde geradezu torpediert, könnten die einzelnen Mitgliedstaaten einseitige Maßnahmen gegen das Unionsrecht ergreifen.

333 ■ Darüber hinaus hätten die Mitgliedstaaten nach **Art. 4 Abs. 3 UAbs. 3 Hs. 2 EUV** die gegenseitige Verpflichtung übernommen, alle Maßnahmen zu unterlassen, die der Verwirklichung der Ziele der Union entgegenstehen könnten. Die **Funktionsfähigkeit der Union** und ihres Rechts würde gefährdet, könnten die Mitgliedstaaten durch später erlassenes Recht den Zielen der Union und des Unionsrechts zuwiderhandeln und damit dem Unionsrecht den Vorrang streitig machen. Der Grundsatz, dass ein später erlassenes Gesetz dem früheren Gesetz vorgeht, könne deshalb keine Geltung beanspruchen (Lex-posterior-Formel, lex posterior derogat legi priori).

334 ■ Die unterschiedliche Geltung des Unionsrechts je nach der innerstaatlichen Gesetzgebung enthielte zudem eine mit Art. 18 AEUV unvereinbare **Diskriminierung**. Zudem liefe es der Grundkonzeption der Verträge, eine **einheitliche Rechtsanwendung des Unionsrechts** in den Mitgliedstaaten zu gewährleisten, zuwider.

335 ■ Letztlich werde durch die Regelung in **Art. 288 AEUV** bestätigt, dass das Unionsrecht verbindlich sei und in jedem Mitgliedstaat unmittelbar gelte. Diese Bestimmung, die keinerlei Einschränkungen oder Einschränkungsmöglichkeiten enthält, wäre ohne Bedeutung, wenn die Mitgliedstaaten sie durch Gesetzgebungsakte einseitig funktionslos machen könnten.[318]

---

316 Grundlegend EuGH NJW 1964, 2371 *Costa*; NJW 1991, 2271 Rn. 18 *Factortame*; NVwZ 2010, 1419 *Winner Wetten*; NVwZ 2016, 369 Rn. 52 *Ince/Deutschland*; vgl. auch Nettesheim in: Grabitz/Hilf/Nettesheim, Art. 288 AEUV Rn. 47 ff.

317 Vgl. auch Fisahn/Ciftci JA 2016, 364.

318 EuGH NJW 1964, 2371 *Costa*.

II. Anwendungs- statt Geltungsvorrang

Diese Rspr. führt nach ganz h.M. zu einem **Anwendungsvorrang** des Unionsrechts vor 336
jedwedem nationalen Recht, **sogar dem nationalen Verfassungsrecht**.[319] Der Anwendungsvorrang zeichnet sich dadurch aus, dass das nationale Recht durch das Unionsrecht **überlagert** wird. Das nationale Recht kann dann entweder **nicht angewendet** werden oder ist vor seiner Anwendung **unionsrechtskonform auszulegen**. Es bleibt aber **wirksam**, sodass es außerhalb der Kollision mit dem Unionsrecht auf nationale Fallgestaltungen weiterhin angewendet werden kann.[320] Demgegenüber würde der **Geltungsvorrang** dazu führen, dass die Kollisionsnorm des nationalen Rechts aufgrund des Widerspruchs zum Unionsrecht **unwirksam** würde.[321]

Der Gerichtshof kann die Mitgliedstaaten allerdings in Ausnahmefällen durch eine unmittelbare Anordnung gemäß Art. 279 AEUV verpflichten, die Geltung eines Gesetzes bis zu einem endgültigen Urteil des Gerichtshofs über die Unionsrechtswidrigkeit des Gesetzes auszusetzen, um zu verhindern, dass durch die Anwendung des Gesetzes bis zum Erlass des Urteils ein irreparabler Schaden entsteht.

C. Verständnis des BVerfG

Das **BVerfG** hat diesen uneingeschränkten Anwendungsvorrang – anders als die Verfas- 337
sungsgerichte anderer Mitgliedstaaten – nicht uneingeschränkt übernommen. Es hat vielmehr **zu Beginn** seiner unionsrechtlichen Rspr. den **Anwendungsvorrang** des abgeleiteten Unionsrechts gerade im grundrechtsrelevanten Bereich **verneint**.

Dem BVerfG kommt nach dem GG nicht nur die Rolle (irgend-)eines Verfassungsorgans zu, sondern es fungiert als „Hüter der Verfassung". Damit hat es nicht nur die Veranlassung, sondern sogar die Aufgabe, die wesentlichen Werte des Grundgesetzes zu schützen und aufrechtzuerhalten. Gegenüber den Bürgern kommt ihm die Aufgabe zu, gerade die grundrechtlich gewährten Freiheiten gegen übermäßige staatliche Einschränkung zu verteidigen. Genießt das Unionsrecht Vorrang vor dem Grundgesetz, kann das Unionsrecht vom BVerfG nicht mehr auf seine Vereinbarkeit mit den grundgesetzlichen Grundrechten überprüft werden. Dies könnte im schlimmsten denkbaren Fall zur Folge haben, dass die Bürger einen Teil ihrer grundrechtlich geschützten Freiheiten verlieren, ohne dass das BVerfG intervenieren könnte. Parallel würde – als logische Konsequenz – der Zuständigkeitsbereich des BVerfG selbst eingeschränkt, da alle Unionsrechtsakte der Prüfung des BVerfG entzogen wären.

I. Solange-Rechtsprechung

Das BVerfG knüpfte zunächst an die Formulierung der Integrationsnormen des GG an. 338
Aus dem Umstand, dass Art. 23 Abs. 1 S. 3 GG auf die Ewigkeitsgarantie verweist und damit sicherstellt, dass die Grundprinzipien des Grundgesetzes auch gegenüber dem Unionsrecht nicht aufgegeben werden müssen, lässt sich ableiten, das auch der nationale Verfassungsgeber nicht von einem völlig uneingeschränkten Vorrang des Unionsrechts ausgeht. Hinzu kommt, dass die Verträge der Union – damals wie heute – **keinen Grundrechtskatalog** enthalten. Auch die **EU-Grundrechtecharta** existierte zu Beginn nicht, sie wurde erst im Jahr 2000 verabschiedet.

---

319 EuGH NJW 1971, 718 *Internationale Handelsgesellschaft mbH*; vgl. auch EuGH EuZW 2000, 211 *Kreil/Deutschland*.

320 Vgl. EuGH NVwZ 1992, 358 *Steen/Deutsche Bundespost*.

321 Vgl. Oppermann/Classen/Nettesheim, § 10 Rn. 32.

1. Solange I

339 Aus diesen Gründen legte sich das BVerfG in seiner **Solange-I-Entscheidung** dahingehend fest, dass die Grundstrukturen des Grundgesetzes, die dessen Identität ausmachen, und grundlegende Rechtsprinzipien, die sich vor allem aus den Grundrechten ergeben, nicht durch die europäische Integration aufgegeben werden dürfen. Deshalb würde das BVerfG alle Rechtsakte der Union anhand deutscher Grundrechte überprüfen, **solange das Unionsrecht und der Gerichtshof keinen ausreichenden Schutz für die Grundprinzipien der deutschen Verfassung gewährleisten.**[322] Damit schränkte es den vom Gerichtshof angenommenen Anwendungsvorrang deutlich ein. Das Grundgesetz selbst sollte Vorrang vor dem Unionsrecht genießen, sodass diesem quasi ein Zwischenrang vergleichbar den allgemeinen Grundsätzen des Völkerrechts zugewiesen wurde.

2. Solange II

340 Die Rspr. des **Gerichtshofs** blieb unterdessen nicht statisch. Er bemühte sich vielmehr, **Grundrechte und grundrechtsgleiche Rechte der Unionsbürger als allgemeine Rechtsgrundsätze** und damit Bestandteile des ungeschriebenen Primärrechts zu statuieren. Dabei stützte sich der Gerichtshof auf die Feststellung, dass er bei der Gewährleistung der Grundrechte von den gemeinsamen Verfassungsüberlieferungen der Mitgliedstaaten auszugehen habe.[323] Damit wurden die Anforderungen des BVerfG nach und nach erfüllt und auf Ebene des Unionsrechts ein dem Grundrechtsschutz des Grundgesetzes vergleichbarer Schutzstandard entwickelt. Dementsprechend stellte das BVerfG in der **Solange-II-Entscheidung** klar, dass ein ausreichender Grundrechtsschutz gewährleistet sei, der nach Konzeption, Inhalt und Wirkungsweise dem Grundrechtsstandard des Grundgesetzes gleichzuachten sei. Zudem hätten alle Organe der Union rechtserhebliche Erklärungen dazu abgegeben, dass sie sich in Ausübung ihrer Befugnisse und in der Verfolgung der Ziele der Union von der Achtung vor den Grundrechten als Rechtspflicht leiten lassen werden. Dies führte zu einer **Umkehrung** der ursprünglichen Solange-Formel: Das BVerfG wollte die Rechtsakte der Union anhand deutscher Grundrechte **nicht mehr prüfen, solange auf Unionsebene ein wirksamer Grundrechtsschutz gegen die Hoheitsgewalt der Union gewährleistet** sei.[324] Damit erkannte das BVerfG faktisch den Anwendungsvorrang auch des abgeleiteten Unionsrechts vor dem nationalen Verfassungsrecht an.

II. Reservekompetenz des BVerfG

341 Nachdem man nach der Solange-II-Formel zunächst von einem generellen Anwendungsvorrang des abgeleiteten Unionsrechts ausgehen konnte, machte das BVerfG in nachfolgenden Entscheidungen deutlich, dass es – entgegen der Erwartung – nicht vollständig auf die Kontrolle der Unionsrechtsakte am Maßstab des deutschen Verfassungsrechts verzichten wollte. Es nahm deshalb **Einschränkungen bzw. Präzisierungen der Solange-II-Formel** vor.

---

322 BVerfG NJW 1974, 1697.

323 Vgl. EuGH NJW 1975, 518 *Nold*; die weitere Entwicklung wiedergebend BVerfG NJW 1987, 577, 581.

324 BVerfG NJW 1987, 577.

1. Maastricht-Entscheidung

Bereits in seiner Entscheidung zum Maastricht-Vertrag stellte das BVerfG fest, dass es den **Wesensgehalt der deutschen Grundrechte** auch gegenüber den in Deutschland ausgeübten Hoheitsrechten zu schützen gedenke. Damit dies nicht als vollständige Abkehr von der Solange-II-Formel verstanden wurde, führte das BVerfG umfangreich zu den Prüfungskompetenzen des Gerichtshofs aus und nahm seine vorherige Entscheidung nicht ausdrücklich zurück. Vielmehr stellte es klar, dass es von einem **Kooperationsverhältnis zwischen BVerfG und Gerichtshof** ausgeht. Der Gerichtshof sei zunächst in jedem Einzelfall für die Entscheidung über Unionsrecht zuständig und dazu aufgerufen, den europäischen Grundrechtsschutz der Bürger zu gewährleisten. Erst wenn in der Rspr. des Gerichtshofs die Gewährleistung des unabdingbaren Grundrechtsstandards nach dem Maßstab des Grundgesetzes nicht mehr gewährleistet sei, etwa indem der Wesensgehalt der Grundrechte gefährdet werde, würden deutsche Grundrechte (wieder) ihre Wirkung entfalten. In diesem Fall sei das BVerfG zur Entscheidung über die Vereinbarkeit des Unionsrechtsakts mit deutschen Grundrechten berufen.[325] **342**

Kurz gesagt: Sinkt der durch den Gerichtshof gewährleistete Grundrechtsschutz unter das Niveau des deutschen Grundgesetzes ab, nimmt das BVerfG seine Rspr. über Unionsrechtsakte anhand der deutschen Grundrechte wieder auf.

Erst in diesem Zeitpunkt werde der Anwendungsvorrang des Unionsrechts zugunsten der deutschen Grundrechte durchbrochen. Insofern billigte sich das BVerfG eine **Reservekompetenz** zum Schutz des Wesensgehalts der (deutschen) Grundrechte zu.

2. Bananenmarktbeschluss

Im Bananenmarktbeschluss relativierte das BVerfG seine Ausführungen aus der Maastricht-Entscheidung. Von einem Absinken des Grundrechtsstandards könne erst ausgegangen werden, wenn das BVerfG in den Entscheidungen des Gerichtshofs **strukturelle Rechtsprechungsdefizite** erkennen könne.[326] Derartige Defizite waren für das BVerfG zum Zeitpunkt seiner Entscheidung nicht ersichtlich, sodass es (zunächst) beim Anwendungsvorrang des Unionsrechts blieb. Die Reservekompetenz des BVerfG wird nach dieser Entscheidung als allenfalls theoretische Möglichkeit bezeichnet.[327] **343**

In der Rückschau erweisen sich sowohl die Maastricht-Entscheidung als auch der Bananenmarktbeschluss nicht als Relativierung, sondern als **Präzisierung der Solange-II-Formel**. Das BVerfG gestaltete in beiden Entscheidungen näher aus, wann es die auflösende Bedingung der Solange-II-Formel als erfüllt und damit eine Durchbrechung des Anwendungsvorrangs des Unionsrechts als erforderlich ansah. Diese Rspr. fand ihren Niederschlag im Grundgesetz: Nach Art. 23 Abs. 1 S. 1 a.E. GG soll die Union „einen diesem Grundgesetz im wesentlichen vergleichbaren Grundrechtsschutz" gewährleisten. **344**

Für heutige Verfahren gegen Unionsrechtsakte bedeutet das: Das BVerfG weist sowohl Verfassungsbeschwerden als auch Normenkontrollanträge mangels Beschwerdebefug- **345**

325 BVerfG NJW 1993, 3047.

326 BVerfG NJW 2000, 3124; dazu Lechler JuS 2001, 120.

327 Nettesheim in: Grabitz/Hilf/Nettesheim, Art. 288 AEUV Rn. 61; Meyer EuZW 2000, 685, 688; Limbach EuGRZ 2000, 41; Classen JZ 2000, 1158; Nicolaysen/Nowak NJW 2001, 1233; Lecheler JuS 2001, 120.

nis als unzulässig ab, sofern nicht substantiiert begründet wird, dass der als unabdingbar gebotene Grundrechtsschutz durch den Gerichtshof nicht gewährleistet wird.[328]

Klausurhinweis: *Es ist nicht erforderlich, im Rahmen der Beschwerdebefugnis die gesamte Rechtsprechungsentwicklung des BVerfG nachzuzeichnen. Etwas anderes gilt nur, wenn sich eine Partei im Sachverhalt auf die frühere Rspr. beruft oder Sie im Rahmen einer abstrakten Zusatzfrage dezidiert nach der Entwicklung gefragt werden.*

3. EU-Grundrechtecharta

346 Die Reservekompetenz des BVerfG wurde angesichts der Einführung der **EU-Grundrechtecharta** noch theoretischer. Diese enthielt nun erstmals einen textlich festgehaltenen Grundrechtskatalog, der seinem Wesen und seinen Gewährleistungsinhalten nach den Grundrechten des Grundgesetzes entspricht. Gleichwohl musste unmittelbar nach ihrer Einführung zunächst weiterhin auf die Rechtsprechungsgrundsätze des Gerichtshofs zurückgegriffen werden, da die EU-Grundrechtecharta mangels einer dem Art. 1 Abs. 3 GG entsprechenden Vorschrift für die Unionsorgane **nicht verbindlich** war.

347 Dieses Manko wurde durch den Vertrag von Lissabon beseitigt. Nach Art. 6 Abs. 1 UAbs. 1 EUV erkennt die Union nicht nur die EU-Grundrechtecharta an, sondern sie ist **mit den Verträgen rechtlich gleichrangig**. Damit ersetzt die EU-Grundrechtecharta als Bestandteil des Primärrechts die als allgemeine Rechtsgrundsätze entwickelten Grundrechte des Gerichtshofs. Dies hat Folgen für die Reservekompetenz des BVerfG: Diese kann nur noch dann greifen, wenn die Mitgliedstaaten Art. 6 Abs. 1 EUV aufheben oder die EU-Grundrechtecharta dergestalt geändert wird, dass der über sie vermittelte Grundrechtsschutz nicht mehr dem des deutschen Grundgesetzes entspricht.

III. Fortbestehende Grenzen des Anwendungsvorrangs

348 Gleichwohl erkennt das BVerfG den uneingeschränkten Anwendungsvorrang des Unionsrechts nicht an. Es steht vielmehr auf dem Standpunkt, dass der **Anwendungsvorrang des Unionsrechts nur kraft und im Rahmen der fortbestehenden verfassungsrechtlichen Ermächtigungen gilt**.[329] Damit greift das BVerfG die **in Art. 23 GG niedergelegten Integrationsgrenzen** auf. Das nach Art. 79 Abs. 3, Art. 20 Abs. 1 und Abs. 2 GG nicht zur Disposition stehende **Demokratieprinzip** zwingt die Bundesrepublik Deutschland im Rahmen der gemäß Art. 23 Abs. 1 GG vorgesehenen Beteiligung am europäischen Integrationsprozess, nur in dem Maße Staatsgewalt auf die Union zu übertragen, wie es mit dem vom Grundgesetz geforderten demokratischen Mindeststandard vereinbar ist. Hierfür müssten substanzielle politische Gestaltungsmöglichkeiten durch das **Staatsvolk** sichergestellt sein. Soweit dies in Deutschland nach Art. 20 Abs. 2 i.V.m. Art. 38 Abs. 1 S. 1 GG durch die Wahlen zum deutschen Bundestag gewährleistet sei, finde dies auf europäischer Ebene angesichts des fehlenden Grundsatzes der Wahlrechtsgleichheit bei den Wahlen zum Europäischen Parlament keine Entsprechung (zum Demokratieprinzip s.o. Rn. 54 ff.).

328 BVerfG DÖV 2001, 379; Nettesheim in: Grabitz/Hilf/Nettesheim, Art. 288 AEUV Rn. 61.
329 BVerfG NJW 2009, 2267, 2272.

Essentielle staatliche Entscheidungsgewalt müssten daher der ausreichend demokratisch verfassten deutschen Gewalt vorbehalten bleiben. Das Demokratieprinzip vermittele dem Bürger über sein Wahlrecht aus Art. 38 Abs. 1 S. 1 GG ein subjektives Recht darauf, das von ihm nicht unmittelbar gewählte Organe und Einrichtungen der Union durch offensichtliche und strukturell bedeutsame Kompetenzüberschreitungen diese demokratische Legitimation nicht aushöhlen. Sofern die Union, ihre Organe und Einrichtungen diesen **integrationsfesten Kern deutscher Staatsgewalt** (sog. **integrationsfeste Verfassungsidentität**) antasten, könne dies dazu führen, dass Unionsrecht in Deutschland für unanwendbar erklärt werde, wobei zu dieser Feststellung ausweislich des in Art. 100 Abs. 1 GG niedergelegten Rechtsgrundsatzes nicht die Instanzgerichte, sondern ausschließlich das BVerfG berufen sei.[330] Nur auf diese Weise lasse sich sicherstellen, dass der Anwendungsvorrang des Unionsrecht nur so weit reicht, wie das Grundgesetz sowie das Zustimmungsgesetz zu den Verträgen die Übertragung von Hoheitsrechten auf die Union erlauben. Demnach müsse Unionsrecht in Deutschland für unanwendbar erklärt werden, wenn ein sog. **ausbrechender Rechtsakt eines Unionsorgans** gegeben ist (sog. **ultra-vires-Kontrolle**) oder ein Rechtsakt den unantastbaren **Kerngehalt der Verfassungsidentität des Grundgesetzes**, wie er durch Art. 23 Abs. 1 S. 3 i.V.m. Art. 79 Abs. 3 GG garantiert ist, **verletzt** (sog. **Identitätskontrolle**). 349

1. Ultra-vires-Kontrolle

Hintergrund für die ultra-vires-Kontrolle ist das Prinzip der begrenzten Einzelermächtigung: Da die Union kein Staat, sondern lediglich ein Staatenverbund ist, kommt ihr die Zuständigkeit nur in den Bereichen zu, in denen ihr die Kompetenz durch die Mitgliedstaaten übertragen worden ist. Hinzu kommt, dass die Bewahrung der integrationsfesten Verfassungsidentität es der Bundesrepublik und ihren Organen verbietet, die **Kompetenz-Kompetenz** auf die Union zu übertragen.[331] Wenn Rechtsschutz auf der Unionsebene nicht zu erlangen ist, prüft das BVerfG deshalb im Rahmen der sog. **ultra-vires-Kontrolle**, ob Rechtsakte der europäischen Organe und Einrichtungen sich unter Wahrung des unionsrechtlichen Subsidiaritätsprinzips aus Art. 5 Abs. 1 S. 2, Abs. 3 EUV in den Grenzen der ihnen eingeräumten Hoheitsrechte halten.[332] 350

Bereits aus der Herleitung ergibt sich, dass die ultra-vires-Kontrolle nur bei einer **evidenten Kompetenzüberschreitung** der Unionsorgane relevant werden kann. Ein ultra-vires-Akt liegt deshalb nur vor, wenn die europäischen Organe und Einrichtungen die Grenzen ihrer Kompetenzen in einer das Prinzip der begrenzten Einzelermächtigung spezifisch verletzenden Art überschreiten, der Kompetenzverstoß mit anderen Worten **hinreichend qualifiziert** ist. Dies bedeutet, dass das kompetenzwidrige Handeln der Unionsgewalt **offensichtlich** sein muss und der angegriffene Akt im Kompetenzgefüge zwischen Mitgliedstaaten und Union bezüglich des Prinzips der begrenzten Einzelermächtigung und der rechtsstaatlichen Gesetzesbindung **erheblich** ins Gewicht fällt.[333] 351

330 BVerfG NJW 2009, 2267, 2273 f.

331 BVerfG NJW 2009, 2267, 2271.

332 BVerfG NJW 1982, 507; NJW 1988, 1459; NJW 1993, 3047; NJW 2009, 2267, 2272.

333 BVerfG RÜ 2014, 313, 319; RÜ 2010, 653, 655; NJW 1982, 507; NJW 1988, 1459; NJW 1993, 3047.

352 Hierdurch wird deutlich, dass die Annahme eines ultra-vires-Aktes auf extreme **Ausnahmefälle** beschränkt bleiben wird. Dementsprechend macht das BVerfG deutlich, dass es dieses Kontrollinstrument **zurückhaltend** anwenden will. Dazu zwingt nicht nur die **Funktionsfähigkeit der Union**, die bei entsprechend ausufernder Verwerfung des Unionsrechts durch die mitgliedstaatliche Verfassungsgerichtsbarkeit kaum gewährleistet werden könnte, sondern auch der **Grundsatz der loyalen Zusammenarbeit der Mitgliedstaaten** aus Art. 4 Abs. 3 UAbs. 1 EUV sowie die **Europafreundlichkeit des Grundgesetzes** (vgl. Präambel und Art. 23 Abs. 1 S. 1 GG). Einen Widerspruch oder eine Verletzung dieser Grundsätze, die sich mit der zurückhaltenden Anwendung nicht kompensieren ließen, vermag das BVerfG in seiner ultra-vires-Rechtsprechung nicht zu erkennen. Vielmehr stellt es in seiner Entscheidung zum Vertrag von Lissabon fest, dass die von Art. 4 Abs. 2 S. 1 EUV anerkannten grundlegenden politischen und verfassungsmäßigen Strukturen souveräner Mitgliedstaaten bei fortschreitender Integration ohne eine Kontrolle nicht gewahrt werden könnten.[334] Die Zurückhaltung schlägt sich zudem im Verfahrensablauf nieder: Bevor das BVerfG einen ultra-vires-Akt feststellt, gibt es dem Gerichtshof Gelegenheit, über die Gültigkeit und die Auslegung des fraglichen Unionsrechtsaktes zu entscheiden. Dazu führt es vor seiner eigenen Entscheidung ein **Vorabentscheidungsverfahren** nach Art. 267 AEUV durch.

Dies geschah erstmals im Rahmen der Entscheidung über die Vereinbarkeit des sog. OMT-Programms der EZB mit Unions- und Verfassungsrecht (zum OMT-Programm bereits oben Rn. 172 ff.). Das BVerfG hielt einen ausbrechenden Rechtsakt zumindest für möglich und legte deshalb dem EuGH die Frage nach der Vereinbarkeit des Programms mit Unionsrecht zur Vorabentscheidung vor.[335] Nachdem der Gerichtshof keinen Verstoß gegen Unionsrecht festzustellen vermochte,[336] verneinte auch das BVerfG den ultra-vires-Akt.[337] Damit lässt die erstmalige Annahme eines solchen Aktes weiter auf sich warten.

353 Die ultra-vires-Kontrolle wird vom BVerfG nicht aus eigenem Antrieb, sondern nur auf Antrag hin durchgeführt. Da ein gesondertes Verfahren (vgl. Art. 93 GG, § 13 BVerfGG) hierfür nicht zur Verfügung steht, können sich Bürger derartiger Akte mit der **Verfassungsbeschwerde** gemäß Art. 94 Abs. 1 Nr. 4 Buchst. a GG erwehren.

- Tauglicher Beschwerdegegenstand der Verfassungsbeschwerde ist im Normalfall ein deutsches Gesetz oder die Entscheidung eines deutschen Gerichts, das unionsrechtliche Vorgaben umsetzt. Sofern Vollzugskompetenzen der Kommission oder europäischen Agenturen übertragen sind, ist der taugliche Beschwerdegegenstand das Unterlassen der Träger der deutschen öffentlichen Gewalt, in verfassungsrechtlich gebotener Weise auf die Einhaltung der nationalen Rechtsgrenzen hinzuwirken.[338]
- Hinsichtlich der **Beschwerdebefugnis** muss der Beschwerdeführer geltend machen, durch den Beschwerdegegenstand in seinen Grundrechten oder grundrechtsgleichen Rechten verletzt zu sein. Da ultra-vires-Akte nicht durch die deutschen Zustimmungsgesetze legitimiert sind, ist zum einen die Geltendmachung einer möglichen Verletzung des Rechts aus **Art. 38 Abs. 1 S. 1 GG** möglich. Denn dieser gewährt Schutz gegen Akte, die dauerhaft verhindern, dass zentrale politische Entscheidun-

334 BVerfG NJW 2009, 2267, 2272.
335 BVerfG RÜ 2014, 313.
336 EuGH RÜ 2015, 591 *Gauweiler u.a./Deutscher Bundestag*.
337 BVerfG RÜ 2016, 518.
338 Eifert/Gerberding Jura 2016, 628, 636.

gen vom Bundestag selbstständig getroffen werden können. Diesem muss ein hinreichendes Maß an Aufgaben und Befugnissen verbleiben.[339] Zum anderen ist die Verletzung **jedes Grundrechts** durch ausbrechende Rechtsakte denkbar.[340]

2. Identitätskontrolle

In einer neueren Entscheidung des BVerfG zeigt sich, dass es auch außerhalb eines Absinkens des Grundrechtsstandards in Form der Solange-II-Formel und der ultra-vires-Akte eine Anwendungsmöglichkeit für nationale Grundrechte sieht. Es will die integrationsfeste Verfassungsidentität per **Identitätskontrolle** schützen. 354

Fall 3: Identitätskontrolle

A ist Staatsangehöriger der Vereinigten Staaten von Amerika. Mit rechtskräftigem Urteil des Corte di Apello in Florenz wurde er 1992 in Abwesenheit wegen Mitgliedschaft in einer kriminellen Vereinigung zu einer Freiheitsstrafe von 30 Jahren verurteilt. Im Jahre 2014 wurde er aufgrund eines gegen ihn ergangenen Europäischen Haftbefehls in Deutschland festgenommen. Aus dem Haftbefehl geht hervor, dass dem A das Urteil aus dem Jahr 1992 nicht persönlich zugestellt wurde.

Im Auslieferungsverfahren macht A vor dem erst- und letztinstanzlich zuständigen OLG Düsseldorf geltend, dass er – was zutrifft – nach dem im italienischen Recht möglichen Berufungsverfahren gegen ein Abwesenheitsurteil keine neue Beweisaufnahme erwirken könne. Er beruft sich zudem auf den Rahmenbeschluss des Rates zum Europäischen Haftbefehl (RbEuHb), der festschreibt, in welchen Fällen ein Land die Auslieferung bei einem Abwesenheitsurteil verweigern darf. Dies ist nach Art. 4 a Abs. 1 RbEuHb u.a. dann möglich, wenn dem Betroffenen in dem Land, in das er ausgeliefert werden soll, nach der Auslieferung kein Rechtsmittel mehr zur Verfügung steht, in dem der Sachverhalt und neue Beweismittel geprüft und das Abwesenheitsurteil ggf. aufgehoben werden kann. Das OLG kam in seiner Entscheidung ausschließlich gestützt auf Informationen der italienischen Generalstaatsanwaltschaft zu dem Ergebnis, dass eine erneute Beweisaufnahme in Italien jedenfalls nicht ausgeschlossen und die Auslieferung des A daher zulässig sei.

Mit seiner form- und fristgerecht erhobenen Verfassungsbeschwerde gegen die letztinstanzliche Entscheidung des OLG rügt A vor allem eine Verletzung seines Grundrechts aus Art. 1 Abs. 1 i.V.m. Art. 23 Abs. 1 S. 3 i.V.m. Art. 79 Abs. 3 GG. Die Auslieferung verstoße gegen den aus der Menschenwürde folgenden Grundsatz „keine Strafe ohne Schuld“. Hat die Verfassungsbeschwerde Erfolg?

Die Verfassungsbeschwerde hat Erfolg, soweit sie zulässig und begründet ist.[341]

A. Zulässigkeit

I. Nach Art. 93 Abs. 1 Nr. 4 a GG, § 13 Nr. 8 a BVerfGG ist das BVerfG **zuständig** für die Entscheidung über Individualverfassungsbeschwerden wie die des A.

339 BVerfGE 129, 124, 167 f.; 133, 366, 381; Eifert/Gerberding Jura 2016, 628, 636; Eßlinger/Herzmann Jura 2016, 852, 859.
340 Vgl. BVerfG EuZW 2010, 828.
341 Allgemein zur Verfassungsbeschwerde und zum Aufbau siehe AS-Skript Grundrechte (2017), Rn. 665 ff.

II. A ist als natürliche Person grundrechtsfähig und damit **beschwerdefähig**.

355 III. **Tauglicher Beschwerdegegenstand** ist nach § 90 Abs. 1 BVerfGG **jeder Akt der öffentlichen Gewalt**. Da sich der Begriff an Art. 1 Abs. 3 GG orientiert, kommen grundsätzlich nur Maßnahmen der **deutschen** öffentlichen Gewalt als Gegenstand der Verfassungsbeschwerde in Betracht. Auch wenn der Entscheidung des OLG ein Europäischer Haftbefehl zugrunde liegt, hat jedenfalls ein deutsches Gericht eine Entscheidung getroffen, gegen die sich A zur Wehr setzt. Mithin liegt ein deutscher Hoheitsakt der Judikative und damit ein tauglicher Beschwerdegegenstand vor. Es handelt sich um eine **Urteilsverfassungsbeschwerde**.

Klausurhinweis *Hier liegt eine häufige Fehlerquelle! Zum Teil wird die Frage des richtigen Beschwerdegegenstandes überhaupt nicht problematisiert, zum Teil wird der korrekte Beschwerdegegenstand unter Verweis auf das Unionsrecht verneint.*

IV. A müsste weiterhin **beschwerdebefugt** sein, § 90 Abs. 1 BVerfGG.

356 1. Dies setzt zunächst voraus, dass A geltend machen kann, durch den Beschwerdegegenstand möglicherweise in seinen Grundrechten oder grundrechtsgleichen Rechten verletzt zu sein. A setzt sich gegen eine Entscheidung zur Wehr, die einen **Europäischen Haftbefehl** bestätigt hat. Prüfungsgegenstand des OLG Düsseldorf war deshalb der **Rahmenbeschluss über den Europäischen Haftbefehl**.

Der Rahmenbeschluss ist kein Beschluss i.S.d. Art. 288 Abs. 4 AEUV, sondern eine besondere Handlungsform, die mit der Neuregelung des Art. 288 AEUV im Rahmen des Vertrags von Lissabon gestrichen wurde. Zuvor erlassene Rahmenbeschlüsse bleiben jedoch in Kraft.

Auch in derart unionsrechtlich determinierten Akten ist eine Berufung auf deutsche Grundrechte jedenfalls dann nicht von vornherein ausgeschlossen, wenn sich der Beschwerdeführer auf eine **Verletzung seiner Menschenwürde** aus Art. 1 Abs. 1 GG **durch den unionsrechtlich determinierten Akt** beruft und eine solche Verletzung auch tatsächlich in Betracht kommt. Denn die Menschenwürde ist Teil der **unantastbaren Verfassungsidentität** des Grundgesetzes, die aufgrund der Regelung in Art. 23 Abs. 1 S. 3 GG i.V.m. Art. 79 Abs. 3 GG auch hinsichtlich des Unionsrechts nicht disponibel ist. In derartigen Fällen kommt eine sog. **Identitätskontrolle** in Betracht.[342] Diese verlangt allerdings von dem Beschwerdeführer, dass im Einzelnen **substantiiert dargelegt** wird, inwieweit die durch Art. 1 GG geschützte Garantie der Menschenwürde verletzt sein soll.

Das BVerfG spricht in seiner Entscheidung insoweit von „erhöhten Zulässigkeitsanforderungen",[343] ohne allerdings zu spezifizieren, worin es diese genau erblickt.

Aus dem Vorbringen des A ergibt sich nachvollziehbar die Möglichkeit, dass ihm nach seiner Überstellung nach Italien kein Rechtsbehelf zur Verfügung steht, durch den das in seiner Abwesenheit ergangene Strafurteil in einer Weise angefochten werden kann, die seine nach dem Grundgesetz unabdingbaren und von der Garantie der Menschenwürde nach Art. 1 Abs. 1 GG umfassten Verteidigungsrechte gewährleistet. Eine Identitätsverletzung erscheint somit möglich.

---

342 BVerfG NJW 2005, 2289; NJW 2009, 2267; NJW 2010, 3422; NJW 2011, 3428; NJW 2014, 907.

343 BVerfG RÜ 2016, 242, 243.

Klausurhinweis: *Das BVerfG wendet damit die für die Möglichkeit der Grundrechtsverletzung entwickelten Grundsätze an: Eine Prüfung unionsrechtlich determinierter Akte kommt in Betracht, wenn eine Identitätskontrolle möglich, also nicht von vornherein ausgeschlossen ist. Ob eine Identitätskontrolle durchgeführt werden darf und damit ein Eingriff in den unantastbaren Kernbereich deutscher Verfassungsidentität vorliegt, ist keine Frage der Zulässigkeit, sondern der Begründetheit!*

2. Durch die Entscheidung des OLG Düsseldorf ist A zudem **selbst**, **gegenwärtig** und **unmittelbar** betroffen und damit beschwerdebefugt.

V. Das OLG Düsseldorf ist nach § 14 Abs. 1 des Gesetzes über die internationale Rechtshilfe in Strafsachen (IRG) erst- und letztinstanzlich für das Auslieferungsgesuch zuständig, sodass A den **Rechtsweg** i.S.d. § 90 Abs. 2 BVerfGG **erschöpft** hat. Auch andere Möglichkeiten, eine gerichtliche Kontrolle zu erreichen, bestehen für A nicht, sodass auch der **Grundsatz der Subsidiarität** gewahrt ist. **357**

VI. A hat die Verfassungsbeschwerde zudem **form- und fristgerecht** eingereicht. **358**

Die Verfassungsbeschwerde des A ist folglich zulässig.

B. Begründetheit

Die Verfassungsbeschwerde ist begründet, wenn das OLG bei seiner Entscheidung die Grundrechte nicht ausreichend gewürdigt und beachtet hat. Dabei ist zu berücksichtigen, dass das BVerfG **nicht als Superrevisionsinstanz** die Verletzung einfachen Rechts überprüft. Vielmehr prüft es, ob die Fachgerichte bei ihrer Entscheidung den Anwendungsbereich der Grundrechte oder ihre Bedeutung für den Streitgegenstand verkannt haben und damit eine sog. **spezifische Grundrechtsverletzung** vorliegt. Eine solche liegt hier vor, wenn das OLG das Grundrecht des A aus Art. 1 Abs. 1 i.V.m. Art. 23 Abs. 1 S. 3 i.V.m. Art. 79 Abs. 3 GG verkannt hat. **359**

Ausführungen zu der Frage, ob es sich bei Art. 1 Abs. 1 GG überhaupt um ein Grundrecht handelt oder nicht, sind nicht erforderlich. Hierbei handelt es sich um eine rein theoretische Frage, die weder Einfluss auf den Prüfungsaufbau noch auf den Prüfungsinhalt hat.

I. Da das OLG über die **Vollstreckung eines europäischen Haftbefehls** zu entscheiden hatte, stellt sich zunächst die Frage, ob die **Grundrechte des Grundgesetzes überhaupt Anwendung finden**. Hoheitsakte der Europäischen Union und – soweit sie durch das Unionsrecht determiniert werden – Akte der deutschen öffentlichen Gewalt sind mit Blick auf den **Anwendungsvorrang des Unionsrechts** grundsätzlich nicht am Maßstab der im Grundgesetz verankerten Grundrechte zu messen. Nach Art. 23 Abs. 1 S. 1 GG wirkt die Bundesrepublik Deutschland an der Gründung und Fortentwicklung der Europäischen Union mit. Für den Erfolg der Union ist die einheitliche Geltung ihres Rechts von zentraler Bedeutung. Als Rechtsgemeinschaft von derzeit 28 Mitgliedstaaten könnte sie nicht bestehen, wenn die einheitliche Geltung und Wirksamkeit ihres Rechts nicht gewährleistet wäre.[344] Art. 23 Abs. 1 GG enthält insoweit auch ein Wirksamkeits- und Durchsetzungsversprechen für das unionale Recht. Mit der in Art. 23 Abs. 1 S. 2 GG enthaltenen Ermächtigung, Hoheitsrechte auf die Union zu übertragen, billigt das Grundgesetz die im Zustimmungsgesetz zu **360**

344 EuGH Slg. 1964, 1251, 1269 f. *Costa/ENEL*.

den Verträgen enthaltene Einräumung eines Anwendungsvorrangs zugunsten des Unionsrechts. Der Anwendungsvorrang des Unionsrechts vor nationalem Recht gilt grundsätzlich auch mit Blick auf entgegenstehendes nationales Verfassungsrecht und führt grundsätzlich dazu, dass die nationalen Grundrechte unanwendbar sind.

361 II. Der Anwendungsvorrang reicht jedoch nur soweit, wie das Grundgesetz und das Zustimmungsgesetz zu den Europäischen Verträgen die Übertragung von Hoheitsrechten erlauben oder vorsehen. Im Einzelfall ist dementsprechend auch eine **Durchbrechung des Anwendungsvorrangs** denkbar.

362 1. Der Anwendungsvorrang wird durch die in Art. 23 Abs. 1 S. 3 i.V.m. Art. 79 Abs. 3 GG verfassungsänderungs- und integrationsfest ausgestaltete **Verfassungsidentität des Grundgesetzes** begrenzt. Soweit Maßnahmen eines Organs oder einer sonstigen Stelle der Union Auswirkungen zeitigen, welche die durch Art. 79 Abs. 3 GG i.V.m. den in Art. 1 und Art. 20 GG niedergelegten Grundsätzen geschützte Verfassungsidentität berühren, gehen sie über die grundgesetzlichen Grenzen offener Staatlichkeit hinaus. Auf einer primärrechtlichen Ermächtigung kann eine solche Maßnahme nicht beruhen, weil auch der mit der Mehrheit des Art. 23 Abs. 1 S. 3 GG i.V.m. Art. 79 Abs. 2 GG entscheidende Integrationsgesetzgeber der Europäischen Union keine Hoheitsrechte übertragen kann, mit deren Inanspruchnahme eine Berührung der von Art. 79 Abs. 3 GG geschützten Verfassungsidentität einherginge.[345]

363 2. Im Rahmen dieser sog. **Identitätskontrolle** ist zu prüfen, ob die durch Art. 79 Abs. 3 GG für unantastbar erklärten Grundsätze durch eine Maßnahme der Union oder ihrer Organe berührt werden.[346] Ist dies der Fall, wird der **Anwendungsvorrang des Unionsrechts** für den konkreten Fall **durchbrochen** und das betroffene Unionsrecht in Deutschland für unanwendbar erklärt.

Das BVerfG weist in diesem Zusammenhang darauf hin, dass die europarechtsfreundliche Anwendung von Art. 79 Abs. 3 GG zum Schutz der unionalen Rechtsordnung und bei Beachtung des in Art. 100 Abs. 1 GG zum Ausdruck kommenden Rechtsgedankens verlange, dass die Feststellung einer Verletzung der Verfassungsidentität dem BVerfG vorbehalten bleiben müsse. Nur so könne verhindert werden, dass sich deutsche Behörden und Gerichte ohne Weiteres über den grundsätzlichen Geltungsanspruch und Anwendungsvorrang des Unionsrechts hinwegsetzten. Damit besteht ein insoweit ein **Verwerfungsmonopol des BVerfG**.

Darüber hinaus legt das BVerfG wortreich und unter Verweis auf seine hierzu ergangene Rspr. dar, dass es in der Anerkennung von Ausnahmen für den Anwendungsvorrang weder einen Verstoß gegen den Grundsatz der loyalen Zusammenarbeit i.S.d. Art. 4 Abs. 3 EUV erblickt noch eine Gefahr für die einheitliche Anwendung des Unionsrechts sieht. Denn die Identitätskontrolle bleibe eng begrenzten Ausnahmefällen vorbehalten, da Art. 6 EUV i.V.m. der GRCh einen umfangreichen Schutz gewährleiste und die dem BVerfG vorbehaltenen Kontrollbefugnisse zurückhaltend und europarechtsfreundlich ausgeübt würden.[347]

364 a) Zu den Schutzgütern der in Art. 79 Abs. 3 GG niedergelegten Verfassungsidentität gehört die in **Art. 1 GG** niedergelegte Verpflichtung aller staatlichen Gewalt, die **Würde des Menschen zu achten und zu schützen**. Zu diesem

345 BVerfG RÜ 2016, 242, 244.

346 BVerfG NJW 2009, 2267; NJW 2010, 3422; NJW 2011, 3428; NJW 2014, 907.

347 BVerfG NJW 2016, 1149, 1151.

Schutzbereich gehört auch der sog. **Schuldgrundsatz**. Danach ist eine staatlich verhängte Sanktion in Form einer Strafe für sozialethisches Fehlverhalten nur zulässig, wenn die **individuelle Vorwerfbarkeit festgestellt** worden ist.

Darüber hinaus lassen sich auch **Mindestgarantien von Beschuldigtenrechten im Strafprozess** aus der Menschenwürde i.V.m. dem Rechtsstaatsprinzip ableiten. Zu diesen Mindestgarantien gehört die Verpflichtung des Gerichts zur **Aufklärung des Sachverhalts**. Diese Aufklärungspflicht umfasst es gerade in den Verfahren über die Vollstreckung eines Europäischen Haftbefehls, Ermittlungen hinsichtlich der Rechtslage und der Praxis im ersuchenden Mitgliedstaat vorzunehmen, wenn der Betroffene hinreichende Anhaltspunkte für solche Ermittlungen dargelegt hat.

b) Fraglich ist, ob das OLG Düsseldorf in seiner Entscheidung den Schuldgrundsatz beachtet und seiner Sachverhaltsaufklärungspflicht nachgekommen ist.

aa) Die in Abwesenheit des Angeklagten erfolgte Verurteilung ist zur Feststellung der individuellen Vorwerfbarkeit nicht geeignet. Die Vollstreckung des Europäischen Haftbefehls darf deshalb nur erfolgen, soweit der Angeklagte und zwischenzeitlich Verurteilte die Gelegenheit hat, ein Rechtsmittel zu ergreifen, in dem der Sachverhalt und neue Beweismittel geprüft werden. Dies ist nach der zutreffenden Auffassung des A jedoch in Italien gerade nicht der Fall. Das OLG Düsseldorf hat deshalb den Schuldgrundsatz nicht ausreichend gewürdigt. **365**

bb) Darüber hinaus hätte sich das OLG Düsseldorf angesichts des Vortrags des A nicht auf die Hinweise der italienischen Generalstaatsanwaltschaft verlassen dürfen, dass ein ausreichendes Rechtsmittelverfahren zur Verfügung stehe. Es hätte vielmehr selbst gestützt auf unabhängige Dritte oder eigene Nachforschungen ermitteln müssen, ob ein solches Rechtsmittelverfahren zur Verfügung steht und ob es den Anforderungen des Art. 1 Abs. 1 GG genügt. Mit der Entscheidung, die Vollstreckung des Europäischen Haftbefehls nicht aufzuheben, hat das OLG Düsseldorf folglich auch seine Verpflichtung zur Sachverhaltsaufklärung verletzt. **366**

Da eine Rechtfertigung der Beeinträchtigung der vorstehenden Rechte nicht in Betracht kommt, hat das OLG Düsseldorf die Menschenwürde des A verletzt.

3. Letztlich ist fraglich, ob das BVerfG vor der Verwerfung des Unionsrechts in diesem Fall den **Gerichtshof** im Rahmen eines **Vorabentscheidungsverfahrens** nach Art. 267 AEUV hätte beteiligen müssen. Grundsätzlich gebietet der Grundsatz der loyalen Zusammenarbeit sowie die europarechtsfreundliche Anwendung der Rspr. des BVerfG eine vorherige Befassung des Gerichtshofs, um dessen Verständnis der weiteren Entscheidung zugrunde zu legen, sofern diese überhaupt noch erforderlich ist. Allerdings ist eine Vorlage nach der sog. **acte-claire-Doktrin** des Gerichtshofs nicht erforderlich, wenn über die Auslegung oder Gültigkeit von Unionsrecht vernünftigerweise keine Zweifel bestehen können.[348] **367**

348 EuGH NJW 1983, 1257 Rn. 16 ff. *C.I.L.F.I.T.*

Der Rahmenbeschluss zum Europäischen Haftbefehl verpflichtet aus Sicht des BVerfG nicht dazu, diesen Haftbefehl ohne Prüfung auf seine Vereinbarkeit mit den aus Art. 1 Abs. 1 GG folgenden Anforderungen zu vollstrecken. Auch steht Unionsrecht der Aufklärungsverpflichtung nicht entgegen, da der Rahmenbeschluss selbst eine Verweigerung der Auslieferung zulasse, wenn eine neuerliche Beweisaufnahme im Falle eines in Abwesenheit Verurteilten nicht stattfindet. Damit ist die richtige Anwendung des Unionsrechts offensichtlich und eine vorherige Befassung des Gerichtshofs nicht erforderlich.[349]

Ergebnis: Die Verfassungsbeschwerde des A ist zulässig und begründet. Sie hat Erfolg.

---

368 Die Deutung der vorgenannten Entscheidung hat in der Lit. mitunter hohe Wellen geschlagen.[350] Dass es eine Identitätskontrolle für möglich erachtet, hatte das BVerfG zwar bereits in seiner Lissabon-Entscheidung angedeutet,[351] aber in dem vorliegenden Fall hat es **erstmalig die Verletzung der deutschen Verfassungsidentität** durch einen unionsrechtlich determinierten Akt **bejaht**. Der Auffassung, das BVerfG habe damit die Solange-Rechtsprechung teilweise aufgegeben[352] wird man sich aber ebenso wenig anschließen können wie der Ansicht, die Identitätskontrolle müsse als „Solange-III-Entscheidung" bezeichnet werden.[353] Vielmehr ordnet sich die Entscheidung in die bereits angedeutete Entwicklung ein und konturiert die Bedingungen, unter denen das BVerfG dem Unionsrecht Anwendungsvorrang einzuräumen gedenkt: Das Unionsrecht verdrängt die nationale Verfassung und damit die Grundrechte, solange auf Unionsebene ein Grundrechtsschutz gewährleistet wird, der demjenigen des Grundgesetzes entspricht, kein ultra-vires-Akt gegeben ist und keine Verletzung der integrationsfesten Verfassungsidentität des Grundgesetzes festgestellt werden kann.[354]

D. Konsequenz: unionsrechtskonforme Auslegung

369 Innerhalb der genannten Grenzen erkennt das BVerfG den Anwendungsvorrang des Unionsrechts vor der deutschen Verfassung an. Für die Fachgerichte bedeutet dies indes nicht, jeden Kollisionsfall zwischen nationalem Recht und Unionsrecht dem Gerichtshof zur Klärung vorlegen zu müssen. Vielmehr hat der Anwendungsvorrang des Unionsrechts die Erweiterung der **Auslegungsmethoden** zur Folge: Neben der Auslegung einer nationalen Vorschrift nach den gängigen Methoden (Wortlaut, Entstehungsgeschichte, Systematik, Sinn und Zweck) und der verfassungskonformen Auslegung kommt nunmehr die **unionsrechtskonforme Auslegung** hinzu. Nationales Recht kann also selbst im Falle der Unvereinbarkeit mit Unionsrecht weiterhin angewendet werden, wenn es so ausgelegt und angewendet werden kann, dass es mit den Vorgaben des Unionsrechts (wieder) vereinbar ist.

---

349 BVerfG RÜ 2016, 242, 246.

350 Generell kritisch Schwerdtfeger EuR 2015, 290; vgl. auch Sauer NJW 2016, 1134; Sachs JuS 2016, 373; Eßlinger/Herzmann JA 2016, 852; Eifert/Gerberding JA 2016, 628.

351 BVerfG NJW 2009, 2267.

352 So Sauer NJW 2016, 1134.

353 In diese Richtung Eßlinger/Herzmann JA 2016, 852.

354 Vgl. Michels JA 2012, 515 und Sauer EuZW 2011, 94, die von einer „dreidimensionalen Reservekompetenz" sprechen.

Da das Unionsrecht **jeder Rangstufe** Anwendungsvorrang vor dem nationalen Recht jeder Rangstufe besitzt, muss das nationale Recht nicht nur im Hinblick auf die Vereinbarkeit mit den Verträgen ausgelegt werden. Viel häufiger sind Fehler und Schwierigkeiten bei der Umsetzung von **Richtlinien** in das nationale Recht. Deshalb muss das nationale Recht, das die jeweilige Richtlinie transformiert, so ausgelegt und angewendet werden, dass es mit den Vorgaben der Richtlinie in Einklang steht (sog. **Gebot der richtlinienkonformen Auslegung**).[355] Die nationalen Gerichte sind aufgrund des Umsetzungsgebotes in Art. 288 Abs. 3 AEUV verpflichtet, das innerstaatliche Recht so weit wie möglich anhand des Wortlauts und des Zwecks der vorgebenden Richtlinie auszulegen, um das in ihr festgelegte Ergebnis zu erreichen. Dabei ist die richtlinienkonforme Auslegung mehr als eine bloße Auslegungsmethode. Sie erfordert auch, dass das nationale Recht, wo dies nötig und nach der nationalen Methodenlehre möglich ist, **richtlinienkonform fortgebildet** wird. Die Grenze wird dabei durch den erkennbaren Willen des Gesetzgebers gezogen.[356] 370

5. Abschnitt: Unionsbürgerschaft

Das vorrangige Recht der Union soll indes nicht nur den Mitgliedstaaten selbst, sondern auch ihren **Bürgern** zugute kommen. Um diesen die **Identifizierung mit der Union** zu erleichtern und zu helfen, nationale Vorbehalte gegen die Union auszuräumen,[357] wurde die **Unionsbürgerschaft** eingeführt: Jede Bürgerin und jeder Bürger, der die Staatsangehörigkeit eines Mitgliedstaates der Europäischen Union besitzt, ist zugleich **Unionsbürger** i.S.d. Art. 9 S. 2, S. 3 EUV und Art. 20 ff. AEUV. 371

Die Unionsbürgerschaft hat den zuvor in den Verträgen verwendeten Begriff des „Marktbürgers" abgelöst und drückt den Willen zur Weiterentwicklung der ursprünglichen Wirtschaftsgemeinschaft zur staatenähnlichen Europäischen Union aus. Gleichwohl sind die Unionsbürger nach h.M. kein Staatsvolk der Europäischen Union (zum Streit oben Rn. 27).

Den Unionsbürgern stehen insbesondere die in Art. 20 Abs. 2 S. 1 Buchst. a–d AEUV grob umschriebenen **Rechte** zu. Diese werden zum einen in den nachfolgenden Vorschriften des AEUV, zum anderen in dazu erlassenen Richtlinien konkretisiert. Ferner enthält Art. 20 Abs. 2 S. 1 AEUV eine Öffnungsklausel, nach der auch in weiteren Vorschriften des EUV und AEUV Rechte und Pflichten der Unionsbürger enthalten sein können. Die allgemeinen Art. 20 ff. AEUV treten hinter diesen im Wege der **Subsidiarität** zurück.[358] 372

Beispiel: Art. 21 Abs. 1 AEUV garantiert den Unionsbürgern die Freizügigkeit in allen Mitgliedstaaten der Union. Die Freizügigkeit wird aber auch durch die Art. 45, 49, 56 AEUV gewährleistet, soweit diese im Zusammenhang mit einer wirtschaftlichen Tätigkeit in Anspruch genommen wird. Diese speziellen Freizügigkeitsgewährleistungen gehen dann der allgemeinen Regelung in Art. 21 AEUV vor.

Auch wenn die Unionsbürgerrechte durch das europäische Primärrecht gewährt und durch europäisches Sekundärrecht konkretisiert werden, finden sie – mit Ausnahme von Art. 24 AEUV – aber keine Anwendung gegenüber der Union selbst. Der **Wirkungs-** 373

355 EuGH NJW 1984, 2021 *Colson und Kamann*; NJW 1994, 2473 *Faccini Dori*; Kühling JuS 2014, 481.

356 BVerwG RÜ 2017, 315, 317 f.

357 Magiera DÖV 1987, 221, 222; Fischer EuZW 1992, 566, 567.

358 Vgl. Haratsch/Koenig/Pechstein Rn.773 zu Art. 21 AEUV.

bereich der Unionsbürgerrechte erstreckt sich vielmehr auf das Verhältnis der Unionsbürger zu den einzelnen Mitgliedstaaten im Falle der Grenzüberschreitung.[359]

A. Freizügigkeit

374 Eines der wichtigsten Unionsbürgerrechte ist die **Freizügigkeit**, Art. 21 Abs. 1 AEUV. Die Freiheit, sich in allen Mitgliedstaaten aufzuhalten, in diese ein- und wieder auszureisen, gilt – trotz des missverständlichen Wortlauts – für alle Unionsbürger **unmittelbar**.[360]

Aufbauschema Freizügigkeit, Art. 21 AEUV
I. Anwendbarkeit der allgemeinen Freizügigkeit
1. Subsidiarität ggü. Grundfreiheiten
2. Vorrang der Freizügigkeitsrichtlinie
II. Schutzbereich
1. Sachlich: Freizügigkeit in den Mitgliedstaaten
2. Persönlicher Schutzbereich: Unionsbürger
III. Beschränkung
Staatliche Maßnahme, die sachlichen Schutzbereich beschränkt
IV. Rechtfertigung
1. Einschränkungsmöglichkeit durch Primär- und Sekundärrecht
2. Einschränkungen der Union bei der Konkretisierung (Schranken-Schranken)

Die Prüfung der Unionsbürgerrechte entspricht – mit Ausnahme der vorgeschalteten Anwendbarkeitsprüfung – der Prüfung nationaler Grundrechte nach dem sog. dreigliedrigen Grundrechtsaufbau[361] sowie dem Aufbauschema für die Verletzung von Grundfreiheiten oder Grundrechten der GRCh.

I. Anwendbarkeit

375 Art. 21 Abs. 1 AEUV ist als generelles Unionsbürgerrecht gegenüber anderen Vorschriften, die den Bürgern ebenfalls Freizügigkeit im Unionsgebiet gewährleisten, **subsidiär**. Art. 21 AEUV tritt deshalb hinter den Grundfreiheiten aus Art. 45, 49, 56 AEUV zurück.[362]

376 Ebenfalls Vorrang genießen die Regelungen der sog. **Freizügigkeitsrichtlinie** (RL 2004/28/EG). Diese steht zwar im Rangverhältnis als Teil des sekundären Unionsrechts unter dem Unionsbürgerrecht aus dem europäischen Primärrecht. Allerdings legt Art. 21 Abs. 2 AEUV fest, dass zur Erleichterung der Ausübung der Rechte aus Art. 21 Abs. 1 AEUV Sekundärrecht geschaffen werden kann. Soweit die auf dieser Ermächtigung beruhende Freizügigkeitsrichtlinie speziellere Einzelvorgaben enthält, geht auch diese dem Unionsbürgerrecht aus Art. 21 Abs. 1 AEUV vor.[363] Dieser Vorrang gilt insbesonde-

359 Haratsch/Koenig/Pechstein Rn. 757.

360 EuGH EuZW 2002, 761 Rn. 84 *Baumbast*; EuR 2005, 658 Rn. 42 ff. *Zhu und Chen*; Haratsch/Koenig/Pechstein Rn. 773.

361 Vgl. dazu ausführlich AS-Skript Grundrechte (2017), Rn. 34 ff.

362 EuGH EuZW 2007, 601 Rn. 35 *Schwarz, Gootjes-Schwarz*; Kluth in: Calliess/Ruffert, Art. 21 AEUV Rn. 16.

363 Vgl. Haratsch/Koenig/Pechstein Rn. 792.

re für die in ihr enthaltene Erweiterung an Rechten, die sich aus der Freizügigkeit der Unionsbürger ableiten lassen.

Die Freizügigkeitsrichtlinie wurde in Deutschland durch das Gesetz über die allgemeine Freizügigkeit von Unionsbürgern (FreizügG/EU) umgesetzt.

II. Schutzbereich

1. Sachlicher Schutzbereich

In **sachlicher Hinsicht** schützt Art. 21 AEUV das Recht der Unionsbürger, sich im Hoheitsgebiet der Mitgliedstaaten **frei zu bewegen** und **aufzuhalten.**[364] Aus dem Aufenthaltsrecht folgt das **Recht zum Verbleib** in einem Mitgliedstaat. Dieser darf den Unionsbürger weder unmittelbar noch mittelbar zur Ausreise zwingen.[365] Demnach bindet Art. 21 AEUV die **Mitgliedstaaten**[366] und nicht die Union selbst. Die Mitgliedstaaten dürfen in ihrem nationalen Recht keinerlei Anforderungen an oder Einschränkungen der Freizügigkeit der Unionsbürger formulieren. Die Reichweite erstreckt sich darüber hinaus auch auf den Herkunftsstaat des jeweiligen Unionsbürgers, der wegen Art. 21 AEUV gehindert ist, **Ausreise- oder Wiedereinreisehindernisse** für Unionsbürger in seinem nationalen Recht vorzusehen.[367] **377**

Üben die Unionsbürger ihr Bewegungs- und Aufenthaltsrecht in einem anderen Mitgliedstaat rechtmäßig aus, steht ihnen nach der Rspr. des Gerichtshofs aus Art. 21 i.V.m. Art. 18 AEUV ein **Recht auf Gleichbehandlung** zu. Dadurch ist es dem Aufenthaltsmitgliedstaat untersagt, die Unionsbürger im Hinblick auf ihre Staatsangehörigkeit zu diskriminieren. Das Recht auf Gleichbehandlung bleibt aber aufgrund der Kombination mit Art. 21 AEUV auf die Fälle beschränkt, in denen die unterschiedliche Behandlung der Unionsbürger negative Auswirkungen auf die Freizügigkeit hat oder haben könnte, also die Ausnutzung der Freizügigkeit erschwert oder verhindert.[368] Besondere Bedeutung hat diese Rspr. im Bereich der **staatlichen Leistungen**, insbesondere der **Sozialleistungen** erlangt. Dies führt dazu, dass Unionsbürger im Aufenthaltsmitgliedstaat Sozialleistungen beanspruchen können.[369] **378**

Allerdings steht der Gleichbehandlungsanspruch nicht jeder Ungleichbehandlung entgegen. Der Gerichtshof hatte in mehreren Verfahren zu entscheiden, ob nicht erwerbstätige Unionsbürger von dem Bezug von Sozialhilfe ausgeschlossen werden können, wenn sie sich allein mit dem Ziel, in den Genuss von Sozialhilfe zu kommen, in einen anderen Mitgliedstaat begeben haben. Der Gerichtshof bestätigte diesen Ausschluss zumindest für die Dauer von drei Monaten als unionsrechtskonform.[370]

2. Persönlicher Schutzbereich

Der **persönliche Schutzbereich** knüpft an die **Unionsbürgerschaft** an. Damit genießen alle Staatsangehörigen der Mitgliedstaaten der Union Freizügigkeit im gesamten **379**

364 EuGH EuZW 2007, 767 Rn. 25 *Morgan und Bucher*; Slg. 2008, I- 3993 Rn. 32 *Nerkowska*.

365 EuGH NVwZ 2011, 545 *Zambrano*; Oppermann/Classen/Nettesheim § 18 Rn. 21.

366 Vgl. EuGH EuZW 2002, 635 Rn. 30 f. *D'Hoop*; Haag in: von der Groeben/Schwarze/Hatje, Art. 21 AEUV Rn. 12.

367 EuGH NVwZ 2008, 1221 *Jipa*; EuZW 2006, 500 Rn. 35 *De Cuyper*; EuZW 2012, 72 *Gaydrow*.

368 Vgl. EuGH EuZW 2009, 538 Rn. 55, 87 *Rüffler*; EuZW 2006, 500 Rn. 39 *De Cuyper*; Haratsch/Koenig/Pechstein Rn. 786.

369 EuGH EuZW 2002, 52 *Grzelczyk*; Haag in: von der Groeben/Schwarze/Hatje, Art. 21 AEUV Rn. 21.

370 EuGH NJW 2016, 1145 *Garcia-Nieto*; NVwZ 2015, 1517 *Alimanovic*; NVwZ 2014, 1648 *Dano*; Kingreen NVwZ 2015, 1503.

Unionsgebiet. An diesem Merkmal wird die Weiterentwicklung der Union besonders deutlich: Während die Freizügigkeit vormals nur im Zusammenhang mit einer wirtschaftlichen Betätigung über die Grundfreiheiten gewährleistet wurde, steht die Freizügigkeit heute ohne die wirtschaftliche Betätigung zur Verfügung.

III. Beschränkung

380 Die Freizügigkeit wird den Unionsbürgern gegenüber den Mitgliedstaaten der Union gewährt. Deshalb sind auch nur diese in der Lage, das Freiheitsrecht zu beeinträchtigen. Eine Beschränkung liegt deshalb in jeder **mitgliedstaatlichen Maßnahme**, welche die Freizügigkeit oder die aus ihr abgeleiteten Rechte **unmittelbar oder mittelbar beeinträchtigt**. Der Gerichtshof legt den Beeinträchtigungsbegriff weit aus und hat bereits auf eine Beeinträchtigung des unionsbürgerlichen Freizügigkeitsrechts erkannt, wenn persönliche Unannehmlichkeiten, persönliche Kosten oder Verzögerungen die Inanspruchnahme der Freizügigkeit unwahrscheinlicher machen.[371]

Beispiel: Verweigerung der Anerkennung einer in Großbritannien durchgeführten Namensänderung durch eine Person, die sowohl die deutsche wie auch die britische Staatsangehörigkeit besitzt.[372]

Dogmatisch entspricht die „Beeinträchtigung" dem deutschen „Eingriff" in den Schutzbereich eines Grundrechts. Auch wenn in der Lit. zum Teil die Bezeichnung Eingriff auch im Unionsrecht gewählt wird,[373] sollten Sie diesen nicht übernehmen, da er insbesondere in der Rspr. des Gerichtshofs nicht auftaucht und suggeriert, Sie würden Begrifflichkeiten aus dem deutschen Recht übertragen.

IV. Rechtfertigung

381 Nicht jede Beeinträchtigung der Freizügigkeit führt zu deren Verletzung. Vielmehr können Beeinträchtigungen **gerechtfertigt** werden, da Art. 21 Abs. 1 AEUV die Freizügigkeit ausschließlich unter den im AEUV und den Durchführungsbestimmungen vorgesehenen Beschränkungen und Bedingungen garantiert. Es besteht somit eine **Einschränkungsmöglichkeit** durch primäres und sekundäres Unionsrecht. Diese Einschränkungsmöglichkeit ist zumeist durch die Freizügigkeitsrichtlinie konkretisiert worden. Bei der Regelung von Einschränkungen der Freizügigkeit und ihrer Begleitrechte ist die Union jedoch nicht völlig frei. Sie unterliegt bei der Ausgestaltung wiederum Beschränkungen durch allgemeine Grundsätze, die im Unionsrecht zwingend zu beachten sind – wie beispielsweise dem Grundsatz der Verhältnismäßigkeit.[374]

Auch diese Formulierungen sollten Ihnen bekannt vorkommen: Das Freiheitsrecht steht unter dem Vorbehalt der Einschränkung (sog. Schranke), während der Gesetzgeber bei der Konkretisierung der Einschränkungsmöglichkeit wiederum konkreten Beschränkungen unterworfen ist (sog. Schranken-Schranken). Auf Unionsebene wird derselbe dogmatische Aufbau verwendet wie im Rahmen der verfassungsrechtlichen Rechtfertigung eines Eingriffs in deutsche Grundrechte!

Auch eine Einschränkung durch nationales Recht ist denkbar, wenn die Vorschrift ein im Allgemeininteresse liegendes Ziel in verhältnismäßiger Weise verfolgt.[375]

371 EuGH EuZW 2007, 767 Rn. 30 *Morgan*.

372 EuGH RÜ 2016, 525 *Bogendorff von Wolffersdorff/Standesamt der Stadt Karlsruhe*.

373 So beispielsweise Haratsch/Koenig/Pechstein Rn. 793.

374 Vgl. EuGH EuZW 2007, 767 Rn. 33 *Morgan*; NZS 2014, 20 *Pensionsversicherungsanstalt*.

375 Vgl. EuGH RÜ 2014, 111 *All Project & Developments u.a.*

B. Diskriminierungsverbote

Wenngleich der Wortlaut nicht auf die Unionsbürgerschaft abstellt, erlangt das **allgemeine Diskriminierungsverbot** aus Art. 18 AEUV als **Unionsbürgerrecht im weiteren Sinne** Bedeutung. 382

Aufbauschema allgemeines Diskriminierungsverbot, Art. 18 AEUV

I. Anwendbarkeit
Subsidiarität gegenüber speziellen Diskriminierungsverboten

II. Schutzbereich
1. Sachlich: Sachverhalt mit Unionsrechtsbezug
2. Persönlich: jedenfalls Unionsbürger

III. Diskriminierung
- Offene Diskriminierung
- Versteckte Diskriminierung

IV. Rechtfertigung
1. Objektive Erwägungen des Allgemeinwohls
2. Einschränkungen bei der Konkretisierung (Schranken-Schranken)

Das allgemeine Diskriminierungsverbot stellt eine besondere Ausprägung des **allgemeinen Gleichheitssatzes** dar, da er **Ungleichbehandlungen aus Gründen der Staatsangehörigkeit** verbietet, sofern sie nicht durch objektive Erwägungen ausnahmsweise gerechtfertigt sind. Zu den Unionsbürgerrechten im weiteren Sinne ist das Diskriminierungsverbot aufgrund seines Anwendungsbereichs zu zählen: Art. 18 AEUV verbietet den Mitgliedstaaten der Union, eigene Staatsangehörige ohne sachlichen Grund anders zu behandeln als Staatsangehöriger anderer Mitgliedstaaten. Auf das Verhältnis zu Drittstaatsangehörigen findet Art. 18 AEUV hingegen keine Anwendung.[376] 383

Das Diskriminierungsverbot schlägt sogar bis auf die deutschen Grundrechte durch: Für die Grundrechtsfähigkeit juristischer Personen aus Art. 19 Abs. 3 GG hat das BVerfG entschieden, dass juristische Personen mit Sitz in der Union wegen Art. 18 AEUV nicht schlechter gestellt werden dürfen als inländische juristische Personen.[377]

Neben Art. 18 AEUV hat das Diskriminierungsverbot auch **spezielle Ausprägungen** erfahren, die dem allgemeinen Diskriminierungsverbot in der Anwendung vorgehen. Hierzu gehören insbesondere die Grundfreiheiten aus den Art. 28 ff. AEUV.

In den Fokus ist das allgemeine Diskriminierungsverbot im Zusammenhang mit der in Deutschland geplanten **Pkw-Maut** gerückt. 384

376 EuGH EuZW 2011, 429 Rn. 20 *Guarnieri*; vgl. auch EuGH DÖV 2009, 634 Rn. 52 *Vatsouras*.
377 BVerfG RÜ 2011, 723, 724; a.A. in Bezug auf Art. 12 GG BVerfG NJW 2016, 1436.

Fall 4: Pkw-Maut

Das Bundesverkehrsministerium plant die Einführung einer sog. Pkw-Maut. Der Entwurf des Gesetzes über die Erhebung einer Infrastrukturabgabe für die Benutzung von Bundesautobahnen (Infrastrukturabgabengesetz – InfrastrukturAG) sieht vor, dass die Benutzung von Bundesautobahnen durch Kraftfahrzeuge mit einem zulässigen Gesamtgewicht von bis zu 3,5 t nur zulässig ist, wenn die Fahrzeugführer zuvor eine kostenpflichtige Vignette erworben haben. Die Vignetten werden abhängig von der Nutzungszeit ausgegeben (Tages-, Wochen, Monats- und Halbjahresvignette). Dabei ist die jeweilige Gebühr angemessen bemessen. Das InfrastrukturAG sieht aber vor, dass die Kraftfahrzeugsteuer für in Deutschland angemeldete Kfz mindestens um die Summe sinkt, die zwei Halbjahresvignetten entspricht; handelt es sich um besonders schadstoffarme Pkw, kann die Kfz-Steuer noch weiter sinken. Damit soll erreicht werden, dass die Pkw-Maut für deutsche Kraftfahrzeugführer und -halter gebührenneutral bleibt. Zur Begründung führt das Bundesverkehrsministerium an, es wolle den Umweltschutz stärken, indem es durch die Gebühr einen Anreiz für die Benutzung anderer Verkehrsmittel setze. Ferner wolle es eine gleichmäßige Belastung aller Straßennutzer mit den Kosten der Instandhaltung erreichen, da die Bundesbürger über die Kraftfahrzeug- und Mineralölsteuer derzeit überproportional zu den Instandhaltungskosten herangezogen werden. Als die Kommission von dem Gesetzentwurf erfährt, teilt sie der Bundesregierung mit, dass die Pkw-Maut unionsrechtswidrig sei, da sie zu einer Diskriminierung der EU-Ausländer führe. Zu Recht?

Bearbeitungsvermerk: Art. 92 AEUV sowie Grundfreiheiten sind nicht zu prüfen!

Ein **Verstoß gegen das allgemeine Diskriminierungsverbot aus Art. 18 Abs. 1 AEUV** liegt vor, wenn es anwendbar ist, eine Ungleichbehandlung von Unionsbürgern aufgrund ihrer Staatsangehörigkeit vorliegt und diese Ungleichbehandlung nicht gerechtfertigt ist.

Ein Verstoß gegen Art. 110 AEUV scheidet von vornherein aus, da die Vorschrift ihrem Wortlaut nach nur spezifisch auf den Warenverkehr zugeschnittene Abgaben erfasst. Die Pkw-Maut knüpft jedoch nicht an die Warenbeförderung, sondern an die Straßennutzung an.[378] Zudem liegt kein Verstoß gegen die unionale Kompetenzordnung vor, da die Finanzierung der Verkehrsinfrastruktur gemäß Art. 4 Abs. 2 Buchst. g AEUV zur geteilten Unionskompetenz gehört und die Union noch keine entsprechende Regelung für Pkw mit einem zulässigen Gesamtgewicht von bis zu 3,5 t getroffen hat.[379] Lediglich die Nutzung der Autobahnen durch schwere Nutzfahrzeuge wurde durch die Richtlinie 1999/62/EG (sog. Wegekosten- bzw. Eurovignetten-Richtlinie) geregelt.

I. Vorrangige Diskriminierungsverbote, hinter die Art. 18 Abs. 1 AEUV als **subsidiär** zurücktreten würde, sind nicht einschlägig, sodass das allgemeine Diskriminierungsverbot **anwendbar** ist.

Der Bearbeitungsvermerk erspart Ihnen eine weitere Differenzierung: Für **gewerbliche Fahrten** auf deutschen Autobahnen gilt vorrangig Art. 92 AEUV. Eine deutsche Regelung für die Maut für Fahrzeuge über 3,5t Gesamtgewicht verwarf der Gerichtshof als mit Art. 92 AEUV unvereinbar.[380] Auch die Grundfreiheiten gingen, wären sie nicht ausgeschlossen, dem allgemeinen Diskriminierungs-

378 Korte/Gurreck EuR 2014, 420, 425; Kainer/Ponterlitschek ZRP 2013, 198, 200.

379 Schiedermair/Koppe Jura 2016, 406, 408 f.

380 EuGH NJW 1992, 1949 *Kommission/Deutschland*.

verbot vor. So steht z.B. die Arbeitnehmerfreizügigkeit aus Art. 45 AEUV einer diskriminierenden Beschränkung entgegen, die Unionsbürgern das Aufsuchen ihres Arbeitsplatzes in der Bundesrepublik Deutschland erschwert.[381]

II. Weiterhin müsste der **Schutzbereich** des Diskriminierungsverbotes eröffnet sein.

Zum Teil werden die unter dem Begriff „Schutzbereich" geprüften Fragen auch bei der Anwendbarkeit des Diskriminierungsverbots oder der Diskriminierung selbst thematisiert. Die hier vorgenommene Zweiteilung ermöglicht, die Subsidiarität gegenüber speziellen Diskriminierungsverboten und die positiven Anwendungsvoraussetzungen voneinander zu trennen sowie einer Vermischung mit dem eigenständigen Begriff der Diskriminierung zu vermeiden.[382]

1. Der **sachlicher Schutzbereich** ist eröffnet, wenn ein **Sachverhalt mit Unionsrechtsbezug** gegeben ist. Dies ist der Fall, wenn der einschlägige Sachverhalt im Zusammenhang mit einer im AEUV geregelten Materie steht.[383] Die Einführung einer Pkw-Maut steht in engem Zusammenhang mit dem gemeinsamen Verkehrsrecht, zu deren Entwicklung und Durchführung die Union nach Art. 90 AEUV verpflichtet ist. Dementsprechend liegt kein rein nationaler Sachverhalt, sondern ein solcher mit Unionsrechtsbezug vor. Der sachliche Schutzbereich ist eröffnet. **385**

2. Der **persönliche Schutzbereich** lässt sich Art. 18 Abs. 1 AEUV nicht konkret entnehmen. Der Wortlaut verbietet nur die Diskriminierung aus Gründen der Staatsangehörigkeit, ohne dabei konkret auf die Staatsangehörigkeit eines Mitgliedstaates abzustellen. Auch die systematische Stellung sowie die Überschrift des Abschnitts des AEUV sprechen **nicht für eine zwingende Beschränkung des persönlichen Schutzbereichs auf Unionsbürger**. Diesen wird der Schutz aber **in jedem Fall** zuteil.[384] **386**

   Der Gerichtshof hat bislang nur entschieden, dass sich auf Art. 18 AEUV auch berufen darf, wer neben der Staatsangehörigkeit eines Mitgliedstaates die eines Drittstaates besitzt.[385] Darüber hinaus hat er das Diskriminierungsverbot in einem Fall für unanwendbar gehalten, bei dem es um den Ausschluss von Staatsangehörigen der Mitgliedstaaten von Sozialhilfeleistungen ging, die Drittstaatsangehörigen gewährt wurden.[386]

   Das InfrastrukturAG sieht die Vignettenpflicht ausnahmslos für jeden Benutzer der Bundesautobahnen vor. Dementsprechend sind – zumindest auch – die Staatsangehörigen der Mitgliedstaaten betroffen, welche die Bundesautobahnen nutzen. Insoweit ist der persönliche Schutzbereich eröffnet.

III. In der Erhebung der Pkw-Maut bei gleichzeitiger Kraftfahrzeugsteuerreduzierung müsste eine **Diskriminierung aufgrund der Staatsangehörigkeit** liegen.

1. Eine **offene Diskriminierung** ist gegeben, wenn eine unterschiedliche Regelung ausdrücklich an das Kriterium der Staatsangehörigkeit geknüpft wird.[387] Dies ist **387**

381 Vgl. dazu Korte/Gorreck EuR 2014, 420, 427 f.

382 Wie hier Haratsch/Koenig/Pechstein Rn. 735 ff.

383 von Bogdandy in: Grabitz/Hilf/Nettesheim, Art. 18 AEUV Rn. 33; Haratsch/Koenig/Pechstein Rn. 738; Schiedermair/Koppe Jura 2016, 406, 411; vgl. auch EuGH EuZW 2009, 862, 864 Rn. 25 ff. *Gottwald*.

384 Streinz in: Streinz, Art. 18 AEUV Rn. 33; Haratsch/Koenig/Pechstein Rn. 735; differenzierend von Bogdandy in: Grabitz/Hilf/Nettesheim, Art. 18 AEUV Rn. 30 f.; a.A. Rust in: von der Groeben/Schwarze/Hatje, Art. 18 AEUV Rn. 45; Rossi EuR 2000, 197, 202: Schutz nur für Unionsbürger.

385 EuGH NJW 1997, 3299 *Saldanha*; EuZW 2004, 507 *Collins*.

386 EuGH EuZW 2009, 702 *Vatsouras und Koupatantze*.

387 EuGH NJW 1997, 3299 Rn. 25 *Saldanha*; Epiney in: Calliess/Ruffert, Art. 18 AEUV Rn. 12; Oppermann/Classen/Nettesheim § 17 Rn. 70; Boehme-Neßler NVwZ 2014, 97, 98.

nicht der Fall, da das InfrastrukturAG allen und nicht nur ausländischen Autobahnnutzern die Verpflichtung zum Erwerb einer Vignette auferlegt.

388 2. Art. 18 Abs. 1 AEUV steht aber – insbesondere vor dem Hintergrund des aus Art. 4 Abs. 3 UAbs. 2 EUV folgendem Grundsatz der praktischen Wirksamkeit des Unionsrechts (**effet utile**) – nicht nur der offenen Diskriminierung entgegen. Vielmehr verbietet die Vorschrift auch **versteckten Diskriminierungen**. Diese liegen vor, wenn ohne ausdrückliche Anknüpfung an die Staatsangehörigkeit faktische Benachteiligungen der Angehörigen anderer Staaten bewirkt werden.[388]

a) Gegen eine Benachteiligung spricht jedoch, dass die Pkw-Maut gleichmäßig **für alle Straßenbenutzer** eingeführt wird. Dies hat zur Folge, dass nicht nur ausländische, sondern auch inländische Verkehrsteilnehmer zur Zahlung der Maut herangezogen werden.

b) Allerdings kann sich die Benachteiligung aus der gleichzeitigen **Reduzierung der Kraftfahrzeugsteuer für deutsche Verkehrsteilnehmer** ergeben. Zur Beurteilung der Benachteiligung ist eine **wirtschaftliche Gesamtbetrachtung** vorzunehmen. Dabei müssen auch solche Auswirkungen mit in den Blick genommen werden, die sich zwar nicht unmittelbar aus der verkehrsrechtlichen Rechtsänderung, aber aus deren Zusammenhang ergeben.[389] Die neue Belastung durch die Maut darf nicht isoliert in den Blick genommen werden, sondern muss im Zusammenhang mit der zugleich geplanten Senkung der Kraftfahrzeugsteuer beurteilt werden. In welchem Umfang die Kraftfahrzeugsteuer gesenkt wird und ob schadstoffärmere Fahrzeuge dabei besonders profitieren, ist dabei unbeachtlich. Jedenfalls wirkt sich die Reduktion nur auf die in Deutschland zugelassenen Fahrzeuge kompensatorisch aus, was eine faktische Schlechterstellung der ausländischen Staatsangehörigen bewirkt.[390]

Dagegen wird teilweise eingewendet, dass die Diskriminierung nicht faktisch aus der Rechtsänderung folge, sondern **nur in einem zeitlichen und subjektiv-politischen Zusammenhang** stehe. Eine Diskriminierung sei abzulehnen, da auch inländische Nutzer keine Kompensation für die nun anfallende Gebühr der Straßennutzung in Form der Pkw-Maut erhielten, sondern eine Senkung der allgemeinen Steuerlast erfolge. Dass diese beiden voneinander unabhängigen Instrumente durch Äußerungen von Politikern in Zusammenhang gebracht worden seien, genüge für einen faktischen Zusammenhang nicht.[391] Diese Argumentation überzeugt indes nicht, da sie zur Aufspaltung zweier im Zusammenhang stehender Maßnahmen führt. Dadurch würde die Möglichkeit diskriminierender Rechtsetzung durch die Mitgliedstaaten erhöht, was dem Schutzzweck des Art. 18 Abs. 1 AEUV zuwider läuft. Darüber hinaus wäre die Steuersenkung ohne die Einführung der Pkw-Maut nicht erfolgt, was ebenfalls dafür spricht, die beiden Maßnahmen zusammen zu beurteilen.[392]

Folglich liegt eine versteckte Diskriminierung vor.

---

388 EuGH EuZW 2010, 465, 467 Rn. 41 *Bressol*; EuZW 2001, 413, 416 Rn. 40 *ÖGB*; von Bogdandy in: Grabitz/Hilf/Nettesheim, Art. 18 AEUV Rn. 10; Boehme-Neßler NVwZ 2014, 97, 98.

389 Martinez in: Calliess/Ruffert, Art. 92 AEUV Rn. 7; Schiedermair/Koppe Jura 2016, 406, 409; Zabe NVwZ 2015, 186, 189.

390 Für eine mittelbare Diskriminierung Boehme-Neßler NVwZ 2014, 97, 98; Schiedermair/Koppe Jura 2016, 406, 412.

391 Hindelang/Berner JuS 2014, 812, 816.

392 Boehme-Neßler NVwZ 2014, 97, 101.

IV. Diese Diskriminierung könnte jedoch **gerechtfertigt** sein.

1. Art. 18 AEUV beinhaltet nach der ganz h.M. in der Lit. sowie der Rspr. des Gerichtshofs zumindest für den Fall der hier vorliegenden **versteckten Diskriminierung** ein **relatives Diskriminierungsverbot**, sodass die Diskriminierung generell einer Rechtsfertigung zugänglich ist.[393] **389**

Während zunächst für die offenen Diskriminierungen ein absolutes Diskriminierungsverbot angenommen wurde, neigen inzwischen sowohl der Gerichtshof als auch große Teile der Lit. dazu, auch insoweit ein relatives Diskriminierungsverbot anzunehmen.[394]

2. Die Diskriminierung ist gerechtfertigt, wenn sie auf **objektiven, von der Staatsangehörigkeit des Betroffenen unabhängigen Erwägungen** beruht und in einem **angemessenen Verhältnis** zu dem Zweck steht, der mit den nationalen Rechtsvorschriften verfolgt wird.[395] Als objektive Erwägungen führt das Bundesverkehrsministerium den **Umweltschutz** sowie die **gerechte Lastenverteilung** im Hinblick auf die Instandhaltungskosten der Bundesautobahnen an. Es ist fraglich, ob diese Gründe zur Rechtfertigung ausreichen. **390**

   a) Zwar handelt es sich beim **Umweltschutz** um eine von der Staatsangehörigkeit unabhängige, objektive Erhebung, die grundsätzlich zur Rechtfertigung der Ungleichbehandlung herangezogen werden kann. Durch die Kombination mit der Senkung der Kraftfahrzeugsteuer für deutsche Fahrzeugführer und -halter wird für diese jedoch überhaupt kein Anreiz zum Umsteigen auf Mittel des öffentlichen Personennahverkehrs gesetzt. Er wirkt sich allenfalls auf die ausländischen Fahrzeugführer aus. Bereits aus dieser Inkongruenz heraus steht fest, dass der Umweltschutz durch die geplante Pkw-Maut nicht in dem Umfang gefördert wird, der zu einer Rechtfertigung der Ungleichbehandlung erreicht werden müsste.[396] Daran vermag auch die höhere Begünstigung schadstoffarmer Fahrzeuge nichts zu ändern. Ganz im Gegenteil wird dadurch eher der Anreiz gesetzt, weiterhin mit Kraftfahrzeugen auf den Autobahnen unterwegs zu sein. **391**

   b) Fraglich ist, ob die Ungleichbehandlung zur Erzielung einer **gerechten Lastenverteilung** gerechtfertigt sein kann. Dies ist der Fall, wenn die Beteiligung der im Ausland ansässigen Halter an den Kosten der deutschen Straßeninfrastruktur zwingend erforderlich ist, um eine überdurchschnittliche Beteiligung der in Deutschland ansässigen Halter zu kompensieren. **392**

      aa) Ein solcher Lastenausgleich zugunsten der Inländer ist jedoch zumindest unionsrechtlich nicht geboten, da die **Inländerdiskriminierung** – wie aus dem Wortlaut des Art. 18 Abs. 1 AEUV ersichtlich – **unionsrechtlich keine Rolle spielt**. Darüber hinaus tragen die ausländischen Fahrzeugführer be- **393**

393 EuGH NJW 1994, 1274 Rn. 17 *Mund & Fester* st.Rspr.; von Bogdandy in: Grabitz/Hilf/Nettesheim, Art. 18 AEUV Rn. 20 m.w.N.; a.A. (absolutes Diskriminierungsverbot): Hauschka NVwZ 1990, 1155; Hackspiel NJW 1982, 2166, 2167 f.

394 EuGH NJW 1998, 2127 Rn. 19/24 *Hayes*; NJW 1997, 3299 Rn. 28 ff. *Saldanha*; von Bogdandy in: Grabitz/Hilf/Nettesheim, Art. 18 AEUV Rn. 21 ff. m.w.N.

395 EuGH EuZW 2005, 276, 258 Rn. 54 *Bidar*; Haratsch/Koenig/Pechstein Rn. 751.

396 So bereits EuGH NJW 1992, 1949 Rn. 31 *Kommission/Deutschland* zu der in Deutschland zunächst geplanten Lkw-Maut; ebenso Korte/Gurreck EuR 2014, 420, 437 f.

reits durch die **Mineralölsteuer** zur Finanzierung der Instandhaltung der Bundesautobahnen bei.[397]

394 bb) Dagegen lässt sich jedoch anführen, dass auf Bundesautobahnen auch Fahrzeuge verkehren, die nicht im Bundesgebiet getankt haben, und die Mineralölsteuer nicht zweckgebunden für die Instandhaltung der Bundesautobahnen verwendet werden muss.[398]

395 cc) Letztlich spricht aber das für die Erhebung einer Nutzungsgebühr relevante **Verursacherprinzip** gegen die Rechtfertigung zur Herstellung einer gerechten Lastenverteilung. Nach diesem Prinzip sind die Kosten für die Nutzung eines Gutes demjenigen anzulasten, der für deren Entstehen verantwortlich ist.[399] Zwar lässt sich hierüber grundsätzlich rechtfertigen, die ausländischen Straßenbenutzer auch zur Entrichtung einer Nutzungsgebühr für die Bundesautobahnen heranzuziehen, da sie zur Abnutzung beitragen. Allerdings müsste die Nutzungsgebühr dann alle Nutzer gleichermaßen belasten. Das InfrastrukturAG sieht jedoch vor, dass zwar eine Gebührenerhebung für alle Nutzer erfolgen soll, aber nur die Inländer eine Kompensation durch die Senkung der Kraftfahrzeugsteuer erhalten. Damit werden de facto nur ausländische Straßennutzer zur Entrichtung einer Nutzungsgebühr herangezogen, sodass keine gerechte Lastenverteilung, sondern eine isolierte Belastung der ausländischen Nutzer der Bundesautobahnen bezweckt ist. Dementsprechend eignet sich auch dieser Gesichtspunkt nicht für die Rechtfertigung.[400]

Es greift damit kein objektiver Grund für eine Rechtfertigung der Diskriminierung ein. Die Pkw-Maut nach dem InfrastrukturAG verstößt gegen Art. 18 AEUV.

Ergebnis: Die geplante Pkw-Maut ist unionsrechtswidrig.

Diese Auffassung hat zunächst auch die Kommission vertreten, die in dieser Sache die Einleitung eines Vertragsverletzungsverfahrens in Aussicht stellte. Noch bevor das Verfahren eingeleitet wurde, kam es zu einer Abstimmung zwischen der Kommission und dem Bundesverkehrsministerium, woraufhin der Mautentwurf in Deutschland Anfang 2017 geringfügig geändert wurde; insbesondere wurden schadstoffarme Fahrzeuge deutlicher entlastet und neue Kurzzeitvignetten eingeführt. Daraufhin teilte die Kommission – ohne nähere Angabe von Gründen – mit, sie halte die deutsche Pkw-Maut nunmehr für mit Unionsrecht vereinbar. Hiergegen sprach sich wiederum das Europäische Parlament aus und forderte die Kommission auf zu erklären, warum sie die überarbeiteten Pläne für ausreichend hielt, um die Aussetzung des Vertragsverletzungsverfahrens zu rechtfertigen.[401] Parallel dazu hat die Republik Österreich ein Vertragsverletzungsverfahren beim Gerichtshof nach Art. 259 AEUV eingeleitet und gegen die Pkw-Maut geklagt.[402] Die Entscheidung des Gerichtshofs bleibt abzuwarten.

---

397 Langeloh DÖV 2014, 365, 370; Boehme-Neßler NVwZ 2014, 97, 100.

398 Korte/Gurreck EuR 2014, 420, 438; vgl. auch Hillgruber, Gutachten für das Bundesministerium für Verkehr, abrufbar unter http://www.bmvi.de/SharedDocs/DE/Pressemitteilungen/2014/146-dobrindt-infrastrukturabgabe.html.

399 Vgl. EuGH, Urt. v. 29.04.1999 – C-293/97 Rn. 52 *Standley*; Calliess in: Calliess/Ruffert, Art. 191 AEUV Rn. 35.

400 Boehme-Neßler NVwZ 2014, 97, 100; i.E. auch Schiedermair/Koppe Jura 2016, 406, 410; a.A. auch unter Berufung auf das Verursacherprinzip Korte/Gurreck EuR 2014, 420, 439 f.

401 Pressemitteilung v. 15.03.2017, vgl. EuZW 2017, 245; vgl. auch Kruhl NZV 2017, 167; Philipp EuZW 2017, 285.

402 Verfahren Österreich/Deutschland, C-591/17.

C. Weitere Rechte der Unionsbürger

Neben der Freizügigkeit und den Diskriminierungsverboten folgen aus der Unionsbürgerschaft noch weitere, in Art. 20 Abs. 2 AEUV benannte Rechte, die den Weg hin zu einer politischen Union zum Ausdruck bringen.

I. Kommunalwahlrecht

Nach Art. 20 Abs. 2 lit d, 22 Abs. 1 S. 1 AEUV steht den Unionsbürgern das **aktive und passive Wahlrecht bei Kommunalwahlen** in dem Mitgliedstaat zu, in dem sie ihren Wohnsitz haben, auch wenn sie die Staatsangehörigkeit dieses Mitgliedstaates nicht besitzen. Diese Rechtserweiterung gründet sich in der Absicht, die politische Integration der Union durch eine Stärkung der demokratischen Teilhaberechte voranzubringen. Zudem trägt das Kommunalwahlrecht dem Umstand Rechnung, dass der in einem anderen Mitgliedstaat sesshafte Unionsbürger in die lokale Gemeinschaft besonders stark integriert und von den dortigen Entscheidungen in besonderer Weise betroffen ist.[403] 396

Um das Kommunalwahlrecht in Deutschland verfassungskonform auszugestalten, waren sogar **Grundgesetzänderungen** notwendig. Denn grundsätzlich folgt aus Art. 20 Abs. 2 S. 1 GG, dass alle in Deutschland durch Wahlen und Abstimmungen ausgeübte Staatsgewalt von deutschen Staatsangehörigen ausgeht.[404] Deshalb bestimmt nunmehr Art. 28 Abs. 1 S. 3 GG, dass bei Wahlen in Kreisen und Gemeinden auch Unionsbürger wahlberechtigt und selbst wählbar sind. Eine derartige Erweiterung wurde vom BVerfG bereits vor der Verfassungsänderung als mit dem Demokratieprinzip vereinbar und damit verfassungskonform eingestuft, da den kommunalen Verwaltungskörperschaften lediglich administrative und keine legislativen Befugnisse zustehen.[405] 397

Eine Beteiligung der Unionsbürger an den Bundestagswahlen wäre hingegen nicht möglich, da hierzu die Anknüpfung des Art. 20 Abs. 2 S. 1 GG an das deutsche Staatsvolk aufgegeben werden müsste. Dies wäre mit der sog. Ewigkeitsgarantie aus Art. 79 Abs. 3 GG unvereinbar.[406]

Die spezifischen Umstände des Kommunalwahlrechts der Unionsbürger sind gestützt auf Art. 22 Abs. 1 S. 2 AEUV in einer Richtlinie[407] niedergelegt worden, welche von den Bundesländern im Rahmen der Kommunalwahlgesetze umgesetzt worden sind. Über die dortigen Vorgaben hinaus sehen die kommunalen Vorschriften einiger Bundesländer sogar vor, die Unionsbürger an **Bürgerbegehren** und **Bürgerentscheiden** mitwirken zu lassen. Diese Vorschriften werden von der h.M. als verfassungskonform erachtet, da Art. 28 Abs. 1 S. 3 GG einer solchen Rechtserweiterung nicht entgegenstehe.[408] Die Beteiligung an nationalen Bürgerbegehren und -entscheiden darf nicht mit der Möglichkeit eines **Bürgerbegehrens auf europäischer Ebene** verwechselt werden. Dieses Recht steht den Unionsbürgern kraft primärrechtlicher Regelung in Art. 11 Abs. 4 EUV i.V.m. Art. 24 AEUV zu und findet ihre Konkretisierung in der Verordnung 211/2011.[409] 398

403 Kluth in: Calliess/Ruffert, Art. 22 AEUV Rn. 1; Nettesheim in: Grabitz/Hilf/Nettesheim, Art. 22 AEUV Rn. 1.
404 BVerfGE 83, 37, 50 f.; 107, 59, 87; Grzeszick in: Maunz/Dürig, Art. 20 GG Rn. 79; Karpen NJW 1989, 1012.
405 BVerfGE 83, 37, 53 f.; 83, 60, 73 ff.; Grzeszick in: Maunz/Dürig, Art. 20 GG Rn. 85; vgl. Haratsch/Koenig/Pechstein Rn. 797.
406 Haratsch/Koenig/Pechstein Rn. 798.
407 RL 1994/80/EG des Rates vom 19.12.1994.
408 Vgl. BayVerfGH RÜ 2013, 587.
409 Vgl. dazu Haratsch/Koenig/Pechstein Rn. 820 f.

II. Konsularischer Schutz

399 Zudem gewährt der Unionsbürgerstatus das **Recht auf diplomatischen und konsularischen Schutz**. Nach Art. 23 Abs. 1 S. 1 AEUV können sich Unionsbürger in einem Drittstaat an eine konsularische Vertretung eines jeden Mitgliedstaates der Union wenden. Die Vertretung muss den Unionsbürger dann so behandeln, wie sie einen eigenen Staatsangehörigen behandeln würde.

Nach einem auf Art. 23 Abs. 2 AEUV gestützten Beschluss des Rates[410] sind die Hilfeleistungen auf Fälle akuter Notlagen wie Todesfälle, schwere Unfälle und Erkrankungen, bei Festnahme oder Haft wegen Gewaltverbrechen beschränkt.[411]

Bei diesem Recht handelt es sich daher nicht um eine eigenständige Schutzpflicht der Union; vielmehr sind die Mitgliedstaaten Adressaten dieses Rechts, die zu einer besonderen Art der Gleichbehandlung verpflichtet. Seine Bedeutung erlangt das Recht auf konsularischen Schutz in den Ländern, in denen nicht alle Mitgliedstaaten der Union durch eine Botschaft oder konsularische Vertretung repräsentiert sind.[412]

III. Petitionsrecht

400 Darüber hinaus können sich Unionsbürger gemäß Art. 24 Abs. 2 i.V.m. Art. 227 AEUV mit **Petitionen** an das Europäische Parlament wenden. Die praktische Bedeutung des Petitionsrechts ist gemessen an den Eingangszahlen (zwischen 1.000 und 2.000 Petitionen pro Jahr) im Verhältnis zu der Anzahl der Unionsbürger und der sonstigen, nach Art. 227 AEUV zur Petition berechtigten allerdings eher gering.[413]

401 Ebenso haben die Bürger gemäß Art. 24 Abs. 3, Abs. 4 AEUV die Möglichkeit, sich an den Bürgerbeauftragten i.S.d. Art. 228 AEUV oder an jedes andere Organ bzw. jede Einrichtung der Europäischen Union wenden. Insoweit besteht zumindest ein Anspruch auf Beantwortung der jeweiligen Anfrage. Dabei kommt über den Wortlaut des Art. 24 Abs. 4 AEUV ein wichtiger Grundsatz zum Ausdruck: Es gibt **keine ausschließliche Amtssprache** der Union, sondern die Unionsbürger können sich in allen in Art. 55 Abs. 1 EUV genannten Sprachen an die Institutionen wenden.

D. Kernbereichsschutz

402 In der Rspr. des Gerichtshofs ist eine **Erweiterung der Unionsbürgerrechte** über die in den Art. 20 ff. AEUV niedergelegten Anwendungsfälle hinaus zu beobachten. Danach soll der Unionsbürgerstatus selbst mitgliedstaatlichen Maßnahmen entgegenstehen, welche den Unionsbürgerstatus tatsächlich oder rechtlich entwerten. Es dürfe nicht dazu kommen, dass den Unionsbürgern der tatsächliche Genuss des Kernbestands der Rechte, die ihnen der Unionsbürgerstatus verleihe, verwehrt werde.[414] Eine Erweiterung der Unionsbürgerrechte liegt diesen Entscheidungen insoweit zugrunde, als das der Gerichtshof das Unionsrecht auch auf **rein nationale Sachverhalte** angewendet

410 Beschluss 95/553/EG.

411 Nettesheim in: Grabitz/Hilf/Nettesheim, Art. 23 AEUV Rn. 20.

412 Kluth in: Calliess/Ruffert, Art. 23 AEUV Rn. 2; Haratsch/Koenig/Pechstein Rn. 805.

413 Hölscheidt in: Grabitz/Hilf/Nettesheim, Art. 227 AEUV Rn. 24.

414 EuGH EuZW 2011, 358 *Zambrano*; NVwZ 2010, 509 *Rottmann*; Haratsch/Koenig/Pechstein Rn. 766.

hat, die keinen grenzüberschreitenden Bezug aufwiesen – obwohl dies eigentlich Voraussetzung für die Anwendung von Unionsrecht wäre.

Vor dem Hintergrund nationalen Verfassungsrechts wird diese Entwicklung allerdings kritisch gesehen. Durch die Aufwertung wird dem Unionsbürgerstatus eine Bedeutung verliehen, die dem einer Staatsangehörigkeit nahe kommt. Die Unionsbürgerschaft dürfe die Staatsangehörigkeit der Mitgliedstaaten weder ersetzen noch überlagern, ohne z.B. mit dem Demokratieprinzip der deutschen Verfassung in Kollision zu geraten.[415] **403**

6. Abschnitt: Grundfreiheiten

Hinweis: *Die Grundfreiheiten gehören seit jeher zu dem Examensthema schlechthin. Sie eignen sich sowohl als Klausuraufgabe als auch als Thema für die mündliche Prüfung, da in ihrem Zusammenhang viele – insbesondere dogmatische – Fragen umstritten sind. Gerade für die mündliche Prüfung sollten Sie zusätzlich grundlegende Fragen rund um die Bedeutung und die Aufgabe der Grundfreiheiten beherrschen.* **404**

A. Grundlagen

I. Bedeutung der Grundfreiheiten

Die Grundfreiheiten sichern und garantieren den **freien Binnenmarkt**. Dieser ist nach Art. 3 Abs. 3 EUV eines der zentralen Aufgaben und Ziele der Union, dass sich aus der Entstehungsgeschichte der Union speist. Schließlich wurde die Union ursprünglich gegründet, um die wirtschaftliche Zusammenarbeit der europäischen Staaten zu fördern. Der Binnenmarkt beschreibt dabei den Markt innerhalb der Außengrenzen der Union. Das Ziel aus Art. 3 Abs. 3 EUV ist erreicht, wenn alle Hemmnisse im Binnenhandel beseitigt und alle nationalen Märkte zu einem einheitlichen Markt verschmolzen sind.[416] Diese Zielvorstellung greift auch die Legaldefinition des Binnenmarktes in Art. 26 Abs. 2 AEUV auf: Danach umfasst der Binnenmarkt einen Raum ohne Binnengrenzen, in dem der freie Verkehr von Waren, Personen, Dienstleistungen und Kapital gemäß den Bestimmungen der Verträge gewährleistet ist. **405**

Auch wenn sich die Mitgliedstaaten zur Verfolgung dieses Ziels verpflichtet haben und es seinen Niederschlag im europäischen Primärrecht gefunden hat, stehen die wirtschaftlichen Interessen der Mitgliedstaaten mitunter entgegen. Durch den freien Binnenmarkt wird ein Standortwettbewerb über die Grenzen der Mitgliedstaaten hinaus heraufbeschworen,[417] der sich zwar in Form von sinkenden Preisen und erhöhtem Wettbewerb positiv für die Bürger in den einzelnen Mitgliedstaaten auswirken, aber zugleich negative Auswirkungen auf die Mitgliedstaaten selbst haben kann. Grenzüberschreitender Wettbewerb kann dazu führen, dass ein nationaler Warenanbieter sich nicht durchsetzen kann und vom Markt verschwindet. Hierdurch entfallen wiederum Steuereinnahmen und Arbeitsplätze. **406**

---

415 BVerfGE 123, 267, 404 ff.; Haratsch/Koenig/Pechstein Rn. 771; vgl. auch Schmahl/Jung Jura 2016, 1272.

416 Vgl. EuGH NJW 1983, 1252 *Gaston Schul Douane Expediteur BV.*

417 Vgl. Haratsch/Koenig/Pechstein Rn. 824.

407 Um den freien Binnenmarkt gegen die mitgliedstaatliche Einflussnahme abzusichern, schreibt der AEUV in den Art. 34–63 AEUV die **Grundfreiheiten** fest. Diese sind Bestandteil des **unmittelbar wirkenden Primärrechts** und enthalten **subjektive Rechte** der Unionsbürger[418] sowie ggf. auch der in der Union ansässigen Personenmehrheiten und juristischen Personen, mithilfe derer sie sich gegen mitgliedstaatliche Einflussnahmen wehren können. Diese Funktion wird als **negative Integration** bezeichnet. Die Aktivierung der Grundfreiheiten dient der **Beseitigung nationaler Handelshemmnisse**. Die Grundfreiheiten schaffen somit Märkte, gestalten diese aber nicht aktiv aus.[419] Diese Aufgabe ist der **aktiven Integration** vorbehalten. Hiermit wird die aktiv gestaltende Politik der Harmonisierung bzw. Koordinierung bezeichnet, die den Binnenmarkt durch Maßnahmen der Rechtsetzung verwirklicht.[420] Hierzu haben die Organe der Union mit den Art. 114 ff. AEUV die Kompetenz, **Harmonisierungsmaßnahmen** in Form von Richtlinien, Verordnungen oder anderen Rechtsakten zu erlassen.

Garantiert werden zur Absicherung des Binnenmarktes:

Grundfreiheiten nach Art. 26 Abs. 2 AEUV

- **Freier Warenverkehr, Art. 34–37 AEUV**
- **Arbeitnehmerfreizügigkeit, Art. 45–48 AEUV**
- **Niederlassungsfreiheit, Art. 49–55 AEUV**
- **Dienstleistungsfreiheit, Art. 56–62 AEUV**
- **Kapital- und Zahlungsverkehrsfreiheit, Art. 63 AEUV**

II. Abgrenzung zu den EU-Grundrechten

408 Die Gewährleistungen aus Art. 26 Abs. 2, Art. 34 ff. AEUV werden als **Grundfreiheiten** und **nicht als Grundrechte** bezeichnet. Diese unterschiedliche Terminologie ist nicht willkürlich gewählt, sondern ergibt sich aus der Bedeutung der Grundfreiheiten: Diese richten sich als grundlegende Regeln des gemeinsamen Marktes an die Mitgliedstaaten und untersagen diesen Diskriminierungen der Marktteilnehmer. Hieraus folgt – lediglich als eine Art Regelungsreflex – zugleich ein subjektives Recht der Unionsbürger, von entsprechenden Diskriminierungen verschont zu bleiben (s.u. Rn. 579).

B. Prüfungsschema

409 Da alle Grundfreiheiten – trotz unterschiedlichen Gewährleistungsinhalts – dieselbe Zielrichtung und Aufgabe verfolgen, hat sich insbesondere in der Lit.[421] ein weitgehend einheitlicher **Prüfungsaufbau** durchgesetzt (sog. **Konvergenz der Grundfreiheiten**).

---

418 EuGH NJW 1963, 974 *van Gend und Loos*; Cremer JA 2015, 39, 40.

419 Kingreen in: Calliess/Ruffert, Art. 34-36 AEUV Rn. 2 m.w.N.; vgl. auch Sauer JuS 2017, 310.

420 Kingreen in: Calliess/Ruffert, Art. 34-36 AEUV Rn. 2.

421 In der Rspr. des Gerichtshofs findet sich kein einheitlicher Aufbau, so Kingreen in: Calliess/Ruffert, Art. 34-36 AEUV Rn. 28.

Aufbauschema Grundfreiheiten
I. Anwendbarkeit der Grundfreiheiten (nur bei Bedarf ansprechen)
1. Keine vorrangigen Sondervorschriften (z.B. Art. 38 ff. AEUV ggü. Art. 34 AEUV)
2. Keine Harmonisierungsmaßnahme, Art. 114 ff. AEUV
II. Schutzbereich
1. Sachlich: Kernbegriff je nach Grundfreiheit
2. Persönlich: Unionsbürger, ggf. zusätzliche Voraussetzungen
3. Räumlich: grenzüberschreitender Bezug
III. Eingriff
Diskriminierung, Beschränkung, Eingriff durch Unterlassen oder grundfreiheitsspezifischer Eingriffsbegriff
IV. Rechtfertigung
1. Ggf. Bereichsausnahmen
2. Geschriebene Rechtfertigungsgründe (Schranken)
3. Ungeschriebene Rechtsfertigungsgründe (immanente Schranken)
4. Unionsrechtskonforme Konkretisierung, Beachtung z.B. der Verhältnismäßigkeit (Schranken-Schranken)

Klausurhinweis: *Dabei sollten Sie dringend der Versuchung widerstehen, die Definitionen aus dem deutschen Recht ungeprüft zu übernehmen! Denn die Prüfung der Grundfreiheiten orientiert sich – trotz identischer Prüfungsschritte – an* ***europäischen Definitionen****!*

I. Anwendbarkeit

Innerhalb der Grundfreiheiten existiert mitunter ein **Spezialitätsverhältnis**: Während Art. 34 AEUV den freien Verkehr aller Waren gestattet, gelten z.B. die Vorschriften der Art. 38 ff. AEUV ausschließlich für Waren, die als landwirtschaftliche Erzeugnisse entstanden sind. Soweit diese besonderen Waren betroffen sind, wird Art. 34 AEUV verdrängt. 410

Zudem kann die Union gestützt auf die Art. 114 ff. AEUV **Harmonisierungsmaßnahmen** erlassen. Gestützt auf diese Ermächtigungsnormen kann die Union sich aller Rechtsformen des Art. 288 AEUV bedienen,[422] um die nationalen Rechtsordnungen im Hinblick auf das Funktionieren des Binnenmarktes anzugleichen und Hemmnisse sowie Hindernisse abzubauen. Damit versetzt es die Unionsorgane in die Lage, das von Art. 26 Abs. 1 AEUV in den Blick genommene Ziel (Funktionieren des Binnenmarktes) zu verfolgen. Der Rechtsakt muss deshalb eine Verbesserung mit Blick auf den Binnenmarkt bewirken wollen, indem er Marktzugangsbeschränkungen beseitigt, Marktzugangsbedingungen verbessert oder Wettbewerbsbedingungen auf dem Binnenmarkt angleicht.[423] 411

422 Tietje in: Grabitz/Hilf/Nettesheim, Art. 114 AEUV Rn. 115; vgl. Geber JuS 2014, 20.

423 Classen in: von der Groeben/Schwarze, Hatje, Art. 114 AEUV Rn. 69; vgl. auch EuGH EuZW 2009, 212 *Irland/Kommission*.

Soweit abschließende Harmonisierungsmaßnahmen getroffen worden sind, ist allein der durch sie gezogene Rahmen der zulässigen Beschränkungen maßgeblich.[424]

Klausurhinweis: *Ausführungen zur Frage der Anwendbarkeit der Grundfreiheit sollten Sie nur machen, sofern diese geboten sind – entweder weil eine Partei im Sachverhalt die Anwendbarkeit explizit rügt oder weil vorrangige Spezialregelungen oder eine Harmonisierungsmaßnahme in Betracht kommt. Ist die Anwendbarkeit der Grundfreiheiten unproblematisch gegeben, können Sie diesen Punkt völlig unerwähnt lassen.*

II. Schutzbereich

412 ■ Der **sachliche Schutzbereich** kann nur grundfreiheitsspezifisch bestimmt werden. Hierbei müssen Sie sich an dem in der jeweiligen Grundfreiheit vorgeschriebenen Leit- oder **Kernbegriff** orientieren (Ware, Dienstleistung, etc.). Über den sachlichen Schutzbereich werden die einzelnen Grundfreiheiten voneinander abgegrenzt.[425]

413 ■ Der **persönliche Schutzbereich** gibt Antwort auf die Frage, wer sich auf die jeweilige Grundfreiheit berufen kann. Grundsätzlich beinhalten die Grundfreiheiten subjektive Rechte für die **Unionsbürger**, sodass sich alle Staatsangehörigen der Mitgliedstaaten auf die Grundfreiheiten berufen können. Besonderer Erwähnung bedarf der persönliche Schutzbereich nur für den Fall, dass sich eine **Personenmehrheit** oder **juristische Person** auf die Grundfreiheiten beruft. Art. 54 ggf. i.V.m. Art. 62 AEUV beinhalten Sonderregelungen für die Niederlassungs- und Dienstleistungsfreiheit. Auch wenn eine ausdrückliche Regelung im AEUV fehlt, ist die Grundfreiheitsberechtigung juristischer Personen auch für die Waren-, Kapital- und Zahlungsverkehrsfreiheit anerkannt.[426] Wenngleich nicht ohne Kritik, hat der Gerichtshof in einem Fall sogar die Arbeitnehmerfreizügigkeit auf eine juristische Person angewendet.[427]

414 ■ Der **räumliche Schutzbereich** erfordert einen **grenzüberschreitenden Bezug**. Dies hängt mit der Funktion der Grundfreiheiten zusammen: Sie sollen den Binnenmarkt ermöglichen und sichern, nicht aber die rein nationalen Märkte. Deshalb ist der Schutzbereich für rein innerstaatliche Sachverhalte nicht eröffnet.[428]

Hinsichtlich des grenzüberschreitenden Bezuges ist jedoch streitig, ob und an welcher Stelle er zu prüfen ist. Von einem Teil der Lit. wird der grenzüberschreitende Bezug nicht (mehr) als positive Voraussetzung für die Grundfreiheiten angesehen. Hierbei bezieht sich dieser Teil der Lit. auf die Rspr. des Gerichtshofs, nach der es für die Anwendbarkeit der Grundfreiheiten genügt, dass hypothetisch auch Ausländer/ausländische Sachverhalte betroffen sein können.[429] Dabei wird allerdings übersehen, dass auch ein hypothetischer grenzüberschreitender Bezug ein grenzüberschreitender Bezug ist. Deshalb verlangt die h.M. unter Verweis auf die Aufgaben der Grundfreiheiten einen solchen grenzüberschreitenden Bezug. Innerhalb der h.M. ist der **Prüfungsstandort** umstritten. Teilweise wird die Prüfung vor den Schutzbereich als Anwendungsvoraussetzung gezogen,[430] teilweise wird

424 St. Rspr., EuGH EuZW 2005, 49 *Deutschland/Kommission*; Urt. v. 14.03.2013 – C-216/11 *Kommission/Frankreich*; Leible/T. Streinz in: Grabitz/Hilf/Nettesheim, Art. 34 AEUV Rn. 42 m.w.N.

425 Kingreen in: Calliess/Ruffert, Art. 34-36 AEUV Rn. 29; Cremer JA 2015, 39, 44.

426 Kingreen in: Calliess/Ruffert, Art. 34-36 AEUV Rn. 34; Cremer JA 2015, 39, 44.

427 EuGH NZG 1998, 809 *Clean Car Autoservice*; kritisch dazu Kingreen in: Calliess/Ruffert, Art. 34-36 AEUV Rn. 34.

428 EuGH NJW 1985, 540 *Moser*; vgl. auch Haratsch/Koenig/Pechstein Rn. 830; Oppermann/Classen/Nettesheim, § 22 Rn. 10.

429 Kingreen in: Calliess/Ruffert, Art. 34-36 AEUV Rn. 16; Papadileris JuS 2011, 123, 125; unter Berufung auf EuGH NVwZ 2012, 1162 *SIA Garkalns/Rigas dome*; EuZW 2013, 507 *Libert*.

430 So Cremer Jura 2015, 39, 43.

er als Bestandteil des sachlichen Schutzbereichs angesehen[431] oder er wird – wie hier – als eigenständiger Prüfungspunkt innerhalb des Schutzbereiches angesprochen.[432]

III. Eingriff

Wie der Eingriffsbegriff zu bestimmen ist, hängt von drei Faktoren ab: den besonderen Voraussetzungen, welche die Grundfreiheit selbst an den Eingriff stellt, dem Adressaten der Grundfreiheit und die Schutzfunktion der jeweiligen Grundfreiheit. 415

Auch hier ist die Terminologie in der Lit. nicht einheitlich: Zum Teil wird dieser Prüfungspunkt als „Eingriff" bezeichnet,[433] teilweise findet sich die Bezeichnung „Beeinträchtigung".[434]

1. Grundfreiheitsspezifische Anforderungen

Einige Grundfreiheiten enthalten in ihrem Wortlaut spezifische Anforderungen, ab wann oder in welcher Form eine Beeinträchtigung der geschützten Grundfreiheit vorliegen muss, um Eingriffsqualität zu besitzen (z.B. „mengenmäßige Einfuhrbeschränkungen" bzw. „Maßnahmen gleicher Wirkung" in Art. 34 AEUV). In diesem Fall müssen Sie Ihre Definition ausschließlich an dem dort gewählten Eingriffsbegriff orientieren und auf allgemeine Ausführungen verzichten. 416

2. Adressaten

Adressaten und damit Verpflichtete der Grundfreiheiten sind in erster Linie die **Mitgliedstaaten** selbst. Dies folgt nicht aus einer ausdrücklichen, mit Art. 1 Abs. 3 GG vergleichbaren Vorschrift im AEUV, sondern aus systematischen und teleologischen Erwägungen. Denn der gemeinsame Binnenmarkt lässt sich als Ziel nur erreichen, wenn die Mitgliedstaaten an seiner Verwirklichung mitwirken und die Grundlagen des Binnenmarktes verletzende oder beeinträchtigende Maßnahmen unterlassen. 417

Die Mitgliedstaaten können sich der Bindung an die Grundfreiheiten nicht dadurch entziehen, dass sie **von ihnen beherrschte juristische Personen des Zivilrechts** mit der Aufgabenwahrnehmung betrauen. Art. 106 Abs. 1 AEUV bestimmt, dass diese Unternehmen das Diskriminierungsverbot aus Art. 18 AEUV zu beachten haben. Die Norm wird dahingehend ausgelegt, dass auch die Grundfreiheiten als spezielle Ausprägungen des Diskriminierungsverbotes von den juristischen Personen zu beachten sind. Auch für die Grundfreiheiten gilt deshalb: **Keine Flucht ins Privatrecht!**[435] 418

Der Gerichtshof erkennt darüber hinaus – wenngleich nicht nur mit zustimmendem Echo in der Lit. – auch die **Bindung der Union und ihrer Organe** an die Grundfreiheiten an.[436] Wird eine Grundfreiheit ausdrücklich gegen Unionsorgane geltend gemacht, sind Ausführungen zu der Bindungswirkung unumgänglich. Die ausführlichste Darstel- 419

431 So Haratsch/Koenig/Pechstein Rn. 853.

432 In diese Richtung Oppermann/Classen/Nettesheim, § 22 Rn. 10.

433 Haratsch/Koenig/Pechstein Rn. 832; Cremer Jura 2015, 39, 47.

434 Kingreen in: Calliess/Ruffert, Art. 34-36 AEUV Rn. 35; Oppermann/Classen/Nettesheim, § 22 Rn. 10.

435 Wernicke in: Grabitz/Hilf/Nettesheim, Art. 106 AEUV Rn. 8; vgl. auch BVerfG RÜ 2016, 726; EuGH EuZW 2000, 468 Rn. 30 ff. *Angonese*.

436 EuGH EuZW 2001, 663 Rn. 36 f. *Schwarzkopf*, dazu Streinz JuS 2002, 285; Slg. 1994, I-317 Rn. 12 *Clinique*; Slg. 1992, I-3669 Rn. 26 *Delhaize*; Tietje in: Grabitz/Hilf/Nettesheim, Art. 114 AEUV Rn. 48 m.w.N.

lung ist in der Klausur erforderlich, wenn sich eine Partei auf eine **unmittelbare Drittwirkung** der Grundfreiheiten, also ihre Geltung in Rechtsverhältnissen zwischen Privatrechtssubjekten für sich reklamiert. Dies ist für einige, wenngleich nicht für alle Grundfreiheiten anerkannt.[437]

3. Schutzfunktionen der Grundfreiheiten

420 Der Eingriffsbegriff lässt sich im Hinblick auf die **Schutzfunktionen der Grundfreiheiten** spezifizieren: Er kommt vor in Form von Diskriminierungen, (nichtdiskriminierenden) Beschränkungen und Unterlassen von Schutzmaßnahmen.[438]

a) Diskriminierungen

421 Berücksichtigt man die negative Integrationsfunktion der Grundfreiheiten (s.o. Rn. 407), wird deutlich, dass sich die Grundfreiheiten als **bereichsspezifische Konkretisierung des allgemeinen Diskriminierungsverbotes** aus Art. 18 AEUV darstellen. Deshalb liegt ein Eingriff in den Schutzbereich der Grundfreiheiten insbesondere dann vor, wenn Unionsbürger wegen ihrer Staatsangehörigkeit bzw. Waren und Kapital wegen ihrer Herkunft durch Maßnahmen gegenüber Inländern bzw. inländischen Waren und Kapital benachteiligt werden.[439]

422 In der Rspr. des Gerichtshofs und der Lit. wird weiter zwischen unterschiedlichen Formen der Diskriminierung unterschieden: Eine **offene (oder unmittelbare) Diskriminierung** liegt vor, wenn die nationale Norm die Staatsangehörigkeit bzw. die Herkunft als ausschlaggebendes Kriterium für nachteilige Rechtsfolgen anführt.[440] Eine **versteckte (oder mittelbare) Diskriminierung** ist hingegen gegeben, wenn nationale Vorschriften zwar auf andere Unterscheidungsmerkmale abstellen, aber diese i.d.R. nur durch EU-Ausländer erfüllt werden (z.B. Wohnsitz, Sprachkenntnisse o.Ä.) und sie damit zu einem der offenen Diskriminierung vergleichbaren Ergebnis führen.[441]

Die Definitionen der offenen und versteckten Diskriminierung werden teilweise an die spezifischen Erfordernisse der jeweiligen Grundfreiheit angepasst, stellen aber lediglich geringfügige Variationen der vorgenannten Begriffsbestimmungen dar (siehe dazu unten bei den einzelnen Grundfreiheiten).

b) Beschränkungen

423 Die Auslegung der Grundfreiheiten als (reines) Diskriminierungsverbot führten indes dazu, dass ihr Anwendungsbereich eher klein blieb. Viele staatliche Beeinträchtigungen der grundfreiheitlich geschützten Betätigungen hatten nach diesem Verständnis keine Eingriffsqualität und waren deshalb ohne Rechtfertigung zulässig. Der Gerichtshof erweiterte deshalb sein Begriffsverständnis des Eingriffs, um auch andere Beeinträchtigungen zu erfassen. Dieses weite Begriffsverständnis wurde in der sog. **Dassonville-**

---

437 EuGH NJW 1988, 3082, Rn. 11 *Bayer/Süllhöfer;* EuZW 2012, 797 *Fra.bo*; m. Anm. Streinz JuS 2013, 182; Ludwigs/Weidemann Jura 2014, 152, 159 ff.; Schweitzer EuZW 2012, 765, 767 f.; Schmahl/Jung NVwZ 2013, 607, 610 ff.

438 Mit dieser Einteilung auch Cremer Jura 2015, 39, 47 ff.

439 Haratsch/Koenig/Pechstein Rn. 836.

440 EuGH NVwZ 1994, 989 Rn. 6 *Scholz*; Haratsch/Koenig/Pechstein Rn. 836; Streinz Rn. 798.

441 EuGH Slg. 1974, 153 Rn. 11 *Sotgiu*; Slg. 1996, I-2617 Rn. 17 *O'Flynn*; Hratsch/Koenig/Pechstein Rn. 836.

Formel zur Warenverkehrsfreiheit entwickelt: Danach liegt ein Eingriff in Form einer **Beschränkung** in jeder Maßnahme oder Regelung, die geeignet ist, den Warenverkehr unmittelbar oder mittelbar, tatsächlich oder potenziell zu behindern.[442] Diese Formel wurde vom Gerichtshof auf die übrigen Grundfreiheiten[443] mit den erforderlichen Anpassungen erweitert (siehe ausführlich unten), auch wenn dies in der Lit. kritisiert wurde.[444]

c) Unterlassen von Schutzmaßnahmen

Aber nicht nur in der aktiven Beeinträchtigung der Schutzbereiche der Grundfreiheiten **424**
können Eingriffe liegen, sondern nach der Rspr. des Gerichtshofs sind auch **Eingriffe durch Unterlassen** denkbar. Denn die Grundfreiheiten beinhalten neben der **Abwehrfunktion** auch einen **Anspruch auf staatlichen Schutz** und somit eine **Schutzfunktion**. Die Unionsbürger haben gegen die Mitgliedstaaten der Union einen Anspruch darauf, dass diese Maßnahmen ergreifen, um Behinderungen des freien Warenverkehrs zu unterbinden.[445] Kommen die Mitgliedstaaten dieser Verpflichtung nicht nach, liegt ein Eingriff durch Unterlassen vor. Bislang ist diese Eingriffsart vom Gerichtshof ausschließlich für die Warenverkehrsfreiheit anerkannt.

IV. Rechtfertigung

Liegt ein Eingriff in den Schutzbereich vor, sagt dies noch nichts über eine Verletzung **425**
der Grundfreiheit aus. Eine Grundfreiheitsverletzung liegt vielmehr erst dann vor, wenn der Eingriff in den Schutzbereich **nicht gerechtfertigt** ist.

1. Geschriebene Rechtfertigungsgründe

Der AEUV enthält **geschriebene Rechtfertigungsgründe**, welche die Voraussetzun- **426**
gen festlegen, unter denen die Mitgliedstaaten die Grundfreiheiten beeinträchtigende Regelungen treffen dürfen. Sie fungieren als **Einschränkungsmöglichkeiten**, die der Konkretisierung durch nationale Gesetze oder Maßnahmen bedürfen.

Diese Terminologie sollte Ihnen aus der deutschen Grundrechtsdogmatik bekannt sein, weshalb die Rechtfertigungsgründe des AEUV teilweise ebenfalls als „Schranken" bezeichnet werden.[446]

Die ausdrücklich normierten Rechtfertigungsgründe sind grundfreiheitsspezifisch in jeweils einem besonderen Artikel des AEUV normiert (z.B. in Art. 36 AEUV für die Warenverkehrsfreiheit aus Art. 34 AEUV). Die Einzelheiten werden deshalb bei den einzelnen Grundfreiheiten dargestellt. Allgemein lässt sich jedoch festhalten, dass der Gerichtshof die Rechtfertigungsgründe generell **eng auslegt**. Es sollen nur die Eingriffe gerechtfertigt werden, die unbedingt erforderlich sind.[447]

---

442 EuGH Slg. 1974, 837 Rn. 5 *Dassonville*.

443 Dienstleistungsfreiheit: EuGH Slg. 1974, 1299 Rn. 10 ff. *van Binsbergen*; Personenfreiheiten: EuGH Slg. 1993, I-1663 Rn. 16 ff. *Kraus*; Slg. 1995, I-4165 Rn. 34 ff. *Gebhard*; NJW 1996, 505 Rn. 92 ff. *Bosman*.

444 Kritisch Kingreen in: Calliess/Ruffert, Art. 34-36 Rn. 57 ff. m.w.N.

445 EuGH NJW 1998, 1931 Rn. 31 *Kommission/Frankreich*; EuZW 2003, 592 Rn. 62 *Schmidberger*; dazu Streinz JuS 2004, 429.

446 So beispielsweise bei Haratsch/Koenig/Pechstein Rn. 841.

447 Vgl. EuGH EuZW 2003, 655 Rn. 89 *Jaeger*; Cremer Jura 2015, 39, 52.

2. Ungeschriebene Rechtfertigungsgründe

427 Dieses enge Verständnis hat es erforderlich gemacht, auch **ungeschriebene Rechtfertigungsgründe** anzuerkennen. Deshalb erkennt der Gerichtshof eine Rechtfertigung aus **zwingenden Erfordernissen**[448] bzw. **zwingenden Gründen des Allgemeininteresses**[449] an. Diese unbestimmten Rechtsbegriffe hat der Gerichtshof in seiner Rspr. durch einzelne Anwendungsfälle bzw. Fallgruppen konkretisiert. Diese sind jedoch nicht abschließend, sondern unterliegen der kontinuierlichen Weiterentwicklung.

Beispiele: Lauterkeit des Handelsverkehrs, Wirksamkeit einer steuerlichen Kontrolle, Schutz der öffentlichen Gesundheit, Verbraucherschutz, Umweltschutz, Kulturpolitik, Aufrechterhaltung der Medienvielfalt, Schutz von Arbeitnehmern, Verkehrssicherheit.[450]

Klausurhinweis: *In einer Klausur sollten Sie sich nicht an der Weiterentwicklung beteiligen, sondern ausschließlich auf bereits anerkannte Ausprägungen zurückgreifen! Achten Sie besonders auf den Sachverhalt: Der eingreifende Hoheitsträger wird i.d.R. etwas zur Rechtfertigung seines Eingriffs vortragen und dabei Hinweise auf die einschlägige Fallgruppe geben.*

428 Um die ungeschriebenen Rechtfertigungsgründe rankt sich ein **Dogmatik- bzw. Aufbaustreit.** Der Gerichtshof hat zwar die zwingenden Gründe des Allgemeininteresses ins Spiel gebracht, um eine Verletzung der betroffenen Grundfreiheit verneinen zu können. Allerdings prüft er sie im Rahmen des Schutzbereichs bzw. des Eingriffs als eine Art **tatbestandsimmanente Schranke**. Greifen zwingende Gründe des Allgemeininteresses ein, ist danach bereits der Eingriff in den Schutzbereich zu verneinen. Die Lit. ordnet die zwingenden Gründe des Allgemeininteresses hingegen als ungeschriebene Rechtfertigungsgründe ein.[451] Dies erscheint auch konsequent: Die zwingenden Gründe des Allgemeininteresses spielen nur dort eine Rolle, wo eine Rechtfertigung kraft der geschriebenen Rechtfertigungsgründe ausscheidet. Zum Teil stellt der Gerichtshof die zwingenden Gründe des Gemeinwohls inzwischen aufbautechnisch ebenfalls neben die Rechtfertigungsgründe des Art. 36 AEUV.[452]

3. EU-Grundrechtecharta

429 Über die genannten geschriebenen und ungeschriebenen Rechtfertigungsgründe hinaus hat der Gerichtshof auch auf die **EU-Grundrechte** als Schranke zurückgegriffen. Aus ihnen folge, dass in der Union keine Maßnahmen als rechtens anerkannt werden könnten, die mit der Beachtung der Grundrechte unvereinbar seien.[453] Da die Grundrechte nicht nur von der Union, sondern auch von den Mitgliedstaaten bei der Anwendung und Umsetzung von Unionsrecht zu beachten seien, erwachse eine Verpflichtung zum **Schutz** der Grundrechte. Dementsprechend ist ein Eingriff in die Grundfreiheiten gerechtfertigt, soweit er dem Schutz der EU-Grundrechte dient.

430 Allerdings wird auch in Bezug auf die Grundrechte schlussendlich nicht deutlich, an welcher Stelle der Gerichtshof sie einordnet. Teilweise bezeichnet er die EU-Grundrechte als „berechtigtes Interesse",[454] was für eine eigenständige Kategorie spricht. Gleichwohl ordnet er die EU-Grundrechte auch als Unterfall der öffentlichen Ordnung und damit als Teil der zwingenden Gründe des Allgemeininteresses

---

448 EuGH Slg. 1997, I-3689 Rn. 18 *Familiapress*; NJW 1979, 1766 Rn. 8 *Cassis de Dijon*.

449 EuGH NVwZ 2000, 303 Rn. 36 *Konle*; EuR 2003, 1037 Rn. 92 *Überseering*.

450 So die Aufzählung bei Cremer Jura 2015, 39, 52.

451 Becker in: Schwarze, Art. 34 AEUV Rn. 108 f.; Haratsch/Koenig/Pechstein, Rn. 841; Cremer Jura 2015, 39, 53.

452 EuGH EuZW 2004, 600 Rn. 42 *Schreiber*; Urt. v. 24.11.2005 – C-366/04 Rn. 30 *Schwarz*; Leible/T. Streinz in: Grabitz/Hilf/Nettesheim, Art. 34 AEUV Rn. 108.

453 EuGH EuZW 1991, 507 *ERT*; EuZW 2014, 597 *Pfleger* m.Anm. Ogorek JA 2014, 954; EuGH Slg. 1997, I-2629 Rn. 14 *Kremzow*.

454 EuGH EuZW 2003, 592, 596 Rn. 74 *Schmidtberger*.

ein.[455] In letzterem Fall wären die EU-Grundrechte wiederum als tatbestandsimmanente Schranke, nach der hier vertretenen Auffassung als eigenständiger Rechtfertigungsgrund zu prüfen.

Auch die Lit. ist insoweit uneinheitlich. Zwar steht man der Einschränkung der Grundfreiheiten zum Schutze der EU-Grundrechte wie der Gerichtshof offen und positiv gegenüber, streitet aber über den Prüfungsstandort und damit die dogmatische Einordnung. Auch hier schwanken die Ansichten von einer Kategorie des zwingenden Interesses[456] bis zu einem eigenständigen Rechtfertigungsgrund.[457] Angesichts des Gleichlaufs mit den zwingenden Gründen des Allgemeininteresses und der herausragenden Bedeutung der Grundrechte erscheint es sachgerecht, den Schutz der EU-Grundrechte als **eigenständigen Rechtfertigungsgrund** anzusehen.

4. Schranken-Schranke: Verhältnismäßigkeit

Auch wenn die Grundfreiheiten eingeschränkt werden können, sind den Gesetzgebern bei der Rechtfertigung **Grenzen** gesetzt. Dies hat zur Folge, dass nicht jeder Eingriff gerechtfertigt werden kann. Die wichtigste Grenze markiert der **Grundsatz der Verhältnismäßigkeit**. Diesen hat die Union im Rahmen ihrer Zuständigkeit zu beachten (vgl. Art. 5 Abs. 1 S. 2 EUV), also auch bei der Ausgestaltung der Rechtfertigungsgründe. Eine Maßnahme ist danach verhältnismäßig, wenn ihre Anwendung geeignet ist, die Verwirklichung des mit ihr verfolgten Zwecks zu gewährleisten, und sie nicht über das hinausgeht, was zur Erreichung dieses Zwecks erforderlich ist.[458] **431**

Als weitere, wenngleich seltener geprüfte Schranken-Schranken kommen zum einen die Grundrechte der Betroffenen aus der GRCh und zum anderen – im Rahmen der Warenverkehrsfreiheit – das Verbot willkürlicher Diskriminierungen und verschleierter Handelsbeschränkungen in Betracht.[459]

Auch wenn die Definition an diejenige der Verhältnismäßigkeit im deutschen Recht erinnert, kann die deutsche Verhältnismäßigkeits-Dogmatik nicht ohne Weiteres übertragen werden. Denn die Rspr. des Gerichtshofs zeigt, dass dieser abweichend vorgeht – und dabei letztlich auch nicht immer die letzte Konsequenz walten lässt.[460] Wie sich aus der obigen Definition bereits erahnen lässt, gliedert der Gerichtshof die Verhältnismäßigkeitsprüfung in **drei Schritte** auf: legitimer Zweck, Geeignetheit, Erforderlichkeit. Die Prüfung der „Angemessenheit" wird nicht als solche bezeichnet und taucht auch grundsätzlich nicht als eigenständiger Prüfungspunkt auf. Wichtige Aspekte, wie die Wichtigkeit des betroffenen Schutzgutes und die Intensität der konkreten Bedrohung oder die Besonderheiten des Einzelfalls fließen deshalb mit in die Prüfung der Erforderlichkeit ein.[461] **432**

Klausurhinweis: *Vermeiden Sie es deshalb, in der Klausur den Begriff „Angemessenheit" auch nur zu erwähnen! Dieser Begriff erweckt den Eindruck, dass Sie die deutsche Dogmatik derjenigen des Unionsrechts überstülpen oder sich jedenfalls nicht mit der europäischen Dogmatik vertraut gemacht haben.*

---

455 EuGH NVwZ 2004, 1471, 1472 Rn. 36 *Omega*.

456 Streinz Rn. 832.

457 Haratsch/Koenig/Pechstein Rn. 842.

458 EuGH NJW 1992, 2407 Rn. 29 f. *Ramrath*; NVwZ 1993, 661, 663 Rn. 32 *Kraus*.

459 Kingreen in: Calliess/Ruffert, Art. 36 AEUV Rn. 99 ff.

460 EuGH Slg. 1990, I-4023 Rn. 13 *FEDESA*; Slg. 1991, I-4151 Rn. 17 f. *Aragonesa*; vgl. auch Brigola EuZW 2017, 406.

461 Leible/T. Streinz in: Grabitz/Hilf/Nettesheim, Art. 34 AEUV Rn. 127.

C. Warenverkehrsfreiheit

433 Die **Warenverkehrsfreiheit** aus Art. 34 ff. AEUV erweist sich als **zentrale Garantie** des Binnenmarktes.

Diese herausragende Stellung hat dazu geführt, dass die Dogmatik der Grundfreiheiten in der Rspr. des Gerichtshofs vorrangig an der Warenverkehrsfreiheit entwickelt und dann auf die übrigen Grundfreiheiten übertragen worden ist.[462]

434 Verwirklicht ist der Binnenmarkt bzgl. der sog. **Zollunion**. Den Mitgliedstaaten ist es nach Art. 28 Abs. 1, 30 AEUV untersagt, Einfuhr-, Ausfuhr- und Binnenzölle zu erheben. Ferner unterwerfen sich die Mitgliedstaaten einem gemeinsamen Zolltarif gegenüber Drittstaaten, aus denen Waren in den Binnenmarkt importiert werden. Dadurch umfasst die Union ein **einheitliches Zollgebiet mit einer gemeinsamen Außenzollgrenze**.[463]

435 Außerhalb der Zollunion prallen das Interesse der Union an einem Binnenmarkt mit völlig freiem Warenverkehr und die **nationalen wirtschaftlichen Interessen der Mitgliedstaaten** aufeinander (s.o. Rn. 406). Da die Mitgliedstaaten wegen Art. 34 AEUV den freien Import ausländischer Erzeugnisse in ihren Wirtschaftskreislauf dulden müssen, sind wirtschaftliche Nachteile denkbar. Die Warenverkehrsfreiheit soll verhindern, dass die Mitgliedstaaten Gegenaktivitäten zum Schutz ihrer Produzenten ergreifen.

I. Anwendbarkeit

436 Der Warenverkehrsfreiheit gehen als speziellere Vorschriften diejenigen über den **Handel mit landwirtschaftlichen Erzeugnissen aus Art. 38 ff. AEUV** vor. Nach der Legaldefinition in Art. 38 Abs. 1 UAbs. 2 S. 2 AEUV sind unter landwirtschaftlichen Erzeugnissen die Erzeugnisse des Bodens, der Tierzucht und der Fischerei sowie die mit diesen in unmittelbarem Zusammenhang stehenden Erzeugnisse der ersten Verarbeitungsstufe zu verstehen. Konkretisiert wird dies durch Art. 38 Abs. 2, 3 AEUV, der auf die im **Anhang I zum AEUV** enumerativ gelisteten **Agrarprodukte** verweist. Sobald Agrarprodukte verarbeitet werden, entstehen Produkte auf zweiter Verarbeitungsstufe, die der Warenverkehrsfreiheit i.S.d. Art. 34 ff. AEUV unterfallen.

II. Sachlicher Schutzbereich: Ware

437 Der Begriff der geschützten Ware wird **weit ausgelegt**: Waren i.S.d. Art. 28 Abs. 2 AEUV sind alle körperlichen Gegenstände, die einen Geldwert haben und Gegenstand rechtmäßiger Handelsgeschäfte sein können.[464] Ausgeschlossen sind Münzen, die gesetzliche Zahlungsmittel sind oder sich sonst im freien Verkehr befinden (z.B. Krügerrand);[465] für diese kommen Art. 63 ff. AEUV zur Anwendung.

Das weite Verständnis wird dadurch belegt, dass einige Gegenstände unter den Warenbegriff fallen, welche die Begriffsmerkmale nicht erfüllen.[466] **Beispiele:** Strom/Elektrizität (obwohl unkörperlich),[467] Abfall (obwohl nicht immer Geldwert vorhanden)[468]

---

462 Oppermann/Classen/Nettesheim § 22 Rn. 17.

463 Haratsch/Koenig/Pechstein Rn. 856.

464 EuGH Slg. 1968, 633 *Kommission/Italien*; Leible/T. Streinz in: Grabitz/Hilf/Nettesheim, Art. 34 Rn. 28.

465 EuGH, Urt. v. 23.11.1978 – 7/78; Urt. v. 23.02.1995 – C-358/93.

466 Mit dieser Kritik auch Leible/T. Streinz in: Grabitz/Hilf/Nettesheim, Art. 34 Rn. 28.

467 EuGH Slg. 1994, I-1477 *Almelo*; Slg. 2001, I-2099 *Preussen Elektra*; Frenz JA 2016, 321.

468 EuGH Slg. 1992, I-4431 Rn. 26 ff. *Kommission/Belgien*; Slg. 1995, I-563 Rn. 20 *Evans*.

Wie sich weiterhin dem Wortlaut des Art. 28 Abs. 2 AEUV entnehmen lässt, erstreckt sich der Schutz der Warenverkehrsfreiheit zum einen auf solche Waren, die **aus den Mitgliedstaaten stammen**, d.h. in diesen produziert werden, und zum anderen auf Waren **aus Drittländern**, die sich **in den Mitgliedstaaten im freien Verkehr** befinden. Letzteres ist der Fall, wenn für sie die in dem betreffenden Mitgliedstaat geltenden Einfuhrförmlichkeiten erfüllt und die vorgeschriebenen Zölle und Abgaben erhoben und weder ganz noch teilweise rückvergütet worden sind, Art. 29 AEUV.[469] Dementsprechend werden Waren durch Produktion oder Handel in dem Unionsgebiet zur EU-Ware. **438**

Wie sich zudem in einem Rückschluss aus den Art. 34, 35 AEUV und aus dem Ziel der Warenverkehrsfreiheit ergibt, den Handel im Unionsgebiet zu liberalisieren, ist ein **grenzüberschreitender Bezug** erforderlich. Die Warenverkehrsfreiheit ist folglich erst dann einschlägig, wenn die Ware die Grenze von einem Mitgliedstaat zum anderen innerhalb des Binnenmarktes (Überschreitung einer sog. Binnengrenze) verbracht worden ist.[470]

Für die **Abgrenzung zur Dienstleistungsfreiheit** ist maßgebend, dass der freie Warenverkehr den Handel mit körperlichen Gegenständen umfasst, der freie Dienstleistungsverkehr hingegen die Vermittlung von Know-how zum Gegenstand hat. **439**

III. Eingriff

Zum Schutze des freien Warenverkehrs sind nach Art. 34, 35 AEUV **mengenmäßige Ein- und Ausfuhrbeschränkungen** von Waren untersagt. Gleiches gilt für **Maßnahmen, welche die gleiche Wirkung entfalten**. Die Warenverkehrsfreiheit enthält damit einen **grundfreiheitsspezifischen Eingriffsbegriff**, der dem allgemeinen Begriff der Diskriminierung vorgeht und durch die Rspr. des Gerichtshofs besonders ausgestaltet wurde. **440**

1. Einfuhrbeschränkungen

Fall 5: Deutsches Reinheitsgebot – Teil 1

Bei der Überprüfung nationaler Handelsvorschriften wird die EU-Kommission auf die §§ 9, 10 Biersteuergesetz (BStG) aufmerksam, nach denen nur solche Getränke in Deutschland unter der Bezeichnung „Bier" gehandelt und eingeführt werden dürfen, die ausschließlich aus Gerstenmalz, Hopfen, Hefe und Wasser hergestellt worden sind und somit dem deutschen Reinheitsgebot von 1516 entsprechen. Die Regelung hat zur Folge, dass auch in anderen Mitgliedstaaten hergestellte Getränke, die weitere Inhaltsstoffe enthalten, zwar in Deutschland verkauft, aber dabei nicht als „Bier" bezeichnet werden dürfen. Liegt hierin ein Eingriff in Art. 34 GG?

I. Die Warenverkehrsfreiheit aus Art. 34 AEUV ist **anwendbar**, da es sich bei „Bier" i.S.d. BStG um ein Produkt auf zweiter Verarbeitungsstufe handelt, sodass die Art. 38 ff. AEUV nicht vorrangig anwendbar sind. Auch Harmonisierungsmaßnahmen sind nicht einschlägig.

---

469 Haratsch/Koenig/Pechstein Rn. 863.

470 Vgl. Müller-Graff in: von der Groeben/Schwarze/Hatje, Art. 34 AEUV Rn. 2.

II. Weiterhin müsste der **Schutzbereich** der Warenverkehrsfreiheit **eröffnet** sein.

1. Bier stellt einen körperlichen Gegenstand dar, das einen Geldwert hat und Gegenstand rechtmäßiger Handelsgeschäfte sein kann. Da die Bezeichnungs- und Inhaltsstoffregelungen der §§ 9, 10 BStG nicht nur in Deutschland produziertes, sondern auch in den hiesigen Wirtschaftskreislauf eingeführtes und in Verkehr gebrachtes Bier betreffen, liegt auch der erforderliche grenzüberschreitende Bezug vor. Die Vorschriften betreffen somit EU-Waren i.S.d. Art. 28 Abs. 2 AEUV, der sachliche Schutzbereich ist eröffnet.

Dabei müssen sich die Maßnahmen nicht unmittelbar auf die Waren auswirken. Der Schutzbereich erstreckt sich z.B. auch auf Werbemaßnahmen für ausländische Produkte, die durch nationale Werberegelungen behindert werden.[471]

441 2. Nach h.M. stellt die Warenverkehrsfreiheit eine **Produktverkehrsfreiheit** dar, sodass eine Prüfung oder Einschränkung des **persönlichen Schutzbereichs** nicht erforderlich ist. Folglich können sich neben Unionsbürgern auch Drittstaatsangehörige und juristische Personen auf die Warenverkehrsfreiheit berufen.[472]

III. Die Regelungen des Biersteuergesetzes könnten ferner einen **Eingriff** in den Schutzbereich der Warenverkehrsfreiheit darstellen.

442 1. Eine **mengenmäßige Einfuhrbeschränkung** i.S.d. Art. 34 Alt. 1 AEUV liegt vor, wenn die Einfuhr einer Ware vollständig verboten (sog. **Verbringungsverbot**)[473] oder nach Menge, Wert oder Zeitraum begrenzt wird (sog. **Kontingentierung**).[474] Eine solche Beschränkung scheidet hier aus, da die im Ausland hergestellten oder gehandelten und nach Deutschland importierten Getränke, die nicht oder nicht ausschließlich über die in § 9 BStG festgesetzten Inhaltsstoffe verfügen, gleichwohl eingeführt und gehandelt werden dürfen.

443 2. Bei den Regelungen könnte es sich jedoch um **Maßnahmen gleicher Wirkung** wie mengenmäßige Einfuhrbeschränkungen i.S.d. Art. 34 Alt. 2 AEUV handeln.

444 a) Als Maßnahme gleicher Wirkung ist nach der **Dassonville-Formel** des Gerichtshofs jede Maßnahme oder Regelung der Mitgliedstaaten anzusehen, die geeignet ist, den unionsinternen Handel unmittelbar oder mittelbar, tatsächlich oder potenziell zu behindern.[475]

445 Auch wenn diese Formel auch heute noch der Ausgangspunkt einer jeden Entscheidung des Gerichtshofs zu Art. 34 AEUV ist, wird deutlich, wie **weit** die Formel gefasst ist. Da nicht einmal eine tatsächliche Beeinträchtigung nachgewiesen werden muss, sondern eine mögliche Behinderung genügt,[476] stellt beinahe jede mitgliedstaatliche Maßnahme mit Warenbezug eine Beeinträchtigung der Warenverkehrsfreiheit dar. Da sie alle Beschränkungen in- wie ausländischer Waren erfasst („jede Maßnahme oder Regelung"),[477] wird Art. 34 AEUV als **allgemeines Beschränkungsverbot** bezeichnet.

471 EuGH Slg. 1982, 4575 Rn. 15 *Oosthoek's*; Haratsch/Koenig/Pechstein Rn. 868; Deja Jura 2004, 807.

472 Leible/T. Streinz in: Grabitz/Hilf/Nettesheim, Art. 34 AEUV Rn. 31; Haratsch/Koenig/Pechstein Rn. 870; Röhl Jura 2006, 323; a.A. Kingreen in: Calliess/Ruffert, Art. 36 AEUV Rn. 124.

473 EuGH Slg. 1979, 3812 Rn. 12 *Henn u. Darby*.

474 EuGH Slg. 1973, 865, 879 Rn. 7 *Geddo*; Leible/T. Streinz in: Grabitz/Hilf/Nettesheim, Art. 34 AEUV Rn. 55.

475 EuGH Slg. 1974, 837 Rn. 5 *Dassonville*.

476 EuGH NJW 1983, 2775 *Buy Irish*.

477 EuGH EuZW 2017, 24 Rn. 34 *Établissements Fr. Colruyt*; vgl. auch Streinz JuS 2017, 566, 567.

Ferner entwickeln sich aus der Warenverkehrsfreiheit **Schutzpflichten** der Mitgliedstaaten, sodass auch ein **Eingriff durch Unterlassen** staatlicher Schutzmaßnahmen denkbar ist. **Beispiel:** Blockade der Brenner-Autobahn durch Privatpersonen zur Verhinderung der Einfuhr italienischer Waren nach Österreich ohne Einschreiten österreichischer Behörden[478]

Durch die Regelungen in §§ 9, 10 BStG wird ausländischen Produzenten oder Importeuren ein Vertrieb von Getränken, die über eine – ggf. nur geringfügig abweichende – Rezeptur verfügen, in Deutschland nicht unter der Bezeichnung „Bier" gestattet, obwohl diese Bezeichnung in anderen EU-Mitgliedstaaten verwendet werden könnte. Damit ist es zumindest möglich und nicht ausgeschlossen, dass derartige Getränke in Deutschland nicht den Absatz finden, den sie finden könnten, würden sie als „Bier" in den Handel gelangen. Demzufolge beeinträchtigt das deutsche Reinheitsgebot den Binnenhandel, sodass es grundsätzlich einen Eingriff in Form einer Maßnahme gleicher Wirkung wie eine mengenmäßige Einfuhrbeschränkung darstellt.

b) Um die Reichweite der Dassonville-Formel einzuschränken, grenzt der Gerichtshof nach dem **Keck-Urteil** nationale Bestimmungen, die bestimmte **Verkaufsmodalitäten** beschränken oder verbieten, aus dem Eingriffsbegriff aus. Enthalten die mitgliedstaatlichen Vorschriften hingegen **produktbezogene Regelungen**, soll weiterhin ein Eingriff vorliegen. **446**

- **Verkaufsmodalitäten** sind solche Vorschriften, welche die Art und Weise des Vertriebs eines Produkts bestimmen (Ladenöffnungszeiten, Vertriebswege, Preisgestaltung, etc.). Sie stellen jedenfalls dann keinen Eingriff dar, wenn sie unterschiedslos gelten und auch nicht versteckt zulasten ausländischer Erzeugnisse wirken, sondern die inländischen wie die ausländischen Erzeugnisse rechtlich wie tatsächlich in der gleichen Weise berühren[479] (sog. **diskriminierungsfreie Verkaufsmodalitäten**).[480]

  Hierdurch wird deutlich, dass auch die Warenverkehrsfreiheit eine spezielle Ausprägung des Diskriminierungsverbotes ist.

- Abzugrenzen sind die Verkaufsmodalitäten von den sog. **produktbezogenen Regelungen**, die an die Merkmale oder den Inhalt der Ware selbst anknüpfen. Zu den produktbezogenen Regelungen sind die Vorschriften zu zählen, die Bezeichnung, Form, Abmessungen, Gewicht, Zusammensetzung, Aufmachung, Etikettierung und Verpackung von Waren betreffen.[481]

  Dahinter steht die Idee, dass eine in irgendeinem Mitgliedstaat der Union rechtmäßig in Verkehr gebrachte Ware grundsätzlich überall frei zirkulieren können soll.[482]

Fraglich ist, ob die §§ 9, 10 BStG als Verkaufsmodalität oder produktbezogene Regelung anzusehen sind.

478 EuGH EuZW 2003, 592, 596 *Schmidtberger*; vgl. auch EuGH Slg. 1997, I-6959 *Kommission/Frankreich*; Oppermann/Classen/Nettesheim, § 22 Rn. 49; Schwarze EuR 1998, 53.

479 EuGH Slg. 1993, I-6097 Rn. 16 *Keck u. Mithouard*; EuGH EuZW 2017, 24 Rn. 39 *Établissements Fr. Colruyt*;.

480 Vgl. dazu Streinz EuZW 2003, 37.

481 EuGH Slg. 1993, I-6097 Rn. 15 *Keck u. Mithouard*; Schroeder in: Streinz, Art. 34 AEUV Rn. 51.

482 Vgl. EuGH Slg. 1979, 649 *Cassis de Dijon*; Oppermann/Classen/Nettesheim § 22 Rn. 31; Möschel NJW 1994, 429, 430.

447 aa) Die Keck-Ausnahme greift nur für den Fall, dass es sich bei den Vorschriften des BStG um eine **unterschiedslos anwendbare Maßnahme** handelt. Dies ist nur zu bejahen, wenn die Regelung nicht den Warenverkehr zwischen den Mitgliedstaaten zum Gegenstand hat, sondern in allgemeiner Weise die **Wirtschaftstätigkeit im Inland** betrifft.[483]

Betrifft die Vorschrift hingegen den grenzüberschreitenden Warenverkehr, liegt eine unterschiedlich anwendbare Maßnahme vor. Stellt diese die eingeführten Waren schlechter als die inländischen Waren, enthält sie doch eine **offene Diskriminierung**, die stets eine Maßnahme gleicher Wirkung darstellt.[484]

Die Vorschriften des BStG reglementieren nicht den Import, sondern schreiben lediglich vor, dass alle in Deutschland im Verkehr befindlichen Produkte nur bei Einhaltung der Voraussetzungen aus dem BStG die Bezeichnung „Bier" führen dürfen. Damit liegt grundsätzlich eine unterschiedslos anwendbare Maßnahme vor.

448 bb) Allerdings bestimmen die Vorschriften, dass nur solche Getränke die **Bezeichnung** „Bier" tragen dürfen, die ausschließlich aus den bezeichneten **Inhaltsstoffen** bestehen. Diese Vorschriften betreffen ausschließlich das Getränk und damit das Produkt selbst und beziehen sich nicht auf seinen Vertrieb. Es handelt sich damit um produktbezogene Regelungen, sodass hier keine Ausnahme nach der Keck-Formel eingreift.

Ergebnis: Ein Eingriff in den Schutzbereich der Warenverkehrsfreiheit liegt somit vor.

449 Die Unterscheidung zwischen Verkaufsmodalitäten und produktbezogenen Regelungen wird oftmals als unscharf kritisiert. **Beispiel Werbung:** Das Verbot, eine bestimmte Werbung auf die Ware aufzudrucken (z.B. „+10%" auf Schokoriegeln), ist als produktbezogene Regelung anzusehen und stellt einen Eingriff dar. Das Verbot bestimmter Werbung im Fernsehen hingegen ist als Verkaufsmodalität nach der Keck-Formel kein Eingriff.

Deshalb lässt sich in der Rspr. des Gerichtshofs die Tendenz erkennen, den letzten Teil der Keck-Formel zu betonen, wonach nur solche Maßnahmen keinen rechtfertigungsbedürftigen Eingriff darstellen, die in- wie ausländische Waren rechtlich und tatsächlich gleichermaßen berühren. Daraus ist das Kriterium des **Marktzugangs** entstanden. Danach wendet der Gerichtshof Art. 34 AEUV auch auf solche Verkaufsmodalitäten an, die bezwecken oder bewirken, dass ausländische Waren weniger günstig behandelt werden als inländische Waren oder wenn anderweitig der Marktzugang behindert wird.[485]

---

2. Ausfuhrbeschränkungen

450 Art. 35 AEUV beinhaltet die **Komplementärvorschrift** zu Art. 34 AEUV:[486] Sie verbietet mengenmäßige **Ausfuhr**beschränkungen oder Maßnahmen gleicher Wirkung.

- Mengenmäßige Ausfuhrbeschränkungen sind alle Maßnahmen, die die Ausfuhr einer Ware vollständig verbieten (sog. Ausfuhrverbot) oder nach Menge, Wert oder Zeitraum begrenzen (sog. Kontingent).[487]

483 Leible/T. Streinz in: Grabitz/Hilf/Nettesheim, Art. 34 AEUV Rn. 77.
484 Leible/T. Streinz in: Grabitz/Hilf/Nettesheim, Art. 34 AEUV Rn. 77.
485 EuGH EuZW 2009, 652 *Kommission/Italien*; Oppermann/Classen/Nettesheim, § 22 Rn. 32; Streinz JuS 2009, 652.
486 Leible/T. Streinz in: Grabitz/Hilf/Nettesheim, Art. 35 AEUV Rn. 1.
487 Leible/T. Streinz in: Grabitz/Hilf/Nettesheim, Art. 35 AEUV Rn. 5.

- Für die Begriffsbestimmung der **Maßnahme gleicher Wirkung** greift der Gerichtshof indes **nicht auf die Dassonville-Formel** zurück, sondern verwendet die sog. **Groenveld-Formel**: Danach werden als Maßnahme gleicher Wirkung nur solche Aktivitäten der Mitgliedstaaten erfasst, die spezifische Beschränkungen der Ausfuhrströme bezwecken oder bewirken und damit unterschiedliche Bedingungen für den Binnenhandel eines Mitgliedstaates und seinen Außenhandel schaffen, sodass die nationale Produktion oder der Binnenmarkt des betroffenen Staates einen besonderen Vorteil erlangt.[488]

Klausurhinweis: *Durch Art. 35 AEUV werden lediglich die Eingriffsbegriffe gegenüber Art. 34 AEUV abgeändert; Schutzbereich und Rechtfertigung hingegen unterliegen denselben Vorgaben. Gleichwohl hat Art. 35 AEUV für die Klausur nur eine untergeordnete Bedeutung!*

IV. Rechtfertigung

Die Art. 34, 35 AEUV wirken nicht als **absolutes Beschränkungsverbot** der Warenverkehrsfreiheit. Vielmehr können nationale Eingriffe nach Maßgabe des Art. 36 AEUV oder gestützt auf ungeschriebene Rechtfertigungsgründe gestattet werden. **451**

1. Geschriebene Rechtfertigungsgründe

Ausdrückliche Rechtfertigungsgründe für den Eingriff in die Warenverkehrsfreiheit enthält **Art. 36 AEUV**. Danach sind solche Eingriffe gerechtfertigt, die von den Mitgliedstaaten aus folgenden **Gründen des Allgemeininteresses**[489] erlassen wurden:

- **aus Gründen der öffentlichen Sittlichkeit, Ordnung und Sicherheit;** **452**

  Auch wenn Ihnen diese Begriffe aus dem deutschen Polizei- und Ordnungsrecht geläufig sind, dürfen Sie nicht auf dieses Verständnis zurückgreifen![490] Der hiesige Begriff ist deutlich enger gefasst.

  - Aus Gründen der **öffentlichen Sicherheit** sind nationale Beschränkungen möglich, wenn es um die für die Existenz eines Staates wesentlichen Fragen der inneren oder äußeren Sicherheit geht, das Funktionieren seiner Wirtschaft, das seiner Einrichtungen und seiner wichtigen öffentlichen Dienste und das Überleben der Bevölkerung. **Beispiel:** Sicherung der Erdölversorgung[491]
  - Eine Rechtfertigung aus Gründen der **öffentlichen Ordnung** kommt vielmehr in Betracht, wenn eine tatsächliche und hinreichend schwere Gefährdung vorliegt, die ein Grundinteresse der Gesellschaft berührt. **Beispiel:** zum Schutz der Menschenwürde aus Art. 1 GRCh bei einem Tötungshandlungen simulierenden Computerspiel[492]
  - Der Begriff der **öffentlichen Sittlichkeit** wird vom Gerichtshof nicht allgemeingültig definiert. Es ist Sache der Mitgliedstaaten, diesen Begriff für ihr Gebiet im Einklang mit ihrer Wertordnung und in der von ihnen gewählten Form auszufüllen. **Beispiel:** Beschränkung pornografischer Waren[493]

---

488 EuGH Slg. 1979, 3409, 3415 *Groenveld*; Slg. 2003, I-11585 Rn. 31 *Grilli*; Slg. 2005, I-9543 Rn. 73 *Jersey*; vgl. auch EuGH EuZW 2016, 717, 719 Rn. 36 f. *New Valmar BVBA/Global Pharmacies Partner Health Srl.*; m. Anm. Ruffert JuS 2017, 1035.

489 EuGH, Urt. v. 05.02.2004 – C-270/02 Rn. 21 *Komm./Italien*; Urt. v. 20.09.2007 – C-297/05 Rn. 75 *Komm./Niederlande*; Urt. v. 11.12.2008 – C-524/07 Rn. 54 *Komm./Österreich*; Leible/T. Streinz in: Grabitz/Hilf/Nettesheim, Art. 36 AEUV Rn. 16.

490 Vgl. Kingreen in: Calliess/Ruffert Art. 36 AEUV Rn. 197.

491 EuGH Slg. 1984, 2727 Rn. 34 *Campus Oil Ltd.*; vgl. auch Kingreen in: Calliess/Ruffert Art. 36 AEUV Rn. 197.

492 EuGH EuZW 2004, 753 Rn. 39 *Omega*; vgl. auch Kingreen in: Calliess/Ruffert, Art. 36 AEUV Rn. 198.

493 EuGH Slg. 1979, 3795 Rn. 15 *Henn u. Darby*; vgl. auch Kingreen in: Calliess/Ruffert Art. 36 AEUV Rn. 196.

453 ■ zum Schutze der Gesundheit und des Lebens von Menschen, Tieren und Pflanzen;

Diesem Rechtfertigungsgrund misst der Gerichtshof den **ersten Rang** unter den Allgemeininteressen des Art. 36 S. 1 AEUV zu.[494] Deshalb überlässt er es der Entscheidung der Mitgliedstaaten, in den durch den Vertrag gesetzten Grenzen zu bestimmen, auf welchem Niveau sie den Schutz dieser Rechtsgüter gewährleisten wollen und wie streng die Kontrollen sein sollen.[495] **Beispiel:** Bekämpfung des Alkoholmissbrauchs[496]

454 ■ **zum Schutze des nationalen Kulturgutes von künstlerischem, geschichtlichem oder archäologischen Wert;**

Dieser Rechtfertigungsgrund zielt auf das – legitime – Bedürfnis der Mitgliedstaaten, Kunstwerke und sonstige Zeugnisse aus früheren Zeiten, die in dem jeweiligen Mitgliedstaat entstanden sind, im Besitz zu behalten.[497] Deshalb verfügen viele Mitgliedstaaten über normierte Ausfuhrverbote oder Vorkaufsrechte staatlicher Stellen. Diese sind als Handelsbeschränkungen i.S.d. Art. 35 AEUV anzusehen und nach Art. 36 S. 1 AEUV gerechtfertigt. Hinsichtlich welcher Kulturschätze derartige Regelungen getroffen werden, obliegt dem Beurteilungsspielraum der Mitgliedstaaten.[498]

455 ■ **zum Schutze des gewerblichen und kommerziellen Eigentums.**

Hierunter fallen alle Rechte an der Ware, die ihrem Inhaber eine nicht nur privatrechtliche, sondern durch den Staat oder durch seine Mitwirkung verliehene abwehrfähige Ausschließlichkeitsposition einräumen.[499] **Beispiele:** Patentrecht,[500] Markenrecht.[501] **Gegenbeispiel:** Verhinderung des unlauteren Wettbewerbs[502]

456 Bei den Rechtfertigungsgründen des Art. 36 S. 1 AEUV handelt es sich um Möglichkeiten, den freien Warenverkehr entgegen der Grundregel aus Art. 34 AEUV einzuschränken. Dies hat eine **enge Auslegung** der einzelnen Rechtfertigungsgründe[503] zur Folge, um die Einschränkungen des Warenverkehrs auf das notwendige Minimum zu reduzieren.

Fall 6: Doc Morris III

Gestützt auf § 78 Abs. 1 S. 1 Arzneimittelgesetz (AMG) erlässt das Bundeswirtschaftsministerium eine Arzneimittelpreisverordnung. Diese regelt, zu welchem Preis verschreibungspflichtige Arzneimittel an den Endverbraucher abgegeben werden dürfen. Dabei gelten die Regelungen nach § 78 Abs. 1 S. 4 AMG auch für Arzneimittel, die aus dem Ausland nach Deutschland verbracht werden.

Die niederländische Versandapotheke DocMorris N.V. sieht in der Preisbindung einen Verstoß gegen die Warenverkehrsfreiheit. Auf eine Anfrage antwortet die Bundesregierung, dass die Regelung zum Schutz der Gesundheit und des Lebens der deutschen Verbraucher gerechtfertigt sei. Ohne die Preisbindung lasse sich die flächendeckende sichere und qualitativ hochwertige Arzneimittelversorgung nicht si-

494 EuGH EuZW 2011, 188 Rn. 33 *Humanplasma*; EuZW 2014, 307 Rn. 26 *Sokoll-Seebacher*.
495 EuGH EuZW 2004, 21 Rn. 103 *Doc Morris I*; EuZW 2016, 230 Rn. 35 *The Scotch Whisky Association*; Ogorek JA 2016, 556.
496 EuGH EuZW 2007, 401 Rn. 50 ff. *Rosengren*; vgl. EuGH RÜ 2016, 177 *The Scotch Whisky Association*.
497 Vgl. Müller-Graff in: von der Groeben/Schwarze/Hatje, Art. 36 AEUV Rn. 62.
498 Leible/T. Streinz in: Grabitz/Hilf/Nettesheim, Art. 36 AEUV Rn. 31.
499 Kingreen in: Calliess/Ruffert, Art. 36 AEUV Rn. 207.
500 EuGH Slg. 1974, 1147 Rn. 9 *Centrafarm/Sterling Drug*.
501 EuGH Slg. 1974, 1183 Rn. 8 *Centrafarm/Winthrop*.
502 Kingreen in: Calliess/Ruffert, Art. 36 AEUV Rn. 207.
503 EuGH Slg. 1961, 695, 720 *Kommission/Italien*; Slg. 1972, 1309, 1318 *Bauhuis*; Slg. 1991, I-1361, 1377 Rn. 9 *Komm./Griechenl.*

cherstellen. Vielmehr drohe ein ruinöser Preiswettbewerb zwischen den unterschiedlichen Apotheken, welcher zu einem „Apothekensterben" gerade in dünner besiedelten Gebieten führen könnte. Schließlich könne gerade schwer kranken Patienten nicht zugemutet werden, erst durch Recherche ermitteln zu müssen, in welcher Apotheke die für sie notwendigen Medikamente zum günstigsten Preis angeboten würden. Wissenschaftlich fundierte Grundlagen für diese Argumente kann die Bundesregierung jedoch nicht vorlegen. Verletzt die Preisbindung der Arzneimittel die Warenverkehrsfreiheit?

Bearbeitungsvermerk: Ungeschriebene Rechtfertigungsgründe sind nicht zu prüfen!

Die Preisbindung verletzt die Warenverkehrsfreiheit, wenn der Schutzbereich des Art. 34 AEUV betroffen ist, die Preisbindung einen Eingriff darstellt und der Eingriff nicht gerechtfertigt ist.

I. Arzneimittel sind körperliche Gegenstände, die zu einem vom deutschen Recht festgelegten Preis an die Endverbraucher rechtmäßig nach ärztlicher Verschreibung abgegeben werden und sich dabei im Binnenmarkt im freien Verkehr befinden. Es handelt sich somit um **EU-Waren** i.S.d. Art. 28 Abs. 2 AEUV.

II. Ferner müsste ein **Eingriff** i.S.d. Art. 34 AEUV vorliegen.

1. Die Preisbindung ist geeignet, den unionsinternen Handel zumindest potenziell zu behindern, da Versandapotheken – anders als die Apotheken vor Ort – nicht individuell beraten und keine Notfallversorgung mit Arzneimitteln anbieten können. Deshalb ist der Preiswettbewerb für sie ein wichtigerer Wettbewerbsfaktor als für traditionelle Apotheken, weil es von ihm abhängt, ob sie einen unmittelbaren Zugang zum deutschen Markt finden und auf diesem konkurrenzfähig bleiben. Damit wirkt sich die Preisbindung auf die Versandapotheken stärker aus als auf die im deutschen Hoheitsgebiet ansässigen Apotheken, sodass hierdurch der Marktzugang stärker behindert werden kann als für inländische Erzeugnisse.[504] Eine Maßnahme gleicher Wirkung i.S.d. Dassonville-Formel liegt vor.

2. Zwar stellt die Einwirkung auf die Preisgestaltung eine **Verkaufsmodalität** dar. Da sie sich jedoch wie dargelegt nachteilig auf die ausländischen Erzeugnisse und deren Einführung in den deutschen Markt auswirkt, gilt sie **nicht unterschiedslos**, sodass es sich nicht um eine diskriminierungsfreie Verkaufsmodalität handelt, die nach der sog. **Keck-Formel** aus dem Eingriffsbegriff herauszunehmen gewesen wäre. Folglich liegt ein Eingriff vor.

III. Der Eingriff ist aber **gerechtfertigt**, wenn ein Rechtfertigungsgrund eingreift und die hierauf gestützte Maßnahme verhältnismäßig ist. Hier kommt eine Rechtfertigung gestützt auf **Art. 36 AEUV** mit dem Ziel des **Schutzes der Gesundheit und des Lebens von Menschen** in Betracht. Zu nationalen Maßnahmen im Bereich der öffentlichen Gesundheit hat der Gerichtshof mehrfach entschieden, dass unter den vom AEUV geschützten Gütern und Interessen die **Gesundheit und das Leben von** 457

504 EuGH RÜ 2016, 794, 795 Rn. 24 ff. *Deutsche Parkinson Vereinigung/Zentrale zur Bekämpfung unlauteren Wettbewerbs.*

Menschen den höchsten Rang einnehmen und dass es **Sache der Mitgliedstaaten** ist, zu **bestimmen, auf welchem Niveau sie den Schutz der Gesundheit der Bevölkerung gewährleisten wollen und wie dieses Niveau erreicht werden soll**. Da sich dieses Niveau von einem Mitgliedstaat unterscheiden kann, wird den Mitgliedstaaten vom Gerichtshof ein **Wertungsspielraum** zuerkannt.[505]

458 1. Das Preisbindungssystem des deutschen Arzneimittelrechts dient der **Gewährleistung einer sicheren und qualitativ hochwertigen Arzneimittelversorgung der deutschen Bevölkerung**. Insbesondere soll dieses System sicherstellen, dass sich die Versandapotheken **keinen ruinösen Preiswettbewerb** liefern, der zu einem **Verschwinden der traditionellen Apotheken insbesondere in ländlichen oder dünn besiedelten Gebieten** führt, bei denen es sich um die für sie weniger attraktiven Standorte handelt. Nur traditionelle Apotheken können eine ordnungsgemäße Arzneimittelversorgung in **Notfällen**, eine individuelle **Beratung** und eine wirksame **Kontrolle** der abgegebenen Arzneimittel gewährleisten.[506] Diese Einschätzung des deutschen Gesetzgebers überschreitet den Wertungsspielraum nicht, sodass die Preisbindung verschreibungspflichtiger Arzneimittel zum Schutz der Gesundheit und des Lebens von Menschen erfolgt.

459 2. Allerdings müsste das Preisbindungssystem auch **verhältnismäßig** sein. Dies ist nur dann der Fall, wenn die Regelung geeignet ist, die Verwirklichung des verfolgten legitimen Ziels zu gewährleisten, und nicht über das hinausgeht, was zur Erreichung dieses Ziels erforderlich ist.

Das Erfordernis der verhältnismäßigen Einschränkung leitet der Gerichtshof aus Art. 36 S. 2 AEUV ab,[507] sodass dem dort ausdrücklich geregelten Diskriminierungsverbot sowie dem Verbot der verschleiernden Beschränkung zum Teil keine eigenständige Wirkung zuerkannt wird.[508] Gleichwohl greift der Gerichtshof in besonderen Fällen auf die ausdrücklich in Art. 36 S. 2 AEUV normierten Grenzen zurück, sodass ihnen jedenfalls ein – wenngleich geringer – Anwendungsbereich verbleibt. Eine **willkürliche Diskriminierung** i.S.d. Art. 36 S. 2 AEUV ist nur bei einer eindeutigen Ungleichbehandlung ausländischer Waren gegeben, z.B. bei einem Werbeverbot für importierte alkoholische Getränke, wenn gleichartige heimische Erzeugnisse beworben werden dürfen.[509] Eine **verschleierte Beschränkung** ist gegeben, wenn der betreffende Mitgliedstaat durch vorgeschobene Gründe protektionistische Ziele verfolgte.[510]

460 Obwohl dem Gesetzgeber ein Wertungsspielraum zuerkannt ist, kommt er nicht umhin, die **erforderlichen Beweise** für die Gefährdung des in Art. 36 AEUV erfassten Grundes des Allgemeininteresses beizubringen. Nur wenn die von dem Mitgliedstaat beigebrachten statistischen Daten, auf einzelne Punkte beschränkte Daten oder sonstigen vorgelegten Beweise bei verständiger Würdigung die Einschätzung erlauben, dass die gewählten Mittel zur Verwirklichung der verfolgten Ziele geeignet und erforderlich sind, ist die Maßnahme gerechtfertigt.[511]

---

505 EuGH EuZW 2008, 601 Rn. 51 *Komm./Deutschland*; EuZW 2010, 578 Rn. 44 *Pérez/Consejería de Salud y Servicios Sanitarios*.

506 EuGH RÜ 2016, 794, 796 Rn. 32 f. *Deutsche Parkinson Vereinigung/Zentrale zur Bekämpfung unlauteren Wettbewerbs*.

507 EuGH Slg. 1984, 2445 Rn. 18 *Sandoz*; Slg. 2000, I-11499 Rn. 29 *Kommission/Frankreich*; Urt. v. 19.06.2008 – C-219/07, Slg. 2008, I-4475 Rn. 30 *Nationale Raad van Dierenkwekers en Liefhebbers u. Andibel*.

508 So beispielsweise Cremer Jura 2015, 39, 54.

509 Vgl. EuGH Slg. 1980, 2299 Rn. 18 *Kommission/Frankreich*; Leible/T. Streinz in: Grabitz/Hilf/Nettesheim, Art. 36 AEUV Rn. 52.

510 Vgl. EuGH Slg. 1982, 2793, 2826 *Kommission/Großbritanien*; Leible/T. Streinz in: Grabitz/Hilf/Nettesheim, Art. 36 AEUV Rn. 53.

511 EuGH RÜ 2016, 794, 797 Rn. 36 *Deutsche Parkinson Vereinigung/Zentrale zur Bekämpfung unlauteren Wettbewerbs*; dazu Henssler/Kleen/Riegler EuZW 2017, 723.

Den weiten Wertungsspielraum des nationalen Gesetzgebers schränkt der Gerichtshof durch eine enge Auslegung des Verhältnismäßigkeitsgrundsatzes deutlich ein. Er ordnet die Beweislast für die Eignung der einschränkenden nationalen Regelung dem nationalen Gesetzgeber zu und erkennt als Beweismittel nur wissenschaftlich fundierte Nachweise an. Damit zieht er das Korsett für die Rechtfertigung deutlich enger als in früheren Entscheidungen: Noch im Rahmen der sog. Doc-Morris-II-Entscheidung ließ er die begründete Ansicht eines Mitgliedstaates, das Gefahren entstehen könnten, zur Rechtfertigung nach Art. 36 AEUV ausreichen.[512]

a) Gegen die Geeignetheit des deutschen Preisbindungssystems spricht bereits, dass – mit Ausnahme der schlichten Behauptung – **keinerlei Nachweise** dafür erbracht wurden, inwiefern durch **Festlegung einheitlicher Preise** für verschreibungspflichtige Arzneimittel eine **bessere geografische Verteilung** der **traditionellen Apotheken** in Deutschland **sichergestellt** werden kann. 461

b) Auch besteht **keine Gefahr**, dass traditionelle Apotheken aufgrund des Preiswettbewerbs einen **geringeren Vorrat** oder eine **geringere Auswahl** an Arzneimitteln vorhalten könnten. Im Gegenteil ist zu vermuten, dass die traditionellen Apotheken aufgrund des aufkommenden Wettbewerbs z**u größerem Service angehalten** sein könnten, um im Wettbewerb zu bestehen. Damit könnte der Preiswettbewerb den Patienten sogar **Vorteile** ringen, da er es gegebenenfalls ermöglichen würde, verschreibungspflichtige Arzneimittel in Deutschland zu **günstigeren Preisen** anzubieten, als sie derzeit in der Arzneimittelpreisverordnung festgelegt sind. 462

c) Auch der Verweis der Bundesregierung, dass sich Patienten, die sich in einem gesundheitlich geschwächten Zustand befinden, nicht veranlasst werden dürfen, erst eine Marktanalyse durchzuführen, um die Apotheke zu ermitteln, die das gesuchte Arzneimittel zum günstigsten Preis anbiete, zwingt zu keinem anderen Ergebnis. Denn das **Bestehen einer tatsächlichen Gefahr** für die menschliche Gesundheit ist nicht anhand allgemeiner Überlegungen, sondern **nur auf der Grundlage von relevanten wissenschaftlichen Untersuchungen zu beurteilen**. Die insoweit von der Bundesregierung vorgetragenen allgemeinen Erwägungen reichen zum Nachweis einer tatsächlichen Gefahr für die menschliche Gesundheit, die sich daraus ergeben soll, dass der Verbraucher versuchen kann, sich zu einem geringeren Preis mit verschreibungspflichtigen Arzneimitteln zu versorgen, in keiner Weise aus.[513] 463

d) Darüber hinaus ist zu berücksichtigen, dass das deutsche Arzneimittel- und Apothekenrecht eine Vielzahl von Vorschriften kennt, die dem Ziel dienen, eine sichere und qualitativ hochwertige Arzneimittelversorgung sicherzustellen. Ein Bedürfnis für eine zusätzliche Regelung besteht nicht. 464

Ergebnis: Der Eingriff in die Warenverkehrsfreiheit ist somit nicht gerechtfertigt und die Warenverkehrsfreiheit verletzt.

---

512 Vgl. EuGH RÜ 2009, 445, 447 Rn. 30 ff. *Apothekerkammer des Saarlandes/Saarland*.

513 EuGH RÜ 2016, 794, 797 Rn. 42 *Deutsche Parkinson Vereinigung/Zentrale zur Bekämpfung unlauteren Wettbewerbs*; m. Anm. Ogorek JA 2017, 798.

2. Ungeschriebene Rechtfertigungsgründe

465 Mit der Dassonville-Formel hat der Gerichtshof den Eingriffsbegriff im Rahmen der Warenverkehrsfreiheit deutlich über die ursprüngliche Konzeption hinaus ausgeweitet. Hierfür sind die Rechtfertigungsgründe des Art. 36 AEUV zu eng gefasst, was der Gerichtshof in seiner Rspr. durch **ungeschriebene Rechtfertigungsgründe** kompensiert, die einschlägig sind, wenn die Rechtfertigungsgründe des Art. 36 AEUV nicht eingreifen.

Umstritten ist dabei, ob die zwingenden Erfordernisse als ungeschriebener Rechtfertigungsgrund oder als Schutzbereichsbeschränkung einzuordnen sind (s.o. Rn. 428).

Fall 7: Deutsches Reinheitsgebot – Teil 2

Die Kommission wird auf die Vorschriften des deutschen Biersteuergesetzes hinsichtlich des deutschen Reinheitsgebotes aufmerksam (siehe oben Fall 5). Es sieht in den Vorgaben einen Verstoß gegen die Warenverkehrsfreiheit. Die Bundesregierung tritt dieser Einschätzung entgegen. Sie hält die enge Bestimmung der Inhaltsstoffe der als „Bier" verkauften Getränke zum einen zum Schutz der Gesundheit der Verbraucher für erforderlich, da außerhalb der kodifizierten Inhaltsstoffe häufig Zusatzstoffe in der Produktion Verwendung fänden, die sich negativ auf die Gesundheit auswirken könnten. Zum anderen sei eine genaue Bezeichnung zum Schutze der Verbraucher notwendig, da diese mit der Bezeichnung „Bier" ein Getränk verbinden, das nur aus den zugelassenen Grundstoffen hergestellt sei.

Die Kommission entgegnet, dass auch in den übrigen Mitgliedstaaten nur solche Zusatzstoffe verwendet würden, deren Verträglichkeit nachgewiesen ist. Im Übrigen könne der Fehlvorstellung der Verbraucher durch eine Etikettierung der Getränke entgegengewirkt werden. Verletzen die §§ 9, 10 BStG die Warenverkehrsfreiheit?

I. Wie bereits oben (Rn. 442 ff.) dargelegt, stellt die Bezeichnungsregeln einen Eingriff in den Schutzbereich der anwendbaren Warenverkehrsfreiheit dar.

II. Dieser Eingriff könnte jedoch **gerechtfertigt** sein.

1. Eine Rechtfertigung gestützt auf **Art. 36 AEUV** scheidet aus. Bei der Produktion auch in Ausland werden nur **gesundheitlich unbedenkliche Zusatzstoffe** verwendet, sodass eine Gesundheitsgefährdung ausscheidet.

466 2. Allerdings könnte ein **ungeschriebener Rechtfertigungsgrund** eingreifen. Dieser lässt sich aus der **Cassis-de-Dijon-Entscheidung** des Gerichtshofs ableiten: Danach sind Hemmnisse für den freien Binnenhandel der Union gerechtfertigt, soweit die nationalen Regelungen unterschiedslos für in- und ausländische Waren gelten und **notwendig** sind, um **zwingenden Erfordernissen** gerecht zu werden **(Cassis-Formel)**.[514]

a) Eine **unterschiedslos geltende Maßnahme** liegt vor, wenn durch die nationalen Vorschriften ausländische Waren gegenüber inländischen Waren nicht diskriminiert werden.[515]

514 EuGH NJW 1979, 1766 *Cassis-de-Dijon*; vgl. auch Haratsch/Koenig/Pechstein Rn. 901.
515 EuGH NVwZ 1992, 871 Rn. 33 *Kommission/Belgien*; Haratsch/Koenig/Pechstein Rn. 901.

In der Lit. wird dieses Erfordernis zum Teil nicht benannt. Denn durch diesen Passus in der Cassis-Entscheidung erweitert der Gerichtshof zugleich den Eingriffsbegriff bei Art. 34 AEUV. Dieser stand nunmehr nicht nur diskriminierenden nationalen Maßnahmen entgegen, sondern auch solchen, die nationale wie ausländische Waren gleichermaßen betrafen. Die Formulierung bildet den Grundstein für das heutige Verständnis des Art. 34 AEUV als allgemeines Beschränkungsverbot. Dieses Verständnis macht es erforderlich, für eben diese Beschränkungen einen Rechtfertigungsgrund wie die Cassis-Formel zu entwickeln. Eine Ausdehnung auf diskriminierende Maßnahmen kommt nur bei der Verfolgung sonstiger Vertragspflichten in Betracht,[516] eine generelle Übertragung der Formel muss unterbleiben.[517]

Die §§ 9, 10 BStG knüpfen nicht an die Herkunft des jeweiligen Produkts an. Ob die Bezeichnung „Bier" von den Produkten geführt werden darf, hängt allein von den jeweiligen Inhaltsstoffen ab. Folglich handelt es sich um eine unterschiedslos geltende Maßnahme.

b) Zu den ferner erforderlichen **zwingenden Erfordernissen** gehören insbes. eine wirksame steuerliche Kontrolle, der Schutz der öffentlichen Gesundheit, die Lauterkeit des Handelsverkehrs und der Verbraucherschutz.[518] **467**

Diese zwingenden Erfordernisse nannte der Gerichtshof bereits in der ursprünglichen Cassis- Formel. Wie aber der Zusatz „insbesondere" andeutet, ist die Aufzählung dieser zwingenden Erfordernisse **nicht abschließend**. Der Gerichtshof hält sich mit dieser durch richterliche Rechtfortbildung entwickelten Figur und der Verwendung eines unbestimmten Rechtsbegriffs die Möglichkeit offen, zukünftig weitere zwingende Erfordernisse anzuerkennen.

Beispiele: Umweltschutz,[519] geistiges Eigentum,[520] Schutz von Arbeitnehmern[521]

aa) Hier kommt der **Verbraucherschutz** als zwingendes Erfordernis in Betracht. Die Vorschriften der §§ 9, 10 BStG schützen die **Vorstellung der deutschen Verbraucher**, dass als „Bier" bezeichnete Getränke ausschließlich aus den in § 9 BStG genannten Zutaten bestehen. Aufgrund der **historischen Entwicklung** und der häufigen Bezugnahme auf das **deutsche Reinheitsgebot** hat sich eine entsprechende **Vorstellung der Verbraucher gefestigt**. Mit den Regelungen will die Bundesrepublik der Irreführung der Verbraucher entgegenwirken, die entstehen könnte, wenn Getränke als „Bier" veräußert werden, die nicht den nationalen Vorgaben des Reinheitsgebotes entsprechen. Aufgrund dieser potenziellen Fehlvorstellung wird das Kaufverhalten der Verbraucher beeinflusst, die Bier entsprechend des Reinheitsgebotes zu kaufen glauben, aber Produkte erwerben, die aus anderen Inhaltsstoffen bestehen. **468**

bb) Gegen diese Einordnung spricht jedoch, dass sich die **Vorstellungen der Verbraucher**, die von einem Mitgliedstaat zum anderen unterschiedlich sein können, auch innerhalb ein und desselben Mitgliedstaates im Laufe der Zeit **fortentwickeln**. Hierzu trägt insbes. die Schaffung eines gemein- **469**

---

516 Vgl. EuGH NVwZ 1992, 871 *Kommission/Belgien*; EuZW 2001, 242 *PreussenElektra*.
517 Oppermann/Classen/Nettesheim § 22 Rn. 42; Haratsch/Koenig/Pechstein Rn. 902.
518 EuGH NJW 1979, 1766 Rn. 8 *Cassis-de-Dijon*; EuZW 2012, 820 Rn. 23 *HIT hoteli*.
519 EuGH NVwZ 1989, 849 Rn. 8 f. *Kommission/Dänemark*; EuZW 2001, 242 Rn. 76 *PreussenElektra*.
520 EuGH EuZW 2012, 466 Rn. 94 *Football Association Premier League Ldt. u.a.*; m.Anm. Streinz JuS 2012, 371.
521 EuGH Slg. 1981, 3305 Rn. 19 *Webb*; EuR 2003, 1037 Rn. 92 *Überseering*.

samen Marktes innerhalb der Union bei, der einen Warenaustausch zwischen den Mitgliedstaaten begünstigt. Regelungen wie das BStG stehen diesem Warenaustausch und auch der Fortentwicklung der Verbrauchervorstellung entgegen und können dazu führen, die **Verbrauchsgewohnheiten zu zementieren, um einer mit deren Befriedigung befassten inländischen Industrie einen erworbenen Vorteil zu bewahren.**[522]

470 cc) Das deutsche Reinheitsgebot dient jedoch nicht der Verhinderung von Wettbewerb gegen die deutsche Brauereiindustrie. Es soll auch Verbrauchern, die aus bestimmten Grundstoffen hergestelltem Bier besondere Eigenschaften zuschreiben, die Möglichkeit geben, **ihre Wahl unter diesem Gesichtspunkt zu treffen**. Dies kann grundsätzlich dadurch ermöglicht werden, dass nur dem Produkt mit den vorher festgelegten Inhaltsstoffen die Bezeichnung mit dem Begriff „Bier" erlaubt wird. Eine solche Regelung enthält das BStG, sodass es dem Verbraucherschutz dient.[523]

471 c) Allerdings müssen die Regelungen **verhältnismäßig** sein. Der Grundsatz der Verhältnismäßigkeit gelangt nicht nur bei den geschriebenen, sondern auch bei den ungeschriebenen Rechtfertigungsgründen zur Anwendung, wie sich hier aus dem Kriterium der **Notwendigkeit** des zwingenden Erfordernisses ergibt.[524] Die nationale Maßnahme ist verhältnismäßig, wenn sie geeignet ist, die Erreichung des verfolgten Ziels zu gewährleisten, und dabei nicht über das hinausgeht, was zur Erreichung des Ziels erforderlich ist.[525]

472 aa) **Legitimes Ziel** ist der Schutz der in den grundfreiheitlichen Rechtfertigungsgründen, den ungeschriebenen zwingenden Erfordernissen und den Grundrechten enthaltenen Güter.[526] Hier diente die Festschreibung des deutschen Reinheitsgebotes dem Verbraucherschutz, indem es die Erwartungen der Verbraucher erfüllte, und verfolgte somit ein legitimes Ziel.

473 bb) Die Maßnahme ist **geeignet**, wenn sie ein brauchbares Mittel zur Erreichung des angestrebten Ziels ist. Das ist der Fall, wenn sie tatsächlich dem Anliegen gerecht wird, das Ziel in kohärenter und systematischer Weise zu erreichen.[527] Eine Zielerreichung ist dabei indes nicht erforderlich, es genügt die Förderung des Ziels.[528] Indem die Bezeichnung „Bier" nur von den Produkten geführt werden darf, die das deutsche Reinheitsgebot einhalten, wird die Verbrauchererwartung an das Produkt „Bier" vollumfänglich erfüllt. Die Maßnahme ist folglich auch geeignet.

474 cc) Fraglich ist indes, ob die Maßnahme **erforderlich** ist. Insoweit sind die Mitgliedstaaten der Union verpflichtet, von mehreren verschiedenen zur Er-

---

522 EuGH NJW 1987, 1133, 1134 Rn. 32 *Kommission/Deutschland.*

523 Mit diesem Zwischenergebnis EuGH NJW 1987, 1133, 1135 Rn. 36 *Kommission/Deutschland.*

524 Kingreen in: Calliess/Ruffert, Art. 36 AEUV Rn. 88.

525 EuGH EuZW 2009, 173 Rn. 59 *Kommission/Italien*; NVwZ 2013, 202 Rn. 26 *Elenca*.

526 Kingreen in: Calliess/Ruffert, Art. 36 AEUV Rn. 90.

527 EuGH EuZW 2011, 219 Rn. 70 *Josemans*; EuZW 2012, 820 Rn. 22 *HIT hoteli*; Kingreen in: Calliess/Ruffert Art. 36 Rn. 92.

528 EuGH Slg. 1980, 2299 Rn. 15 ff. *Kommission/Frankreich.*

reichung desselben Ziels geeigneten Mitteln dasjenige zu wählen, das den freien Warenverkehr am wenigsten behindert.[529]

Als milderes, aber zum Verbraucherschutz gleichsam geeignetes Mittel kommen Vorgaben bzgl. einer genauen **Etikettierung** in Betracht. Durch die Angabe der bei der Bierbereitung verwendeten Grundstoffe wird der Verbraucher in die Lage versetzt, seine Wahl in Kenntnis aller Umstände zu treffen. Auch die Transparenz der Handelsgeschäfte und der Angebote an die Verbraucher würde sichergestellt. Eine solche Regelung ist praktikabel, da eine entsprechende Kennzeichnung auf allen verwendeten Behältnissen – Flaschen wie Fässern – angebracht werden kann.[530] Das Bezeichnungsverbot ist nicht erforderlich, der Eingriff nicht gerechtfertigt.

Ergebnis: Die Vorschriften des BStG sind mit der Warenverkehrsfreiheit unvereinbar.

V. Weiterentwicklung der Dassonville- und Keck-Formel

Der Gerichtshof tendiert dazu, die Dassonville- und Keck-Formel zu einer **einheitlichen** 475
Formel zusammenzuführen. Eine **Maßnahme gleicher Wirkung** liegt danach vor bei:

- Maßnahmen eines Mitgliedstaates, mit denen bezweckt oder bewirkt wird, Waren aus anderen Mitgliedstaaten weniger günstig zu behandeln **(Diskriminierung)**;
- **produktbezogenen Regelungen**, selbst wenn diese unterschiedslos für alle Erzeugnisse gelten;
- jeder **sonstigen Maßnahme**, die den **Zugang zum Markt** eines Mitgliedstaates für Erzeugnisse aus anderen Mitgliedstaaten **behindert**.[531]

Ob hierin ein **Paradigmenwechsel** inklusive der Aufgabe der Keck-Formel liegt wird – mangels Eindeutigkeit in aktuellen Entscheidungen des Gerichtshofs – in der Lit. unterschiedlich beurteilt.[532] Die Klausuren und ihre Lösungen folgen i.d.R. dem „klassischen" Aufbau des Gerichtshofs mit den Formeln Dassonville – Keck – Cassis, weshalb dieser Aufbau bis zu einer Klarstellung durch den Gerichtshof beibehalten werden sollte.

529 EuGH Slg. 1988, 4489 Rn. 15 *Smanor*; Slg. 1992, I-3351 Rn. 31 *Ramrath*; Slg. 1998, I-8033 Rn. 35 *Bluhme*.

530 EuGH NJW 1987, 1133, 1135 Rn. 35 *Kommission/Deutschland*.

531 EuGH EuZW 2012, 508 Rn. 33-35 *ANETT*; dazu Streinz JuS 2012, 759.

532 Gegen einen Paradigmenwechsel Haratsch/Koenig/Pechstein Rn. 890; offenlassend Streinz JuS 2017, 566, 568; dafür Dietz/Streinz EuR 2015, 50.

Warenverkehrsfreiheit, Art. 34 AEUV

I. Anwendbarkeit

1. Keine Sondervorschriften, z.B. Art. 38 ff. AEUV für Agrarprodukte
2. Keine Harmonisierungsmaßnahme, Art. 114 AEUV

II. Schutzbereich

1. Sachlicher Schutzbereich: EU-Ware i.S.d. Art. 28 Abs. 2 AEUV
   a) Körperliche Gegenstände, die einen Geldwert haben und Gegenstand rechtmäßiger Handelsgeschäfte sein können
   b) Herstellung im Unionsgebiet oder Handlung von Waren aus Drittstaaten im Unionsgebiet, Art. 29 AEUV
   c) Grenzüberschreitender Bezug
2. Persönlicher Schutzbereich: nach h.M. keine Einschränkung

III. Eingriff

1. Mengenmäßige Einfuhrbeschränkung, Art. 34 Alt. 1 AEUV
   - Verbringungsverbot: Verbot der Einfuhr einer bestimmten Ware
   - Kontingentierung: Beschränkung der Einfuhr nach Menge, Wert oder Zeitraum

   Beachte: Mengenmäßige Einfuhrbeschränkungen enthalten eine offene Diskriminierung, deshalb Rechtfertigung grundsätzlich nur über Art. 36 AEUV möglich!
2. Maßnahme gleicher Wirkung, Art. 34 Alt. 2 AEUV
   a) Dassonville-Formel: unmittelbare, mittelbare, tatsächliche, potenzielle Behinderung
   b) Einschränkung nach Keck-Formel
      - Ausschluss der Maßnahme gleicher Wirkung bei **diskriminierungsfreien allgemeinen Verkaufsmodalitäten** (z.B. Ladenöffnungszeiten, Vertriebswege)
      - Kein Ausschluss bei **produktbezogenen Regelungen** (z.B. Bezeichnung, Form, Abmessung, Gewicht, Aufmachung, Etikettierung, Verpackung)

   Beachte: Sofern Maßnahme gleicher Wirkung unterschiedslos für in- wie ausländische Waren gilt, ist Rechtfertigung nach Art. 36 AEUV und nach Cassis-Formel möglich

IV. Rechtfertigung

1. Geschriebener Rechtfertigungsgrund, Art. 36 AEUV
   a) Grund des Allgemeininteresses einschlägig (öffentliche Sittlichkeit, Ordnung, Sicherheit; Gesundheit und Leben von Menschen, Tieren, Pflanzen; usw.)
   b) Grundsatz der Verhältnismäßigkeit: legitimes Ziel, geeignet, erforderlich
   c) Keine willkürliche Diskriminierung oder verschleierte Beschränkung, Art. 36 S. 2 AEUV
2. Cassis-Formel (ungeschriebener Rechtfertigungsgrund, h.M.)
   a) Unterschiedslos geltende Maßnahme, keine Diskriminierung
   b) Zwingender Grund des Gemeinwohls
   c) Grundsatz der Verhältnismäßigkeit: legitimes Ziel, geeignet, erforderlich
3. EU-Grundrechte

D. Arbeitnehmerfreizügigkeit

Die Arbeitnehmerfreizügigkeit aus den Art. 45 ff. AEUV gehört zur Gruppe der **Personenfreiheiten** und stellt eine besondere Ausprägung der Unionsbürgerrechte wie z.B. der allgemeinen Freizügigkeit aus Art. 21 AEUV dar. Sie garantiert allen Arbeitnehmern, zum Zwecke der Aufnahme von Arbeit in die Mitgliedstaaten einzureisen, sich dort aufzuhalten und dort zu arbeiten. Als Sicherung des freien Verkehrs von Personen i.S.d. Art. 26 Abs. 2 AEUV ist die Arbeitnehmerfreizügigkeit eine wichtige Stütze für den Binnenmarkt. Allerdings zieht diese Grundfreiheit auch grundlegende Fragen nach sich: Da den Arbeitnehmern ein dauerhafter Verbleib im Aufnahmestaat erlaubt ist, holen diese ihre Familien nach. Auch diese müssen sodann dauerhaft sozial und politisch integriert werden, was vielschichtige Probleme nach sich zieht.[533] **476**

Besonders die Gleichstellung mit inländischen Arbeitnehmern im Hinblick auf soziale und steuerliche Vergünstigungen sowie den Zugang auf Sozialhilfe führen immer wieder zu Streitigkeiten.[534]

I. Anwendbarkeit

Art. 46 AEUV ermächtigt das Europäische Parlament und den Rat, durch im ordentlichen Gesetzgebungsverfahren erlassene Richtlinien oder Verordnungen Maßnahmen zur Erreichung der Arbeitnehmerfreizügigkeit, aber auch zu ihrer Sicherung oder Verbesserung[535] speziell zu regeln. Soweit ein bestimmtes Verhalten in den Anwendungsbereich der auf Grundlage des Art. 46 AEUV erlassenen Vorschriften fällt, ist die Arbeitnehmerfreizügigkeit nach Art. 45 AEUV nicht einschlägig. **477**

Beispiele: VO (EU) Nr. 492/2011 über die Freizügigkeit der Arbeitnehmer innerhalb der Union; RL 2004/38/EG über das Recht der Unionsbürger und ihrer Familienangehörigen, sich im Hoheitsgebiet der Mitgliedstaaten frei zu bewegen und aufzuhalten (umgesetzt durch FreizügG/EU, s.o. Rn. 376), RL 2014/54/EU über Maßnahmen zur Erleichterung der Ausübung der Rechte, die Arbeitnehmern im Rahmen der Freizügigkeit zustehen (z.B. Gleichstellung bzgl. Entlohnung und Kündigungsschutz)

Systematisch inkonsequent agiert der Gerichtshof in diesem Bereich: Selbst wenn eine Richtlinie oder Verordnung einschlägig ist, misst er die beschränkende Maßnahme teilweise kommentarlos an Art. 45 AEUV. **478**

Klausurhinweis: *Achten Sie besonders auf den Bearbeitungsvermerk: Dort wird häufig der Hinweis enthalten sein, dass keine aufgrund Art. 46 AEUV erlassene Vorschrift einschlägig ist.*

II. Schutzbereich

a) Persönlicher Schutzbereich

Auf die Arbeitnehmerfreizügigkeit können sich nur **Arbeitnehmer** berufen, die zugleich **Unionsbürger** sind. Der Begriff des Arbeitnehmers ist dabei nicht nach den nationalen Gepflogenheiten, sondern **unionsrechtlich** zu bestimmen. Arbeitnehmer ist deshalb jeder, der während einer bestimmten Zeit für einen anderen nach dessen Weisung Leistungen erbringt, für die er als Gegenleistung eine Vergütung erhält.[536] **479**

Damit fallen nicht nur Arbeiter und Angestellte, sondern auch Beamte unter den Arbeitnehmerbegriff.

---

533 Vgl. Oppermann/Classen/Nettesheim § 27 Rn. 2.

534 Vgl. Brechmann in: Calliess/Ruffert, Art. 45 Rn. 62 ff.

535 Kreuschitz in: Grabitz/Hilf/Nettesheim, Art. 46 Rn. 13.

536 EuGH EuZW 2014, 946 Rn. 28 *Haralambidis*; m. Anm. Streinz JuS 2015, 469; Slg. 1986, 212 Rn. 12 *Lawrie-Blum*; Forsthoff in: Grabitz/Hilf/Nettesheim, Art. 45 Rn. 68 m.w.N.

480 ▪ Der Begriff wird vom Gerichtshof seit jeher **weit ausgelegt**,[537] um eine möglichst große Reichweite der Arbeitnehmerfreizügigkeit zu erzielen. Besonders deutlich wird dies am Kriterium der erbrachten **Leistung**: Diese muss zwar einen gewissen wirtschaftlichen Wert haben, worunter jedoch auch geringfügige Tätigkeiten fallen, es sei denn, diese sind völlig untergeordnet oder unwesentlich.[538]

Beispiel: Arbeitnehmereigenschaft haben Referendare im Lehramt[539] sowie Rechtsreferendare[540]

Dem liegt das Verständnis zugrunde, dass grundsätzlich jede Tätigkeit für einen Arbeitgeber einen messbaren wirtschaftlichen Wert besitzt. Dies gilt nach der Rspr. des Gerichtshofs aber nicht für Berufssportler bei Spielen in Auswahlmannschaften wie der Nationalmannschaft. Der spezifische Charakter solcher Begegnungen erlaube es, hier nicht von einer Teilnahme am Wirtschaftsleben zu sprechen.[541]

481 ▪ Von besonderer Bedeutung ist das Merkmal der **Weisungsgebundenheit**. Als Arbeitnehmer ist danach nur anzusehen, wer unter der Weisung oder Aufsicht eines Dritten steht, der ihm die zu erbringenden Leistungen und die Arbeitszeit vorschreibt und dessen Anordnung oder Vorschriften der Arbeitnehmer zu befolgen hat.[542] Durch dieses **Abhängigkeitsverhältnis** gelingt die **Abgrenzung zur Dienstleistungs- und Niederlassungsfreiheit**. Während die Einordnung als Arbeitnehmer eine Abhängigkeit voraussetzt, werden im Rahmen der Dienstleistungs- oder Niederlassungsfreiheit **selbstständige Tätigkeiten** erbracht. Die Abgrenzung ist erforderlich, da diese Grundfreiheiten **nicht nebeneinander anwendbar** sind.[543]

482 Der **Verlust des Arbeitsplatzes** führt primärrechtlich dazu, dass die Person nicht mehr als Arbeitnehmer i.S.d. Art. 45 AEUV angesehen werden kann.

Etwas anderes gilt im Sekundärrecht: Dies erweitert das Aufenthaltsrecht der (ehemaligen) Arbeitnehmer auf den Zeitraum nach Beendigung der Beschäftigung. Arbeitssuchende oder aus dem Erwerbsleben ausgeschiedene Personen genießen danach einen arbeitnehmerähnlichen Sonderstatus.[544]

483 Der persönliche Schutzbereich ist trotz des grundsätzlich weiten Verständnisses des Arbeitnehmerbegriffs nur für **Unionsbürger** eröffnet. Drittstaatsangehörige können sich dementsprechend nicht auf Art. 45 AEUV berufen.[545] Etwas anderes gilt nur für den Fall, dass die Union mit den Drittstaaten **Assoziierungsabkommen** geschlossen hat, durch welche der Anwendungsbereich auch auf die Staatsangehörigen der Vertragspartnerstaaten erstreckt wird.

Beispiele: Assoziierungsabkommen mit der Schweiz bzw. der Türkei

484 Auf die Freizügigkeitsrechte können sich zudem auch die **Familienangehörigen** der Arbeitnehmer berufen, selbst wenn diese nicht Unionsbürger oder Arbeitnehmer sind.

---

537 EuGH Slg. 1964, 379, 396 f. *Unger*; Slg. 1986, 2121 Rn. 16 *Lawrie-Blum*; Slg. 1999, I-3289 Rn. 13 *Meeusen*; Forsthoff in: Grabitz/Hilf/Nettesheim, Art. 45 Rn. 68.

538 EuGH Slg. 1982, 1035 Rn. 16 *Levin*; Slg. 1986, 2121 Rn. 18 *Lawrie-Blum*; Brechmann in: Calliess/Ruffert, Art. 45 Rr. 15.

539 EuGH Slg. 1986, 2121 Rn. 21 *Lawrie-Blum*.

540 EuGH NJW 2005, 1481 Rn. 12-18 *Kranemann*; EuZW 2010, 97 Rn. 26 f. *Pesla*.

541 EuGH NJW 1996, 505 *Bosman*; EuZW 2006, 593 *Meca-Medina*.

542 EuGH Slg. 1986, 2121 Rn. 18 *Lawrie-Blum*; EuZW 2014, 946 Rn.30 *Haralambidis*.

543 EuGH Slg. 1992, I-3351 Rn. 16 *Ramrath*; Slg. 1995, I-4165 Rn. 20 *Gebhard*.

544 Mit dieser Differenzierung auch Forsthoff in: Grabitz/Hilf/Nettesheim, Art. 45 AUEV Rn. 102.

545 EuGH Slg. 1984, 2631 Rn. 7 *Meade*; Slg. 1998, I-6781 Rn. 29 *Awoyemi*; Brechmann in: Calliess/Ruffert, Art. 45 AEUV Rn. 32.

Dies ergibt sich jedoch nicht aus Art. 45 AEUV, sondern aus der **RL 2004/38/EG**, die durch die Mitgliedstaaten in nationales Recht transformiert wurde (vgl. **§ 3 FreizügG/EU**). Nur ausnahmsweise erkennt der Gerichtshof ein **abgeleitetes Aufenthaltsrecht** aus Art. 45 AEUV an, wenn aus einer Verweigerung des Aufenthaltsrechts der Familienangehörigen die Ausübung der im AEUV garantierten Grundfreiheiten beeinträchtigt werden könnte.[546] Die sog. Freizügigkeitsrichtlinie gewährt den Ehegatten und Kindern von EU-Arbeitnehmern neben dem Recht auf Aufenthalt und dem Reiserecht auch das Recht zur Aufnahme selbstständiger und unselbstständiger Tätigkeiten. Die Kinder der Arbeitnehmer sollen das Recht haben, am allgemeinen Unterricht sowie an der Berufsausbildung unter den Bedingungen teilzunehmen, die auch für die Angehörigen des Aufnahmestaates gelten. Zur Sicherung dieses Rechts werden ausbildungsfördernde Maßnahmen gewährleistet. Hierin liegt eine beachtliche Eigendynamik: Das einmal begründete Recht eines Kindes zur Teilnahme an der Ausbildung ist von der dauernden Erwerbstätigkeit des das Aufnahmerecht vermittelnden Elternteils unabhängig.[547]

Letztlich kann sich auch der **Arbeitgeber** auf die Freizügigkeitsrechte nach Art. 45 AEUV **485**
berufen, wenn er im Mitgliedstaat seiner Niederlassung einen Angehörigen aus einem anderen Mitgliedstaat mangels Wohnsitz im Inland nicht oder nur unter schlechteren Bedingungen wie Inländer beschäftigen darf.[548]

b) Sachlicher Schutzbereich

Der **sachliche Schutzbereich** der Arbeitnehmerfreizügigkeit setzt sich aus den unter- **486**
schiedlichen, in Art. 45 Abs. 2 und Abs. 3 AEUV näher benannten Rechten zusammen.

- Aus Art. 45 Abs. 2 AEUV folgt ein **Gleichbehandlungsanspruch** in Bezug auf die **487**
  Rechte inländischer Arbeitnehmer hinsichtlich Beschäftigung, Entlohnung und sonstige Arbeitsbedingungen. Damit sind alle unterschiedlichen Behandlungen, die ausschließlich auf der Staatsangehörigkeit beruhen, untersagt, weshalb Art. 45 Abs. 2 AEUV als **Diskriminierungsverbot** bezeichnet wird.[549]
- Aus der Vorschrift lässt sich weiterhin ableiten, dass die Arbeitnehmerfreizügigkeit **488**
  nur für **grenzüberschreitende Sachverhalte** gilt.[550] Erfasst wird der Zuzug von Arbeitnehmern sowie die sog. Grenzgängersituation, in welcher der Wohnsitz in einem, der Arbeitsplatz aber in einem anderen Mitgliedstaat liegt.[551] Der grenzüberschreitende Bezug hat aber auch zur Folge, dass die Mitgliedstaaten ihre **eigenen Staatsangehörigen** schlechter stellen und behandeln können als die Unionsbürger, sofern von den Vorschriften und Maßnahmen nur Fallgestaltungen betroffen sind, die sich ausschließlich innerhalb eines Mitgliedstaates abspielen und dessen Merkmale mit keinem relevanten Element über die Grenzen eines Mitgliedstaates hinausweisen. Diese sog. **Inländerdiskriminierung** oder **umgekehrte Diskriminierung** wird nach

546 EuGH NVwZ-RR 2014, 404 Rn. 40 *S./Minister voor Immigratie*; Brechmann in: Calliess/Ruffert, Art. 45 AEUV Rn. 28.
547 Vgl. EuGH EuZW 2002, 761 *Baumbast*.
548 EuGH Slg. 1998, I-2521 Rn. 20, 25 *Clean Car*; Brechmann in: Calliess/Ruffert, Art. 45 AEUV Rn. 21 m.w.N.
549 Vgl. EuGH EuZW 2017, 350 Rn. 35 *Eschenbrenner/Bundesagentur für Arbeit*.
550 EuGH Slg. 1979, 1129 Rn. 11 *Saunders*; Brechmann in: Calliess/Ruffert, Art. 45 Rn. 41 m.w.N.
551 Haratsch/Koenig/Pechstein Rn. 918.

st.Rspr. des Gerichtshofs nicht von Art. 45 AEUV erfasst, da dieser nicht bezwecke, den sachlichen Anwendungsbereich des Vertrages auf rein interne Sachverhalte auszudehnen, die keinerlei Bezug zum Unionsrecht aufweisen.[552] Der im Schrifttum bisweilen mit dem Verweis auf den einheitlichen Binnenmarkt und die gleichmäßige Behandlung aller Arbeitnehmer vertretenen Gegenauffassung[553] ist schon allein aufgrund des Wortlauts des Art. 45 Abs. 2 AEUV nicht zuzustimmen. Überdies würde eine Erstreckung auf inländische Sachverhalte dazu führen, dass der Anwendungsbereich der Arbeitnehmerfreizügigkeit unverhältnismäßig überdehnt und damit zu einem Eingriff in die souveräne Rechtsordnung der Mitgliedstaaten unter Verletzung der Verpflichtung zur Subsidiarität der Union führen würde.[554]

489 ■ Jeder Arbeitnehmer hat das Recht, sich in anderen Mitgliedstaaten auf eine Stelle **zu bewerben** (Art. 45 Abs. 3 Buchst. a AEUV). Dabei gestattet das Bewerbungsrecht nicht nur das Recht zur Bewerbung, sondern auch das Recht der Arbeitgeber, Stellen grenzüberschreitend anzubieten.[555] Die Bewerbung muss nicht schriftlich oder fernmündlich geschehen. Das Bewerbungsrecht wäre schließlich nur unvollständig verwirklicht, wenn der Interessent nicht zum Zweck der Bewerbung ohne bereits ein Angebot zu besitzen in den betreffenden Mitgliedstaat **einreisen** und sich **zumindest vorübergehend dort aufhalten** dürfte.[556] Dies folgt nicht nur aus dem Sinn und Zweck der Vorschrift, sondern auch aus der Vorschrift des Art. 45 Abs. 3 Buchst. b AEUV, welcher den Bewerbern das Recht gibt, sich zu diesem Zweck – also zum Zwecke der Bewerbung – in den Mitgliedstaaten **frei zu bewegen**. Dieses Recht wäre ohne das Recht zur Einreise und zum Aufenthalt kaum denkbar.

490 ■ Aus Art. 45 Abs. 3 Buchst. c AEUV ergeben sich gleich mehrere Rechte. Der Arbeitnehmer kann in allen Mitgliedstaaten **Beschäftigungen aufnehmen**, ohne dass er dazu einer gesonderten Arbeitserlaubnis bedürfte. Er ist zudem nicht gezwungen, im Anschluss an seine tägliche Arbeit in seinen Herkunftsstaat zurückzukehren, sondern genießt das Recht, sich in dem Staat seiner Arbeitstätigkeit **aufhalten** zu dürfen. Aus diesem Recht wiederum lässt sich ein **Recht zur Ein- und Ausreise** ableiten, ohne welche das Aufenthaltsrecht undenkbar wäre.[557]

491 ■ Über den Zeitraum der Beschäftigung hinaus geht das sog. **Verbleiberecht** aus Art. 45 Abs. 3 Buchst. d AEUV. Hiernach dürfen Arbeitnehmer nach dem Ende ihrer Beschäftigung in dem Mitgliedstaat dauerhaft verbleiben, in dem sie ihrer Beschäftigung nachgegangen sind. Voraussetzung hierfür ist allerdings, dass sie sich zuvor **fünf Jahre** lang **rechtmäßig** in diesem Mitgliedstaat aufgehalten haben.[558] Dieses Recht trägt dem elementaren sozialen Bedürfnis Rechnung, nach dem Ausscheiden aus dem Arbeitsprozess dort bleiben zu dürfen, wo der Lebensmittelpunkt liegt.[559]

---

552 EuGH Slg. 1997, I-3171 Rn. 23 *Uecker u. Jacquet*; Slg. 2008, I-03993 Rn. 25 *Nerkowska*.

553 Vgl. Kämmerer EuR 2008, 45, 49; Epiney EuR 2008, 840, 849 ff.

554 Brechmann in: Calliess/Ruffert, Art. 45 AEUV Rn. 42; Fortshoff in: Grabitz/Hilf/Nettesheim, Art. 45 AEUV Rn. 55 f.

555 Kreuschitz in: von der Groeben/Schwarze/Hatje, Art. 45 AEUV Rn. 62.

556 EuGH Slg. 1991, I-745 Rn. 13 *Antonissen*; Slg. 1997, I-1035 Rn. 15 *Kommission/Belgien*.

557 Vgl. Kreuschitz in: von der Groeben/Schwarze/Hatje, Art. 45 AEUV Rn. 35.

558 Kreuschitz in: von der Groeben/Schwarze/Hatje, Art. 45 AEUV Rn. 57.

559 Kreuschitz in: von der Groeben/Schwarze/Hatje, Art. 45 AEUV Rn. 56.

Die vorgenannten einzelnen Gewährleistungen umschreiben den sachlichen Schutzbereich eines **einheitlichen Rechts auf Arbeitnehmerfreizügigkeit**, sodass eine ausgiebige Differenzierung und Abgrenzung der einzelnen Gewährleistungsinhalte nicht erforderlich ist.[560]

c) Bereichsausnahme, Art. 45 Abs. 4 AEUV

Vom Schutzbereich ausgenommen sind die **Beschäftigungen in der öffentlichen Verwaltung** nach Art. 45 Abs. 4 AEUV. 492

Die dogmatische Einordnung ist umstritten. Teile der Lit. sehen Art. 45 Abs. 4 AEUV als **Rechtfertigungsgrund** an.[561] Dagegen spricht der Wortlaut des Art. 45 Abs. 4 AEUV, der die Anwendung des Art. 45 AEUV ausschließt und damit die in der öffentlichen Verwaltung Beschäftigten aus dem Schutzbereich ausgrenzt. Deshalb ordnet die h.M. die Vorschrift als Schutzbereichsbeschränkung ein.[562]

Fall 8: Studienreferendarin

Die belgische Studentin B wechselt an eine deutsche Universität im Bundesland L. Sie will ihre Sprachkenntnisse vertiefen, da sie u.a. Deutsch unterrichten will. Am Ende des Austauschsemesters beschließt sie, ihr Lehramtsstudium in Deutschland abzuschließen und im Anschluss daran auch in Deutschland zu unterrichten.

Nachdem sie erfolgreich die erste Staatsprüfung abgelegt hat, bewirbt sie sich bei der Bezirksregierung M, die im Land L für die Einstellung der Studienreferendare zuständig ist, um Aufnahme in den Vorbereitungsdienst. Die angehenden Lehrer werden nach den Vorschriften des Lehrerausbildungsgesetzes (LABG) als Beamte auf Widerruf in den Vorbereitungsdienst übernommen, der sie auf ihre spätere Lehrtätigkeit praktisch vorbereiten soll. Sie werden einer Schule zugewiesen und unterstehen den Weisungen der dortigen Lehrkräfte. An der Schule unterrichten sie – wenngleich in geringfügigem Umfang – selbst und erhalten hierfür eine Besoldung.

Das Einstellungsgesuch der B wird von der Bezirksregierung M mit der Begründung abgelehnt, dass ihre belgische Staatsangehörigkeit der Einstellung entgegenstehe. Nach § 9 LABG dürfe den Vorbereitungsdienst nur ableisten, wer die deutsche Staatsangehörigkeit besitze. Zur Rechtfertigung beruft sich die Bezirksregierung auf Art. 45 Abs. 4 AEUV. Ist der Schutzbereich der Arbeitnehmerfreizügigkeit eröffnet?

Der Schutzbereich der Arbeitnehmerfreizügigkeit ist eröffnet, wenn es sich bei B um eine Unionsbürgerin mit Arbeitnehmerstatus handelt, der sachliche Schutzbereich betroffen ist und keine Bereichsausnahme eingreift.

1. Der **persönliche Schutzbereich** des Art. 45 AEUV ist eröffnet, wenn es sich bei B um eine Unionsbürgerin handelt, die als Arbeitnehmerin angesehen werden kann. 493

   Klausurhinweis: *Da der Kernbegriff der Arbeitnehmerfreizügigkeit der Status des Arbeitnehmers ist, sollten Sie bei Art. 45 AEUV unter Abweichung von dem generellen Aufbauschema immer mit dem persönlichen Schutzbereich beginnen!*

560 Forsthoff in: Grabitz/Hilf/Nettesheim, Art. 45 AEUV Rn. 235.

561 Jarass EuR 1995, 202, 221 ff.

562 Forsthoff in: Grabitz/Hilf/Nettesheim, Art. 45 AEUV Rn. 423.

a) Als belgische Staatsangehörige ist B **Unionsbürgerin**.

b) B ist **Arbeitnehmerin** i.S.d. Art. 45 AEUV. Sie erbringt Leistungen in Form von Unterricht, während sie den Weisungen des Lehrpersonals der ausbildenden Schule untersteht. Ihr werden zudem Bezüge gezahlt, die als Gegenleistung u.a. für den erteilten Unterricht auch dessen wirtschaftlichen Wert belegen. Auch der Umstand, dass nur in **geringem Umfang** Unterricht durch die Studienreferendare erteilt wird, steht der Einordnung nicht entgegen, da es grundsätzlich nicht auf den Umfang der Tätigkeit ankommt. Da der Unterricht selbstständig erfolgt, ist er jedenfalls nicht völlig untergeordneter oder unerheblicher Natur.[563] Die Kriterien für das Bestehen eines Arbeitsverhältnisses sind folglich erfüllt.

c) Dieser Einordnung steht nicht entgegen, dass sich die Arbeit der Studienreferendare als **praktische Vorbereitung** auf die spätere Berufstätigkeit darstellt. Jeder Dienst, der unter den Bedingungen der Tätigkeit im Lohn- und Geschäftsverhältnis abgeleistet wird, qualifiziert den Dienstleistenden zum Arbeitnehmer, unabhängig davon, ob er bereits voll ausgebildet seinen Beruf ausübt oder die Tätigkeit der Berufsausbildung dient.

2. Auch der **sachliche Schutzbereich** ist erfüllt, da B den Vorbereitungsdienst aufnehmen und eine **Beschäftigung ausüben** will (Art. 45 Abs. 3 Buchst. c AEUV). Da die Arbeitsstätte in Deutschland liegt, ist ein **grenzüberschreitender Bezug** gegeben.

494 3. Fraglich ist allerdings, ob die **Bereichsausnahme aus Art. 45 Abs. 4 AEUV** eingreift.

a) Von einer **Beschäftigung in der öffentlichen Verwaltung** könnte bereits deshalb auszugehen sein, weil die Studienreferendare für den Vorbereitungsdienst in ein **Beamtenverhältnis auf Widerruf** im Dienst des Bundeslandes L berufen werden. Dagegen spricht jedoch, dass Bereichsausnahmen wie Art. 45 Abs. 4 AEUV **eng auszulegen** sind, damit sich ihre Tragweite auf das beschränkt, was zur Wahrung der Interessen, die diese Bestimmung den Mitgliedstaaten zu schützen erlaubt, unbedingt erforderlich ist.[564] Würde man den formalen Akt der Verbeamtung ausreichen lassen, gäbe man den Mitgliedstaaten die Möglichkeit, nach Belieben die Beschäftigungen zu bestimmen, die unter diese Ausnahmegenehmigung fallen. Denn die Mitgliedstaaten haben das Recht zu entscheiden, welche Personen- oder Beschäftigungsgruppen in ein Beamtenverhältnis berufen werden sollen. Demnach ist die **rechtliche Ausgestaltung des Beschäftigungsverhältnisses**, also ob jemand nach nationalem Recht als angestellter Arbeitnehmer oder Beamter beschäftigt wird oder ob sein Beschäftigungsverhältnis öffentlichem oder privatem Recht unterliegt, **ohne Bedeutung**.[565]

Diese sog. organisationsrechtliche Sichtweise konnte sich demnach nicht durchsetzen.

495 b) Unter welchen Umständen von einer Beschäftigung in der öffentlichen Verwaltung ausgegangen werden kann, ist aus diesem Grund nach **rein materiellen**

563 Vgl. EuGH Slg. 1986, 2121 Rn. 21 *Lawrie-Blum.*

564 EuGH Slg. 19974, 153 Rn. 4 *Sotgiu*; Slg. 1986, 2121 Rn. 26 *Lawrie-Bloom*; Slg. 2003, I-10391 Rn. 38 *Colegio de Officiales*; Forsthoff in: Grabitz/Hilf/Nettesheim, Art. 45 AEUV Rn. 424.

565 EuGH Slg. 1974, 153 Rn. 4 *Sotgiu*; EuGH Slg. 1986, 2121 Rn. 22 *Lawrie-Blum*; EuZW 2014, 945 Rn. 40 *Haralambidis*; Brechmann in: Calliess/Ruffert, Art. 45 AEUV Rn. 107.

Kriterien zu bestimmen. Voraussetzung ist ein Verhältnis besonderer Verbundenheit des jeweiligen Stelleninhabers zum Staat. Dieses Verhältnis muss dabei von einer **Gegenseitigkeit von Rechten und Pflichten** geprägt sein, die dem **Staatsangehörigkeitsband** zugrunde liegen. Hiervon wird dann ausgegangen, wenn die **Tätigkeit die unmittelbare oder mittelbare Teilnahme an der Ausübung hoheitlicher Befugnisse beinhaltet** und die Aufgaben mit sich bringen, die auf die **Wahrung der allgemeinen Belange des Staates** oder anderer öffentlich-rechtlicher Körperschaften gerichtet sind (sog. funktionelle Sichtweise).[566]

Die Studienreferendare nehmen im Rahmen ihrer Unterrichtstätigkeit keine spezifischen Hoheitsrechte wahr und üben keine Hoheitsgewalt aus. Ihre Tätigkeit ist ausschließlich durch den Unterricht geprägt und bringt keine besondere Verbundenheit zum Staat zum Ausdruck. Obwohl die Tätigkeit formal für den Staat und in einem Beamtenverhältnis erbracht wird, zählt die spezifische Tätigkeit des Studienreferendars nicht zur Beschäftigung in der öffentlichen Verwaltung i.S.d. Art. 45 Abs. 4 AEUV. Die Bereichsausnahme greift folglich nicht ein.[567]

Ergebnis: Der Schutzbereich der Arbeitnehmerfreizügigkeit ist eröffnet.

Art. 45 Abs. 4 AEUV schließt nur das Recht auf **Zugang zur Beschäftigung** aus (vgl. § 7 Abs. 2 BBG). Ist eine Person zu einer Beschäftigung in der öffentlichen Verwaltung zugelassen worden, steht Art. 45 Abs. 4 AEUV dem Gleichbehandlungsanspruch in Bezug auf Entlohnung und sonstige Arbeitsbedingungen nicht mehr entgegen.[568] **496**

III. Eingriff

Ein **spezifischer Eingriffsbegriff** besteht für die Arbeitnehmerfreizügigkeit nicht, sodass auf die allgemeine Begriffsbestimmung zurückzugreifen ist (s.o. Rn. 415 ff.). Art. 45 Abs. 2 AEUV verbietet nicht nur alle **offenen und versteckten Diskriminierungen**, die sich gegen die Aufnahme und die Ausübung einer unselbstständigen Erwerbstätigkeit richten, sondern alle Diskriminierungen mit unmittelbarem oder mittelbarem Einfluss auf die Erwerbstätigkeit.[569] **497**

Beispiele: Führerschein,[570] Zugang zu Sozialwohnungen als Voraussetzung für die Ausübung einer Tätigkeit,[571] Studienfinanzierung der Kinder[572]

Das Diskriminierungsverbot aus Art. 45 Abs. 2 AEUV erlangt jedoch vor dem Hintergrund des **allgemeinen Diskriminierungsverbotes** aus Art. 18 AEUV immer geringere Bedeutung, da Art. 18 AEUV die Diskriminierung aufgrund der Staatsangehörigkeit grundsätzlich in allen Lebenslagen verbietet.[573]

---

566 EuGH Slg. 1980, 3881 Rn. 10 f. *Kommission/Belgien*; Slg. 1996, I-3285 Rn. 2 *Kommission/Griechenland*; Slg. 2003, I-10391 Rn. 39 ff. *Colegio de Officiales*; Forsthoff in: Grabitz/Hilf/Nettesheim, Art. 45 AEUV Rn. 425.

567 EuGH Slg. 1986, 2121 Rn. 28 *Lawrie-Bloom*.

568 EuGH Slg. 1974, 153 Rn. 4 *Sotgiu*; EuZW 2001, 413 Rn. 37 *Öster. Gewerkschaftsbund*; Slg. 2007, I-3505, Rn. 70 *Alevizos*; Brechmann in: Calliess/Ruffert, Art. 45 AEUV Rn. 108; Franzen in: Streinz, Art. 45 AEUV Rn. 153.

569 Forsthoff in: Grabitz/Hilf/Nettesheim, Art. 45 AEUV Rn. 242.

570 EuGH Slg. 1978, 2293 Rn. 4 *Choquet*; Slg. 1996, I-929 Rn. 23 *Skanavi*; Slg. 1998, I-2133 Rn. 12 ff. *Kommission/Deutschland*.

571 EuGH Slg. 1988, 29 Rn. 15 f. *Kommission/Italien*.

572 EuGH Slg. 1999, I-3289 Rn. 25, 27 *Meussen*.

573 EuGH Slg. 1998, I-2691 *Sala*; Forsthoff in: Grabitz/Hilf/Nettesheim, Art. 45 AEUV Rn. 243; Borchardt NJW 2000, 2057, 2058.

Klausurhinweis: *Die Unterscheidung von offener und versteckter Diskriminierung ist erforderlich, da offene Diskriminierung nur aufgrund des geschriebenen Rechtfertigungsgrundes in Art. 45 Abs. 3 AEUV, versteckte Diskriminierungen auch aufgrund ungeschriebener Rechtfertigungsgründe gerechtfertigt werden können!*

498 Ein Eingriff ist zudem in sonstigen Regelungen zu sehen, die zwar unabhängig von der Staatsangehörigkeit der betroffenen Arbeitnehmer (unterschiedslos) anwendbar sind, aber die Ausübung einer unselbstständigen Tätigkeit **behindern oder weniger attraktiv machen** (sog. Gebhard-Formel).[574] Dabei stellt der Gerichtshof spezifisch für die Arbeitnehmerfreizügigkeit klar, dass das **Beschränkungsverbot** ausschließlich im Hinblick auf den **Zugang** zur Berufstätigkeit und damit die freie Wahl des Arbeitsortes gilt.[575] Diese Begrenzung ist sinnvoll, da die freie Wahl des Arbeitsortes notwendig ist, um überhaupt von der Arbeitnehmerfreizügigkeit Gebrauch machen zu können. Die im Anschluss daran garantierte Inländergleichbehandlung ist dem zugezogenen Arbeitnehmer insofern zuzumuten, weil er sich ohnehin der Rechtsordnung des Aufnahmestaates anpassen muss und der Wortlaut des Art. 45 AEUV nur eine Gleichstellung mit inländischen Arbeitskräften gebietet.

Aus dogmatischer Sicht übernimmt der Gerichtshof die zur Niederlassungsfreiheit entwickelten Formeln, um den Eingriff zu definieren. Die Lit. geht noch weiter und erwägt eine Übertragung der Einschränkung durch die Keck-Formel auf das Beschränkungsverbot. Danach sollen Ausübungs- oder Aufenthaltsmodalitäten aus dem Beschränkungsverbot herausfallen und dieses auf Marktzugangsbeschränkungen eingegrenzt werden.[576] Dieser Eingrenzung ist der Gerichtshof bislang nicht gefolgt.[577]

IV. Rechtfertigung

499 Zur Rechtfertigung der Diskriminierungen dient der **geschriebene Rechtfertigungsgrund** des Art. 45 Abs. 3 AEUV.[578] Danach sind offene Diskriminierungen gerechtfertigt, wenn sie aus Gründen der öffentlichen Ordnung, Sicherheit und Gesundheit erfolgen.

Der Anwendungsbereich des Rechtfertigungsgrundes ist umstritten: Teilweise wird sein Anwendungsbereich auf Eingriffe in die Rechte aus Art. 45 Abs. 3 AEUV beschränkt,[579] teilweise wird er für die Rechtfertigung von Eingriffen in Art. 45 Abs. 2 und Abs. 3 AEUV herangezogen.[580]

- Der Begriff der **öffentlichen Ordnung** entspricht demjenigen in Art. 36 S. 1 AEUV.
- Die **öffentliche Sicherheit** umfasst sowohl die innere als auch die äußere Sicherheit des jeweiligen Mitgliedstaates.[581] Eingriffe können zur Erhaltung des staatlichen Gewaltmonopols, zum Schutz der Existenz des Mitgliedstaates sowie seiner zentralen Einrichtungen vor inneren wie äußeren Bedrohungen gerechtfertigt werden.[582]

---

574 EuGH Slg. 1995, I-4165 Rn. 37 *Gebhard*; EuGH NJW 1996, 505 Rn. 96 *Bosman*; EuZW 2000, 252 Rn. 18 *Graf*; NJW 2017, 2603 Rn. 33 *Erzberger/TUI AG*; Forsthoff in: Grabitz/Hilf/Nettesheim, Art. 45 AEUV Rn. 272.

575 EuGH EuZW 2000, 252 Rn. 23 *Graf*.

576 Schroeder JZ 1996, 254, 255 f.; Nettesheim NVwZ 1996, 342, 344; vgl. auch Franzen in: Streinz, Art. 45 AEUV Rn. 90.

577 EuGH NJW 1996, 505 Rn. 103 *Bosman*; EuZW 2000, 252 Rn. 24 *Graf*; Haratsch/Koenig/Pechstein Rn. 941.

578 EuGH, Urt. v. 04.09.2014 – C-474/12 Rn. 32 ff. *Schiebel*; Forsthoff in: Grabitz/Hilf/Nettesheim, Art. 45 AEUV Rn. 246; Brechmann in: Calliess/Ruffert, Art. 45 AEUV Rn. 45.

579 So z.B. Oppermann/Classen/Nettesheim § 27 Rn. 45.

580 So z.B. Brechmann in: Calliess/Ruffert, Art. 45 Rn. 99, der aber eine analoge Anwendung befürwortet.

581 EuGH Slg. 1991, I-4621 Rn. 22 *Richardt*.

582 EuGH Slg. 1984, 2727 Rn. 34 f.; Haratsch/Koenig/Pechstein Rn. 944.

- Die **öffentliche Gesundheit** kann eine die Freizügigkeit beschränkende Maßnahme nur rechtfertigen, wenn **Krankheiten mit epidemischen Potenzial** i.S.d WHO-Bestimmungen und sonstige übertragbare, durch Infektionserreger oder Parasiten verursachte Krankheiten zum Anlass genommen werden und Maßnahmen zum Schutz der Staatsangehörigen des Aufnahmemitgliedstaates getroffen werden.[583]

V. Unmittelbare Drittwirkung und ungeschriebene Rechtfertigung

Adressat der Arbeitnehmerfreizügigkeit sind grundsätzlich die **Mitgliedstaaten**.[584] **500**
Allerdings hat der Gerichtshof den Adressatenkreis in seiner Rspr. deutlich erweitert.

Fall 9: Unmittelbare Drittwirkung der Arbeitnehmerfreizügigkeit

Der F e.V., dessen erste Mannschaft in der deutschen Bundesliga spielt, beschließt, den 16-jährigen G, der deutscher Staatsangehöriger ist, in seine Jugendmannschaft aufzunehmen und zum Profispieler auszubilden. Der Verein schließt mit G, der von seinen Eltern vertreten wird, einen Vertrag, der auf zwei Jahre befristet ist, G als „Hoffnungsspieler" bezeichnet und diesem ein Ausbildungshonorar für Trainings- und Spielleistungen gewährt. In dem Vertrag findet sich u.a. eine Klausel, die auf die Reglements der Deutschen Fußball-Union (DFU) und dem Europäischen Fußball-Verband (EuFV) verweist und diese zum Inhalt des Vertrages macht. Die Reglements von DFU und EuFV sehen vor, dass sog. „Hoffnungsspieler", die bei einem professionellen Verein mit einem befristeten Vertrag als Auszubildende beschäftigt sind, einen ihnen vom Ausbildungsverein angebotenen Profivertrag annehmen müssen; die Ablehnung führt dazu, dass der Spieler den Verein für drei Jahre nicht verlassen darf.

Am Ende des zweijährigen Ausbildungsvertrages bietet der F e.V. dem G den Abschluss eines Profivertrages an. G lehnt diesen ab und schließt stattdessen einen Vertrag mit einem Profiverein in Frankreich. Daraufhin nimmt F e.V. den G auf Schadensersatz i.H.v. 55.000 € in Anspruch. F e.V. beruft sich auf die Reglements von DFU und EuFV. Verstieße der Spieler gegen den Kontrahierungszwang, müsse es F e.V. als Ausbildungsverein zumindest möglich sein, Schadensersatz für die Ausbildung zum Profispieler zu verlangen. G verweigert die Zahlung unter Verweis auf Art. 45 AEUV.

Ist die Schadensersatzforderung mit der Arbeitnehmerfreizügigkeit vereinbar?

Die Schadensersatzforderung ist mit der Arbeitnehmerfreizügigkeit unvereinbar, wenn diese anwendbar ist, die Vorschriften den Schutzbereich beschränken oder Arbeitnehmer diskriminieren und die Beschränkung oder Diskriminierung nicht gerechtfertigt ist.

I. Mangels vorrangiger Profifußball-Verordnungen ist Art. 45 AEUV **anwendbar**.

II. Weiterhin müsste der **Schutzbereich** des Art. 45 AEUV **eröffnet** sein.

1. Der **persönliche Schutzbereich** des Art. 45 AEUV ist eröffnet, wenn es sich bei G **501**
um einen Unionsbürger handelt, der als Arbeitnehmer angesehen werden kann.

583 Vgl. Art. 29 Abs. 1 RL 2004/38/EG; Brechmann in: Calliess/Ruffert, Art. 45 Rn. 105.

584 Brechmann in: Calliess/Ruffert, Art. 45 Rn. 53.

a) Als deutscher Staatsangehöriger ist G **Unionsbürger**.

b) Die Vorschriften des Reglements betreffen „Hoffnungsspieler", die von einem professionellen Fußballverein zum Zwecke der Ausbildung zum Profispieler unter Vertrag genommen werden. Wie bei G wirken sich die Regelungen auf Ausbildungsverträge aus, die es zum Inhalt haben, dass Trainings- und Spielleistungen von den unter Vertrag genommenen Spielern nach Weisung des Trainings- und sonstigen Ausbildungspersonals vorgenommen werden. Hierfür erhalten die Spieler ein Ausbildungsgehalt. G ist folglich **Arbeitnehmer**.

502 c) Dieser Einordnung könnte entgegenstehen, dass G keine Dienst- oder Arbeitsleistung im klassischen Sinne erbringt, sondern sich als **Profisportler** in der Ausbildung betätigt. Hat die sportliche Betätigung den Charakter einer entgeltlichen Arbeits- oder Dienstleistung, gehört sie zum Wirtschaftsleben und unterfällt der Arbeitnehmerfreizügigkeit. Dies trifft auf die Tätigkeit von Fußballprofis oder -halbprofis zu, da diese eine unselbstständige Tätigkeit ausüben oder entgeltliche Dienstleistungen erbringen.[585] Die Reglements von DFU und EuFV sowie der bei Verletzung der Reglements drohende Schadensersatzanspruch wirken sich auf „Hoffnungsspieler" aus, die sich noch in der Ausbildung zum Fußballprofi befinden. Auch wenn es nicht alle in diese Verträge aufgenommenen Auszubilden tatsächlich später in den Profibereich schaffen, sind sie zumindest als Halbprofis anzusehen. Dementsprechend ist **nicht nur der unwirtschaftliche Freizeitbereich des Fußballs** betroffen.

2. Der geltend gemachte Schadensersatz stellt zumindest angesichts der Höhe der Forderung eine Erschwernis hinsichtlich des Starts in das Berufsleben dar. Somit ist die Geltendmachung der Forderung geeignet, den G bei der Aufnahme einer Beschäftigung zu behindern (Art. 45 Abs. 3 Buchst. c AEUV), sodass auch der **sachliche Schutzbereich** eröffnet ist.

3. Trotz der Streitigkeit zwischen einem deutschen Staatsangehörigen und einem deutschen Fußballverein liegt kein reiner Inlandssachverhalt, sondern ein **grenzüberschreitender Bezug** vor, da die Forderung den G daran hindern kann, zu einem französischen Fußballverein zu wechseln.

4. Die **Bereichsausnahme des Art. 45 Abs. 4 AEUV** greift ebenfalls nicht ein, sodass der Schutzbereich eröffnet ist.

503 III. In der Schadensersatzforderung könnte eine **Diskriminierung** oder eine **Beschränkung** der Arbeitnehmerfreizügigkeit zu sehen sein.

504 1. Der Annahme eines derartigen Eingriffs könnte jedoch entgegenstehen, dass sich G nicht gegen eine mitgliedstaatliche Vorschrift oder eine mitgliedstaatliche Maßnahme wendet, sondern sich gegenüber einem Schadensersatzanspruch aus einem **privatrechtlichen Vertrag** bzw. aus **Regularien privater Fußballverbände** auf die Arbeitnehmerfreizügigkeit beruft. Fraglich ist, ob diese in derartigen Fällen Schutz entfaltet. Da die Grundfreiheiten grundsätzlich nur die **Mit-**

585 EuGH NJW 1996, 505, 508 *Bosman*; EuZW 2010, 342, 343 *Bernard*.

gliedstaaten binden, kann sich G nur auf die Arbeitnehmerfreizügigkeit berufen, wenn diese **unmittelbare Drittwirkung** entfaltet.

a) Der **Gerichtshof** erkennt eine unmittelbare Drittwirkung der Arbeitnehmerfreizügigkeit an. Das Diskriminierungsverbot gelte nicht nur für Akte staatlicher Behörden, sondern auch für Maßnahmen, die eine **kollektive Regelung im Arbeits- und Dienstleistungsbereich** enthalten (z.B. Verbandsregeln oder Tarifvertragsregeln). Die Arbeitnehmerfreizügigkeit wäre gefährdet, wenn die Abschaffung der Schranken staatlichen Ursprungs durch Hindernisse zunichte gemacht werden könnte, die sich daraus ergeben, dass nicht dem öffentlichen Recht unterliegende Vereinigungen und Einrichtungen von ihrer rechtlichen Autonomie Gebrauch machen.[586] Zudem seien die Arbeitsbedingungen in den Mitgliedstaaten nicht nur durch Gesetze oder Verordnungen, sondern auch durch von Privatpersonen geschlossene Verträge oder sonstige Akte geregelt. Ohne die unmittelbare Dritwirkung könnten sich **Ungleichheiten** für die Arbeitnehmer ergeben.[587] 505

Darüber hinaus erkennt der Gerichtshof eine unmittelbare Drittwirkung **zwischen Privatpersonen** aufgrund der Verbindung des ebenfalls unmittelbar geltenden allgemeinen Diskriminierungsverbotes aus Art. 18 AEUV und demjenigen aus Art. 45 Abs. 2 AEUV an, um Ungleichheiten bei der Anwendung der Arbeitnehmerfreizügigkeit zu verhindern.[588]

b) Die **Lit.** spricht sich **gegen eine unbeschränkte unmittelbare Drittwirkung** aus. Der Wortlaut des Art. 45 AEUV nehme keinen Bezug auf Privatpersonen, sondern richte sich ausschließlich an die Mitgliedstaaten.[589] Die unmittelbare Drittwirkung könne ausnahmsweise anerkannt werden, wenn private Verbände **anstelle des Staates** oder **mit vergleichbarer Wirkung** tätig werden.[590] 506

Die Lit. protestiert heute beinahe ausschließlich gegen die in der Angonese-Entscheidung durch den Gerichtshof anerkannte unmittelbare Drittwirkung zwischen Privatpersonen.

Dies ist hier jedoch der Fall, da die Fußballverbände aus einer herausgehobenen Stellung operieren und kein Fall der unmittelbaren Drittwirkung zwischen natürlichen Personen betroffen ist. Insbes. können die von den Verbänden herausgegebenen Regularien zumindest als verordnungsähnlich beschrieben werden, da sich sämtliche Vereine diesen Regularien unterworfen haben und sie in der täglichen Vereinsarbeit und im Rahmen des Vertragsabschlusses mit Profispielern berücksichtigen.

Nach beiden Ansichten ist eine unmittelbare Drittwirkung anzuerkennen.

2. Die Regularien und der Vertrag knüpfen nicht an die **Staatsangehörigkeit** an und wirken sich nicht sonst benachteiligend auf ausländische Staatsangehörige aus, sodass weder eine direkte noch eine indirekte Diskriminierung vorliegt.

---

586 EuGH NJW 1996, 505 Rn. 83 *Bosman*; NJW 1975, 1093 Rn. 18 *Walrave*.

587 EuGH NJW 1996, 505 Rn. 84 *Bosman*; NJW 1975, 1093 Rn. 19 *Walrave*.

588 EuGH EuZW 2000, 468 Rn. 33 ff. *Angonese*.

589 Streinz/Leible EuZW 2000, 459, 464.

590 Franzen in: Streinz, Art. 45 AEUV Rn. 93; Streinz/Leible EuZW 2000, 459, 465; vgl. auch Röthel EuZW 2000, 378 ff.

507 3. Allerdings hat der Gerichtshof die Arbeitnehmerfreizügigkeit über ein Diskriminierungsverbot hinaus hin zu einem allgemeinen **Beschränkungsverbot** entwickelt. Dies steht einer nationalen Regelung entgegen, die, auch wenn sie unabhängig von der Staatsangehörigkeit der betroffenen Arbeitnehmer (unterschiedslos) anwendbar ist, deren Freizügigkeit beeinträchtigt.

Der Kontrahierungszwang mit dem Ausbildungsverein bewirkt, dass der Ausbildungsspieler zwangsläufig an eine weitere Tätigkeit im Sitzland des Ausbildungsvereins gebunden ist. Zwar stehen die Reglements der Fußballverbände der Wirksamkeit eines gleichwohl mit einem anderen Verein unter Umgehung des Kontrahierungszwanges oder des Wechselverbotes abgeschlossenem Profivertrag nicht entgegen, sodass G für den französischen Verein auflaufen und seinem Vertrag diesem gegenüber erfüllen kann. Jedoch sehen sich die Spieler dann Schadensersatzforderungen der ausbildenden Vereine ausgesetzt, da der Vertragsabschluss unter Verletzung der sich aus den Regularien ergebenden Pflichten der Spieler erfolgt ist. Die Reglements sowie deren Folgen sind daher geeignet, die Ausbildungsspieler von einem Wechsel zu einem Verein in einem anderen Mitgliedstaat und damit vom Gebrauch ihres Rechts auf Freizügigkeit abzuhalten. Zumindest wird die Ausübung des Freizügigkeitsrechts aufgrund der zu erwartenden Schadensersatzforderung weniger attraktiv, sodass eine Beschränkung vorliegt.

IV. Die Beschränkung könnte jedoch **gerechtfertigt** sein.

508 1. Gründe der **öffentlichen Ordnung, Sicherheit oder Gesundheit** als in Art. 45 Abs. 3 AEUV ausdrücklich niedergelegte Rechtfertigungsgründe greifen nicht ein.

509 2. Allerdings erkennt der Gerichtshof – angelehnt an die Cassis-Formel zu Art. 34 AEUV – auch im Hinblick auf die Arbeitnehmerfreizügigkeit **ungeschriebene Rechtfertigungsgründe** für den Fall an, dass keine offene Diskriminierung vorliegt. Danach sind Beschränkungen gerechtfertigt, wenn sie einen mit dem Vertrag zu vereinbarenden berechtigten Zweck verfolgen, **aus zwingenden Gründen des Allgemeininteresses** gerechtfertigt und **verhältnismäßig** sind.[591]

510 a) Zunächst müsste damit ein **zwingender Grund des Allgemeininteresses** für die Rechtfertigung eingreifen. Wie im Rahmen der Warenverkehrsfreiheit verwendet der Gerichtshof einen unbestimmten Rechtsbegriff, um offen für die Anerkennung einzelner Schutzanliegen zu sein.[592]

Beispiele: Verbraucherschutz, Schutz des Arbeitsmarktes, Schutz vor dem Missbrauch akademischer Grade[593]

Hier kommt die **Förderung der Einstellung und Ausbildung junger Spieler** in Betracht. Angesichts der sozialen Bedeutung, die dem Sport im Allgemeinen und dem Fußball im Besonderen in der Union zukommt, ist es legitim, Anreize zu setzen, durch die entsprechende Aktivitäten der Fußballvereine in den ein-

591 EuGH NJW 1996, 505 Rn. 104 ff. *Bosman*; EuZW 1996, 92 Rn. 37 *Gebhard*; EuZW 2010, 342 Rn. 38 ff. *Olympique Lyonnais*; Brechmann in: Calliess/Ruffert, Art. 45 Rn. 50 m.w.N.

592 Forsthoff in: Grabitz/Hilf/Nettesheim, Art. 45 AEUV Rn. 379.

593 EuGH NVwZ 2010, 1422 Rn. 45 *Carmen Media*; Slg. 1981, 3305 Rn. 18 f. *Webb*; Slg. 1993, 1663 Rn. 35 *Kraus*; Forsthoff in: Grabitz/Hilf/Nettesheim Art. 45 AEUV Rn. 379 m.w.N.

zelnen Mitgliedstaaten gefördert werden. Darüber hinaus sollen die Vorschriften des Reglements das **Gleichgewicht und die Chancengleichheit zwischen den Vereinen** bewahren helfen, die anderenfalls von der ungewissen Ausbildung Abstand nehmen oder sich gegenseitig Talente nach erfolgter Ausbildung abspenstig machen könnten.[594] Ein zwingender Grund des Allgemeinwohls liegt somit vor.

b) Die Aussicht auf den Verbleib der Spieler oder zumindest auf einen Schadensersatzanspruch müssten darüber hinaus **verhältnismäßig** sein.

aa) Fraglich ist bereits, ob die Maßnahme zur Zweckförderung **geeignet** ist. **511**
Die Ausbildung von Nachwuchsspielern ist durch erhebliche Aufwendungen gekennzeichnet, die der Ausbildungsverein oftmals über mehrere Jahre erbringt. Könnten die Spieler unmittelbar nach Ablauf ihres Ausbildungsvertrages ohne eine Ablöse oder eine Ausbildungsentschädigung zu einem anderen Verein wechseln, könnten die Vereine davon abgehalten werden, überhaupt neue Spieler auszubilden. Dies ist insbesondere bei kleinen Vereinen der Fall, deren Investitionen in die Anwerbung und Ausbildung von Nachwuchsspielern auf lokaler Ebene aber **von erheblicher Bedeutung für die Erfüllung der sozialen und erzieherischen Funktionen** des Sports sind. Demnach ist die Aussicht auf die Erlangung von Ausbildungsentschädigungen geeignet, die Fußballvereine zu ermutigen, nach Talenten zu suchen und für die Ausbildung der Spieler zu sorgen.[595]

bb) Allerdings könnten die Maßnahmen **nicht erforderlich** sein. Dies ist der **512**
Fall, wenn die Einstellung und Ausbildung von Nachwuchsspielern genauso wirksam durch Maßnahmen gefördert werden könnten, welche die Freizügigkeit der einzelnen Spieler weniger beeinträchtigen. Als milderes Mittel kommt ein **genau bezifferter Schadensersatzanspruch** in Betracht, der ausschließlich die Kosten berücksichtigt, die den Vereinen durch die Ausbildung entstehen. Bislang ist nicht festgelegt, an welchen **Kriterien** der eingeforderte Schaden überhaupt bemessen wird. Dementsprechend ist es für den einzelnen Nachwuchsspieler nicht von vornherein erkennbar, welchem konkret bezifferten Risiko er sich aussetzt, wenn er bei einem anderen Verein unterschreibt. Auch durch einen eingeschränkten Schadensersatzanspruch würde die Ausbildungsbereitschaft der Vereine weiterhin befördert und sie in die Lage versetzt, etwaig entstandene Nachteile abzufedern. Ein unbeschränkter Anspruch ist demnach nicht erforderlich.[596]

Ergebnis: Die Schadensersatzforderung ist mit Art. 45 AEUV unvereinbar.

---

594 EuGH NJW 1996, 505 Rn. 105 *Bosman*.
595 EuGH RÜ 2010, 447, 449 Rn. 41 *Bernard*.
596 EuGH RÜ 2010, 447, 449 Rn. 48 *Bernard*.

VI. Rechtfertigung zum Schutz der Grundrechte

513 Der Gerichtshof erkennt weiterhin die Möglichkeit an, die Freizügigkeit zum Schutz der unionsrechtlichen Grundrechte Dritter einzuschränken.[597] Kollidiert die grundfreiheitliche Pflicht, die Freizügigkeit der Arbeitnehmer nicht zu behindern, mit der staatlichen Schutzpflicht zugunsten der Grundrechte oder der privaten Ausübung einer grundrechtlichen Freiheit, ist diese Kollision mittels einer umfassenden Abwägung der betroffenen Rechtspositionen aufzulösen, wobei nach Möglichkeit alle betroffenen Rechte zur optimalen Wirkung gebracht werden sollen (Herstellung **praktischer Konkordanz**).[598]

Arbeitnehmerfreizügigkeit, Art. 45 AEUV

I. Anwendbarkeit

Kein aufgrund von Art. 45 Abs. 6 AEUV erlassenes Sekundärrecht

II. Schutzbereich

1. Persönlicher Schutzbereich
   a) Arbeitnehmer = jeder, der während einer bestimmten Zeit für einen anderen nach dessen Weisung Leistungen erbringt, für die er als Gegenleistung eine Vergütung erhält
   b) Unionsbürger
2. Sachlicher Schutzbereich: Recht auf Gleichbehandlung, Bewerbung, Aufenthalt, Beschäftigung, Verbleib (einheitliches Recht der Arbeitnehmerfreizügigkeit)
3. Grenzüberschreitender Bezug
4. Keine Bereichsausnahme für Beschäftigte der öffentlichen Verwaltung, Art. 45 Abs. 4 AEUV: nur bei unmittelbarer/mittelbarer Teilnahme an Ausübung hoheitlicher Befugnisse

III. Diskriminierung oder Beschränkung

1. Offene oder versteckte Diskriminierung wegen der Staatsangehörigkeit

   Beachte: Rechtfertigung bei offener Diskriminierung nur nach Art. 45 Abs. 3 AEUV möglich!
2. Beschränkung der Arbeitnehmerfreizügigkeit = Maßnahme geeignet, den Zugang zum Arbeitsmarkt und somit die Nutzung der Freizügigkeit zu beeinträchtigen

IV. Rechtfertigung

1. Ausdrücklicher geschriebener Rechtfertigungsgrund, Art. 45 Abs. 3 AEUV
   a) Öffentliche Ordnung, Sicherheit oder Gesundheit
   b) Grundsatz der Verhältnismäßigkeit: legitimes Ziel, geeignet, erforderlich
2. Ungeschriebener Rechtfertigungsgrund
   a) Zwingender Grund des Allgemeininteresses
   c) Grundsatz der Verhältnismäßigkeit: legitimes Ziel, geeignet, erforderlich
3. EU-Grundrechte

---

597 EuGH, Urt. v. 16.04.2013 – C-202/11 Rn. 23 ff. *Las*; Haratsch/Koenig/Pechstein Rn. 950.

598 Haratsch/Koenig/Pechstein Rn. 952.

E. Niederlassungsfreiheit

Die Niederlassungsfreiheit dehnt die Personalfreiheiten des AEUV auf den Bereich der **selbstständigen Tätigkeit** aus. Alle Unionsbürger sollen nach Art. 49 Abs. 1 AEUV die Möglichkeit besitzen, sich in den Mitgliedstaaten zur Durchführung selbstständiger Tätigkeiten niederzulassen, also einen Unternehmensstandort zu gründen. 514

I. Anwendbarkeit

Allerdings ist auch Art. 49 AEUV nur anwendbar, sofern keine besondere sekundärrechtliche Regelung einschlägig ist. Art. 50 AEUV lässt es insoweit zu, im ordentlichen Gesetzgebungsverfahren sekundärrechtliche Regelungen für die Verwirklichung der Niederlassungsfreiheit für bestimmte Tätigkeitsbereiche zu betreiben. 515

Von besonderer Bedeutung ist dabei die Richtlinie 2005/36/EG über die Anerkennung von Berufsqualifikationen. Hiermit sollen zum einen die erworbenen Abschlüsse, zum anderen die erlangten Berufserfahrungen mitgliedstaatsübergreifend Anerkennung finden.

II. Schutzbereich

1. Sachlicher Schutzbereich

a) Begriff der Niederlassung

Art. 49 Abs. 1 AEUV schützt in sachlicher Hinsicht die **Niederlassung**. Hierunter fällt jede feste Einrichtung, die der tatsächlichen Ausübung einer selbständigen Erwerbstätigkeit auf unbestimmte Zeit zu dienen bestimmt ist (vgl. auch Art. 49 Abs. 2 AEUV).[599] Die einzelnen Bestandteile des Niederlassungsbegriffs werden **weit ausgelegt**. 516

- Eine **feste Einrichtung** ist vorhanden, wenn die Niederlassung es dem Wirtschaftsteilnehmer erlaubt, tatsächliche und echte Tätigkeiten im Hoheitsgebiet des Niederlassungsstaates auszuüben.[600] 517
- **Selbstständig** ist die Tätigkeit, welche die handelnde Person **weisungsfrei** erbringt. Hinzu kommen muss – zur Abgrenzung von der Dienstleistungsfreiheit – dass die Person das **unternehmerische Risiko** trägt, also unter eigenem Namen und für eigene Rechnung handelt.[601] Durch das Kriterium der Selbstständigkeit ist zugleich die Abgrenzung zur Arbeitnehmerfreizügigkeit möglich. 518
- Die **Erwerbstätigkeit** umfasst potenziell alle Lebensbereiche. Der Gerichtshof hat Tätigkeiten unter Art. 49 AEUV erfasst, die den kulturellen Bereich, den Bildungsbereich, aber auch Religionsgemeinschaften, soziale Bereiche und den Sport betrafen.[602] Die jeweilige Tätigkeit muss jedenfalls, um dem Kontext des Binnenmarktes zugeordnet werden zu können, einen **wirtschaftlichen Bezug** haben. Auf welche 519

599 EuGH Slg. 1991, I-3905 Rn. 20 *Factortame II*; Forsthoff in: Grabitz/Hilf/Nettesheim, Art. 49 AEUV Rn. 16 m.w.N.
600 EuGH Slg. 1991, I-3905 Rn. 20 *Factortame II*; EuZW 2009, 689; Forsthoff in: Grabitz/Hilf/Nettesheim, Art. 49 AEUV Rn. 36.
601 Korte in: Calliess/Ruffert, Art. 49 AEUV Rn. 16; Tiedje in: von der Groeben/Schwarze/Hatje, Art. 49 AEUV Rn. 55.
602 Forsthoff in: Grabitz/Hilf/Nettesheim, Art. 49 AEUV Rn. 19.

Weise dieser Bezug hergestellt wird, ist unerheblich, sodass sowohl freie Berufe als auch gewerbliche Tätigkeit in den Schutzbereich fallen.[603]

520 ■ Auf **unbestimmte Dauer** muss die Tätigkeit angelegt sein, um sie von der punktuellen Dienstleistung abgrenzen zu können. Aus dem Schutzbereich fallen die Tätigkeiten heraus, die nur gelegentlichen Charakter haben oder zeitlich befristet sind.[604]

521 Der Schutzumfang beschränkt sich dabei nicht auf die erstmalige Aufnahme der selbstständigen Tätigkeit, sondern umfasst darüber hinaus auch alle **Vorbereitungshandlungen** (z.B. die Standortwahl) sowie die für die dauerhafte Durchführung der Tätigkeit erforderlichen **Begleitrechte** (z.B. Einreise- und Aufenthaltsrecht).[605]

b) Primäre oder sekundäre Niederlassungsfreiheit

Bereits der Wortlaut von Art. 49 Abs. 1 S. 1 und S. 2 AEUV differenziert zwischen der **primären** und der **sekundären Niederlassung**.

522 ■ Gründet der Selbstständige, der die Staatsangehörigkeit eines Mitgliedstaates besitzt, erstmals eine Niederlassung in einem anderen Mitgliedstaat oder verlegt er seine Niederlassung innerhalb der Union bzw. von einem Drittstaat in die Union, handelt es sich um eine **primäre Niederlassung** i.S.d. Art. 49 Abs. 1 S. 1 AEUV.

523 ■ Werden dagegen unter Beibehaltung der primären Niederlassung (sog. **Hauptniederlassung**) weitere Niederlassungen, namentlich Agenturen, Zweigniederlassungen oder Tochtergesellschaften eingerichtet, bezeichnet man diese als **sekundäre Niederlassungen** nach Art. 49 Abs. 1 S. 2 AEUV.

524 Welche Niederlassung eines Unternehmens die Haupt- und welche die Zweigniederlassung ist, hängt wiederum davon ab, wo der **wirtschaftliche Schwerpunkt** der Tätigkeit liegt. Bei Gesellschaften kommt es – anders als bei natürlichen Personen – darauf an, wie der Träger der Niederlassungsfreiheit das gesellschaftsrechtliche Band zwischen seinen Unternehmungen in den Mitgliedstaaten geknüpft hat. Herrscht eine Gesellschaft über die andere, ist der Ort der Niederlassung der herrschenden Gesellschaft als primäre Niederlassung anzusehen. Der Ort der Niederlassung der beherrschten Gesellschaft ist selbst dann als sekundäre Niederlassung einzuordnen, wenn von dieser fast sämtliche Aktivitäten nach außen ausgehen.[606]

525 Zugleich wird deutlich, dass ein **grenzüberschreitender Bezug** erforderlich ist; auf rein mitgliedstaatsinterne Maßnahmen ist die Niederlassungsfreiheit nicht anwendbar.[607] Eine Schlechterstellung der eigenen Staatsangehörigen durch einen Mitgliedstaat (sog. Inländerdiskriminierung) ist somit grundsätzlich unionsrechtlich zulässig.[608] Eine Ausnahme besteht im Rahmen der sog. **Wegzugsfreiheit**: Die Mitgliedstaaten dürfen den

---

603 Haratsch/Koenig/Pechstein Rn. 960.

604 EuGH Slg. 1986, 3717 Rn. 13 *Kommission/Dänemark*; Slg. 1991, I-709 Rn. 6 *Kommission/Italien*.

605 Korte in: Calliess/Ruffert, Art. 49 AEUV Rn. 37.

606 Forsthoff in: Grabitz/Hilf/Nettesheim, Art. 49 AEUV Rn. 55 unter Verweis auf EuGH Slg. 1999, I-1459 *Centros*.

607 EuGH Slg. 1997, I-195, Rn. 12 ff. *USSL No. 47 die Biella*; Haratsch/Koenig/Pechstein Rn. 963.

608 EuGH Slg. 1993,I-6621 Rn. 41 *Ligur Carni*.

Wegzug ihrer eigenen Staatsangehörigen nicht behindern, wenn das Ziel des Wegzuges die Verlegung einer primären Niederlassung in einen anderen Mitgliedstaat ist.[609]

2. Persönlicher Schutzbereich

a) Natürliche Personen

Alle natürlichen Personen, welche die Staatsangehörigkeit eines Mitgliedstaates besitzen und damit **Unionsbürger** sind, können sich gemäß Art. 49 Abs. 1 S. 1 AEUV auf die Niederlassungsfreiheit berufen. Dagegen können sich Drittstaatsangehörige überhaupt nicht auf die Niederlassungsfreiheit berufen, auch dann nicht, wenn sie eine Niederlassung im Unionsgebiet gründen.[610] **526**

Die **Ansässigkeit** in einem Mitgliedstaat ist nicht erforderlich, da eine primäre Niederlassung auch von einem Drittstaat aus begründet werden kann.[611] Etwas anderes gilt für die Gründung einer sekundären Niederlassung. Diese können nur dann in der Union gegründet werden, wenn sich auch die Hauptniederlassung im Unionsgebiet befindet. **527**

b) Juristische Personen

Nach Art. 54 Abs. 1 AEUV gilt die Niederlassungsfreiheit zudem für Gesellschaften und damit für **juristische Personen**. Dabei werden, wie sich aus der Erweiterung des Art. 54 Abs. 2 AEUV ergibt, nicht nur Gesellschaftsformen mit eigener Rechtspersönlichkeit, sondern auch (sonstige) Gesellschaften des bürgerlichen Rechts und des Handelsrechts sowie Genossenschaften und die sonstigen juristischen Personen des öffentlichen und privaten Rechts erfasst. Lediglich solche Gesellschaften, die keinen erwerbswirtschaftlichen Zweck verfolgen, sind vom persönlichen Schutzbereich ausgeschlossen. **528**

- Der Begriff der Gesellschaft wird **weit ausgelegt**. Dabei ist kein am nationalen Gesellschaftsrecht orientiertes, sondern ein europäisches Verständnis zugrunde zu legen. Auch offene Handelsgesellschaften, Kommanditgesellschaften und Gesellschaften bürgerlichen Rechts sind deshalb juristischen Person i.S.d. Art. 54 AEUV.[612] **529**

- Auch **öffentlich-rechtliche Stiftungen oder Anstalten** können sich auf die Niederlassungsfreiheit berufen. **530**

  Anders als im Rahmen der deutschen Grundrechte spielt das sog. **Konfusionsargument**[613] keine Rolle. Art. 54 Abs. 2 AEUV bezieht öffentlich-rechtlich organisierte oder beherrschte Unternehmen, sofern sie einen Erwerbszweck verfolgen, ausdrücklich in den Anwendungsbereich der Niederlassungsfreiheit ein, auch wenn die Mitgliedstaaten Verpflichtete der Grundfreiheiten sind.[614]

- Voraussetzung ist aber, dass die Gesellschaften **nach den Rechtsvorschriften eines Mitgliedstaates gegründet** worden sind und ihren satzungsmäßigen **Sitz**, ihre **Hauptverwaltung** oder ihre **Hauptniederlassung innerhalb der Union** haben. Durch dieses Merkmal wird die Zugehörigkeit der Gesellschaft zur Rechtsordnung ei- **531**

609 Vgl. EuGH Slg. 2004, I-2409 Rn. 42 *Hughes de Lasteyrie du Saillant*.
610 EuGH Slg. 1992, I-4097 Rn 8 f. *Ferrer Laderer*; vgl. aber HessVGH RÜ 2014, 730.
611 Haratsch/Koenig/Pechstein Rn. 965.
612 Haratsch/Koenig/Pechstein Rn. 968.
613 Siehe hierzu AS-Skript Grundrechte (2017), Rn. 59 f.
614 BVerfG RÜ 2017, 114, 115 f. zur verfassungskonformen Auslegung von Art. 19 Abs. 3 GG; Weiß EuR 2003, 165, 173 ff.

nes Mitgliedstaates sichergestellt, um die bei natürlichen Personen herangezogene Staatsangehörigkeit, welche die juristische Person von Natur aus nicht besitzen kann, zu kompensieren.[615]

Hauptverwaltung bezeichnet dabei den Ort, an dem die Willensbildung und die eigentliche unternehmerische Leistung innerhalb der Gesellschaft erfolgen; dies ist regelmäßig der Sitz der Geschäftsleitung. Hauptniederlassung ist z.B. bei einem Industrieunternehmen die zentrale Produktionsstätte oder Fabrik, ansonsten der Ort, an dem die wesentlichen Sach- und Personalmittel der Gesellschaft, also der Gesellschaftsschwerpunkt konzentriert sind.

532 Die Feststellung, ob eine Gesellschaft nach den Vorschriften des Rechts eines Mitgliedstaates gegründet wurde, bereitet besondere Probleme bei der **Sitzverlegung**. Denn als juristische Person ist eine Gesellschaft jenseits der Rechtsordnung, die ihre Gründung und Existenz regelt, nicht existent.

Fall 10: Sitzverlegung

Die Firma C wurde am 20.05.2009 in Form einer „betéti tarsaság", einer Kommanditgesellschaft nach ungarischem Recht, gegründet. Als ihr Verwaltungssitz wurde die Stadt B in Ungarn festgelegt. Die Firma wurde am 11.06.2009 im Handelsregister eingetragen. Nachdem das Unternehmen mehrere Jahre in Ungarn tätig war, entschloss sich die Geschäftsleitung, den Verwaltungssitz von Ungarn nach Italien zu verlegen. Gleichwohl sollte die Rechtsform der Kommanditgesellschaft nach ungarischem Recht beibehalten werden.

Am 11.11.2015 stellte C beim zuständigen Handelsregistergericht den Antrag, die Verlegung ihres Sitzes nach Italien zu bestätigen und die Sitzangabe im Handelsregister entsprechend zu ändern. Der Antrag wurde am 25.01.2016 mit der Begründung abgelehnt, dass eine in Ungarn gegründete Gesellschaft nach geltendem ungarischen Recht – was zutrifft – ihren Sitz nicht unter Beibehaltung des ungarischen Personalstatuts ins Ausland verlegen könne. Vielmehr müsse sich die Gesellschaft auflösen und im Zielland nach dem dort geltenden Gesellschaftsrecht neu gründen.

Gegen diese Entscheidung legte C Berufung mit der Begründung ein, das ungarische Recht verstoße gegen Art. 49, 54 AEUV, wenn es Handelsgesellschaften unterschiedlich danach behandele, in welchem Mitgliedstaat sich ihr Sitz befinde. Das ungarische Recht könne den ungarischen Gesellschaften nicht vorschreiben, Ungarn als Sitzland zu wählen, nur um die ungarische Gesellschaftsform nutzen zu können.

Fällt die Sitzverlegung in den Schutzbereich der Niederlassungsfreiheit?

Die Verlegung fällt in den Schutzbereich der Niederlassungsfreiheit, wenn der sachliche und der persönliche Schutzbereich eröffnet sind und keine Bereichsausnahme eingreift.

533 I. In **sachlicher Hinsicht** garantiert Art. 49 Abs. 1 AEUV den Unionsbürgern die Freiheit, sich mit ihren Unternehmungen in einem Mitgliedstaat niederzulassen. Die C plant, ihren Hauptsitz nach Italien zu verlegen, um dort von dieser festen Einrichtung aus tatsächlich einer selbstständigen Erwerbstätigkeit nachzugehen. Die Ausübung der Tätigkeit ist auf unbestimmte Zeit geplant, sodass grds. eine Niederlassung vorliegt.

615 EuGH Slg. 1993, I-4017 Rn. 13 *Commerzbank*; Haratsch/Koenig/Pechstein Rn. 968.

II. Der **persönliche Schutzbereich** umfasst zunächst alle **natürlichen Personen**, welche die Staatsangehörigkeit eines Mitgliedstaates besitzen und damit **Unionsbürger** sind. Der Anwendungsbereich der Niederlassungsfreiheit wird durch die Regelung in Art. 54 Abs. 1 AEUV auf **Gesellschaften** ausgedehnt, die nach dem Recht eines Mitgliedstaates gegründet wurden und ihren satzungsmäßigen Sitz, ihre Hauptverwaltung oder ihre Hauptniederlassung innerhalb der Union haben. **534**

1. Als **Gesellschaften** sind dabei nicht nur Kapitalgesellschaften anzusehen, sondern alle Gesellschaften des bürgerlichen Rechts und des Handelsrechts einschließlich der Genossenschaften, vgl. Art. 54 Abs. 2 AEUV. Damit werden **alle Gesellschaftsformen des nationalen Rechts** erfasst, unabhängig davon, ob sie als juristische Personen ausgestaltet sind oder nicht.[616] Dementsprechend ist auch die als Kommanditgesellschaft gegründete C eine Gesellschaft in diesem Sinne. **535**

2. Sie wurde zudem in Ungarn nach ungarischem Recht und damit **nach dem Recht eines Mitgliedstaates gegründet**. **536**

3. Zudem hatte die C ihren **satzungsmäßigen Sitz** zunächst in der ungarischen Stadt B und damit **im Gebiet der Union**. Selbst nach der Sitzverlegung nach Italien hätte die C ihren satzungsmäßigen Sitz immer noch im Unionsgebiet. **537**

Folglich liegen grundsätzlich alle Voraussetzungen des Art. 54 AEUV vor.

III. Allerdings beabsichtigt C nicht, in Italien Zweigniederlassungen oder Tochtergesellschaften (vgl. Art. 49 Abs. 1 S. 2 AEUV) oder sich selbst dort neu zu gründen (vgl. Art. 49 Abs. 2 AEUV), sondern **ihren Sitz unter Beibehaltung ihrer ungarischen Rechtspersönlichkeit** nach Italien **zu verlegen**. Fraglich ist, ob auch diese konkrete Vorgehensweise in den Schutzbereich der Niederlassungsfreiheit fällt. **538**

1. Dafür spricht eine **rechtsvergleichende Betrachtung mit Art. 54 AEUV**: Danach werden die Gesellschaften grundsätzlich den natürlichen Personen gleichgestellt, sodass ihnen – ebenso wie den natürlichen Personen – das Recht zur beeinträchtigungsfreien Primärniederlassung eingeräumt werden müsste. **539**

2. Hiergegen spricht jedoch, dass eine vollständige Gleichstellung von Gesellschaften mit natürlichen Personen unmöglich ist. **540**

   Im Gegensatz zu den natürlichen Personen **existiert eine Gesellschaft ausschließlich als Produkt des nationalen Gesellschaftsrechts**. Die gesellschaftsrechtlichen Vorschriften sind innerhalb der Union noch nicht harmonisiert, sodass in den Rechtsordnungen der Mitgliedstaaten unterschiedliche Voraussetzungen an die Existenz und die Qualität der Existenz gestellt werden. Diese Erkenntnis hat in der Formulierung des Art. 54 AEUV Niederschlag gefunden: Die Vorschrift erwähnt spricht nur von „Gesellschaften" und nicht etwa von „juristischen Personen". Zudem nimmt Art. 54 AEUV als Anknüpfungspunkt den satzungsmäßigen Sitz, die Hauptverwaltung oder die Hauptniederlassung in Bezug, da die nationalen Rechtsordnungen an diese Kriterien anknüpfen, um in einer Gesellschaft eine solche des jeweiligen nationalen Rechts zu sehen. Dementsprechend geht auch das Unionsrecht davon aus, dass **eine aufgrund einer nationalen Rechtsord-**

616 Forsthoff in: Grabitz/Hilf/Nettesheim, Art. 54 AEUV Rn. 3.

nung gegründete Gesellschaft jenseits der Rechtsordnung, die ihre Gründung und ihre Existenz regelt, keine Realität hat.

Diese Probleme könnten ausschließlich im Wege einer **Harmonisierung des Gesellschaftsrechts** erreicht werden. Zu einer solchen ist es allerdings bislang nicht gekommen. Eine problemlose Sitzverlegung in der Union kann vielmehr nur durch die Wahl der – auch zu diesem Zweck – geschaffenen europäischen Gesellschaftsformen der Societas Europea (SE) und der Europäischen wirtschaftlichen Interessenvereinigung (EWIV) erreicht werden.

Ob eine Sitzverlegung unter Beibehaltung der Rechtsform überhaupt möglich ist, ergibt sich dementsprechend nicht aus unionsrechtlichen Vorschriften, sondern ist **nach den nationalen Rechtsvorschriften zu beurteilen, nach denen die Gesellschaft gegründet worden ist**. Die Mitgliedstaaten können somit sowohl die Anknüpfung bestimmen, die eine Gesellschaft aufweisen muss, um als nach seinem innerstaatlichen Recht gegründet angesehen zu werden, als auch die Anknüpfung, die für den Erhalt dieser Eigenschaft verlangt wird. Diese Befugnis umfasst die Möglichkeit für die Mitgliedstaaten, es einer Gesellschaft seines nationalen Rechts nicht zu gestatten, diese Eigenschaft zu behalten, wenn sie sich durch die Verlegung ihres Sitzes in einem anderen Mitgliedstaat neu organisieren möchte und damit die Anknüpfung löst, die das nationale Recht des Mitgliedstaates vorsieht.[617] Dies spricht dafür, dass eine Sitzverlegung in einen anderen Mitgliedstaat unter Beibehaltung der vormaligen Rechtspersönlichkeit nicht vom Schutzbereich der Niederlassungsfreiheit umfasst ist.

541 3. Etwas anderes könnte sich allerdings aus der bisherigen Rspr. des Gerichtshofs zum **Zuzug von Gesellschaften** ergeben. Sofern eine Gesellschaft ihren Sitz von einem Mitgliedstaat in den anderen verlegt, ist der aufnehmende Staat verpflichtet, dies zu dulden. Zudem ist er grundsätzlich verpflichtet, die **ausländischen Gesellschaften anzuerkennen**.[618] Ist der Wegzug aus dem Gründungsstaat der Gesellschaft nach dessen nationalen Recht möglich, ohne dass die Rechtspersönlichkeit verloren geht, können die aufnehmenden Mitgliedstaaten dies nicht verhindern. Eine Regelung, welche die zwangsweise Neugründung der Gesellschaft nach dem Recht des aufnehmenden Mitgliedstaates bei einem Zuzug vorschreibt, kann nur zum Schutz der öffentlichen Sicherheit oder Ordnung sowie bei Vorliegen zwingender Gründe des Allgemeinwohls vorgesehen werden. Würde man diese Rspr. auf den – hier vorliegenden – **Wegzug von Gesellschaften** übertragen, würde die Niederlassungsfreiheit allen Regelungen entgegenstehen, die an den Wegzug zwangsweise das Erlöschen des Personalstatuts knüpfen. Hierfür ließe sich beispielsweise anführen, dass es anderenfalls die Mitgliedstaaten in der Hand hätten, das Ende einer Gesellschaft festzulegen, nur weil diese von dem in den Grundfreiheiten des AEUV niedergelegten Recht der Wahl der freien Niederlassung Gebrauch machen.[619]

542 Gegen die Übertragung spricht jedoch, dass die nationale Hoheit über die Regelung der Existenz von Gesellschaften geschützt werden muss. Nur der Mitglied-

617 EuGH RÜ 2009, 179, 182 *Cartesio*.

618 EuGH EuZW 1999, 216 *Centros*; EuZW 2002, 754 *Überseering*; EuZW 2003, 687 *Inspire Art*.

619 So Pießkalla EuZW 2009, 81, 82 unter Bezug auf den Schlussvortrag des Generalanwalts Maduro; vgl. auch Mörsdorf EuZW 2009, 97.

staat, nach dessen nationalen Vorschriften die Gesellschaft gegründet wurde und innerhalb dessen Rechtsordnung sie existiert, ist berechtigt, Regelungen darüber zu treffen, wann oder aufgrund welcher Handlungen die Gesellschaft aufzulösen bzw. neu zu gründen ist. Durch die Reglementierung der Voraussetzungen des Zuzugs könnte der aufnehmende Mitgliedstaat in diese Regelungshoheit eingreifen. Solange keine Harmonisierung der Gesellschaftsrechtsordnungen innerhalb der Union erfolgt ist, liegt es deshalb näher, den einzelnen Mitgliedstaaten die ausschließliche Berechtigung dafür zuzuerkennen, nicht nur die Voraussetzungen für die Gründung einer Gesellschaft aufzustellen, sondern auch die Voraussetzungen, die für den Erhalt dieser Eigenschaft verlangt werden.

Ergebnis: Die Verlegung des Sitzes in einen anderen Mitgliedstaat unter Beibehaltung der ausschließlich in dem Gründungsstaat anerkannten Rechtsform wird daher nicht von der Niederlassungsfreiheit garantiert. Der Schutzbereich ist nicht eröffnet.

Die Sitzverlegung einer Gesellschaft ist nur von der Niederlassungsfreiheit erfasst, wenn eine **Neugründung der Gesellschaft** im Aufnahmemitgliedstaat erfolgt. Dies kann in Form einer **Umwandlung** geschehen, die dann aber ihrerseits Probleme mit sich bringt: Denn vor ihrer Umwandlung leitet die Gesellschaft ihre rechtliche Existenz (noch) aus dem Recht des Herkunftmitgliedstaates ab. Nach ihrer Umwandlung sollen Existenz und Funktionsweise hingegen durch das Gesellschaftsrecht des Aufnahmemitgliedstaates bestimmt sein, da eine grenzüberschreitende Umwandlung im Aufnahmemitgliedstaat stets zur Gründung einer Gesellschaft nach dem Recht dieses Mitgliedstaates führt.[620] Dabei ist der Mitgliedstaat befugt, die Bestimmungen des nationalen Rechts über die innerstaatliche Umwandlung anzuwenden. Diese Vorschriften dürfen dabei allerdings nicht ungünstiger sein als diejenigen, die gleichartige innerstaatliche Sachverhalte regeln (sog. **Äquivalenzgrundsatz**). Ferner dürfen die Vorschriften die Ausübung der durch die Unionsrechtsordnung verliehenen Rechte nicht praktisch unmöglich machen oder übermäßig erschweren (sog. **Effektivitätsgrundsatz**).[621] **543**

3. Bereichsausnahme

Wie bei der Arbeitnehmerfreizügigkeit besteht bei der Niederlassungsfreiheit eine **Bereichsausnahme** für solche Tätigkeiten, die in einem Mitgliedstaat dauernd oder zeitweise mit der **Ausübung öffentlicher Gewalt** verbunden sind, Art. 51 Abs. 1 AEUV. Hierunter fallen aber nicht ganze Berufsgruppen, sondern nur **bestimmte Tätigkeiten**. Diese gehen mit der Ausübung öffentlicher Gewalt einher, wenn sie die unmittelbare und spezifische Teilnahme an der Ausübung der öffentlichen Gewalt darstellen.[622] **544**

Hierzu hat der Gerichtshof entschieden, dass auch die Tätigkeit der deutschen **Notare** nicht als Ausübung der öffentlichen Gewalt qualifiziert werden kann – obwohl § 1 BNotO bis heute vorschreibt, dass die Notare ein „öffentliches Amt" ausüben. Ausschlaggebend war insbesondere, dass die Tätigkeit auf die Beurkundung bereits abgeschlossener Verträge ohne wesentliche Einflussnahme erfolgt und selbst

---

620 EuGH EuZW 2012, 621 Rn. 51 *Vale*.

621 EuGH EuZW 2017, 902 *Polbud*; EuZW 2012, 621 Rn. 47, 48 *Vale*; Streinz NJW 2012, 1142, 1145.

622 EuGH EuZW 2010, 543 *Kommission/Deutschland*; Korte in: Calliess/Ruffert, Art. 51 AEUV Rn. 12.

die Ausfertigung einer vollstreckbaren Urkunde (vgl. § 794 Abs. 1 Nr. 5 ZPO) auf der freiwilligen Entschließung der Beurkundenden beruht. Letztlich hafte der Notar zudem für seine Pflichtverletzungen selbst, eine Amtshaftung vergleichbar Art. 34 GG, § 839 BGB findet nicht statt.[623]

III. Diskriminierung oder Beschränkung

1. Begriffsbestimmung für die Niederlassungsfreiheit

545 Mangels spezifischen Eingriffsbegriffs steht die Niederlassungsfreiheit grundsätzlich **Diskriminierungen** und **Beschränkungen** entgegen. Die Diskriminierungsbegriffe werden geringfügig abgewandelt und an die Niederlassungsfreiheit angepasst:

- **Offene Diskriminierungen** liegen danach vor, wenn EU-ausländische Unternehmer nur aufgrund ihrer Staatsangehörigkeit strengeren Anforderungen bei der Niederlassung unterworfen werden als inländische Unternehmer.[624]

  Beispiel: Erfordernis der deutschen Staatsangehörigkeit für den Zugang zum Notarberuf[625]

- **Versteckte Diskriminierungen** sind solche Belastungen oder Schlechterstellungen, die zwar nicht unmittelbar an das Kriterium der Staatsangehörigkeit anknüpfen, aber regelmäßig nur Schlechterstellungen von Ausländern bewirken.[626]

  Beispiel: Erteilung einer Genehmigung hängt vom Wohnsitz im Inland ab[627]

546 Eine **Beschränkung** liegt in solchen mitgliedstaatlichen Regelungen oder Maßnahmen, die weder offen noch versteckt an die Staatsangehörigkeit anknüpfen (sog. unterschiedslose Maßnahmen), aber die Ausübung einer selbstständigen Erwerbstätigkeit **behindern oder weniger attraktiv machen** (sog. **Gebhard-Formel**).[628]

Beispiele: Beschränkungen beim Führen eines akademischen Grades,[629] Verlangen von Berufserfahrung,[630] Qualifikations- und Spracherfordernisse[631]

Unklar ist bislang, ob der Gerichtshof die Keck-Rspr. zur Warenverkehrsfreiheit auf die Niederlassungsfreiheit übertragen will. Bis dato ist dies nicht erfolgt. Vielmehr grenzt der Gerichtshof Maßnahmen aus dem weiten Beschränkungsbegriff aus, denen eine hinreichende Spürbarkeit oder eine abschreckende Wirkung fehlt.[632] Dieses Kriterium wird zu Recht als zu unscharf kritisiert.[633] Allerdings hat der Gerichtshof in einem Fall eine Marktzugangsbehinderung im Sinne der Keck-Rspr. als Beschränkung der Niederlassungsfreiheit angesehen,[634] sodass der Grund für die Übertragung der Keck-Formel bereitet scheint.

2. Adressaten der Niederlassungsfreiheit

547 Adressaten sind grundsätzlich – wie bei allen Grundfreiheiten – die Mitgliedstaaten sowie die Union und ihre Organe. Eine unmittelbare Drittwirkung gegenüber Privaten ist

---

623 Vgl. EuGH RÜ 2011, 444, 446 ff. *Kommission/Deutschland.*

624 EuGH Slg. 2001, I-541 Rn. 31 *Kommission/Italien*; Haratsch/Koenig/Pechstein Rn. 984.

625 EuGH RÜ 2011, 444 *Kommission/Deutschland.*

626 EuGH Slg. 1996, I-3089, Rn. 38, 49 *Asscher*; Haratsch/Koenig/Pechstein Rn. 987.

627 EuGH Slg. 1999, I-4899, Rn. 13, 15 *Kommission/Belgien.*

628 EuGH Slg. 1995, I-4165 Rn. 37 *Gebhard*; EuZW 2013, 664 Rn. 33 *Impacto Azul*; Haratsch/Koenig/Pechtsein Rn. 988.

629 EuGH NVwZ 1993, 661 *Kraus.*

630 EuGH Slg. 2005, I-3747 *Kommission/Italien.*

631 EuGH EuZW 2006, 658 *Wilson.*

632 EuGH EuZW 2011, 149 *Idryma*; Slg. 2008, I-1683 *Flämische Pflegeversicherung.*

633 So beispielsweise bei Oppermann/Classen/Nettesheim, § 28 Rn. 34.

634 EuGH, Urt. v. 07.03.2013 – C-577/11 *DKV.*

bei der Niederlassungsfreiheit – anders als bei der Arbeitnehmerfreizügigkeit – nicht anerkannt. Eine Ausnahme gilt nur für den Fall, dass sich **privatrechtliche Organisationen** wie beispielsweise Verbände aufgrund einer ihnen eingeräumten rechtlichen Autonomie in staatsähnlicher Weise Rechtsvorschriften erlassen und damit die selbstständige Tätigkeit regeln.[635] Darüber hinaus sind auch **Gewerkschaften** im Rahmen des Arbeitskampfes unmittelbar an die Niederlassungsfreiheit gebunden.[636]

IV. Rechtfertigung

1. Geschriebener Rechtfertigungsgrund, Art. 52 Abs. 1 AEUV

Art. 52 Abs. 1 AEUV erlaubt **Sonderregeln für Ausländer** und beinhaltet damit nach seinem Wortlaut einen Rechtfertigungsgrund, der ausschließlich für **offene Diskriminierungen** einschlägig ist. Gerechtfertigt sind die Sonderregeln, wenn die Mitgliedstaaten sie aus Gründen der **öffentlichen Ordnung, Sicherheit oder Gesundheit** einführen. Hierbei handelt es sich wiederum um unionsrechtliche Begriffe,[637] die eng auszulegen sind. Die Definitionen entsprechen denjenigen zu Art. 45 Abs. 3 AEUV, der dieselben Schranken enthält (s.o. Rn. 499). Darüber hinaus muss die offene Diskriminierung den Grundsatz der Verhältnismäßigkeit wahren.[638] **548**

Darüber hinaus wird der Rechtfertigungsgrund auch bei **versteckten Diskriminierungen** und sonstigen Beschränkungen herangezogen, da die Rechtfertigung für offene Diskriminierungen erst recht für versteckte Diskriminierungen und die sonstigen Eingriffe gelten müsse (s.u. Rn. 571).[639] **549**

2. Rechtfertigung durch zwingende Gründe des Allgemeininteresses

Sonstige Beschränkungen sind gerechtfertigt, wenn sie in nicht-diskriminierender Weise angewendet werden, aus zwingenden Gründen des Allgemeininteresses gerechtfertigt und geeignet sind, die Verwirklichung des mit ihnen verfolgten Zieles zu gewährleisten, und nicht über das hinausgehen, was zur Erreichung dieses Zieles erforderlich ist.[640] Der Gerichtshof hat insoweit die Grundsätze seiner Cassis-Rspr. zur Warenverkehrsfreiheit auf die Niederlassungsfreiheit übertragen. **550**

Beispiele für zwingende Gründe des Allgemeininteresses: Schutz der Öffentlichkeit vor irreführender oder missbräuchlicher Führung akademischer Titel,[641] Gläubigerschutz[642]

635 Haratsch/Koenig/Pechstein Rn. 982 unter Verweis auf EuGH Slg. 2002, I-1577 Rn. 120 *Wouters*.

636 EuGH EuZW 2008, 246 Rn. 90 *Viking*.

637 Korte in: Calliess/Ruffert, Art. 52 AEUV Rn. 7; Oppermann/Classen/Nettesheim, § 28 Rn. 35; a.A. (nationales Verständnis) Forsthoff in: Grabitz/Hilf/Nettesheim, Art. 52 AEUV Rn. 23.

638 EuGH Slg. 1996, I-2691 Rn. 26 *Kommission/Italien*; Haratsch/Koenig/Pechstein Rn. 990.

639 Forsthoff in: Grabitz/Hilf/Nettesheim, Art. 52 AEUV Rn. 3; vgl. auch EuGH EuZW 2006, 126 Rn. 39 *Nadin*; EuZW 2004, 753 Rn. 29 *Omega*; a.A. Schlag in: Schwarze, Art. 52 AEUV Rn. 3, der die in Art. 52 Abs. 1 AEUV enthaltenen Gründe dem zwingenden Allgemeininteresse zuordnet.

640 EuGH Slg. 1995, I-4165 Rn. 37 *Gebhard*; Forsthoff in: Grabitz/Hilf/Nettesheim, Art. 49 AEUV Rn. 95.

641 EuGH Slg. 1993, I-1663 Rn. 28 *Kraus*.

642 EuGH Slg. 1999, I-1459 Rn. 32 *Centros*; EuZW 2003, 687 Rn. 132 *Inspire Art*.

3. Rechtfertigung aus Grundrechten

551 Grundsätzlich ist – wie bereits zu den übrigen Grundfreiheiten ausgeführt – auch eine Rechtfertigung gestützt auf kollidierende Grundrechte der GrCh denkbar. Zum Bereich der Niederlassungsfreiheit fehlt es bislang allerdings an einer entsprechenden Bestätigung durch die Rechtsprechung des Gerichtshofs.[643]

Niederlassungsfreiheit, Art. 49 AEUV

I. Anwendbarkeit

Kein aufgrund von Art. 50 AEUV erlassenes Sekundärrecht

II. Schutzbereich

1. Sachlicher Schutzbereich
   a) Niederlassung = jede feste Einrichtung, die der tatsächlichen Ausübung einer selbstständigen Erwerbstätigkeit auf unbestimmte Zeit zu dienen bestimmt ist
   b) Primäre oder sekundäre Niederlassungsfreiheit (inkl. grenzüberschreitendem Bezug)
2. Persönlicher Schutzbereich
   a) Unionsbürger
   b) Gesellschaften, Art. 54 AEUV i.V.m. Art. 49 AEUV
3. Keine Bereichsausnahme für Tätigkeiten, die in einem Mitgliedstaat dauernd oder zeitweise mit der Ausübung öffentlicher Gewalt verbunden sind, Art. 51 AEUV

III. Diskriminierung oder Beschränkung

1. Offene oder versteckte Diskriminierung wegen der Staatsangehörigkeit

   Beachte: Rechtfertigung dann nur nach Art. 52 AEUV möglich!
2. Beschränkung der Niederlassungsfreiheit = jede mitgliedstaatliche Regelung oder Maßnahme, die weder offen noch versteckt an die Staatsangehörigkeit anknüpft, aber die Ausübung einer selbstständigen Erwerbstätigkeit behindert oder weniger attraktiv macht

IV. Rechtfertigung

1. Geschriebener Rechtfertigungsgrund, Art. 52 AEUV
   a) Öffentliche Ordnung, Sicherheit oder Gesundheit
   b) Grundsatz der Verhältnismäßigkeit: legitimes Ziel, geeignet, erforderlich
2. Ungeschriebener Rechtfertigungsgrund
   a) Beschränkung wird in nicht-diskriminierender Weise angewendet
   b) Zwingender Grund des Allgemeinwohls
   c) Grundsatz der Verhältnismäßigkeit: legitimes Ziel, geeignet, erforderlich
3. EU-Grundrechte

---

643 Vgl. dazu Haratsch/Koenig/Pechstein Rn. 995.

F. Dienstleistungsfreiheit

Die von den Art. 56 ff. AEUV geschützte **Dienstleistung** ist ein unternehmerisches Produkt, das im Gegensatz zur Ware i.S.d. Art. 28 Abs. 2 AEUV eine geldwerte nichtkörperliche Leistung oder einen Leistungserfolg zum Gegenstand hat. Der Dienstleistende verkauft sein „Know How", d.h. sein Wissen, seine Ideen, Fähigkeiten oder Fertigkeiten. Damit vervollständigt die Dienstleistungsfreiheit den Schutz wirtschaftlicher Austauschvorgänge im Binnenmarkt durch den Schutz unkörperlich erbrachter, aber wirtschaftlich relevanter Leistungen.[644] **552**

I. Anwendbarkeit

1. Keine generelle Subsidiarität

Anders als die Begriffsbestimmung der Dienstleistung in Art. 57 Abs. 1 AEUV vermuten lässt, besteht **keine generelle Subsidiarität** der Dienstleistungsfreiheit gegenüber der Warenverkehrs- und Kapitalverkehrsfreiheit sowie der Personenfreiheiten.[645] Betrifft aber eine staatliche Maßnahme sowohl die Dienstleistungsfreiheit als auch eine der anderen in Art. 57 Abs. 1 a.E. AEUV genannten Grundfreiheiten, prüft der Gerichtshof, inwieweit diese Maßnahme die Ausübung dieser Grundfreiheiten berührt und ob unter den gegebenen Umständen eine von ihnen hinter die andere zurücktritt. Dies ist der Fall, wenn eine der beiden Freiheiten der anderen gegenüber völlig zweitrangig ist und ihr zugeordnet werden kann.[646] **553**

Dieses Kriterium ist mit der **Einzelfallspezialität** vergleichbar, die zur Auflösung einer Kollision von Grundrechten aus dem deutschen Grundgesetz angewendet wird.

2. Vorrangiges Sekundärrecht

Art. 59 AEUV erlaubt es den Organen der Union, im ordentlichen Gesetzgebungsverfahren ggü. der Dienstleistungsfreiheit vorrangige sekundärrechtliche Spezialregelungen zu erlassen. Hier erlangt die Richtlinie 2006/123/EG über Dienstleistung im Binnenmarkt (sog. Dienstleistungsrichtlinie) besondere Bedeutung. Diese beinhaltet Vorschriften, welche der Dienstleistungsfreiheit nicht nur vor-, sondern auch über sie hinausgehen. **554**

II. Schutzbereich

1. Sachlicher Schutzbereich

a) Dienstleistungsbegriff

Anders als die Konzeption vermuten lässt, wird Art. 57 AEUV nicht als Legaldefinition der geschützten Dienstleistung angesehen.[647] Die darin aufgezählten Fälle stellen vielmehr **555**

644 Vgl. Haratsch/Koenig/Pechstein Rn. 1002.

645 EuGH EuZW 2006, 689 Rn. 32 *Fidium Finanz*; Kluth in: Calliess/Ruffert, Art. 57 AEUV Rn. 15.

646 EuGH RÜ 2017, 518, 520 Rn. 58 *Vanderborght*; EuZW 2006, 689 Rn. 34 *Fidium Finanz*; EuZW 2004, 753 Rn. 26 *Omega*.

647 Vgl. Haratsch/Koenig/Pechstein Rn. 1004.

in jedem Fall eine geschützte Dienstleistung dar, während aber auch Leistungen, die nicht in den ausdrücklich umschriebenen Bereich fallen, als Dienstleistung anzusehen sein können. **Dienstleistung** ist demnach jede selbständig und vorübergehend ausgeführte Leistung nicht-körperlicher Art, die in der Regel gegen ein Entgelt erbracht wird.

556 ■ Wie sich aus Art. 57 Abs. 1 AEUV ergibt, muss die Leistung in der Regel **gegen Entgelt** erbracht werden. Entgelt ist jede wirtschaftliche Gegenleistung.[648] Das Merkmal dient lediglich dazu, nicht zum (Erwerbs-)Wirtschaftsleben zuzuordnende Leistungen auszuschließen. Denn anderweitige Leistungen verfügen nicht über den erforderlichen Bezug zum Binnenmarkt, welchen die Grundfreiheiten schützen.

557 ■ Dass die Leistung zudem **nicht-körperlich** sein muss, dient der Abgrenzung der Dienstleistungsfreiheit zur **Warenverkehrsfreiheit**. Diese Unterscheidung bereitet naturgemäß besondere Schwierigkeiten, da im Bereich der Herstellung von Waren zugleich Dienstleistungen erbracht werden. Erfolgen nicht-körperliche und körperliche Leistungen zeitlich nacheinander, sind die jeweiligen Leistungen getrennt voneinander der jeweils einschlägigen Freiheit zu unterwerfen.[649]

Beispiel: Ausstrahlung einer Fernsehsendung an der Dienstleistungsfreiheit, Handel mit Tonträgern und Filmen, die bei der Sendung verwendet wurden, an der Warenverkehrsfreiheit[650]

Geht die nicht-körperlich erbrachte Leistung in dem späteren Gegenstand auf, richtet sich die Zuordnung danach, welcher Teil den **Schwerpunkt** bildet.[651]

Beispiel: Obwohl Drucken die Erbringung einer Dienstleistung beinhaltet, ist das dadurch geschaffene Druckerzeugnis ausschließlich an der Warenverkehrsfreiheit zu messen.[652]

558 ■ Die Leistung erfolgt **selbstständig**, wenn sie vom Leistungserbringer außerhalb eines Arbeitsverhältnisses erbracht wird.[653] Anderenfalls wäre der Schutzbereich der **Arbeitnehmerfreizügigkeit** betroffen.

559 ■ Letztlich erfasst die Dienstleistung – in Abgrenzung zur **Niederlassungsfreiheit** – nur solche Leistungen, die **vorübergehend** erbracht werden. Dieses Merkmal ist jedenfalls dann erforderlich, wenn nicht nur die Leistung, sondern auch der Leistungserbringer die Grenze zu einem anderen Mitgliedstaat überschreitet. Nimmt er dauerhaft selbstständige Tätigkeiten im Aufnahmestaat wahr, kann er sich auf die Niederlassungsfreiheit berufen, bei vorübergehenden Tätigkeiten ist die Dienstleistungsfreiheit einschlägig. Ob die Tätigkeit vorübergehend ist, bemisst sich nicht nur an der Dauer ihrer Erbringung, sondern auch an ihrer Häufigkeit, regelmäßigen Wiederkehr oder Kontinuität.[654] Allerdings können auch langfristig erbrachte Leistungen noch als Dienstleistung einzuordnen sein, sofern sie im Rahmen eines einheitlichen, auf einen längeren Zeitraum erstreckten Großprojektes erbracht werden.[655]

---

648 EuGH Slg. 1988, 5365 Rn. 15 ff. *Humbel.*

649 Randelzhofer/Forsthoff in: Grabitz/Hilf/Nettesheim, Art. 57 AEUV Rn. 37.

650 EuGH Slg. 1974, 408 Rn. 6 ff. *Sacchi.*

651 EuGH EuZW 2011, 219 Rn. 49 f. *Josemans*; Randelzhofer/Forsthoff in: Grabitz/Hilf/Nettesheim, Art. 57 AEUV Rn. 38.

652 EuGH Slg. 1985, 1339 Rn. 12 *Kommission/Frankreich.*

653 Müller-Graff in: Streinz, Art. 56 AEUV Rn. 26.

654 EuGH Slg. 1995, I-4165 Rn. 27 *Gebhard*; Müller-Graff in: Streinz, Art. 56 Rn. 27 m.w.N.; Haratsch/Koenig/Pechstein Rn. 1008; generell gegen dieses Merkmal Randelzhofer/Forsthoff in: Grabitz/Hilf/Nettesheim, Art. 57 AEUV Rn. 43.

655 EuGH EuZW 2004, 94 Rn. 30 *Schnitzer*; Slg. 2004, I-5645 Rn. 26 *Kommission/Portugal.*

b) Grenzüberschreitender Bezug

Aus dem Wortlaut des Art. 56 Abs. 1 AEUV folgt, dass im EU-Ausland ansässige Dienstleister den inländischen Dienstleistern gleichgestellt werden sollen. Dies bringt den erforderlichen **grenzüberschreitenden Bezug** zum Ausdruck. Eine ausreichende Grenzüberschreitung liegt vor, wenn 560

- sich der Dienstleister zum Zwecke der Erbringung der Leistung zum Dienstleistungsempfänger begibt und dabei bzw. dazu die Grenze zu einem anderen Mitgliedstaat überschreitet (sog. **aktive Dienstleistungsfreiheit**, Regelfall der Dienstleistungsfreiheit, vgl. Art. 57 Abs. 3 AEUV),[656]
- sich der Dienstleistungsempfänger zum Dienstleister in einen anderen Mitgliedstaat der Union begibt (sog. **passive Dienstleistungsfreiheit**),[657]
- sich sowohl der Dienstleister als auch der Dienstleistungsempfänger zum Zwecke der Dienstleistung in einem Drittstaat zusammenfinden, wo sodann die Dienstleistung erbracht wird (sog. **auslandsbedingte Dienstleistung**)[658] oder

  Beispiel: mitreisender Fremdenführer[659]

- lediglich die Dienstleistung die Grenze überschreitet und sowohl der Dienstleistungsempfänger als auch der Dienstleister in ihren jeweiligen Mitgliedstaaten verbleiben (sog. **Korrespondenzdienstleistung**).

  Beispiel: Banken- und Versicherungsdienste[660]

Da sich der Dienstleistungserbringer oder -empfänger in allen Fällen – mit Ausnahme der Korrespondenzdienstleistung – in einen anderen Mitgliedstaat begeben muss, garantiert Art. 56 AEUV die hierfür notwendigen **Begleitrechte** (z.B. Aufenthalt).[661] 561

2. Persönlicher Schutzbereich

Als Dienstleister und Dienstleistungsempfänger kommen zunächst alle **natürlichen Personen** in Betracht, die die Staatsangehörigkeit eines Mitgliedstaates besitzen (Unionsbürger). Ihnen gleichgestellt sind nach Art. 62 i.V.m. Art. 54 AEUV die **juristischen Personen**, die ihren satzungsmäßigen Sitz, ihre Hauptverwaltung oder ihre Hauptniederlassung innerhalb der Union haben (s.o. Rn. 531). 562

3. Bereichsausnahme

Aufgrund der Verweisung in Art. 62 AEUV gilt Art. 51 Abs. 1 AEUV entsprechend. Damit sind solche Dienstleistungen aus dem Schutzbereich der Dienstleistungsfreiheit ausgegrenzt, die mit der Ausübung öffentlicher Gewalt verbunden sind (s.o. Rn. 544). 563

---

656 Randelzhofer/Forsthoff in: Grabitz/Hilf/Nettesheim, Art. 57 AEUV Rn. 52; Haratsch/Koenig/Pechstein Rn. 1012.

657 EuGH EuZW 2017, 394 Rn. 35 *Piringer/Bezirksgericht Freistadt;* NVwZ 2013, 1465 Rn. 35 m.w.N. *Demirkan*; Oppermann/Classen/Nettesheim § 25 Rn. 9.

658 Haratsch/Koenig/Pechstein Rn. 1012.

659 EuGH Slg. 1991, I-659 Rn. 9 ff. *Kommission/Frankreich*.

660 EuGH Slg. 1995, I-1141 Rn. 1 ff. *Alpine Investments*.

661 Kluth in: Calliess/Ruffert, Art. 57 AEUV Rn. 64 m.w.N.

III. Diskriminierung oder Beschränkung

564 Auch die Dienstleistungsfreiheit verfügt über keinen spezifischen Eingriffsbegriff. Ein solcher liegt also in jeder **offenen**[662] oder **versteckten Diskriminierung**[663] wegen der Staatsangehörigkeit bzw. in jeder **sonstigen Beschränkung** des Schutzbereichs. Die Dienstleistungsfreiheit untersagt dabei solche Beschränkungen die geeignet sind, die Tätigkeit des Dienstleistenden, der in einem anderen Mitgliedstaat ansässig ist und dort rechtmäßig ähnliche Dienstleistungen erbringt, zu unterbinden, zu behindern oder weniger attraktiv zu machen. Dies gilt selbst für den Fall, dass sie unterschiedslos für einheimische Dienstleistende wie für Dienstleistende anderer Mitgliedstaaten gelten.[664]

Teilweise wird in der Lit. vorgeschlagen, solche Beschränkungen auszuscheiden, die den Marktzugang des Dienstleisters nur in einem unerheblichen Umfang behindern (Übertragung der Keck-Rspr. zur Warenverkehrsfreiheit).[665] Eine wegweisende Entscheidung des Gerichtshofs zu diesem Bereich fehlt. Allerdings hat er in einer Entscheidung das bloße Entstehen zusätzlicher Kosten für den Zugang zum Markt nicht als ausreichende Beschränkung angesehen.[666]

IV. Rechtfertigung

565 Ebenfalls aufgrund der Verweisung in Art. 62 AEUV greift – insbesondere für offene Diskriminierungen – der Rechtfertigungsgrund aus **Art. 52 Abs. 1 AEUV** ein, sodass diskriminierende nationale Vorschriften aus Gründen der öffentlichen Sicherheit, Ordnung und Gesundheit gerechtfertigt werden können, wenn sie zugleich den Grundsatz der Verhältnismäßigkeit wahren (zu Einzelheiten s.o. Rn. 548).

566 Im Rahmen der ungeschriebenen Rechtfertigungsgründe erkennt der Gerichtshof nicht nur eine Rechtfertigung aus **zwingenden Gründen des Allgemeininteresses** an, die rechtlich wie tatsächlich diskriminierungsfrei für alle im betreffenden Staat tätigen Personen und Unternehmen gelten.[667]

Beispiele: Schutz der Verbraucher,[668] Schutz der öffentlichen Gesundheit[669]

567 Aber auch eine Rechtfertigung zugunsten **kollidierender Grundrechte** ist denkbar.

Fall 11: Rechtfertigung zugunsten kollidierender Grundrechte

Die D-GmbH betreibt in der deutschen Stadt M einen sog. „Laserdrome". Hierbei handelt es sich um ein in einer großen Halle mithilfe von Leichtbauwänden aufgebautes Labyrinth, in dem einzelne Spieler gegeneinander antreten. Die Spieler werden mit Laserzielgeräten ausgestattet, die dem Erscheinungsbild von Maschinengewehren ähneln, und tragen Stoffwesten mit Empfängern am Brust und Rücken, mit denen die Treffer aufgezeichnet werden. Für jeden Treffer werden dem Schützen Punkte gutge-

662 EuGH Slg. 1982, 223 Rn. 8 *Seco*; EuGH Slg. 1998, I-6717 Rn. 31 f. *Kommission/Spanien*.

663 EuGH EuZW 2003, 186 *Dogenpalast*; Slg. 2002, I-787 Rn. 34 *Portugaia Constucoes*; Oppermann/Classen/Nettesheim, § 25 Rn. 13; Haratsch/Koenig/Pechstein Rn. 1023.

664 EuGH RÜ 2017, 518, 520 Rn. 63 *Vanderborght*; EuZW 2017, 394 Rn. 49 *Piringer/Bezirksgericht Freistadt*; Slg. 1991, I-4221 Rn. 12 *Säger*; Randelzhofer/Forsthoff in: Grabitz/Hilf/Nettesheim, Art. 57 AEUV Rn. 100.

665 Vgl. Randelzhofer/Forsthoff in: Grabitz/Hilf/Nettesheim, Art. 57 AEUV Rn. 106 ff.

666 EuGH Slg. 2005, I-7723 Rn. 31 ff. *Mobistar*.

667 Oppermann/Classen/Nettesheim, § 25 Rn. 19.

668 EuGH Slg. 1997, I-3843 *De Agostini*.

669 EuGH RÜ 2017, 518, 521 Rn. 67 *Vanderborght*.

schrieben, dem Getroffenen Punkte abgezogen. Die Spielzeit ist auf 15 Minuten beschränkt. Sieger ist, wer die meisten Punkte durch „Abschüsse" erzielt. Das Spielen ist für jeden Interessenten gegen ein Entgelt möglich.

Als die zuständige Ordnungsbehörde von dem Angebot der D-GmbH erfährt, erlässt sie – gestützt auf die ordnungsbehördliche Generalklausel – eine Verfügung, mit der sie der D-GmbH die Durchführung des Spiels untersagt. Zur Begründung verweist sie auf die mit der Durchführung einhergehende Gefahr für die öffentliche Ordnung, weil die simulierten Tötungshandlungen und die damit einhergehende Verharmlosung von Gewalt gegen die grundlegenden Wertvorstellungen der Allgemeinheit verstießen. Zudem verletze das spielerische Töten die Menschenwürde aus Art. 1 Abs. 1 S. 1 GG, da es die Spieler zu einem Objekt des Spiels herabwürdige. Die D-GmbH sieht sich durch diese Entscheidung in ihrer Dienstleistungsfreiheit verletzt, da sie das Spiel aufgrund eines Franchisevertrags mit der B Ltd. mit Sitz in Großbritannien betreibe und auch von dieser die Ausrüstungsgegenstände für das Spiel käuflich erworben habe. Nationale Werteentscheidungen, selbst solche des Grundgesetzes, müssten hinter den Vorschriften des Unionsrechts zurücktreten. Schließlich vermarkte die B Ltd. das Spiel auch in andere Mitgliedstaaten der Union, ohne dass es dort bislang Schwierigkeiten gegeben habe. Insbesondere die Behörden in Großbritannien hätten – was zutrifft – ausdrücklich die Vereinbarkeit des Angebots mit nationalen Vorschriften erklärt. Verletzt das Verbot Grundfreiheiten?

Hinweis: Die Dienstleistungsrichtlinie und Art. 34 AEUV sind nicht zu prüfen.

Die Ordnungsverfügung könnte die **Dienstleistungsfreiheit** verletzen. Dies ist der Fall, wenn diese anwendbar ist, die Ordnungsverfügung Dienstleistungswillige diskriminiert oder den Schutzbereich des Art. 56 AEUV anderweitig beschränkt und die Diskriminierung bzw. die Beschränkung nicht gerechtfertigt ist.

I. Da die Dienstleistungsrichtlinie nicht einschlägig ist und auch keine Kollision mit anderen Grundfreiheiten vorliegt, ist die Dienstleistungsfreiheit **anwendbar**.

II. Ferner müsste der **Schutzbereich** der Dienstleistungsfreiheit eröffnet sein. **568**

1. In **sachlicher Hinsicht** erfasst Art. 56 AEUV die Freiheit der Dienstleistungserbringung. **Dienstleistung** ist jede selbstständig und vorübergehend ausgeführte Leistung nicht körperlicher Art, die in der Regel gegen ein Entgelt erbracht wird.

   Die B Ltd. stellt der D-GmbH im Rahmen eines Franchise-Regelwerk Ausrüstung und die Spielidee zur Verfügung, um in Deutschland das in Großbritannien entwickelte Spiel „Laserdrome" anzubieten. Hierfür entrichtet die D-GmbH ein Entgelt an die B Ltd., die selbstständig tätig wird. Die Spielidee sowie etwaige zukünftige Veränderungen werden zudem im Rahmen eines einmaligen oder zukünftig auf kurze Zeiträume befristeten Kontakts übermittelt, sodass die Leistungserbringung auch vorübergehend erfolgt. Demzufolge liegt eine Dienstleistung vor.

   Klausurhinweis: *Der richtige Bezugspunkt ist an dieser Stelle entscheidend!*

2. Die Dienstleistung muss **grenzüberschreitend** angeboten werden. Die B Ltd. als Dienstleistungserbringer behält ihren Sitz in Großbritannien bei und erbringt die

Dienstleistung von dort aus. Die D-GmbH als Dienstleistungsempfängerin hat ihren Sitz in Deutschland und nimmt die Dienstleistung hier in Empfang. Damit überschreitet nur die Dienstleistung die Grenze, was von der Dienstleistungsfreiheit in der Form der sog. **Korrespondenzdienstleistungsfreiheit** erfasst wird. Der erforderliche grenzüberschreitende Bezug ist damit gegeben.

3. In **persönlicher Hinsicht** wird nicht nur die Erbringung von Dienstleistungen durch natürliche Personen geschützt, sondern auch die Erbringung durch **Gesellschaften**, Art. 62 i.V.m. Art. 54 Abs. 1 AEUV. Hierunter fallen nach Art. 54 Abs. 2 AEUV u.a. die Gesellschaften bürgerlichen Rechts und des Handelsrechts, zu denen die GmbH sowie die Ltd. gehören. Diese haben ihren satzungsmäßigen Sitz in Mitgliedstaaten der Union, sodass der persönliche Schutzbereich eröffnet ist.

4. Da die **Ausübung öffentlicher Gewalt** nicht Gegenstand des Franchisevertrages ist, greift die Bereichsausnahme des Art. 62 i.V.m. Art. 51 AEUV nicht ein.

Der Schutzbereich der Dienstleistungsfreiheit ist eröffnet.

569 III. Die Ordnungsverfügung könnte eine **Diskriminierung** oder **Beschränkung** der Dienstleistungsfreiheit darstellen.

1. Da die Ordnungsverfügung nicht an die Staatsangehörigkeit bzw. den Sitz der Gesellschaften anknüpft, scheidet eine **Diskriminierung** von vornherein aus.

2. Allerdings steht die Dienstleistungsfreiheit auch **sonstigen Beschränkungen** entgegen, die nicht aufgrund der Staatsangehörigkeit ergangen sind, wenn diese geeignet sind, die Tätigkeit des Dienstleistenden, der in einem anderen Mitgliedstaat ansässig ist und dort rechtmäßig ähnliche Dienstleistungen erbringt, zu unterbinden oder zu behindern. Die B Ltd. unterhält Franchiseverträge mit Vertragspartnern in anderen Mitgliedstaaten, ohne dass die Ordnungsbehörden dort gegen die Dienstleistung eingeschritten wären. Dies gilt insbes. für den Sitzstaat Großbritannien, sodass die B Ltd. die Dienstleistung im Staat ihres Sitzes rechtmäßig erbringt. Die Ordnungsverfügung untersagt der D-GmbH die Nutzung der Dienstleistung mit der Folge, dass die B Ltd. ihre Dienstleistung im Zuständigkeitsbereich der Ordnungsbehörde nicht erbringen kann. Folglich liegt eine Beschränkung der Dienstleistungsfreiheit vor.

IV. Diese Beschränkung könnte allerdings **gerechtfertigt** sein.

570 1. Eine Rechtfertigung nach **Art. 62 i.V.m. Art. 52 Abs. 1 AEUV** scheidet grundsätzlich aus, da diese Vorschrift lediglich **Sonderregeln für Ausländer** aus Gründen der öffentlichen Ordnung, Sicherheit oder Gesundheit rechtfertigt. Wie bereits oben dargelegt, handelt es sich bei der Ordnungsverfügung jedoch nicht um eine Beschränkung, die aufgrund der Staatsangehörigkeit ergangen ist.

2. Fraglich ist, ob die in Art. 62 i.V.m. Art. 52 Abs. 1 AEUV genannten Gründe **entsprechend** zur Rechtfertigung herangezogen werden können.

571 a) Dagegen spricht zwar der **Wortlaut** des Art. 52 Abs. 1 AEUV. Wenn aber die Gründe bereits geeignet sind, eine Diskriminierung ausländischer Bürger zu gestatten, die in ihren Auswirkungen schwerer wiegt als eine unterschiedslose

Maßnahme des Mitgliedstaates, müssen sie **erst recht zu einer Rechtfertigung sonstiger Beschränkungen** herangezogen werden dürfen.[670] Folglich kann die Beschränkung auf Art. 62 i.V.m. Art. 52 Abs. 1 AEUV gestützt werden.

Es ist ebenfalls vertretbar, die Anwendbarkeit des Art. 52 AEUV unter Verweis auf den Wortlaut abzulehnen und die relevanten Grundrechte den zwingenden Gründen des Allgemeininteresses zuzuordnen[671] oder gar als eigenen Rechtfertigungsgrund anzuerkennen. In der zugrunde liegenden Entscheidung des Gerichtshofs ordnet dieser die Grundrechte dem Begriff der öffentlichen Ordnung unter, ohne die unterschiedlichen Möglichkeiten der dogmatischen Einordnung anzusprechen.[672]

b) Die Ordnungsbehörde führte zur Begründung ihrer Ordnungsverfügung an, diese zum **Schutz der öffentlichen Ordnung** erlassen zu haben. Der Begriff der öffentlichen Ordnung in Art. 52 Abs. 1 AEUV wird unionsrechtlich und eng ausgelegt. Hierauf können sich mitgliedstaatliche Behörden nur berufen, wenn eine **tatsächliche und hinreichend schwere Gefährdung vorliegt, die ein Grundinteresse der Gesellschaft berührt**. Dabei ist zu berücksichtigen, dass die konkreten Umstände, die möglicherweise die Berufung auf den Begriff der öffentlichen Ordnung rechtfertigen, von Land zu Land und im zeitlichen Wechsel verschieden sein können. Insoweit ist den innerstaatlichen Behörden daher ein **Beurteilungsspielraum** innerhalb der durch die unionsrechtlichen Verträge gesetzten Grenzen zuzubilligen. **572**

aa) Die Gefährdung eines Grundinteresses könnte vorliegend in einer **Verletzung der Menschenwürde** als grundlegende Wertvorstellung vorliegen. Trotz des zuerkannten Beurteilungsspielraums der Mitgliedstaaten und der Verankerung der Menschenwürde in Art. 1 Abs. 1 GG lässt sich die Menschenwürde zur Einschränkung der Dienstleistungsfreiheit insbesondere dann heranziehen, wenn es sich um einen Rechtsgrundsatz handelt, der auch im Unionsrecht verankert ist. **573**

Ähnlich wie im deutschen Grundgesetz ist der **Charta der Grundrechte der Europäischen Union (GrCh)** der Schutz der Menschenwürde in Art. 1 GrCh vorangestellt. Die GrCh ist ihrerseits gemäß **Art. 6 Abs. 1 EUV** verbindliches Primärrecht, da sie den Verträgen über die Europäische Union und die Arbeitsweise der Europäischen Union gleichgestellt ist. Demzufolge hat die Menschenwürde ihren Niederschlag im Unionsrecht gefunden. Es handelt sich damit nicht nur um ein nationales Prinzip, sondern um ein solches, das unionsweit – in erster Linie von den Organen der Europäischen Union, vgl. Art. 51 Abs. 1 GrCh – berücksichtigt werden muss. Ferner kommt es als **allgemeiner Rechtsgrundsatz** in den Verfassungen der einzelnen Mitgliedstaaten zum Ausdruck, sodass es sich bei der Menschenwürde um ein schützenswertes Grundinteresse der Gesellschaft handelt.

bb) Auch eine hinreichend schwere **Gefährdung** des Grundinteresses liegt vor. Durch das Spiel, dass durch die Punktevergabe die spielerische Tötung **574**

---

670 Mit diesem Argument auch Streinz Rn. 924.

671 So Oppermann/Classen/Nettesheim § 25 Rn. 20.

672 EuGH EuZW 2004, 753 Rn. 29 ff. *Omega*.

der Mit- bzw. Gegenspieler belohnt, wird das menschliche Leben zum bloßen Objekt des Spiels degradiert. Das Töten wird in einer Art und Weise verharmlost, die mit den Grundinteressen der Gesellschaft nicht in Einklang zu bringen ist.

575 cc) Jedoch können Maßnahmen, durch die der freie Dienstleistungsverkehr beschränkt wird, nur dann durch Gründe der öffentlichen Ordnung gerechtfertigt werden, wenn sie zum Schutz der Belange, die sie gewährleisten sollen, **erforderlich** sind, und auch nur insoweit, als diese Ziele nicht mit Maßnahmen erreicht werden können, die den freien Dienstleistungsverkehr weniger einschränken.

(1) Gegen die **Verhältnismäßigkeit** der Maßnahme spricht nicht von vornherein, dass dieselbe Dienstleistung **in anderen Mitgliedstaaten der Europäischen Union erlaubt** ist. Denn aufgrund der unterschiedlichen sittlichen, religiösen und kulturellen Erwägungen können die einzelnen Werte in den unterschiedlichen Rechtsordnungen voneinander abweichend gewichtet werden. Vielmehr sind die Mitgliedstaaten im Rahmen des ihnen bereits oben zuerkannten Beurteilungsspielraums berechtigt festzulegen, welchen **Grad des Schutzes** sie auf ihrem Gebiet sicherstellen wollen. Diesen Beurteilungsspielraum haben die Behörden der Bundesrepublik Deutschland durch die streitbefangene Maßnahme jedoch nicht überschritten.

(2) Fraglich ist, ob ein **milderes Mittel** als das Spielverbot in Betracht kommt, um die Menschenwürde gleichsam zu schützen. Dagegen spricht jedoch, dass die deutsche Ordnungsbehörde **lediglich die besondere Art des Spiels untersagt** hat. Andere Spielvarianten, in denen beispielsweise der Punktgewinn nicht ausschließlich durch das fingierte Töten der Mitspieler erreicht wird, sondern auch andere Zwecke verfolgt werden, bleiben gleichsam erlaubt. Dies gilt auch, wenn die vorliegend verwendete Technik in die andere Spielvariante eingebunden werden würde. Folglich beschränkt sich das Verbot auf dasjenige Mittel, das zur Wahrung der Menschenwürde tatsächlich erforderlich ist. Das Verbot erweist sich folglich als verhältnismäßige Beschränkung der Dienstleistungsfreiheit, sodass diese gerechtfertigt ist.[673]

Demgegenüber werden Paintball-Spiele nicht als verbotene Spielarten angesehen, da sie nicht nur ein simuliertes Töten des Gegenspielers, sondern die Erreichung zusätzlicher und vorrangiger Ziele (wie z.B. die Eroberung einer neutralen Fahne, sog. capture the flag) verlangen.[674]

Die Dienstleistungsfreiheit ist nicht verletzt.

Ergebnis: Durch das behördliche Verbot werden keine Grundfreiheiten verletzt.

---

673 So im Ergebnis auch EuGH EuZW 2004, 753 *Omega*.

674 Vgl. BayVGH ZfBR 2013, 271.

Dienstleistungsfreiheit, Art. 56 AEUV

I. Anwendbarkeit

Kein aufgrund von Art. 59 AEUV erlassenes Sekundärrecht

II. Schutzbereich

1. Sachlicher Schutzbereich
   a) Dienstleistung = jede selbstständig und vorübergehend ausgeführte Leistung nicht körperlicher Art, die in der Regel gegen ein Entgelt erbracht wird
   b) Grenzüberschreitender Bezug
      - Aktive Dienstleistungsfreiheit
      - Passive Dienstleistungsfreiheit
      - Auslandsbedingte Dienstleistungen
      - Korrespondenzdienstleistung
2. Persönlicher Schutzbereich
   a) Unionsbürger
   b) Gesellschaften, Art. 62 i.V.m. Art. 54 AEUV
3. Keine Bereichsausnahme für Tätigkeiten, die in einem Mitgliedstaat dauernd oder zeitweise mit der Ausübung öffentlicher Gewalt verbunden sind, Art. 62 i.V.m. Art. 51 AEUV

III. Beschränkung

1. Offene oder versteckte Diskriminierung wegen der Staatsangehörigkeit

   Beachte: Rechtfertigung dann nur nach Art. 62 i.V.m. Art. 52 Abs. 1 AEUV möglich!
2. Beschränkung der Dienstleistungsfreiheit = jede Maßnahme, die geeignet ist, die Tätigkeit des Dienstleistenden, der in einem anderen Mitgliedstaat ansässig ist und dort rechtmäßig ähnliche Dienstleistungen erbringt, zu unterbinden oder zu behindern, selbst wenn sie unterschiedslos für einheimische Dienstleistende sowie für Dienstleistende anderer Mitgliedstaaten gilt

IV. Rechtfertigung

1. Ausdrücklicher geschriebener Rechtfertigungsgrund, Art. 62 i.V.m. Art. 52 AEUV
   a) Öffentliche Ordnung, Sicherheit oder Gesundheit
   b) Grundsatz der Verhältnismäßigkeit: legitimes Ziel, geeignet, erforderlich
2. Ungeschriebener Rechtfertigungsgrund
   a) Beschränkung wird in nicht-diskriminierender Weise angewendet
   b) Zwingender Grund des Allgemeinwohls
   c) Grundsatz der Verhältnismäßigkeit: legitimes Ziel, geeignet, erforderlich
3. EU-Grundrechte

G. Kapital- und Zahlungsverkehrsfreiheit

576 Art. 63 AEUV enthält zwei für das Funktionieren der Wirtschafts- und Währungsunion maßgebliche Grundfreiheiten: die Kapitalverkehrsfreiheit (Art. 63 Abs. 1 AEUV) und die Zahlungsverkehrsfreiheit (Art. 63 Abs. 2 AEUV).

Klausurhinweis: *Kenntnisse dieser beiden Grundfreiheiten sind indes nur im Überblick erforderlich, spielten sie doch (bislang) in den Klausuren eine stark untergeordnete Rolle.*

I. Freiheit des Kapitalverkehrs

577 Ziel und Zweck der Aufhebung aller Beschränkungen des Kapitalflusses innerhalb der Union ist es, durch die weitestgehende Mobilität des Produktionsfaktors Kapital eine kostenorientierte Standortverteilung der Produktion in der Union zu gewährleisten. In diesem Sinne soll es möglich sein, das Kapital dort dem Wirtschaftsprozess zuzuführen, wo die höchste Rendite und die besten Erträge zu erzielen sind.[675]

1. Begriff und Umfang der Freiheit des Kapitalverkehrs

578 Eine Definition des Kapitalverkehrs sehen die Verträge nicht vor. Um die Kapitalverkehrsfreiheit zu den anderen Freiheiten – insbes. dem freien Zahlungsverkehr i.S.d. Art. 63 Abs. 2 AEUV abzugrenzen, kann der **Kapitalverkehr** als die im Wesentlichen einseitige, d.h. nicht Zug um Zug gegen eine andere Leistung erfolgende, Wertübertragung von einem Mitgliedstaat in einen anderen bezeichnet werden, die regelmäßig auch zugleich eine Vermögensanlage darstellt.[676] Diese Wertübertragung kann in Form von Sachkapital (Direktinvestitionen, wie z.B. Immobilienerwerb, Unternehmensbeteiligungen) oder Geldkapital (Erwerb von Anleihen, Bürgschaften, Wertpapieren etc.) erfolgen. Beim Kapitalverkehr handelt es sich somit in erster Linie um **Finanzgeschäfte**. Auch der Transfer von Banknoten, also das tatsächliche Verbringen des Geldes über die Staatsgrenze, ist grundsätzlich als Kapitalverkehr anzusehen. Insoweit ergeben sich allerdings besondere Abgrenzungsschwierigkeiten zur Zahlungsverkehrsfreiheit. Die Abgrenzung kann ohnehin nicht immer vollumfänglich gelingen, da beide Freiheiten in einer **symbiotischen Beziehung** zueinander stehen.[677]

579 Art. 63 Abs. 1 AEUV enthält ein **umfassendes Beschränkungsverbot** für den Kapitalverkehr. Es gilt sowohl für devisenrechtliche Regelungen, also direkte Eingriffe in grenzüberschreitende Kapitalbewegungen, als auch für nicht devisenrechtliche Bestimmungen, d.h. spezielle Anlage- und Verwendungsvorschriften, Vorschriften zur Stellung von Bardepots oder Emissions- und Börsenzulassungsvorschriften.[678]

2. Abgrenzung zur Niederlassungsfreiheit

580 Besondere Schwierigkeiten bereitet die Abgrenzung zur **Niederlassungsfreiheit**, wenn Maßnahmen an die Beteiligung in den Mitgliedstaaten niedergelassener und tätiger ju-

675 Oppermann/Classen/Nettesheim, § 30 Rn. 6 f.
676 Vgl. EuGH Slg. 1984, 377 Rn. 21 *Luisi u. Carbone*; Bleckmann Rn. 1702.
677 Oppermann/Classen/Nettesheim § 30 Rn. 5.
678 Streinz Rn. 925 ff.

ristischer Personen geknüpft werden. Der Gerichtshof gibt in seiner Rspr. der Niederlassungsfreiheit den Vorzug, welche die Kapitalverkehrsfreiheit in diesen Fällen verdrängen soll. Beispielsweise hat der Gerichtshof mitgliedstaatliche Maßnahmen, welche die kontrollierende Stellung eines Anteilseigners zum Gegenstand haben (sog. „Golden Shares", z.B. im sog. „VW-Gesetz"), selbst dann nur an Art. 49 AEUV gemessen, wenn sie sich auf den grenzüberschreitenden Kapitalfluss auswirken.[679] Solange die Maßnahmen allerdings nur die Investitionen unterhalb der Schwelle zum bestimmenden Einfluss behindern, ist die Kapitalverkehrsfreiheit einschlägig.[680]

3. Begünstigte der Kapitalverkehrsfreiheit

Ein **persönlicher Schutzbereich** ist bei der Kapitalverkehrsfreiheit **nicht vorgesehen**, **581**
sodass sich nicht nur Staatsangehörige der Mitgliedstaaten, sondern auch natürliche und juristische Personen aus Drittstaaten auf Art. 63 AEUV berufen können.[681]

4. Beschränkungen und ihre Rechtfertigung

Grundsätzlich sind alle Beschränkungen des Kapitalverkehrs durch die Vorschrift in **582**
Art. 63 Abs. 1 AEUV verboten, unabhängig davon, ob sie diskriminierend sind oder unterschiedslos angewendet werden. Allerdings sind die Beschränkungen gerechtfertigt, wenn sie aus den in Art. 65 AEUV genannten Gründen (z.B. steuerrechtliche Ungleichbehandlung) oder aus zwingenden Erfordernissen des Allgemeininteresses (z.B. Bekämpfung der Geldwäsche) angeordnet werden, die unerlässlich sind.[682] Insoweit folgt die Struktur der Kapitalverkehrs derjenigen der übrigen Grundfreiheiten.

II. Freiheit des Zahlungsverkehrs

Bei der Freiheit des Zahlungsverkehrs aus Art. 63 Abs. 2 AEUV handelt es sich zwar um **583**
eine selbstständige Grundfreiheit des AEUV. Allerdings wird sie i.d.R. als **Annexfreiheit** zu den anderen Grundfreiheiten angesehen.[683] Sie garantiert, dass der Schuldner, der eine Geldleistung für eine Warenlieferung oder eine Dienstleistung schuldet, seine vertraglichen Pflichten freiwillig und ohne unzulässige Beschränkung erfüllen und der Gläubiger eine solche Zahlung frei empfangen kann.[684]

7. Abschnitt: EU-Grundrechte

A. Grundlagen

I. Entstehungsgeschichte

Den größten Bedeutungszuwachs innerhalb des Unionsrechts können die **Grundrechte** **584**
aus der **EU-Grundrechtecharta (GRCh)** für sich verzeichnen. Während Grundrechte

679 EuGH EuZW 2015, 61 *Kronos*; EuZW 2009, 458 *Kommission/Italien*; Oppermann/Classen/Nettesheim § 30 Rn. 8.

680 Vgl. EuGH EuZW 2011, 17 *Kommission/Portugal*; GWR 2012, 572 *Test Claimants in the FII Group Litigation*.

681 Ress/Ukrow in: Grabitz/Hilf/Nettesheim, Art. 63 AEUV Rn. 120; Oppermann/Classen/Nettesheim, § 30 Rn. 11.

682 Vgl. EuGH Slg. 1993, I-487 *Veronica*; EuZW 2002, 437 *Kommission/Portugal*; Oppermann/Classen/Nettesheim, § 30 Rn. 22.

683 Bröhmer in: Calliess/Ruffert, Art. 63 Rn. 77 f.; Ress/Ukrow in: Grabitz/Hilf/Nettesheim, Art. 63 AEUV Rn. 331 ff.

684 EuGH Slg. 1999, I-3845 Rn. 17 *ED Srl*; Bröhmer in: Calliess/Ruffert, Art. 63 Rn. 78.

bei der Entstehung der Union keine Rolle spielten und dementsprechend in den Verträgen überhaupt keine Erwähnung fanden, etablierte der Gerichtshof solche Grundrechte in seiner Rspr. als **allgemeine Rechtsgrundsätze**, die dem europäischen Primärrecht zuzuordnen waren. Die einzelnen Grundrechte leitete der Gerichtshof teilweise aus der EMRK, teilweise aus den Verfassungsüberlieferungen der einzelnen Mitgliedstaaten ab (vgl. Art. 6 Abs. 3 EUV). Allerdings führte das Fehlen eines kodifizierten Grundrechtskatalogs zum Streit mit nationalen Gerichten (u.a. dem BVerfG), welche die durch die nationalen Verfassungen gewährleisteten Grundrechte ihrer Staatsangehörigen auch auf der europäischen Ebene geschützt wissen wollten (s. dazu Rn. 338 ff.).

585 Obschon das BVerfG nach einer gewissen Rechtsprechungsentwicklung des Gerichtshofs einräumte, dass ein ausreichender Grundrechtsschutz auf der Ebene des Unionsrechts gewährleistet sei, wurden die Grundrechte in der GRCh im Jahr 2000 **kodifiziert**. Trotz der Verpflichtung aller Unionsorgane und Mitgliedstaaten auf die Grundrechte in Art. 51 Abs. 1 GRCh war zunächst nicht klar, welchen **Rang** die GRCh innerhalb der Ordnung des Unionsrechts einnehmen sollte. Dies wurde mit dem Vertrag von Lissabon klargestellt: Nach **Art. 6 Abs. 1 EUV** steht die GRCh den Europäischen Verträgen gleich und gehört folglich zum **europäischen Primärrecht**. Demnach muss sich das gesamte europäische Sekundärrecht an den GRCh messen lassen.

Allerdings soll die GRCh die bisherige Grundrechtsherleitung des Gerichtshofs über die EMRK bzw. die Verfassungen der Mitgliedstaaten nicht ersetzen oder verdrängen, sondern diese dem 4. Erwägungsgrund der GRCh nach vielmehr „sichtbarer" machen und „stärken".

586 Darüber hinaus verpflichtet Art. 6 Abs. 2 EUV die Union, der **Europäischen Menschenrechtskonvention (EMRK)** beizutreten (dazu unten Rn. 634).

II. Abgrenzung zu Grundfreiheiten

587 Ebenso wie die Grundrechte enthalten auch die **Grundfreiheiten** i.S.d. Art. 28 ff. AEUV subjektive Rechte der einzelnen Unionsbürger. Allerdings unterscheiden sich die Grundrechte hinsichtlich des prinzipiellen Adressaten und dem Bezugspunkt. Die **Grundfreiheiten** beinhalten in erster Linie **Pflichten der Mitgliedstaaten** und nur als eine Art Regelungsreflex ein mit der Verpflichtung korrespondierendes subjektives Recht. Die **Grundrechte** hingegen sind **Rechte von Privatpersonen gegenüber der Union und den Mitgliedstaaten**. Zudem dienen die Grundfreiheiten der Errichtung und dem Schutz des gemeinsamen Binnenmarkts, sind damit primär **Wirtschafts- und Marktrechte**. Die Grundrechte schützen demgegenüber die persönlichen Freiheiten der Grundrechtsberechtigten.[685] Da sowohl die Grundrechte als auch die Grundfreiheiten zum europäischen Primärrecht gehören, sind sie formal und dogmatisch gleichrangig. Dies hat zur Folge, dass die Grundrechte als Grund für eine Einschränkung der Grundfreiheiten herangezogen werden können. Aber auch der umgekehrte Fall (Grundrechtsbeschränkung zum Schutze der Grundfreiheiten) ist grundsätzlich denkbar.

Hinweis: *Unterschätzen Sie die Bedeutung derartiger systematischer Fragen nicht! Sie wurden bereits sowohl als Zusatzfragen in Examensklausuren als auch in mündlichen Prüfungen gestellt!*

685 Vgl. Jarass Einl. Rn. 23.

III. Adressaten und Anwendungsbereich der GRCh

Mit Art. 51 Abs. 1 GRCh verfügt die GRCh über eine dem Art. 1 Abs. 3 GG entsprechende Vorschrift, welche primär die **Organe der Europäischen Union** auf die Einhaltung der Grundrechte verpflichtet, Art. 51 Abs. 1 S. 1 Hs. 1 GRCh. Ausweislich der Klarstellung in Art. 51 Abs. 1 S. 2 GRCh haben sie die Grundrechte bei der Ausübung der ihnen zustehenden Kompetenzen zu wahren, sind folglich im vertikalen Verhältnis gegenüber den Mitgliedstaaten und Unionsbürgern unmittelbar an die Grundrechte gebunden. 588

Die Grundrechtsbindung wird über Art. 51 Abs. 1 S. 1 Hs. 2 GRCh auf die **Mitgliedstaaten** erstreckt. Allerdings folgt aus dem Wortlaut die Einschränkung, dass die Bindung der Mitgliedstaaten nur gelten soll, soweit diese Recht der Union „durchführen". Der Wortlaut der Norm lässt dabei unterschiedliche Interpretationen zu. 589

Fall 12: Adressaten der GRCh

Mit Verkündung am 22.12.2006 – und damit vor Erlass der Vorratsdatenspeicherungsrichtlinie 2006/24/EG – trat in Deutschland das Antiterrordateigesetz (ATDG) in Kraft. Es schafft für den Bereich der Bekämpfung des internationalen Terrorismus die Rechtsgrundlage für eine Verbunddatei von Polizeibehörden und Nachrichtendiensten von Bund und Ländern. Das ATDG konstruiert die Antiterrordatei als ein System, mit dem Behörden in Erfahrung bringen können, welche weitere Behörde Daten über die verdächtige Person bereithält. Daneben enthält die Antiterrordatei aber auch sog. Klardaten: Hierbei handelt es sich um personenbezogene Daten der verdächtigen Personen, wobei zwischen Grunddaten (z.B. Name, Anschrift, Geschlecht, körperliche Merkmale) und erweiterten Grunddaten (z.B. Bankverbindungen, Telekommunikationsanschlüsse, Religionszugehörigkeit, Waffenbesitz und Gewaltbereitschaft) unterschieden wird. Zu den von der Speicherung betroffenen Personen gehören insbesondere Mitglieder oder Unterstützer einer inländischen terroristischen Vereinigung mit internationalem Bezug oder einer ausländischen terroristischen Vereinigung mit Bezug zur Bundesrepublik Deutschland, aber auch deren sonstige Kontaktpersonen.

Verstößt das ATDG gegen die GrCh?

Das ATDG verstößt gegen die GrCh, wenn diese anwendbar ist, das ATDG in den Schutzbereich der Grundrechte eingreift und dieser Eingriff nicht gerechtfertigt ist.

Fraglich ist bereits, ob die GrCh überhaupt **anwendbar** ist. 590

I. Nach **Art. 51 Abs. 1 S. 1 Hs. 1 GRCh** gilt die GRCh in erster Linie für die Organe, Einrichtungen und sonstigen Stellen der Europäischen Union. Hieraus folgt dementsprechend keine Grundrechtsbindung der Bundesrepublik Deutschland.

II. Allerdings gilt die GRCh nach **Art. 51 Abs. 1 S. 1 Hs. 2 GRCh** bei der **Durchführung von Unionsrecht** auch für die **Mitgliedstaaten** der Europäischen Union.

   1. Zum **Unionsrecht** in diesem Sinne gehören neben dem Primärrecht alle in Art. 288 AEUV vorgesehenen Handlungsformen, also Richtlinien, Verordnungen, 591

Beschlüsse, Empfehlungen und Stellungnahmen, aber auch untypische Handlungsformen wie etwa Fördermaßnahmen und Verträge. Die **Durchführung** des Unionsrechts betrifft in erster Linie die Umsetzung und den Vollzug des Unionsrechts. Erfasst sind damit zum einen legislative Maßnahmen wie z.B. die Umsetzung einer EU-Richtlinie in nationales Recht sowie der administrative Vollzug von EU-Verordnungen und unmittelbar geltenden Richtlinien.[686]

Das ATDG beruht jedoch auf dem autonomen Entschluss des deutschen Gesetzgebers, eine Antiterrordatei zum Zwecke der Zentralisierung von Informationen im Bereich des nationalen oder internationalen Terrorismus vorrätig zu halten. Damit liegt grundsätzlich keine Durchführung von Unionsrecht vor.

592 2. Fraglich ist allerdings, ob die Vorschrift des Art. 51 Abs. 1 S. 1 Hs. 2 GRCh **weiter ausgelegt** werden kann oder muss, um auch andere nationale Maßnahmen, die nicht unmittelbar durch das Unionsrecht beeinflusst werden, aber mittelbar die Interessen und Vorschriften der Union betreffen, an der GRCh messen zu können.

593 a) Der **Gerichtshof** vertritt eine **weite Auslegung**. Während die Art. 51 Abs. 1 S. 2 Hs. 2 GRCh bislang im Sinne der klassischen Vollzugs- und Umsetzungskonstellation verstanden wurde, bejaht der Gerichtshof die Bindung der Mitgliedstaaten an die EU-Grundrechte über den Wortlaut der GRCh hinaus für sonstige Fälle, in denen die Maßnahmen der Mitgliedstaaten in den **Geltungsbereich des Unionsrechts** fallen. Es dürfe keine Fallgestaltung geben, die vom Unionsrecht erfasst würde, ohne dass die GRCh anwendbar sei.[687]

Allerdings genügt dem Gerichtshof **nicht jedweder Berührungspunkt** mit dem Unionsrecht. Für die Durchführung des Rechts der Union sei vielmehr ein **hinreichender Zusammenhang von einem gewissen Grad** erforderlich, der darüber hinausgeht, dass die fraglichen Sachbereiche benachbart sind oder der eine von ihnen mittelbare Auswirkungen auf den anderen haben kann. Vielmehr müsse sich aus unionsrechtlichen Vorschriften in dem betreffenden Sachbereich eine bestimmte Verpflichtung der Mitgliedstaaten im Hinblick auf den fraglichen Sachverhalt ergeben.[688]

Um festzustellen, ob eine nationale Vorschrift die Durchführung des Unionsrechts betrifft, sei deshalb zu prüfen, ob mit ihr eine Durchführung einer Bestimmung des Unionsrechts bezweckt wird, welchen Charakter diese Regelung hat und ob mit ihr nicht andere als die unter das Unionsrecht fallenden Ziele verfolgt werden, selbst wenn sie das Unionsrecht mittelbar beeinflussen kann, sowie ferner, ob es eine Regelung des Unionsrechts gibt, die für diesen Bereich spezifisch ist oder ihn beeinflussen kann.[689]

Ein solcher Zusammenhang könnte sich hier aus **Art. 16 Abs. 1 AEUV** ergeben: Danach hat jede Person in der Europäischen Union das **Recht auf Schutz der sie betreffenden personenbezogenen Daten**. Aufgrund des Anwendungsvorrangs des Unionsrechts müsste der deutsche Gesetzgeber dieses Recht

686 Kingreen in: Calliess/Ruffert Art. 51 GRCh Rn. 8.

687 Vgl. EuGH RÜ 2013, 315, 316 *Åkerberg Fransson*; vgl. auch Ludwigs/Sikora JuS 2017, 385, 390.

688 EuGH NVwZ 2014, 575 Rn.24 f. *Siragusa*; EuZW 2014, 795, 797 Rn. 35 f. *Hernández*; vgl. auch Honer JuS 2017, 409.

689 EuGH NVwZ 2014, 575, 576 Rn. 25 *Siragusa* m.w.N.

beim Erlass nationaler Rechtsvorschriften berücksichtigen. Das europäische Recht hat damit Auswirkungen auf die Ausgestaltung der deutschen Vorschriften zur Vorratsdatenspeicherung, sodass ein ausreichender unionsrechtlicher Einfluss gegeben ist. Nach Ansicht des Gerichtshofs ist die GRCh anwendbar.

b) Das **BVerfG** hingegen vertritt eine **enge Auslegung** des Art. 51 GRCh. 594

aa) Zwar stehe das ATDG aufgrund der darin erstrebten Effektivierung der Zusammenarbeit der Sicherheitsbehörden in unionsrechtlichen Bezügen und wirke sich, wenn im Wege des durch das ATDG abgestoßenen Informationsaustauschs weitergehende Ergebnisse gewonnen werden, mittelbar auch auf den Umfang der unionsrechtlichen Berichtspflichten aus. Dieser mittelbare unionsrechtliche Bezug genüge aber nicht, um die Anwendbarkeit der GRCh zu bejahen.

bb) Die Grundrechte seien von den Mitgliedstaaten vielmehr nur in den Bereichen zu berücksichtigen, die **durch das Unionsrecht determiniert** sind. Dies sei nur dann der Fall, wenn die Einrichtung und Ausgestaltung der jeweiligen nationalen Rechtsvorschriften beispielsweise durch Verordnungen oder Richtlinien vorgegeben und geregelt seien. Dies treffe auf die Antiterrordatei jedoch nicht zu. Es existiere keine unionsrechtliche Bestimmung, welche die Bundesrepublik Deutschland zur Einrichtung einer solchen Datei verpflichte, sie daran hindere oder ihr diesbezüglich inhaltliche Vorgaben mache. Das ATDG verfolge vielmehr **innerstaatlich bestimmte Ziele**, die das Funktionieren unionsrechtlich geordneter Rechtsbeziehungen nur mittelbar beeinflussen können, was für eine Prüfung am Maßstab unionsrechtlicher Grundrechtsverbürgungen nicht ausreiche.

cc) Darüber hinaus wendet sich das BVerfG ausdrücklich gegen das weite Verständnis des Gerichtshofs: Im Sinne eines kooperativen Miteinanders zwischen dem BVerfG und dem Gerichtshof dürfe dessen Entscheidung keine Lesart unterlegt werden, nach der diese offensichtlich als **Ultra-vires-Akt** zu beurteilen wäre oder Schutz und Durchsetzung der mitgliedstaatlichen Grundrechte in einer Weise gefährdete, dass dies die Identität der durch das Grundgesetz errichteten Verfassungsordnung infrage stelle. Insofern dürfe die Rspr. des Gerichtshofs nicht in einer Art und Weise verstanden und herangezogen werden, nach der für eine Bindung der Mitgliedstaaten durch die in der GRCh niedergelegten Grundrechte der Europäischen Union jeder sachliche Bezug einer Regelung zum bloß abstrakten Anwendungsbereich des Unionsrechts oder rein tatsächliche Auswirkungen auf dieses ausreiche.[690] Nach Auffassung des BVerfG ist die GRCh nicht anwendbar.

c) Stellungnahme: Der Auffassung des BVerfG ist zu folgen. Trotz des Anwendungsvorrangs des Unionsrechts und der unionsrechtlichen Durchdringung vieler Teile der nationalen Rechtsordnungen existieren immer noch Spielräu- 595

690 BVerfG RÜ 2013, 386.

me und Bereiche für die nationalen Rechtsetzungsorgane, die nicht unmittelbar vom Unionsrecht beeinflusst sind. Mit dem weiten Verständnis liefe man Gefahr, die nationalen Grundrechtsordnungen zu unterlaufen. Damit bliebe unberücksichtigt, dass Grundrechte in den Mitgliedstaaten häufig auf besondere historische Erfahrungen eines Volkes oder auf Ursachen beruhen, die nur auf dem Territorium eines bestimmten Staates gegeben seien. Eine allzu weite Erstreckung der Grundrechte auch in den Bereich der nicht determinierten nationalen Gesetzgebung würde damit besondere nationale Gefährdungslagen und historische Erfahrungen übergehen und damit nationale Spezifika unberücksichtigt lassen.[691] Darüber hinaus besteht für den nicht durch Unionsrecht determinierten Bereich keinerlei Veranlassung, eine einheitliche Anwendung von Unionsrecht herbeizuführen und über die GRCh abzusichern. Rein nationale Maßnahmen sind auch an den nationalen Grundrechten zu messen.

Hierfür spricht auch das bisherige Umsetzungsverständnis hinsichtlich der Richtlinien: Die Mitgliedstaaten führen nur dort Unionsrecht durch, wo tatsächliche Vorgaben bestehen, wie beispielsweise bei der Transformation einer Richtlinie in nationales Recht. Wo aber die Richtlinie keine expliziten Vorgaben macht, wird ein Spielraum für den nationalen Gesetzgeber geschaffen. Die Ausgestaltung dieses Spielraums unterliegt rein nationalen Interessen und ist nicht durch das Unionsrecht vorgegeben, sodass weder ein Bedürfnis nach einem unionsweit einheitlichen Lückenschluss noch an einer einheitlichen Anwendung des Rechts besteht. Auch in diesem Bereich agiert der nationale Gesetzgeber außerhalb der Grundrechtsbindung.[692] Dasselbe muss für den vollständig aus eigenem Antrieb tätig werdenden Gesetzgeber gelten.

Folglich ist die GRCh im vorliegenden Fall nicht anwendbar.

Ergebnis: Das ATDG verletzt die Grundrechte der GRCh mangels Anwendbarkeit nicht.

---

596 Ob die Grundrechte der GRCh allerdings auch **horizontal** zwischen Unionsbürgern unmittelbare Anwendung finden, ist noch nicht hinreichend geklärt. Bisher hat der Gerichtshof in diesem Zusammenhang nur sehr vereinzelt auf Grundrechte zurückgegriffen und diese zugleich mit einschlägigen Richtlinienbestimmungen kombiniert.[693] Eine endgültige Aussage steckt hierin noch nicht, vielmehr bleibt die weitere Entwicklung in der Rspr. des Gerichtshofs abzuwarten.

B. Prüfungsaufbau

597 Hinsichtlich der Prüfungssystematik ähneln die Grundrechte der GRCh sowohl der Prüfung der Grundfreiheiten als auch der Prüfung der deutschen Grundrechte.

691 Kirchhoff NVwZ 2014, 1537 ff., zusammengefasst bei Hansen RÜ 2015, 128 ff.

692 So Kingreen in: Calliess/Ruffert Art. 51 GRCh Rn. 12 unter Berufung auf EuGH Slg. 1996, I-2909, Rn. 12 *Maurin*.

693 EuGH EuZW 2010, 177 *Kücükdeveci*; Oppermann/Classen/Nettesheim, § 17 Rn. 17; vgl. auch Haratsch/Koenig/Pechstein Rn. 688; gegen eine horizontale Geltung Ladenburger/Vondung in: Stern/Sachs, Art. 51 Rn. 16.

Aufbauschema EU-Grundrechte
I. Anwendbarkeit der GRCh **1.** Bindung der Organe der EU **2.** Bindung der Mitgliedstaaten bei der Durchführung von Unionsrecht
II. Schutzbereich Je nach Wortlaut des Grundrechts; z.T. persönliche Schutzbereichsbeschränkung
III. Eingriff Verkürzung des grundrechtlichen Schutzbereichs durch ein grundrechtsgebundenes Organ (bei Gleichheitsrechten mit Schutzbereich zusammen prüfen!)
IV. Rechtfertigung **1.** Gesetzesvorbehalt, Art. 52 Abs. 1 S. 1 GRCh **2.** Einschränkungen bei der Konkretisierung (Schranken-Schranken) **a)** Wesensgehaltsgarantie, Art. 52 Abs. 1 S. 2 GRCh **b)** Verhältnismäßigkeit, Art. 52 Abs. 1 S. 2 GRCh

I. Schutzbereich

1. Sachlicher Schutzbereich und seine Auslegung

Im **Schutzbereich** wird wie im Rahmen der deutschen Grundrechte geklärt, welche Individualrechtsgüter durch die Union und die Mitgliedstaaten zu achten sind. Je nach Inhalt erfassen die Grundrechte unmittelbare Freiheiten (Versammlung, Art. 12 GRCh), aber auch Rechtsbündel (Eigentum, Art. 17 GRCh), Zustände (Leben, Art. 2 GRCh) oder auch soziale Beziehungen (Familie, Art. 7 GRCh).[694] Diese aus der Menschenwürde abgeleiteten Rechte und Freiheitsrechte bilden die ersten beiden Titel der GRCh. Darüber hinaus werden Gleichheitsrechte (Titel III, Art. 20 ff. GRCh) sowie Solidaritätsrechte (Titel IV, Art. 27 ff. GRCh), Bürgerrechte (Titel V, Art. 39 ff. GRCh, z.B. aktives und passives Wahlrecht) und Justizgrundrechte (Titel VI, Art. 47 ff. GRCh) gewährleistet. **598**

Besonderen Einfluss auf die **Auslegung** der Schutzbereiche der unterschiedlichen Grundrechte übt die **Europäische Menschenrechtskonvention (EMRK)** aus. Nach Art. 52 Abs. 3 GRCh sind alle Grundrechte, die in Übereinstimmung mit den Menschenrechten aus der EMRK garantiert werden, mit der gleichen Bedeutung und Tragweite versehen, welche die Menschenrechte aus der EMRK besitzen. Dies hat zur Folge, dass sowohl die Organe der Union bei ihren Maßnahmen, als auch der Gerichtshof im Rahmen seiner Rspr. häufig auf die Rspr. des **Europäischen Gerichtshof für Menschenrechte (EGMR)** Bezug nimmt, der über die Einhaltung der EMRK wacht. Da die EMRK darüber hinaus in allen Mitgliedstaaten der Union verbindlich ist, halten sie als **allgemeine Grundsätze** Einzug in die Unionsrechtsordnung.[695] **Unmittelbar verbindlich** ist die EMRK aber erst nach einem **Beitritt** der Union (s.u. Rn. 663 f.). **599**

694 Oppermann/Classen/Nettesheim, § 17 Rn. 20.

695 EuGH RÜ 2015, 242 Rn. 37 *EMRK*.

Klausurhinweis: *Da die EMRK in den Bundesländern nicht zum Pflichtfachstoff gehört, werden von Ihnen in einer Klausur keine vertieften Kenntnisse der EMRK-Rspr. verlangt!*

600 Vielmehr können Sie sich in Ihrer Klausur zu einem gewissen Teil an den **Definitionen aus den deutschen Grundrechten** orientieren: Nach Art. 52 Abs. 4 GRCh werden die Grundrechte der GRCh, sofern sie Grundrechte anerkannt, wie sie sich aus den gemeinsamen Verfassungsüberlieferungen der Mitgliedstaaten ergeben, im Einklang mit diesen Überlieferungen ausgelegt.

2. Grundrechtsfähigkeit und persönliche Einschränkungen

601 Die GRCh trifft jedoch keine positive Regelung zur **Grundrechtsberechtigung**. Soweit sich aus dem Wortlaut des jeweiligen Grundrechts keine Einschränkungen ergeben, ist **jede natürliche Person** grundrechtsfähig. Auch **juristische Personen** und sonstige Personenvereinigungen können sich auf die Grundrechtsgewährleistungen berufen. Sofern sich dies nicht dem Wortlaut entnehmen lässt – wie z.B. bei Art. 42 GRCh – folgt dies aus allgemeinen Erwägungen und der Anerkennung der Grundrechtsfähigkeit im Rahmen der mitgliedstaatlichen Verfassungen. Allerdings ist die Grundrechtsfähigkeit vergleichbar Art. 19 Abs. 3 GG auf solche Grundrechte beschränkt, die keine höchstpersönlichen Verbürgungen enthalten wie z.B. die Menschenwürde aus Art. 1 GRCh; das jeweilige Grundrecht muss also dem Wesen nach auch auf juristische Personen und Personenvereinigungen anwendbar sein.[696] Anders als bei Art. 19 Abs. 3 GG hängt die Grundrechtsfähigkeit der juristischen Person oder Personenvereinigung grundsätzlich nicht davon ab, dass diese ihren Sitz in der Union hat.[697] Etwas anderes gilt nur für die Rechte aus den Art. 42, 43, 44 GRCh.

602 Ähnlich wie das Grundgesetz kennt auch die GRCh die Unterscheidung zwischen **Jedermannrechten** und **Unionsbürgerrechten**: Auf bestimmte Grundrechte können sich nach deren Wortlaut nur Unionsbürger i.S.d. Art. 20 Abs. 1 S. 2 AEUV berufen. Auf diese Weise wird die Grundrechtsfähigkeit auch natürlicher Personen in Bezug auf die Unionsbürgerrechte eingeschränkt.

Beispiele: Arbeitnehmerfreizügigkeit (Art. 15 Abs. 2 GRCh), aktives und passives Wahlrecht bei Wahlen zum Europäischen Parlament (Art. 39 GRCh), Recht auf Dokumentenzugang (Art. 42 GRCh)

II. Eingriff

603 Ein **Eingriff** liegt vor, wenn ein Rechtsakt oder eine sonstige Maßnahme, die den Organen der Union oder den Mitgliedstaaten zugerechnet werden kann, eine belastende oder nachteilige Wirkung auf den grundrechtlich gewährleisteten Schutz hat.[698]Dies ist insbesondere bei solchen Rechtsakten der Fall, welche die Grundrechtsbeeinträchtigung bezwecken oder unmittelbar bewirken.[699] Aufgrund des **weiten Eingriffsbegriffs** des Gerichtshofs sind aber Eingriffe auch bei mittelbaren oder faktischen Auswirkungen von Rechtsakten zu bejahen, sofern das betreffende Grundrecht gegen die frag-

---

696 Jarass, Art. 51 GRCh Rn. 53.; vgl. EuGH EuZW 2010, 939 *Schecke GbR/Land Hessen*; EuZW 2011, 137 *DEB/Deutschland*.

697 Jarass, Art. 52 GRCh Rn. 52; Borowsky in: Meyer, Art. 51 GRCh Rn. 35.

698 Haratsch/Koenig/Pechstein Rn. 701; Jarass, Art. 52 GRCh Rn. 11.

699 EuGH Slg. 1992, I-5485 Rn. 36 f. *Ter Voort*; Slg. 1998, I-1953 Rn. 28 *Metronome*.

liche Art der Beeinträchtigung Schutz bieten soll und die mittelbare Auswirkung dem Grundrechtsverpflichteten zugerechnet werden kann.[700]

Klausurhinweis: *Zum Teil wird der Begriff „Beschränkung" verwendet. Allerdings sollten Sie mit dem Gerichtshof von einem „Eingriff" sprechen, um diesen Punkt zu beschreiben.*[701]

III. Rechtfertigung

Der Eingriff in den grundrechtlichen Schutzbereich ist gerechtfertigt, sofern das Grundrecht einschränkbar ist und die konkrete Maßnahme des grundrechtsgebundenen Organs eine ordnungsgemäße Konkretisierung der Einschränkungsmöglichkeit darstellt. **604**

1. Einschränkungsmöglichkeit: Gesetzesvorbehalt

Für alle Grundrechte der GRCh gilt grundsätzlich eine **einheitliche Einschränkungsmöglichkeit**: Nach Art. 52 Abs. 1 S. 1 GRCh muss jede Einschränkung der in der Charta anerkannten Rechte **gesetzlich vorgesehen** sein, sodass die Grundrechte faktisch unter einem **einfachen Gesetzesvorbehalt** stehen. Schwierigkeiten bereitet allerdings die Definition des Begriffs „Gesetz". **605**

- Folgt der Eingriff aus der Maßnahme eines **Organs der Union**, ist „Gesetz" i.S.d. Art. 52 Abs. 1 S. 1 GRCh jede abstrakt-generelle Regelung, die für den Bürger hinreichend zugänglich, bestimmt und vorhersehbar ist.[702] Somit kommt sowohl primäres als auch sekundäres Unionsrecht in Betracht, sofern es unmittelbar anwendbar ist und nicht erst durch nationales Recht umgesetzt oder konkretisiert werden muss.[703] Dementsprechend können insbesondere **Verordnungen** als Grundlage für die Rechtfertigung eines Eingriffs herangezogen werden. **606**

  Ob darüber hinaus auch sonstige Rechtsakte mit Rechtsnormqualität gleich welcher Urheberschaft oder Rangstufe herangezogen werden dürfen oder ob die Rechtfertigungsgrundlage im ordentlichen Gesetzgebungsverfahren geschaffen worden sein muss, wird unterschiedlich beurteilt und ist noch nicht durch die Rspr. des Gerichtshofs geklärt.[704] Jedenfalls hat der Gerichtshof – ohne weitere Grundlage – auch eine **Richtlinie** als gesetzliche Regelung zur Rechtfertigung eines Grundrechtseingriffs anerkannt.[705] Teilweise wird eine zurückhaltende Übertragung der deutschen **Wesentlichkeitstheorie** befürwortet, sodass für wesentliche und damit schwerwiegende Eingriffe ein im ordentlichen Gesetzgebungsverfahren erlassener Rechtsakt und für sonstige Eingriffe auch sonstige Rechtsakte erforderlich sein sollen.[706]

- Folgt der Eingriff aus einer Maßnahme eines Mitgliedstaates im Bereich dessen Bindung an die GRCh, ist ein **nationales Gesetz** zur Rechtfertigung des Eingriffs erforderlich, aber auch ausreichend. Der Gesetzesvorbehalt wird weit ausgelegt, sodass nicht nur formelle, sondern auch materielle Gesetze ausreichend sind, sofern sie mit **607**

700 EuGH Slg. 1984, 4057 Rn. 22 *Biovilac*; Jarass Art. 52 GRCh Rn. 13.
701 EuGH EuR 2004, 276 Rn. 21 *Österreichischer Rundfunk*; Jarass, Art. 52 GRCh Rn. 11.
702 Streinz/Michl in: Streinz, Art. 52 GRCh Rn. 24.
703 Haratsch/Koenig/Pechstein Rn. 705; Ennuschat JuS 1998, 905, 906.
704 Vgl. zu der Diskussion Streinz/Michl in: Streinz, Art. 52 GRCh Rn. 25 m.w.N.
705 EuGH NVwZ 2016, 1789, 1790 Rn. 51 *J.N./Niederlande*.
706 Borowsky in: Meyer, Art. 52 GRCh Rn. 20 a.

dem übrigen nationalen Recht in Einklang stehen, zugänglich, vorhersehbar und hinreichend bestimmt sind sowie dem Willkürverbot standhalten.[707]

2. Schranken-Schranken

608 Der jeweilige Gesetzgeber ist indes bei der Ausgestaltung der Einschränkungsmöglichkeit seinerseits gewissen Restriktionen unterworfen, damit der Schutzbereich der Grundrechte nicht über Gebühr eingeschränkt wird. Diese als **Schranken-Schranken** bezeichneten Grenzen des Gesetzgebers bestehen nach Art. 52 Abs. 1 S. 1, 2 GRCh in der **Wesensgehaltsgarantie** sowie dem **Grundsatz der Verhältnismäßigkeit**.

a) Wesensgehaltsgarantie

609 Jede Einschränkung grundrechtlich geschützter Freiheiten muss nach Art. 51 Abs. 1 S. 1 a.E. GRCh den **Wesensgehalt** des jeweiligen Grundrechts achten. Wann dieser Grundsatz verletzt ist, lässt sich nicht allgemeingültig umschreiben, sondern ist unter Berücksichtigung der Besonderheiten des jeweiligen Grundrechts zu bestimmen.[708]

Beispiele: Verletzung des Menschenwürdegehalts eines Grundrechts,[709] Ausschluss des Rechtsschutzes gegen Beeinträchtigungen[710]

Klausurhinweis: *Teilweise wird die Auffassung vertreten, die Wesensgehaltsgarantie könne nicht weiter reichen als der Grundsatz der Verhältnismäßigkeit.*[711] *Dagegen prüft der Gerichtshof beide Grundsätze nebeneinander,*[712] *weshalb Sie in der Klausur ebenfalls beide Prüfungspunkte separat ansprechen sollten.*

b) Grundsatz der Verhältnismäßigkeit

610 Der **Grundsatz der Verhältnismäßigkeit** aus Art. 52 Abs. 1 S. 2 GRCh ist gewahrt, wenn ein **legitimer Zweck** verfolgt wird und der gewählte Eingriff hinsichtlich dieses Zwecks **geeignet** und **erforderlich** ist.

611 ■ Hinsichtlich des **legitimen Zwecks** gibt Art. 52 Abs. 1 S. 2 GRCh selbst ausdrücklich vor, dass es sich hierbei entweder um eine **dem Gemeinwohl dienende Zielsetzung** oder um eine Maßnahme **zum Schutz der Rechte und Freiheiten anderer** handeln muss. Hinsichtlich der dem Gemeinwohl dienenden Zielsetzungen kommen solche Interessen der Allgemeinheit und der Privatpersonen in Betracht, die in den Verträgen oder in der GRCh selbst ihren Niederschlag gefunden haben.[713] Unter den Schutz der Rechte und Freiheiten anderer fallen hingegen **kollidierende Grundrechte anderer** als faktisch verfassungsimmanente Schranke.[714]

---

707 Jarass, Art. 52 GRCh Rn. 28 m.w.N.; Borowsky in: Meyer, Art. 52 GRCh Rn. 20 a.

708 Jarass, Art. 52 GRCh Rn. 46; vgl. EuGH RÜ 2014, 383 Rn. 39 *Digital Rights.*

709 Borowsky in: Meyer, Art. 52 GRCh Rn. 23; Jarass, Art. 52 GRCh Rn. 46.

710 EuGH EuZW 2006, 410 Rn. 55 ff. *Kommission/Belgien*; Jarass, Art. 52 GRCh Rn. 46.

711 So beispielsweise Haratsch/Koenig/Pechstein Rn. 709.

712 EuGH RÜ 2013, 179 *Sky Österreich.*

713 Jarass, Art. 52 GRCh Rn. 31; Streinz/Michl in: Streinz, Art. 52 GRCh Rn. 28.

714 Borowsky in: Meyer, Art. 52 GRCh Rn. 22; Krämer in: Stern/Sachs, Art. 52 GRCh Rn. 47.

- Hinsichtlich der **Geeignetheit** billigt der Gerichtshof den handelnden Organen einen **weiten Beurteilungsspielraum** zu, sodass eine Förderung des legitimen Zwecks nur ausscheidet, wenn die Maßnahme offensichtlich ungeeignet ist.[715] **612**

- Die einschränkende Maßnahme ist **erforderlich**, wenn von mehreren zur Auswahl stehenden geeigneten Maßnahmen diejenige gewählt wird, welche die geringste Belastung enthält.[716] Darüber hinaus nimmt der Gerichtshof erforderlichenfalls an dieser Stelle eine ausgewogene Gewichtung der verschiedenen beteiligten Interessen vor,[717] ohne diesen Punkt als **„Angemessenheit"** zu bezeichnen. **613**

Klausurhinweis: *Aus diesem Grund sollten Sie den Begriff der „Angemessenheit" nie verwenden, sondern nur den „unionsrechtlichen Verhältnismäßigkeitsbegriff" zugrunde legen.*

C. Beispielhafte Grundrechtsprüfung: Freiheitsrechte

Fall 13: Vorratsdatenspeicherung

Der schwedische Gesetzgeber erließ Vorschriften, mit denen er in Schweden ansässige Betreiber elektronischer Kommunikationsdienste verpflichtete, sämtliche Verkehrs- und Standortdaten der Telekommunikation anlass- und unterschiedslos auf Vorrat zu speichern (sog. Vorratsdatenspeicherung), um den Behörden des Landes Zugriff auf die gespeicherten Daten einzuräumen. Damit setzte der schwedische Gesetzgeber die Richtlinie 2006/24/EG über die Vorratsdatenspeicherung sowie die Richtlinie 2002/58/EG über die Verarbeitung personenbezogener Daten und den Schutz der Privatsphäre in der elektronischen Kommunikation um. Bei den erfassten Daten handelt es sich u.a. um Angaben, die zur Rückverfolgung und Identifizierung der Quelle und des Adressaten einer Nachricht sowie zur Bestimmung von Datum, Uhrzeit, Dauer und Art einer Nachrichtenübermittlung, der Endeinrichtung von Benutzern und des Standorts mobiler Geräte erforderlich sind. Dazu gehören Name und Anschrift des Teilnehmers oder registrierten Benutzers, die Rufnummer des anrufenden Anschlusses und des angerufenen Anschlusses sowie bei Internetdiensten die IP-Adresse.

Sowohl die Richtlinien- als auch die Gesetzesbegründung geben an, dass die erhobenen Daten ein wichtiges Mittel bei der Terrorbekämpfung darstellen und insbesondere der Verhütung, Ermittlung, Feststellung und Verfolgung von Straftaten darstellen sollten. Zudem enthält das schwedische Gesetz Vorschriften zum Datenschutz und zur Datensicherheit. Verletzt das schwedische Gesetz die GRCh?

Das schwedische Gesetz verletzt die GRCh, wenn sie anwendbar ist, das Gesetz in den Schutzbereich der Grundrechte eingreift und dieser Eingriff nicht gerechtfertigt ist.

I. Da das schwedische Gesetz die europäische Richtlinien umsetzt, handelt es sich – unabhängig von dem darüber geführten Streit – um die Durchführung von Recht der Union i.S.d. Art. 51 Abs. 1 S. 1 Hs. 2 GRCh, sodass die GRCh **anwendbar** ist.

---

715 EuGH EuR 2003, 80 Rn. 123 *British American Tobacco*; Slg. 2005, I-10423 Rn. 69 *ABNA*.

716 Streinz/Michl in: Streinz, Art. 52 GRCh Rn. 30 m.w.N.

717 EuGH EuZW 2010, 939 Rn. 74 ff. *Volker und Markus Schecke GbR*; Streinz/Michl in: Streinz, Art. 52 GRCh Rn. 30.

II. Weiterhin müsste der **Schutzbereich** von Grundrechten aus der GRCh **eröffnet** sein. Hier kommen die Grundrechte auf Schutz des Privatlebens und der Kommunikation aus Art. 7 GRCh, der Schutz personenbezogener Daten aus Art. 8 Abs. 1 GRCh sowie die Freiheit der Meinungsäußerung aus Art. 11 Abs. 1 GRCh in Betracht.

Klausurhinweis: *Sofern – wie im vorliegenden Fall – ausschließlich Grundrechte gleicher Art betroffen sind, prüft der Gerichtshof aufgrund des einheitlichen Prüfungsaufbaus sowie der einheitlichen Schrankensystematik in Art. 52 GRCh* ***einschichtig****. Eine getrennte Prüfung der einzelnen Grundrechte, wie es Ihnen aus der Rspr. des BVerfG bekannt ist, findet nur statt, wenn in einem Fall z.B. Freiheits- und Gleichheitsrechte betroffen sind.*

614 1. **Art. 7 GRCh** gewährleistet den Schutz des Privat- und Familienlebens inklusive der dazugehörigen Kommunikation. Das Recht auf Privatleben schützt die Privatsphäre gegen staatliche Überwachung, Beobachtung und Ausforschung.[718] Das Kommunikationsgeheimnis erfasst die private Kommunikation unter Abwesenden.[719] Aus der Gesamtheit der von der gesetzlichen Regelung erfassten Daten können **sehr genaue Schlüsse auf das Privatleben der Personen, deren Daten auf Vorrat gespeichert wurden, gezogen werden**, etwa auf Gewohnheiten des täglichen Lebens, ständige oder vorübergehende Aufenthaltsorte, tägliche oder in anderem Rhythmus erfolgende Ortsveränderungen, ausgeübte Tätigkeiten, soziale Beziehungen dieser Personen und das soziale Umfeld, in dem sie verkehren. Die Daten ermöglichen darüber hinaus die **Erstellung des Profils** der betroffenen Personen, das im Hinblick auf das Recht auf Achtung der Privatsphäre eine genauso sensible Information darstellt wie der Inhalt der Kommunikation selbst.[720] Der Schutzbereich von Art. 7 GRCh ist folglich betroffen.

615 2. Weiterhin könnte der Schutzbereich des **Art. 8 Abs. 1 GRCh** betroffen sein. **Personenbezogene Daten** sind dabei alle Informationen über eine bestimmte oder bestimmbare natürliche Person, die gegen staatlichen Zugriff und Verarbeitung geschützt werden. Die Daten, die von den Betreibern elektronischer Kommunikationsdienste auf Vorrat zu speichern sind, ermöglichen die **Rückverfolgung und Identifizierung** der Quelle und des Adressaten einer Nachricht sowie die Bestimmung von Datum, Uhrzeit, Dauer und Art einer Nachrichtenübermittlung, der Endeinrichtung von Benutzern und des Standorts mobiler Geräte. Zu diesen Daten gehören Name und Anschrift des Teilnehmers oder registrierten Benutzers, die Rufnummer des anrufenden und des angerufenen Anschlusses sowie bei Internetdiensten der IP-Adresse.[721] Folglich findet eine Verarbeitung personenbezogener Daten statt.

616 3. Schließlich könnte die Vorratsdatenspeicherung den Schutzbereich des **Art. 11 Abs. 1 GRCh** betreffen. Dieses Grundrecht erfasst alle Aspekte und Formen kommunikativen Verhaltens, von der inhaltsbezogenen Freiheit, eine bestimmte Meinung bilden, haben und äußern zu dürfen bis zu den medialen Verbreitungsfor-

---

718 Weber in: Stern/Sachs, Art. 7 GRCh Rn. 10.

719 Bernsdorff in: Meyer, Art. 7 GRCh Rn. 24.

720 EuGH RÜ 2017, 180, 181 Rn. 99 *Tele2 Sverige AB.*

721 EuGH RÜ 2017, 180, 181 Rn. 98 *Tele2 Sverige AB.*

men.[722] Da nicht auszuschließen ist, dass das Wissen um eine Vorratsdatenspeicherung Auswirkungen auf das Kommunikationsverhalten der Betroffenen haben kann, ist der Schutzbereich auch dieses Grundrechts eröffnet.

Der Gerichtshof weist im Zusammenhang mit Art. 11 Abs. 1 GRCh immer wieder darauf hin, dass die Meinungsfreiheit eine besondere Bedeutung besitzt und eine der wesentlichen Grundlagen einer demokratischen und pluralistischen Gesellschaft darstellt.[723]

Klausurhinweis: *Bei den europäischen Grundrechten existiert – anders als bei den Grundrechten nach dem GG – keine Grundrechtskonkurrenz.*[724]

III. Die Vorratsdatenspeicherung müsste zudem einen **Eingriff** in diese Grundrechte darstellen. Ein solcher liegt vor bei jeder nachteiligen Auswirkung auf die grundrechtlich geschützten Freiheiten, die den Organen der Europäischen Union oder den Mitgliedstaaten zugerechnet werden können. Zum einen hat bereits die **Speicherung** der entsprechenden Daten eine nachteilige Auswirkung auf die geschützten Freiheiten, insbesondere vor dem Hintergrund, dass sie systematisch, kontinuierlich und anlasslos erfolgt. Diese Beeinträchtigung kann auch dem schwedischen Staat zugerechnet werden, da die Speicherung durch die Privatunternehmen aufgrund einer gesetzlichen Verpflichtung zu eben diesem Verhalten erfolgt. Zum anderen liegen weitere Benachteiligungen der schwedischen Bürger in der **Verarbeitung** gespeicherten Daten sowie in der **Gestattung des Zugriffs durch die zuständigen Behörden**. Folglich liegen Eingriffe in die betroffenen Grundrechte vor. **617**

IV. Die Eingriffe könnten jedoch **gerechtfertigt** sein. Nach **Art. 52 Abs. 1 GRCh** muss jede Einschränkung der Ausübung der Rechte und Freiheiten der GRCh gesetzlich vorgesehen sein, den Wesensgehalt der Rechte und Freiheiten achten sowie verhältnismäßig sein. **618**

1. Erfolgen die Eingriffe – wie hier – durch einen Mitgliedstaat der Union, ist nach Art. 52 Abs. 1 S. 1 Hs. 1 GRCh ein **nationales Gesetz** erforderlich, dass die Eingriffe gestattet bzw. regelt. Ein solches Gesetz liegt hier in Umsetzung der europäischen Richtlinie vor. **619**

2. Weiterhin müsste der schwedische Gesetzgeber die Voraussetzungen gewahrt haben, die die GRCh an die Eingriffe an die Grundrechte stellt.

   a) Deshalb sind nur solche Eingriffe gerechtfertigt, die den **Wesensgehalt** der Grundrechte nicht antasten, Art. 52 Abs. 1 S. 1 Hs. 2 GRCh. **620**

   Klausurhinweis: *Der Wesensgehalt der Grundrechte kann nicht abstrakt und allgemeingültig bestimmt werden. Vielmehr ist in Bezug auf die jeweils betroffenen Grundrechte zu untersuchen, ob deren Kerngehalt tangiert wird.*

   Der mit der schwedischen Regelung über die Vorratsdatenspeicherung einhergehende Eingriff in die in den Art. 7 und 8 GRCh verankerten Grundrechte ist **von großem Ausmaß** und als **besonders schwerwiegend** anzusehen. Der

---

722 Calliess in: Calliess/Ruffert, Art. 11 GRCh Rn. 6 f.

723 EuGH RÜ 2017, 180, 181 Rn. 93; Calliess in: Calliess/Ruffert, Art. 11 GRCh Rn. 5 m.w.N.

724 Vgl. dazu AS-Skript Grundrechte (2017), Rn. 24 ff.

Umstand, dass die Vorratsdatenspeicherung vorgenommen wird, ohne dass die Nutzer der elektronischen Kommunikationsdienste darüber informiert werden, ist geeignet, bei den Betroffenen das Gefühl zu erzeugen, dass ihr Privatleben **Gegenstand einer ständigen Überwachung** ist.[725] Allerdings ist zu berücksichtigen, dass sich die Vorratsdatenspeicherung **nicht auf den Inhalt der Kommunikation** erstreckt. Zudem enthält das schwedische Gesetz Vorschriften zum **Datenschutz und zur Datensicherheit**. Damit ist der Wesensgehalt der betroffenen Grundrechte nicht angetastet.

621 b) Nach Art. 52 Abs. 1 S. 2 GRCh dürfen Eingriffe in die Grundrechte nur unter Wahrung des **Grundsatzes der Verhältnismäßigkeit** vorgenommen werden. Verhältnismäßig ist ein Eingriff dann, wenn sie entweder zur Erreichung der von der Union anerkannten, dem Gemeinwohl dienenden Zielsetzungen oder den Erfordernissen des Schutzes der Rechte und Freiheiten anderer entspricht und zur Erreichung dieser Ziele geeignet und erforderlich ist. Dabei ist, wenn mehrere geeignete Maßnahmen zur Verfügung stehen, die am wenigsten belastende Maßnahme zu wählen. Letztlich müssen die auferlegten Belastungen in einem angemessenen Verhältnis zu den erstrebten Zielen stehen.[726]

622 aa) Die Eingriffe müssten zunächst ein **im Allgemeininteresse liegendes Ziel** verfolgen. Die Vorratsdatenspeicherung erfolgt zu dem Zweck, **terroristische Anschläge** zu verhindern und die **Bekämpfung schwerer Kriminalität** zu fördern. Hierin liegen im Allgemeininteresse liegende Ziele.

623 bb) Angesichts der Bedeutung elektronischer Kommunikationsmittel – gerade bei der Begehung schwerer Straftaten – stellen die Vorratsdatenspeicherung und die Möglichkeit, die Daten abzurufen für die Gefahrenabwehr- bzw. Strafverfolgungsbehörden ein **nützliches und effektives Mittel** für ihre Arbeit dar, sodass sie **geeignet** sind.

624 cc) Fraglich ist jedoch, ob die Vorratsdatenspeicherung auch **erforderlich** ist. Angesichts der Bedeutung moderner Kommunikationsmittel bei der Planung und Durchführung schwerer Straftaten stoßen die bisherigen Ermittlungsmethoden der Sicherheitsbehörden an ihre Grenzen, sodass **mildere Maßnahmen nicht gleich effektiv** sind.

Klausurhinweis: *Der Gerichtshof belässt es bei der Prüfung der Erforderlichkeit nicht bei der Auseinandersetzung mit milderen Mitteln, sondern nimmt zugleich die Abwägung zwischen dem verfolgten Ziel und den betroffenen Grundrechten vor. Damit entfällt der Prüfungspunkt der „Angemessenheit"!*

Bei der zusätzlich vorzunehmenden **Abwägung** ist zunächst zu berücksichtigen, dass die Bekämpfung schwerer Kriminalität und des Terrorismus von **größter Bedeutung für die Gewährleistung der öffentlichen Sicherheit** ist und dass ihre Wirksamkeit in hohem Maß von der Nutzung moderner Ermittlungstechniken abhängt. Allerdings stehen diesem ge-

725 EuGH RÜ 2017, 180, 182 Rn. 100 *Tele2 Sverige AB.*

726 Vgl. EuGH Slg. 1989, 2237; Oppermann/Classen/Nettesheim § 17 Rn. 29; vgl. auch Trstenjak/Beysen EuR 2012, 265.

wichtigen Interesse aber auch schwerwiegende Grundrechtseingriffe gegenüber.

(1) Aufgrund der Schwere der festgestellten Grundrechtseingriffe kann die Vorratsdatenspeicherung deshalb nur erfolgen, wenn sie **auf das absolut Notwendige beschränkt** wird. Die nationale Regelung ist deshalb nur dann erforderlich, wenn sie **klare und präzise Regeln über die Tragweite und die Anwendung der Vorratsdatenspeicherung** enthält. Nur auf diese Weise lässt sich der wirksame Schutz der personenbezogenen Daten insbesondere gegen missbräuchliche Verwendung sicherstellen. Die gesetzliche Regelung muss insbesondere eine Aussage darüber treffen, **unter welchen Umständen und unter welchen Voraussetzungen** Daten auf Vorrat gespeichert werden dürfen. Das schwedische Gesetz ordnet die Vorratsdatenspeicherung jedoch anlasslos und allumfassend an. Es erfolgt keine Differenzierung, Einschränkung oder Ausnahme in Abhängigkeit von dem verfolgten Ziel. Das Gesetz betrifft vielmehr pauschal sämtliche Personen, die elektronische Kommunikationsdienste nutzen, ohne dass sich diese Personen auch nur mittelbar in einer Lage befinden, die Anlass zur Strafverfolgung geben könnte. Sie gilt auch für Personen, bei denen keinerlei Anhaltspunkte dafür bestehen, dass ihr Verhalten in einem auch nur mittelbaren oder entfernten Zusammenhang mit schweren Straftaten stehen könnte. Zudem sieht das schwedische Gesetz keine Ausnahme vor, sodass die Regelungen auch für Personen gelten, deren Kommunikationsvorgänge nach den nationalen Rechtsvorschriften dem Berufsgeheimnis unterliegen.[727]

(2) Die Vorratsdatenspeicherung ist weiterhin nur zulässig, wenn sie nach **objektiven Kriterien** erfolgt, die einen **Zusammenhang zwischen den zu speichernden Daten und dem verfolgten Ziel** herstellen. Nur auf diese Weise kann die Maßnahme und infolgedessen auch der betroffene Personenkreis begrenzt werden. Die objektiven Anknüpfungspunkte müssen deshalb geeignet sein, **zumindest einen mittelbaren Zusammenhang** der betroffenen Personen oder Daten **mit schweren Straftaten** sichtbar zu machen. Eine solche Begrenzung lässt sich gegebenenfalls auch durch ein **geografisches Kriterium** gewährleisten, wenn die zuständigen Behörden aufgrund objektiver Anhaltspunkte annehmen, dass in einem oder mehreren geografischen Gebieten ein erhöhtes Risiko besteht, dass solche Taten vorbereitet oder begangen werden.[728] Diesen Vorgaben wird die schwedische Regelung nicht gerecht. Sie verlangt keinen Zusammenhang zwischen den Daten, deren Vorratsdatenspeicherung vorgesehen ist, und einer Bedrohung der öffentlichen Sicherheit. Insbesondere beschränkt sie die Vorratsdatenspeicherung weder auf die Daten eines Zeitraums und/oder eines geo-

727 EuGH RÜ 2017, 180, 183 Rn. 105 *Tele2 Sverige AB;* vgl. auch Priebe EuZW 2017, 136, 139.
728 EuGH RÜ 2017, 180, 183 Rn. 111 *Tele2 Sverige AB.*

grafischen Gebiets und/oder eines Personenkreises, der in irgendeiner Weise in eine schwere Straftat verwickelt sein könnte, noch auf Personen, deren auf Vorrat gespeicherte Daten aus anderen Gründen zur Bekämpfung von Straftaten oder des Terrorismus beitragen könnten.

Folglich ist die Regelung nicht erforderlich und verletzt damit den Grundsatz der Verhältnismäßigkeit.

Ergebnis: Das schwedische Gesetz über die Vorratsdatenspeicherung verletzt die Art. 7, 8 Abs. 1 und 11 Abs. 1 GRCh.

Mit einer vergleichbaren Argumentation hat der Gerichtshof auch die Verletzung der GRCh durch die Vorratsdatenspeicherungsrichtlinie (RL 2006/24/EG) festgestellt und diese für unionsrechtswidrig erklärt.[729] Die den schwedischen Regelungen entsprechenden deutschen Vorschriften über die Vorratsdatenspeicherung wurden vom BVerfG für verfassungswidrig erklärt und aufgehoben.[730] Eine neu eingeführte Verpflichtung deutscher Telekommunikationsunternehmen halten erste Gerichte ebenfalls für unionsrechtswidrig.[731]

D. Beispielhafte Grundrechtsprüfung: Gleichheitsrechte

Fall 14: Altersgrenze für Verkehrspiloten

Mit der Verordnung VO (EU) 1178/2011 hat der europäische Gesetzgeber den Flugverkehr näher geregelt. Neben Vorschriften über Zulassungen von Flugzeugen enthält die Verordnung in der Anlage I Regelungen über die Einschränkung der Rechte von Berufspiloten. Unter anderem wird eine Altersgrenze eingeführt, nach der Piloten, welche das 65. Lebensjahr vollenden, nicht mehr im gewerblichen Luftverkehr tätig werden dürfen. Als Begründung führt die Verordnung an, medizinische Erkenntnisse über die Leistungsfähigkeit der Flugzeugführer in der Altersgrenze umzusetzen, um die Bevölkerung vor den Gefahren der Luftfahrt adäquat zu schützen. Zudem werde durch die Beschränkung auf den gewerblichen Luftverkehr, der in der Verordnung als entgeltliche Beförderung von Fluggästen, Fracht oder Post definiert wird, kein zwangsweises Tätigkeitsende eingeführt. Vielmehr könnten die Betroffenen auch weiterhin im Rahmen von Ausbildungs- und Überführungsflügen für die Fluggesellschaften tätig sein. Verletzt die Verordnung Gleichheitsrechte aus der GRCh?

In Betracht kommt eine Verletzung des **Verbots der Altersdiskriminierung** aus **Art. 21 Abs. 1 GRCh**. Die Verordnung könnte eine Ungleichbehandlung wegen des Alters enthalten, die nicht gerechtfertigt ist.

In der Originalentscheidung prüfte der Gerichtshof neben der Verletzung des Art. 21 Abs. 1 GRCh auch eine Verletzung der Berufsfreiheit aus Art. 15 GRCh.[732] Obwohl auch auf europäischer Ebene der Grundsatz „Freiheits- vor Gleichheitsrechten" für den Prüfungsaufbau gilt, wich der Gerichtshof von dieser Re-

---

729 EuGH RÜ 2014, 383 *Digital Rights Ireland Ltd.*

730 BVerfG RÜ 2010, 243; dazu auch Roßnagel NJW 2016, 533, 539.

731 OVG NRW, Beschl. v. 22.06.2017 – 13 B 238/17.

732 EuGH RÜ 2017, 586 *Fries/Lufthansa CityLine GmbH.*

gel ab und prüfte zunächst Art. 21 GRCh. Dies ist gerechtfertigt, wenn – wie hier – der Fokus auf der Ungleichbehandlung liegt. Da es sich um ein Gleichheits- und ein Freiheitsrecht handelte, prüfte der Gerichtshof die Verletzung getrennt voneinander (s.o. Rn. 613).

I. Da die Altersgrenze in einer europäischen Verordnung geregelt ist, ist die GRCh nach Art. 51 Abs. 1 Hs. 1 GRCh **anwendbar**. **625**

II. Eine Beeinträchtigung des Grundrechts liegt vor, wenn die Regelung auf bestimmte Eigenschaften oder Aktivitäten des Grundrechtsträgers abstellt und es dabei zu einer Ungleichbehandlung kommt.[733] Die Verordnung 1178/2011 gibt in ihrer Anlage I vor, dass der Inhaber einer Pilotenlizenz, nachdem er das Alter von 65 Jahren erreicht hat, nicht mehr als Pilot eines Luftfahrzeugs im gewerblichen Luftverkehr tätig sein darf. Hierdurch wird ihm eine weniger günstige Behandlung zuteil als dem Piloten, der jünger als 65 Jahre ist. Eine Ungleichbehandlung wegen des Alters liegt vor. **626**

Anders als bei den Freiheitsrechten werden bei den Gleichheitsrechten Schutzbereich und Eingriff zusammen geprüft. Auf eine Auseinandersetzung mit Art. 20 GRCh kam es hier nicht an, da Art. 21 GRCh eine spezielle Ausprägung des allgemeinen Diskriminierungsverbotes enthält.

III. Die Ungleichbehandlung ist jedoch **gerechtfertigt**, wenn sie gesetzlich vorgesehen ist, den Wesensgehalt der Rechte und Freiheiten der GRCh achtet und mit dem Grundsatz der Verhältnismäßigkeit vereinbar ist, Art. 52 Abs. 1 GRCh. **627**

Klausurhinweis: *Anders als im Rahmen der deutschen Grundrechte[734] folgt die Prüfung der Rechtfertigung aufgrund der einheitlichen Regelung in Art. 52 Abs. 1 GRCh auch bei den Gleichheitsrechten demselben Aufbau wie die Prüfung der Rechtfertigung von Eingriffen in Freiheitsrechte!*

1. Da die Altersgrenze im Rahmen einer europäischen Verordnung vorgesehen ist, wird der **Gesetzesvorbehalt** aus Art. 52 Abs. 1 S. 1 GRCh gewahrt. **628**

2. Weiterhin müsste die gesetzliche Regelung den **Wesensgehalt** des Art. 21 Abs. 1 GRCh achten. Wann der Wesensgehalt eines Grundrechts verletzt ist, kann nicht allgemeingültig bestimmt werden, sondern ist unter Berücksichtigung der Besonderheiten des jeweiligen Grundrechts zu ermitteln. Im Hinblick auf das Diskriminierungsverbot ist der Wesensgehalt erst dort angetastet, wo das Grundrecht als solches infrage gestellt wird, also eine Diskriminierung nur ihrer selbst willen ohne einen sachlichen Grund vorgenommen wird. Bei der Regelung einer Altersgrenze für Verkehrspiloten geht es jedoch nicht darum, ältere Piloten zu diskriminieren. Mit der Altersgrenze wird vielmehr die **Sicherstellung der Flugsicherheit** verfolgt. Somit liegt ein sachlicher Grund vor, der Wesensgehalt des Art. 21 Abs. 1 GRCh ist nicht angetastet. **629**

3. Schließlich muss nach Art. 52 Abs. 1 S. 2 GRCh der **Grundsatz der Verhältnismäßigkeit** gewahrt sein.

   a) Dies setzt zunächst die Verfolgung eines **legitimen Ziels** voraus. Art. 52 Abs. 1 S. 2 GRCh bestimmt insoweit, dass hierfür entweder eine dem Gemeinwohl **630**

733 Jarass Art. 21 GRCh Rn. 9.

734 Vgl. zur Prüfung von Gleichheitsrechten nach deutschem Recht AS-Skript Grundrechte (2017), Rn. 583 ff.

dienende Zielsetzung oder eine Maßnahme zum Schutz der Rechte und Freiheiten anderer in Betracht kommt. Durch die Festlegung einer festen Altersgrenze für Flugzeugführer beabsichtigt die Verordnung, ein **einheitliches, hohes Sicherheitsniveau der Zivilluftfahrt in Europa** zu schaffen und aufrecht zu erhalten. Zugleich wird damit mittelbar der **Schutz der Bevölkerung** durch die im anderen Fall drohenden Gefahren bewirkt, sodass ein legitimes Ziel verfolgt wird.

631 b) Ferner muss die Regelung **geeignet** sein, das Ziel zu fördern. Insofern billigt der Gerichtshof den handelnden Organen einen weiten **Beurteilungsspielraum** zu, sodass eine entsprechende Förderung nur ausscheidet, wenn die Maßnahme offensichtlich ungeeignet ist. Eine Altersgrenze für Verkehrspiloten verhindert, dass ältere Piloten im gewerblichen Flugverkehr tätig sind. Maßnahmen, die auf die **Vermeidung von Flugzeugunglücken** durch Kontrolle der Tauglichkeit und körperlichen Fähigkeiten der Piloten abzielen, damit menschliche Schwächen nicht zur Ursache derartiger Unfälle werden, stellen Maßnahmen dar, die geeignet sind, die Sicherheit des Flugverkehrs zu gewährleisten. Die Tätigkeit des Verkehrspiloten setzt voraus, dass diese über angemessene körperliche Fähigkeiten verfügen, da körperliche Schwächen in diesem Beruf beträchtliche Konsequenzen haben können. Die für die Verkehrspiloten erforderlichen Fähigkeiten wie z.B. Reaktionsfähigkeit und Reaktionsschnelligkeit nehmen jedoch unbestreitbar mit zunehmendem Alter ab.[735]

632 c) Letztlich müsste die Maßnahme auch **erforderlich** sein. Die Altersgrenze darf danach nicht über das zur Erreichung des angestrebten Ziels hinausgehen und die Interessen der über 65-jährigen Piloten nicht übermäßig beeinträchtigen.

aa) Da Piloten von Luftfahrzeugen in der Kette der Akteure der Luftfahrt ein **wesentliches Glied** darstellen, bleibt die Kompetenz dieser Spezialisten eine der Hauptgarantien für die Zuverlässigkeit und Sicherheit der Zivilluftfahrt. Vor diesem Hintergrund ist der Erlass von Maßnahmen, mit denen gewährleistet werden soll, dass nur die über die **erforderlichen körperlichen Fähigkeiten verfügenden Personen Luftfahrzeuge fliegen dürfen**, unerlässlich, um die Gefahr von Zwischenfällen aufgrund menschlichen Versagens auf ein Mindestmaß zu verringern.

bb) Gegenüber einer starren Altersgrenze würde sich allerdings eine **individuelle Prüfung der körperlichen und psychischen Fähigkeiten** jedes Inhabers einer Pilotenlizenz, der älter als 65 Jahre ist, als **milderes Mittel** darstellen. Allerdings steht dem Unionsgesetzgebers aufgrund der großen Gefahren für die Zivilbevölkerung ein **Wertungsspielraum** zu. Die Entscheidung zugunsten einer starren Altersgrenze überschreitet nicht die Grenzen des Spielraums, da die Altersgrenze von 65 Jahren auf dem aktuellen Stand des medizinischen Fachwissens auf diesem Gebiet beruht. Angesichts der Bedeutung menschlicher Faktoren in der Zivilluftfahrt sowie

735 EuGH RÜ 2017, 586, 588 Rn. 46 *Fries/Lufthansa CityLine GmbH.*

des über die Jahre fortschreitenden Verlustes der für die Ausübung des Pilotenberufs erforderlichen körperlichen Fähigkeiten erscheint es erforderlich, für die Tätigkeit eines Piloten im gewerblichen Luftverkehr eine Altersgrenze festzulegen.

cc) Zudem ist bei der vorzunehmenden **Abwägung** zu berücksichtigen, dass diese Altersgrenze nicht automatisch bewirkt, dass die Betroffenen gezwungen werden, endgültig aus dem Arbeitsmarkt auszuscheiden.

(1) Mit der Altersgrenze ist keine zwingende Regelung zur Versetzung in den Ruhestand von Amts wegen eingeführt. Auch beendet die Altersgrenze nicht automatisch das Arbeitsverhältnis eines Beschäftigten. Die Piloten werden nicht von jeglicher Aktivität auf dem Gebiet der Luftfahrt ausgeschlossen.

(2) Dies gilt umso mehr, wenn die Altersgrenze nicht das Verbot enthält, nach Erreichen der Altersgrenze als Pilot Leer- oder Überführungsflüge im Gewerbebetrieb eines Luftverkehrsunternehmens durchzuführen, bei denen weder Fluggäste noch Fracht oder Post befördert werden, sowie – ohne Mitglied der Flugbesatzung zu sein – als Ausbilder und/oder Prüfer an Bord eines Luftfahrzeugs tätig zu sein. Da die Verordnung die Tätigkeit von Piloten über 65 Jahren nur für den gewerblichen Luftverkehr im Sinne einer entgeltlichen Beförderung von Fluggästen, Fracht oder Post untersagt, sind den Piloten dieser Altersgruppe Tätigkeiten außerhalb dieses Bereichs auch bei Erreichen oder Überschreiten der Altersgrenze erlaubt.[736] Damit erweist sich die Regelung als erforderlich und somit insgesamt verhältnismäßig.

Ergebnis: Die Ungleichbehandlung aufgrund des Alters verletzt damit nicht das Diskriminierungsverbot aus Art. 21 Abs. 1 GRCh.

Klausurhinweis: *Da die Altersgrenzen für unterschiedliche Berufsgruppen immer wieder auch Gegenstand deutscher Gerichtsentscheidungen sind,*[737] *empfiehlt es sich, sowohl mit der deutschen als auch der europäischen Argumentation vertraut zu sein. Schließlich eignet sich dieser Bereich vorzüglich für eine entsprechende „Cross-over-Klausur"!*

---

736 EuGH RÜ 2017, 586, 589 Rn. 88 *Fries/Lufthansa CityLine GmbH.*

737 Vgl. die beispielhafte Aufzählung bei Sommer RÜ 2017, 590 f. und Dombert Jura 2015, 938.

EU-Grundrechtecharta (GRCh)

Anwendbarkeit

- Unmittelbare Bindung der Union und ihrer Organe, Art. 52 Abs. 1 S. 1 Hs. 1 GRCh
- Bindung auch der Mitgliedstaaten bei der Durchführung von Unionsrecht, Art. 52 Abs. 1 S. 1 Hs. 2 GRCh, Reichweite str.
  - Gerichtshof: weite Auslegung, sobald hinreichender Zusammenhang mit Unionsrecht
  - BVerfG: enge Auslegung, nur wenn nationales Recht durch Unionsrecht determiniert

Aufbau der Grundrechtsprüfung

I. Anwendbarkeit, s.o.

II. Schutzbereich

1. Leitbegriff
2. Ggf. persönlicher Schutzbereich bei Unionsbürgerrechten (bei Gleichheitsrechten zusammen mit Schutzbereich)

III. Eingriff

IV. Rechtfertigung

1. Einfacher Gesetzesvorbehalt, Art. 52 Abs. 1 S. 1 GRCh
2. Wesensgehaltsgarantie, Art. 52 Abs. 1 S. 1 GRCh
3. Verhältnismäßigkeit, Art. 52 Abs. 1 S. 2 GRCh

Arten der Grundrechte

Menschenwürde

- Titel I, Art. 1–5 GRCh
- Insbes. Menschenwürde, Recht auf Leben und körperliche/geistige Unversehrheit, Folterverbot

Freiheitsrechte

- Titel II, Art. 6–19 GRCh
- Insbes. Recht auf Freiheit/Sicherheit/Achtung des Privatlebens, Datenschutz, Meinungs- und Religionsfreiheit, Versammlungsfreiheit, Berufsfreiheit, Eigentum

Gleichheit

- Titel III, Art. 20–26 GRCh
- Insbes. Gleichheitsrecht, Diskriminierungsverbot, Kinderrechte, Integrationsrecht

Solidarität

- Titel IV, Art. 27–38 GRCh
- Insbes. soziale Sicherheit, Umweltschutz, Verbraucherschutz

Bürgerrechte

- Titel V, Art. 39–46 GRCh
- Insbes. Wahlrecht, Recht auf gute Verwaltung, Zugang zu Dokumenten, Freizügigkeit

Justizgrundrechte

- Titel VI, Art. 47–50 GRCh
- Insbes. Zugang zu Gerichten, Unschuldsvermutung, Gesetzmäßigkeitsprinzip

8. Abschnitt: EMRK

Die **Europäische Konvention zum Schutz der Menschenrechte (EMRK)** ist eine durch den Europarat im Jahr 1950 verabschiedete Konvention. Sie hat den Status eines völkerrechtlichen Vertrages und steht in keiner unmittelbaren Verbindung zur Europäischen Union. Der Europarat ist vielmehr eine eigenständige – und bereits vor der Union existente – Vereinigung von Staaten, zu der auch solche gehören, die heute nicht Mitgliedstaaten der Europäischen Union sind (z.B. Russland). Allerdings haben alle Mitgliedstaaten der Europäischen Union die EMRK ratifiziert, sodass sie innerhalb der **Mitgliedstaaten** jeweils **unmittelbare Wirkung** entfaltet. 633

Dies folgt in Deutschland aus dem Zustimmungsgesetz zum Abschluss Beitritt zur EMRK nach Art. 59 Abs. 2 GG. Aus diesem Grund hat die EMRK in Deutschland den Rang eines **einfachen Bundesgesetzes**.

Die **Union selbst und ihre Organe** sind hingegen (noch) **nicht an die EMRK gebunden**. Dies soll sich jedoch ändern: Durch den Vertrag von Lissabon wurde Art. 6 Abs. 2 EUV eingefügt, der die **Union verpflichtet**, der **EMRK beizutreten**. Dies gestaltete sich zunächst bereits aufgrund des Status der Union als Staatenverbund schwierig, da grundsätzlich nur Staaten dem Europarat angehören und deshalb auch nur Staaten der EMRK beitreten können. Um gleichwohl den Beitritt der Union zu ermöglichen, wurde Art. 59 Abs. 2 EMRK ergänzt, welcher den Beitritt der Union als Staatenverbund als möglich erklärt. Zwischen 2010 und 2014 fanden Verhandlungen über einen Beitritt der Union statt. Im Anschluss wurde dem Gerichtshof der Entwurf eines Beitrittsvertrages zur Begutachtung vorgelegt. Hierbei gelangte der Gerichtshof zu dem Schluss, dass der **Beitritt der Union zur EMRK** in der derzeit ausgehandelten Form **mit dem Unionsrecht unvereinbar** ist. 634

Einen Verstoß hat der Gerichtshof u.a. darin gesehen, dass im Falle eines Beitritts sowohl der Gerichtshof als auch die sonstigen Organe der Union den Entscheidungen des EGMR unterliegen und an diese gebunden seien. Darüber hinaus werde die zu sichernde Autonomie der Unionsrechtsordnung dadurch beeinträchtigt, dass das Schutzniveau und die Geltungskraft der GRCh beeinträchtigt werden könne sowie aufgrund der in der EMRK vorgesehenen gegenseitigen Kontrolle der beigetretenen Staaten untereinander der dem Unionsrecht immanente Grundsatz des gegenseitigen Vertrauens der Mitgliedstaaten unterminiert werde. Letztlich sah der Gerichtshof auch einen unzulässigen Eingriff in seine eigenen Kompetenzen, da im Unionsrecht kein Verfahren zur Kontrolle von GASP-Maßnahmen existiere, der EGMR aber auch diese anhand der EMRK überprüfen könne. Damit wären diese Maßnahmen ausschließlich von einem außerhalb des institutionellen und gerichtlichen Rahmens der Union stehenden Gericht übertragen, was sich mit dem Unionsrecht nicht vereinbaren lasse.[738]

Die Verhandlungen über einen Beitritt ruhen seitdem. Die Union ist folglich (noch) nicht der EMRK beigetreten, sodass diese zum jetzigen Zeitpunkt für die Union und ihre Organe **keine unmittelbare Bindung** entfaltet.[739] 635

---

738 EuGH RÜ 2015, 242 *EMRK*; m.Anm. Streinz JuS 2015, 567.

739 Oppermann/Classen/Nettesheim, § 17 Rn. 26.

4. Teil: Prozessrecht

636 Die Verträge beinhalten nicht nur organisations- und materiell-rechtliche Regelungen, sondern schaffen zugleich einen **Rechtsweg**, auf dem etwaige Verstöße gerügt werden können. Damit kommt die Staatsähnlichkeit der Union erneut zum Ausdruck, da in den Verträgen nicht nur die gesetzgebende und die ausführende Gewalt, sondern auch die Recht sprechende Gewalt vorgesehen ist.

Klausurhinweis: *Sie müssen deshalb in Examensklausuren mit prozessualen Zusatzfragen oder einem prozessualen Einstieg wie in Klausuren zum Verwaltungsrecht rechnen!*

1. Abschnitt: Grundlagen

A. Gerichtshof der Europäischen Union als Organ

637 Nach Art. 13 Abs. 1 UAbs. 2 EUV gehört der **Gerichtshof der Europäischen Union** zu den **Organen der Union** (zu den übrigen Organen s.o. Rn. 43 ff.). Er umfasst nach Art. 19 Abs. 1 UAbs. 1 S. 1 EUV den **Gerichtshof**, das **Gericht** sowie die **Fachgerichte** und sichert nach Art. 19 Abs. 1 UAbs. 1 S. 2 EUV die **Wahrung des Rechts bei der Auslegung und Anwendung der Verträge**. Seit der Zuordnung der **GRCh** zum europäischen Primärrecht gehört auch diese neben den Verträgen zu schützenden Recht.

Die Bezeichnungen sind im Rahmen des Vertrags von Lissabon angepasst worden. Zuvor wurde der Gerichtshof als „Europäischer Gerichtshof (EuGH)", das Gericht als „Europäisches Gericht (EuG)" bezeichnet. Eine Sammelbezeichnung für das gesamte Gerichtswesen der Union existierte nicht. Die Abkürzungen ziehen sich heute noch durch einige Lehrbücher und finden in Fußnoten weiterhin Verwendung.

Klausurhinweis: *Sie sollten sich gleichwohl an den heutigen Begrifflichkeiten orientieren und die alten Begriffe „EuGH" und „EuG" nicht mehr verwenden!*

638 Die Judikative der Union umfasst **drei unterschiedliche Gerichtszweige**. Die Bezeichnung „Gerichtshof der Europäischen Union" fungiert als Sammelbegriff aller europäischen Gerichtszweige. Der **Sitz** der Gerichte ist **Luxemburg**.

639 Ihre **Regelung** erfährt die europäische Judikative nicht nur durch **Art. 19 EUV**. Weiterführende Vorschriften finden sich in den **Art. 251 ff. AEUV** sowie in der nach Art. 281 AEUV erlassenen **Satzung über den Gerichtshof der Europäischen Union (EuGH-Satzung)**. Letztere enthält neben dem Organisationsrecht auch Zulässigkeitsvoraussetzungen für einzelne Verfahren und wird ergänzt durch die **Verfahrensordnung (EuGH-VfO)**, die der Gerichtshof mit Genehmigung des Rates erlassen hat, Art. 253 Abs. 6 AEUV.

I. Gerichtshof

640 Der Gerichtshof war bereits im Gründungsvertrag der EGKS vorgesehen und damit lange Zeit das **einzige europäische Gericht**. Mit dem Ausbau der europäischen Gerichtsbarkeit ist beabsichtigt, dem Gerichtshof die Rolle eines **Rechtsmittelgerichts** zuzugedenken. Aufgrund der in vielen Fällen immer noch vorgesehenen primären Zuständigkeit des Gerichtshofs ist dieses Ziel allerdings noch lange nicht erreicht.

641 Der Gerichtshof besteht nach Art. 19 Abs. 2 UAbs. 1 S. 1 EUV aus **einem Richter je Mitgliedstaat**. Gemäß Art. 252 AEUV werden sie von **elf Generalanwälten** unterstützt.

Richter und Generalanwälte werden gemäß Art. 19 Abs. 2 UAbs. 3 EUV von den Regierungen der Mitgliedstaaten im Einvernehmen für eine **Amtszeit** von 6 Jahren ernannt. In Betracht kommen Personen, welche die Gewähr für Unabhängigkeit bieten und die in dem jeweiligen Mitgliedstaat geltenden Voraussetzungen für die höchsten richterlichen Ämter erfüllen oder Juristen von anerkannt hervorragender Befähigung sind (Art. 19 Abs. 2 UAbs. 3 S. 1 EUV, Art. 253 AEUV). Nach Ende ihrer Amtszeit können die Richter erneut zu Richtern am Gerichtshof ernannt werden. Während ihrer Amtszeit genießen die Richter Immunität (Art. 3 EuGH-Satzung), können aber für den Fall, dass sie die Voraussetzungen für ihre Tätigkeit nicht mehr erfüllen oder ihren Verpflichtungen nicht nachkommen, ihres Amtes enthoben werden (Art. 6 EuGH-Satzung).

Den **Generalanwälten** kommt gemäß Art. 252 Abs. 2 AEUV die Aufgabe zu, in den Verfahren in der Satzung bestimmten Verfahren vor dem Gerichtshof **Schlussanträge** zu stellen. Hierbei handelt es sich weniger um ein Plädoyer als mehr um eine Art **gutachterliche Stellungnahme** zu der zu entscheidenden Rechtsfrage.[740] Da die Generalanwälte die Schlussanträge unparteilich und unabhängig zu stellen haben, kommt es häufig vor, dass der Gerichtshof ihrem Votum in seiner Entscheidung folgt. **642**

Aus der Mitte der Richter werden der **Präsident** des Gerichtshofs und ein **Kanzler** gewählt, Art. 253 Abs. 3, 5 AEUV. Der Präsident leitet die rechtsprechende Tätigkeit des Gerichtshofs. Er vertritt den Gerichtshof nach außen und führt den Vorsitz bei Beratungen des Plenums und der Großen Kammer, wie sich aus Art. 9 EuGH-VfO ergibt. Der Kanzler hingegen leitet die allgemeine Verwaltung des Gerichtshofs unter der Aufsicht des Präsidenten und ist zugleich oberster Urkundsbeamter des Gerichtshofs, Art. 20 EuGH-VfO. **643**

Die neu eingehenden Verfahren werden durch den Präsidenten einem Richter als Berichterstatter zugewiesen. Hieran wurde Kritik aus Deutschland geübt, da das hierzulande verbürgte **Recht auf den gesetzlichen Richter** (Art. 101 Abs. 1 S. 2 GG) nicht gewährleistet ist. Allerdings konnte sich Deutschland mit dieser Kritik nicht durchsetzen; ein Geschäftsverteilungsplan existiert für den Gerichtshof nicht. Die endgültige Beratung und Entscheidung findet dann i.d.R. in einer **Kammer** als Untergliederung des Gerichtshofs statt, die gemäß Art. 16 Abs. 1 EuGH-Satzung mit drei bis fünf Richtern besetzt ist. Nur bei Fällen mit Rechtsfragen von besonderer Bedeutung entscheidet der Gerichtshof im **Plenum** mit allen 28 Richtern (vgl. Art. 16 Abs. 4, 5 EuGH-Satzung). Die Aufteilung ist aufgrund der Menge der Verfahren erforderlich: Im Jahr 2016 wurden beim Gerichtshof 692 neue Verfahren anhängig gemacht.[741] **644**

II. Gericht

Das **Gericht** (vor dem Vertrag von Lissabon „Gericht erster Instanz") befindet sich derzeit in einer Phase der Umstrukturierung. Art. 19 Abs. 2 UAbs. 2 EUV bestimmt, dass es aus mindestens einem Richter je Mitgliedstaat bestehen soll. Da das Gericht eine stetig steigende Anzahl von Verfahren bewältigen muss (2016: 974 neue Verfahren), wird die Anzahl der Richter erhöht. Nach Art. 254 Abs. 1 S. 1 AEUV i.V.m. Art. 48 EuGH-Satzung soll das Gericht ab dem 01.09.2019 aus **zwei Richtern je Mitgliedstaat** bestehen.[742] Für die **Berufung der Richter** und die von diesen zu erfüllenden Voraussetzungen gilt das zum Gerichtshof Ausgeführte entsprechend (vgl. Art. 47 EuGH-Satzung). **645**

740 Haratsch/Koenig/Pechstein Rn. 293.

741 Offizielle Angabe in der Rubrik „Der Gerichtshof in Zahlen", abrufbar über http://curia.europa.eu.

742 Zu der Neuregelung auch Hoffmann EuR 2016, 197.

646 In den Verfahren wird das Gericht sowohl als **Rechtsmittelinstanz** für die Entscheidungen der Fachgerichte (vgl. Art. 256 Abs. 2 AEUV) als auch als **erste Instanz** in bestimmten Verfahren tätig.

647 Anders als der Gerichtshof wird das Gericht grundsätzlich **nicht von Generalanwälten unterstützt**. Allerdings sieht Art. 49 EuGH-Satzung vor, dass sich die Richter des Gerichts zu Generalanwälten für die Entscheidungen des Gerichts bestellen lassen können. Für diesen Fall dürfen sie allerdings an der entsprechenden Entscheidung des Gerichts nicht mitwirken, insoweit besteht Inkompatibilität.

III.Fachgerichte

648 Art. 257 AEUV sieht vor, dass im ordentlichen Gesetzgebungsverfahren **Fachgerichte** geschaffen werden können. Diese sollen für Klagen aus bestimmten Sachgebieten zuständig sein. Durch sie soll nicht nur eine europäische Fachgerichtsbarkeit, sondern auch eine dreigliedrige Struktur innerhalb des Gerichtshofs geschaffen werden.[743] Zudem sollen die Fachgerichte Entlastungen des Gerichtshofs und des Gerichts möglich machen. Die **Richter** des Fachgerichtes müssen ebenso wie die Richter des Gerichts und des Gerichtshofs die Gewähr für Unabhängigkeit bieten und über die Befähigung zur Ausübung richterlicher Tätigkeiten verfügen. Ihre Ernennung erfolgt durch den Rat.

649 Als einziges Fachgericht wurde 2004 das **Fachgericht für den öffentlichen Dienst** eingeführt. Es war für alle Streitigkeiten zwischen der Union und ihren Bediensteten zuständig. Da sich die Mitgliedstaaten nicht über die Einführung weiterer Fachgerichte einigen konnten, gab die Union die Entwicklung der Fachgerichtsbarkeit auf und löste in der Folge mit Wirkung zum 01.09.2016 das Fachgericht für den öffentlichen Dienst auf. Die Wiedereinführung der Fachgerichtsbarkeit ist aufgrund der Regelung in Art. 257 AEUV zwar möglich, zeichnet sich aber zunächst nicht ab.

B. Verfahren vor dem EuGH im Überblick

650 Eine dem § 40 VwGO vergleichbare, generalklauselartige **Rechtswegeröffnung** existiert im Unionsrecht nicht. Aus Art. 19 Abs. 3 EUV folgt vielmehr das **Prinzip der begrenzten Einzelermächtigung**:[744] Die europäische Gerichtsbarkeit entscheidet **nach Maßgabe der Verträge** über Klagen von Organen, Mitgliedstaaten sowie allen natürlichen und juristischen Personen (Buchst. a), über von mitgliedstaatlichen Gerichten eingeleitete Vorabentscheidungsverfahren (Buchst. b) sowie in allen anderen von den Verträgen vorgesehenen Fällen (Buchst. c). Aufgrund der Verweisung ergeben sich die einzelnen Verfahrensarten aus den **Art. 258 ff. AEUV**.

Eine zusammenfassende Aufzählung der Verfahren entsprechend Art. 93 GG, § 13 BVerfGG für die Verfahren vor dem BVerfG existiert im Unionsrecht nicht.

651 ***Klausurhinweis:*** *Nicht alle vorgesehenen Verfahren besitzen auch* ***Klausurrelevanz****. Nur mit dem Vertragsverletzungsverfahren (Art. 258, 259 AEUV), der Nichtigkeitsklage (Art. 263 AEUV) sowie dem Vorabentscheidungsverfahren (Art. 267 AEUV) müssen Sie vertraut sein!*

---

743 Karpenstein/B. Eggers in: Grabitz/Hilf/Nettesheim, Art. 257 AEUV Rn. 2.

744 Gaitanides in: von der Groeben/Schwarze/Hatje, Art. 19 EUV Rn. 66; Huber in: Streinz, Art. 19 EUV Rn. 27.

Im Rahmen der speziellen Vorschriften über das jeweilige Verfahren kommt zudem zum Ausdruck, ob das Gericht oder der Gerichtshof **zuständig** ist. Es genügt deshalb nicht, die Rechtswegeröffnung zum Gerichtshof der Europäischen Union festzustellen. 652

2. Abschnitt: Vertragsverletzungsverfahren

Das **Vertragsverletzungsverfahren** nach Art. 258, 259 AEUV dient der **Feststellung von Verletzungen der Verträge durch die Mitgliedstaaten**. Es handelt sich um ein **Verfahren objektiver Rechtskontrolle**, sodass der Gerichtshof sowohl durch die Kommission nach Art. 258 AEUV als auch durch die Mitgliedstaaten nach Art. 259 AEUV angerufen werden kann, ohne dass eine eigene Rechtsverletzung geltend gemacht werden müsste.[745] Von dem Verfahren macht damit in erster Linie die Kommission aufgrund ihrer Aufgabe als „Hüterin der Verträge" Gebrauch. Daneben ist aber auch eine Verfahrenseinleitung durch andere Mitgliedstaaten der Union denkbar, um die Vertragsverletzung durch einen anderen Mitgliedstaat zu rügen. Diese Konstellation bildet aber eher den Ausnahmefall. 653

Im deutschen Recht findet sich keine Entsprechung zu diesem Verfahren, allerdings weist es Parallelen zum Organstreitverfahren i.S.d. Art. 93 Abs. 1 Nr. 1 GG auf.[746]

A. Zulässigkeit

Die Voraussetzungen der Zulässigkeit des Vertragsverletzungsverfahrens unterscheiden sich in den beiden Konstellationen nur marginal im Hinblick auf das Vorverfahren.

Aufbauschema: Zulässigkeit Vertragsverletzungsverfahren

I. Zuständigkeit

II. Parteifähigkeit

1. Aktiv: Kommission (Art. 258 AEUV) / Mitgliedstaat (Art. 259 AEUV)
2. Passiv: betroffener Mitgliedstaat

III. Vorverfahren

- Bei Einleitung durch Mitgliedstaat: Vertragsverletzungsrüge ggü. Kommission
- Mahnschreiben/Anhörung des Mitgliedstaats durch die Kommission
- Begründete Stellungnahme der Kommission bei Nichtabhilfe
- Fruchtloser Fristablauf

IV. Klagegegenstand

V. Rechtsschutzbedürfnis

VI. Form

745 EuGH Slg. 1995, I-2189 Rn. 21 *Kommission/Deutschland*; Cremer in: Calliess/Ruffert, Art. 258 AEUV Rn. 2 m.w.N.
746 Vgl. Gurreck/Otto JuS 2015, 1079, 1082 f.

Fall 15: Vertragsverletzungsverfahren

Nach der deutschen Rechtsordnung üben die Notare ihre Tätigkeiten – außer in Baden-Württemberg – freiberuflich aus. Die Ausgestaltung der Tätigkeit findet sich in der Bundesnotarordnung (BNotO). Nach § 1 BNotO werden Notare in den Ländern als unabhängige Träger eines öffentlichen Amtes für die Beurkundung von Rechtsvorgängen und anderen Aufgaben auf dem Gebiet der vorsorgenden Rechtspflege bestellt. Nach § 5 BNotO darf nur ein deutscher Staatsangehöriger zum Notar bestellt werden.

Die Kommission sandte ein Mahnschreiben mit Fristsetzung an die Bundesrepublik Deutschland, in dem sie die Ansicht vertrat, dass das Staatsangehörigkeitserfordernis in § 5 BNotO mit der Niederlassungsfreiheit aus Art. 49 AEUV unvereinbar sei, da es eine nach dem AEUV verbotene Diskriminierung aufgrund der Staatsangehörigkeit darstelle. Auf das Mahnschreiben antwortete die Bundesrepublik Deutschland, dass die Ausübung des Notarberufs eine „Ausübung öffentlicher Gewalt" i.S.d. Art. 51 AEUV darstelle und die Niederlassungsfreiheit insofern nicht betroffen sei. Daraufhin übersandte die Kommission eine mit Gründen versehene Stellungnahme, mit der sie die Bundesrepublik Deutschland aufforderte, binnen zwei Monaten Maßnahmen zu ergreifen, um den Verstoß gegen die Niederlassungsfreiheit abzustellen. Da die Bundesrepublik Deutschland der Aufforderung nicht nachkam, leitete die Kommission beim Gerichtshof zwei Monate nach Fristablauf formgemäß ein Vertragsverletzungsverfahren ein. Ist das Vertragsverletzungsverfahren zulässig?

Klausurhinweis: *Beachten Sie die Fallfrage! Oft wird in europarechtlichen Examensklausuren in einer gesonderten Frage oder in einem ersten Fallteil ausschließlich nach der Zulässigkeit des jeweiligen Verfahrens gefragt. Ausführungen zur Begründetheit verbieten sich dann.*

Das Vertragsverletzungsverfahren ist **zulässig**, wenn der Rechtsweg zum Gerichtshof eröffnet ist und die sonstigen Zulässigkeitsvoraussetzungen vorliegen.

654 I. Der angerufene **Gerichtshof** müsste **zuständig** sein.

Klausurhinweis: *Unter diesem Obersatz wird nicht nur die Zuständigkeit des Spruchkörpers (Gerichtshof, Gericht) geprüft, sondern damit zugleich die Rechtswegeröffnung sowie der statthafte Rechtsbehelf. Damit entspricht die Prüfung derjenigen der Zuständigkeit des BVerfG in verfassungsprozessualen Klausuren.*

Die Kommission rügt im vorliegenden Verfahren eine Verletzung der Niederlassungsfreiheit durch die deutschen Vorschriften der BNotO, sodass ein **Vertragsverletzungsverfahren gemäß Art. 258 AEUV** als **statthafter Rechtsbehelf** in Betracht kommt. Da Art. 258 Abs. 2 AEUV nur den Gerichtshof der Europäischen Union als Organ in Bezug nimmt, folgt hieraus keine Zuständigkeitsregelung. Die Zuständigkeit liegt vielmehr aufgrund eines **Umkehrschlusses aus Art. 256 Abs. 1 UAbs. 1 AEUV** beim **Gerichtshof**, da die Zuständigkeit weder kraft vertraglicher noch kraft Satzungsregelung auf das Gericht übertragen worden ist.

655 II. Die Kommission und die Bundesrepublik müssten aktiv bzw. passiv parteifähig sein.

1. Zur Einleitung des Verfahrens und damit **aktiv parteifähig** ist die Kommission, Art. 258 Abs. 2 AEUV.

   Gemäß Art. 259 AEUV ist auch ein (anderer) **Mitgliedstaat** aktiv parteifähig und damit zur Einleitung des Vertragsverletzungsverfahrens berechtigt. Zwar ist auch in dieser Konstellation ein von der Kommission durchzuführendes Vorverfahren der Klageerhebung vorgeschaltet. Aber das Vorabentscheidungsverfahren wird in der Konstellation der sog. **Staatenklage** nach erfolglosem Vorverfahren nicht von der Kommission, sondern von dem Mitgliedstaat eingeleitet.

2. **Passiv parteifähig** ist hingegen der Mitgliedstaat, dem die Verletzung des Unionsrechts zur Last gelegt wird. Dies ist hier die Bundesrepublik Deutschland.

III. Das Vertragsverletzungsverfahren ist ferner nur zulässig, wenn der Verfahrenseinlei- **656**
tung ein **erfolglos durchgeführtes Vorverfahren** vorausgegangen ist.

Nur in den Fällen der Art. 108 Abs. 2, 114 Abs. 9, 348 Abs. 2 AEUV ist ein Vorverfahren **ausnahmsweise entbehrlich**. Sofern es sich um eine Staatenklage handelt, wird das Vorverfahren durch eine Verletzungsrüge des anzeigenden Mitgliedstaates eingeleitet, die an die Kommission gerichtet ist.

1. Nach Art. 258 Abs. 1 Hs. 2 AEUV hat die Kommission dem betroffenen Mitglied- **657**
staat die Gelegenheit zur Stellungnahme einzuräumen (sog. **erstes Mahnschreiben**). Dabei hat sie dem Mitgliedstaat die Tatsachen mitzuteilen, in denen sie den Vertragsverstoß sieht und die Einleitung eines Vertragsverletzungsverfahrens anzukündigen. Zudem muss die Kommission dem Mitgliedstaat eine Frist setzen, in der er sich zu den Vorwürfen äußern kann.[747]

   Durch das erste Mahnschreiben soll in erster Linie der Anspruch des Mitgliedstaates auf **rechtliches Gehör** gewahrt werden.[748]

   In dem ersten Schreiben der Kommission an die Bundesrepublik Deutschland hat die Kommission mitgeteilt, aus welchen Gründen sie in § 20 BNotO eine nicht gerechtfertigte Diskriminierung aufgrund der Staatsangehörigkeit erblickt und von einem Verstoß gegen die Niederlassungsfreiheit aus Art. 49 AEUV ausgeht. Auch eine Fristsetzung war beigefügt und die Verfahrenseinleitung angekündigt, sodass das Schreiben den Anforderungen an ein erstes Mahnschreiben genügte.

   Wodurch die Kommission zur Rüge der Vertragsverletzung veranlasst wurde, ist unerheblich. Obwohl das Vertragsverletzungsverfahren ein **objektives Beanstandungsverfahren** ist, kann ihm eine individualschützende Komponente dadurch zukommen, dass es auch auf die Beschwerde von Unionsbürgern oder von Unternehmen eingeleitet wird.

2. Wird der Vertragsverstoß nicht innerhalb der im Mahnschreiben gesetzten Frist **658**
abgestellt und ist die Kommission auch nach Anhörung des Mitgliedstaates von der Vertragsverletzung überzeugt, gibt sie gemäß Art. 258 Abs. 1 Hs. 1 AEUV eine **begründete Stellungnahme** ab. In dieser hat nochmals eine klare Darstellung der Tatsachen und Gründe, die nach Ansicht der Kommission zu dem Vertragsverstoß führen, zu erfolgen. Diese Stellungnahme wurde ebenfalls mit einer Frist zur Beseitigung der Vertragsverletzung zu versehen.

   Die begründete Stellungnahme ist trotz der in ihr enthaltenen detaillierten tatsächlichen und rechtlichen Ausführungen unverbindlich und kann daher nicht isoliert angefochten werden.[749]

---

747 Karpenstein in: Grabitz/Hilf/Nettesheim, Art. 258 AEUV Rn. 29.

748 EuGH EuZW 2007, 540 *Kommission/Deutschland*; Karpenstein in: Grabitz/Hilf/Nettesheim, Art. 258 AEUV Rn. 28 m.w.N.

749 Oppermann/Classen/Nettesheim, § 13 Rn. 34 f.

Eine Mindestlänge der Frist ist nicht vorgeschrieben. I.d.R. werden zwei Monate als angemessene Frist erachtet.[750] Die konkrete Frist ist an den Umständen des Einzelfalls und realistisch zu bemessen, welche die Verteidigungsmöglichkeit des Mitgliedstaats nicht beeinträchtigt.[751]

Die Kommission hat sich mit der Stellungnahme der Bundesrepublik Deutschland auseinandergesetzt und mitgeteilt, dass sie in der nationalen Regelung gleichwohl einen Verstoß gegen die Niederlassungsfreiheit sieht. Die Kommission hat der Bundesrepublik Deutschland weiterhin eine Frist von zwei Monaten gesetzt, um den Verstoß zu beseitigen. Eine begründete Stellungnahme liegt somit vor.

659 3. Nach **fruchtlosem Fristablauf** ist die Kommission berechtigt, das Vertragsverletzungsverfahren bei dem Gerichtshof einzuleiten.

In der Lit. wird aus der Aufgabe der Kommission als „Hüterin der Verträge" eine **Klagepflicht** hergeleitet,[752] wobei nicht deutlich wird, ob die Pflicht sich insgesamt auf die Einleitung des Vertragsverletzungsverfahrens oder nur auf die Klageerhebung nach Durchführung des Vorverfahrens beziehen soll. Nach der wohl richtigen Ansicht des Gerichtshofs steht die Einleitung des Vertragsverletzungsverfahrens jedoch im **Ermessen** der Kommission.[753] Insbesondere bei geringfügigen Verstößen oder solchen von politischer Brisanz muss ihr ein Beurteilungsspielraum hinsichtlich der Einleitung des Verfahrens zugebilligt werden.[754] Ein Individualanspruch auf Einleitung eines Vertragsverletzungsverfahrens besteht wegen des Ermessensspielraums nicht.[755]

Die Bundesrepublik Deutschland hat die ihr durch die Kommission gesetzte Frist von zwei Monaten verstreichen lassen, ohne die BNotO zu ändern. Demnach war die Kommission zur Einleitung des Vertragsverletzungsverfahrens berechtigt.

660 IV. Richtiger **Klagegegenstand** des Vertragsverletzungsverfahrens ist die Maßnahme (Tun oder Unterlassen) des Mitgliedstaates, durch das dieser die Verträge verletzt haben soll. Der Umfang der behaupteten Vertragsverletzung richtet sich dabei nach der begründeten Stellungnahme aus dem Vorverfahren, über die er nicht hinausgehen darf. Da die Stellungnahme ihrerseits nicht über das erste Mahnschreiben hinausgehen darf, erweist sich der Klagegegenstand als doppelt akzessorisch.

Im vorliegenden Fall hat die Kommission im Rahmen der Einleitung des Vertragsverletzungsverfahrens die Argumentation aus der begründeten Stellungnahme wiederholt, sodass die Vereinbarkeit der Regelung der deutschen BNotO mit der Niederlassungsfreiheit aus Art. 49 AEUV den zulässigen Klagegegenstand bildet.

V. Weiterhin müsste ein **Rechtsschutzbedürfnis** für die Durchführung des Vertragsverletzungsverfahrens bestehen.

661 1. Hierfür ist zunächst Voraussetzung, dass die Kommission in tatsächlicher und rechtlicher Hinsicht von der Vertragsverletzung durch den Mitgliedstaat **überzeugt** ist. Zweifel über die Vereinbarkeit mit dem Unionsrecht genügen nicht. Mit ihrem Mahnschreiben, der abschließenden Stellungnahme und der Verfahrenseinleitung hat die Kommission zum Ausdruck gebracht, dass sie von einer Verletzung der Niederlassungsfreiheit durch die deutschen Vorschriften überzeugt ist.

---

750 EuGH Slg. 1983, 467, 477 ff. *Kommission/Belgien*; Karpenstein in: Grabitz/Hilf/Nettesheim, Art. 258 AEUV Rn. 46.

751 EuGH Slg. 1988, 305 Rn. 20 *Kommission/Belgien*; Slg. 1996, I-3248 Rn. 20 *Kommission/Luxemburg*.

752 Oppermann/Classen/Nettesheim § 13 Rn. 30.

753 EuGH, Urt. v. 14.02.1989 – Rs. 247/87; EuGH, Urt. v. 06.12.1989 – Rs. C-329/88; EuGH NVwZ 1991, 1169.

754 Oppermann/Classen/Nettesheim § 13 Rn. 30.

755 EuGH NJW 1998, 2809, 2810.

2. Darüber hinaus besteht das Rechtsschutzbedürfnis nur dann, wenn der Mitgliedstaat sein Verhalten, nicht wie von der Kommission verlangt, verändert hat. Hier ist eine solche Änderung nicht eingetreten, sodass der Anlass für das Vertragsverletzungsverfahren nicht entfallen ist. **662**

   Hat der Mitgliedstaat die gerügte Verfahrensverletzung beseitigt, ist das Ziel des Verfahrens erreicht, sodass die Kommission das Verfahren einstellen müsste. Nur für den Fall, dass ein besonderes Rechtsschutzbedürfnis gegeben ist, könnte die Kommission gleichwohl ein Vertragsverletzungsverfahren gegen den Mitgliedstaat einleiten.[756]

3. Für die Einleitung des Vertragsverletzungsverfahrens ist **keine Frist** vorgesehen; vielmehr erstreckt sich das Ermessen der Kommission auch auf den Zeitpunkt der Klageerhebung. Allerdings kann die Kommission das Recht zur Verfahrenseinleitung **verwirken**, wenn sie nach Abschluss des Vorverfahrens unangemessen lange mit der Klageerhebung zuwartet, ohne das ein sachlicher Grund die Verzögerung der Verfahrenseinleitung rechtfertigt.[757] Im Falle der Verwirkung entfällt dann auch das Rechtsschutzbedürfnis. Dies ist hier nicht der Fall. **663**

VI. Die **Formanforderungen** des Art. 21 EuGH-Satzung sind erfüllt. **664**

Ergebnis: Das Vertragsverletzungsverfahren ist zulässig.

B. Begründetheit

Das Vertragsverletzungsverfahren ist **begründet**, wenn die von der Kommission behauptete Verletzung des Unionsrechts tatsächlich festgestellt werden kann. **Prüfungsmaßstab** sind hierbei entgegen dem Wortlaut des Art. 258 AEUV nicht nur die **Verträge** selbst, sondern auch das **abgeleitete Unionsrecht**.[758] **665**

Die Begründung dafür ergibt sich aus der Aufgabe der Kommission als „Hüterin des Unionsrechts" gemäß Art. 17 Abs. 1 S. 2 und S. 3 EUV, womit auch das abgeleitete Unionsrecht erfasst wird. Aus der Wächterfunktion der Kommission leitet sich das Institut des Vertragsverletzungsverfahrens ab, sodass in diesem Verfahren auch die Verletzung von Sekundärrecht geltend gemacht werden kann.[759]

Eine **Vertragsverletzung** ist gegeben, wenn ein Mitgliedstaat durch sein Verhalten gegen eine Norm des Unionsrechts verstößt. Ein **Verschulden** ist nicht erforderlich. Gerügt werden muss ein konkreter Akt bzw. eine konkrete Unterlassung des Mitgliedstaats.[760] Für das Vorliegen der Verletzung ist die Kommission beweispflichtig und erhebt die erforderlichen Beweise selbst.[761]

C. Folgen der Entscheidung

Im Falle eines **erfolgreichen Vertragsverletzungsverfahrens** trifft der Gerichtshof die **Feststellung**, dass die staatliche Maßnahme Unionsrecht verletzt. Eine Verpflichtung **666**

756 Karpenstein in: Grabitz/Hilf/Nettesheim, Art. 258 AEUV Rn. 52; Haratsch/Koenig/Pechstein Rn. 499.
757 EuGH Slg. 1984, S. 1861 *Kommission/Belgien*.
758 Ehricke in: Streinz, Art. 258 AEUV Rn. 6.
759 Vgl. Cremer in: Calliess/Ruffert, Art. 258 Rn. 33.
760 Karpenstein in: Grabitz/Hilf/Nettesheim, Art. 258 Rn. 64 f.
761 EuGH, Urt. v. 14.07.1988 – Rs. 298/86.

des Mitgliedstaats oder gar eine Verurteilung zu einer konkreten Form der Beseitigung der Verletzung kann der Gerichtshof jedoch nicht aussprechen. Der betreffende Mitgliedstaat ist aber aus Art. 260 Abs. 1 AEUV verpflichtet, Abhilfe zu schaffen. Kommt er dieser Verpflichtung nicht nach, kann der Gerichtshof gemäß Art. 260 Abs. 2 AEUV die Zahlung eines Pauschalbetrages oder **Zwangsgeldes** verhängen.[762] Haben auch diese Sanktionen keine Wirkung, bleibt lediglich die Möglichkeit, ein erneutes Verfahren nach Art. 258 AEUV durchzuführen.[763] Eine unionsrechtswidrige Einzelmaßnahme eines Mitgliedstaats kann vom Gerichtshof durch eine Anordnung gemäß Art. 279 AEUV vorläufig außer Kraft gesetzt werden.[764]

3. Abschnitt: Nichtigkeitsklage

667 Die Nichtigkeitsklage gemäß Art. 263 AEUV ermöglicht eine Überprüfung der Rechtmäßigkeit von Handlungen der Unionsorgane und sonstiger Einrichtungen und Stellen der EU (z.B. der Agenturen). Das Verfahren kann als Klage wegen **subjektiver, persönlicher Betroffenheit** oder als **objektives Beanstandungsverfahren** durchgeführt werden.

Im ersten Fall ist die Klage im weitesten Sinne mit der Anfechtungsklage des deutschen Verwaltungsprozessrechts gemäß § 42 Abs. 1 Fall 1 VwGO oder der Verfassungsbeschwerde nach Art. 93 Abs. 1 Nr. 4 a GG zu vergleichen, d.h. grds. kann jede natürliche oder juristische Person die Klage mit dem Ziel der Aufhebung eines Rechtsakts erheben. Im zweiten Fall dient das Verfahren der allgemeinen Rechtskontrolle und ist z.T. gleichzeitig Instrument zur Klärung zwischen den Organen bestehender Konflikte bzgl. der ihnen übertragenen Befugnisse (sog. **Organstreit**).[765]

A. Zulässigkeit

668 Die Zulässigkeitsvoraussetzungen der Nichtigkeitsklage sind in Art. 263 AEUV geregelt.

Aufbauschema: Zulässigkeit Nichtigkeitsklage
I. **Zuständigkeit**
II. **Aktive Parteifähigkeit**, Art. 263 Abs. 2-4 AEUV
III. **Klagegegenstand:** EU-Rechtsakte mit bindender Außenwirkung
IV. **Passive Parteifähigkeit**
V. **Klagebefugnis:** je nach Kläger, Art. 263 Abs. 2-4 AEUV
VI. **Klagefrist**, Art. 263 Abs. 6 AEUV
VII. **Form**, insbes. Darlegung eines Klagegrundes

I. Zuständigkeit

669 Art. 263 Abs. 1 AEUV bestimmt lediglich, dass der **Gerichtshof der Europäischen Union** für die Nichtigkeitsklage **zuständig** sei. Eine Aussage für die Zuständigkeit des jeweiligen Spruchkörpers ist dadurch nicht getroffen. Diese Zuständigkeit ergibt sich erst aus

762 Herdegen § 9 Rn. 5 f.

763 Streinz Rn. 627.

764 EuGH, Urt. v. 12.07.1990 – Rs. C-195/80.

765 Hailbronner JuS 1990, 439, 444.

Art. 256 Abs. 1 UAbs. 1 S. 1 AEUV. Danach ist das Gericht erstinstanzlich für solche Nichtigkeitsklagen zuständig, die nicht gemäß der EuGH-Satzung dem Gerichtshof vorbehalten sind (Art. 256 Abs. 1 UAbs. 1 S. 1 a.E. AEUV). Nach **Art. 51 EuGH-Satzung** ist der Gerichtshof für Nichtigkeitsklagen nur zuständig, wenn

- ein **Mitgliedstaat** die Klage gegen eine Handlung des Europäischen Parlaments oder des Rates oder wegen unterlassener Beschlussfassung der Organe erhebt oder
- ein **Unionsorgan** selbst als Kläger auftritt.

Für Nichtigkeitsklagen natürlicher und juristischer Personen ist das Gericht zuständig.

II. Aktive Parteifähigkeit

Aktiv parteifähig und damit taugliche Kläger der Nichtigkeitsklage sind **670**

- die **Mitgliedstaaten**, das **Europäische Parlament**, der **Rat** und die **Kommission**, Art. 263 Abs. 2 AEUV,
- der **Rechnungshof**, die **Europäische Zentralbank** und der **Ausschuss der Regionen**, Art. 263 Abs. 3 AEUV sowie
- **natürliche** und **juristische Personen**, Art. 263 Abs. 4 AEUV.

Klausurhinweis: *Zum Teil wird bereits an dieser Stelle auch die passive Parteifähigkeit überprüft. Dies hat aber den Nachteil, dass Sie auf den tauglichen Gegenstand der Nichtigkeitsklage vorgreifen müssten. Es bietet sich deshalb an, die passive Parteifähigkeit erst nach den Ausführungen des Verfahrensgegenstands zu prüfen.*

III. Klagegegenstand

Gegenstand der Nichtigkeitsklage können nach Art. 263 Abs. 1 AEUV **alle Gesetzgebungsakte** sowie **Handlungen** des Rates, der Kommission und der Europäischen Zentralbank, soweit es sich nicht um Empfehlungen oder Stellungnahmen handelt, und Handlungen des Europäischen Parlaments und des Europäischen Rates sein, **die Rechtswirkungen gegenüber Dritten entfalten**. Hierzu gehören nicht nur die nach Art. 288 Abs. 2–4 AEUV verbindlichen Rechtsakte, sondern auch atypische Rechtsakte mit entsprechender Außenwirkung. **671**

Nicht anfechtbar sind vorbereitende Maßnahmen, Zwischenmaßnahmen sowie bestätigende oder wiederholende Maßnahmen. Gleiches gilt für unverbindliche Kundgaben wie Dienstanweisungen, Meinungsäußerungen, innerbehördliche Akte oder Rechtsauskünfte.

IV. Passive Parteifähigkeit

Die Nichtigkeitsklage ist gegen diejenige Einrichtung zu richten, welche den angegriffenen Rechtsakt erlassen oder die streitgegenständliche Handlung vorgenommen hat **(passive Parteifähigkeit)**.[766] **672**

766 EuG Slg. 2008, II-2771 Rn. 49 *Sogelma/EAR*; Dörr in: Grabitz/Hilf/Nettesheim, Art. 263 AEUV Rn. 23.

V. Klagebefugnis

673 Welche Anforderungen an die **Klagebefugnis** bei der Nichtigkeitsklage zu stellen sind, hängt vom Kläger ab.

- Wird die Klage von **Unionsorganen** oder **Mitgliedstaaten** nach Art. 263 Abs. 2 AEUV erhoben, ist **keine Klagebefugnis** erforderlich. Man spricht insoweit von **privilegiert Klageberechtigten**, da sie die Klage erheben können, ohne ein individuelles oder unmittelbares Betroffensein oder die Verletzung eigener Befugnisse und Rechte geltend machen zu müssen.[767]

  In diesen Fällen ist die Nichtigkeitsklage als **objektives Beanstandungsverfahren** ausgestaltet, das mit der abstrakten Normenkontrolle i.S.d. Art. 93 Abs. 1 Nr. 2 GG.

- Die Europäische Zentralbank, der Rechnungshof und der Ausschuss der Regionen sind nach Art. 263 Abs. 3 AEUV sog. **teilprivilegierte Klageberechtigte** und nur zur **Wahrung ihrer Rechte** klagebefugt.

  Beispiele: mögliche Verletzung von Anhörungs-, Beteiligungs- und Informationsrechten[768]

- Die striktesten Anforderungen sind an die Klagebefugnis zu stellen, wenn **natürliche oder juristische Personen** die Nichtigkeitsklage erheben, Art. 263 Abs. 4 AEUV.

Fall 16: Nichtigkeitsklage – Klagebefugnis

Im Rahmen der Währungspolitik verfolgt die von der Europäischen Zentralbank (EZB) durchgeführte Geldpolitik das primäre Ziel, die Preisstabilität zu bewahren. Als Reaktion auf die Finanzkrise in der Union fasste die EZB am 06.09.2012 den Beschluss, dass sie nötigenfalls zur Gewährleistung ihrer Geldpolitik selbst unbegrenzt Staatsanleihen solcher Mitgliedstaaten kaufen würde, die sich einem Kreditprogramm des Europäischen Stabilitätsmechanismus (ESM) unterwerfen (Outright Monetary Transactions – OMT). Zunächst würde die EZB derartige Anleihekäufe nur in Erwägung ziehen; sie würden später nach vorheriger gründlicher Beurteilung umgesetzt, um in die vorsorglichen Programme des ESM eingegliedert zu werden. Einer Abstimmung mit anderen Unionsorganen bedürfe es nicht. Die EZB entscheide im alleinigen Ermessen und im Einklang mit ihrem geldpolitischen Mandat aus den Verträgen.

K meint, der Ankauf von Staatsanleihen würde zu Verwerfungen auf den Finanzmärkten führen, was der Preisstabilität schaden und den Wert seines Vermögens vermindern würde. Er ist überzeugt, dass der Beschluss mit Art. 123-125 AEUV unvereinbar sei. K beantragt deshalb einen Monat nach dem Beschluss der EZB beim Gericht, dass dieses den Beschluss der EZB als mit den genannten Vorschriften für unvereinbar erklären und die Durchführung des Beschlusses verhindern solle. Ist die Klage zulässig?

Die von K erhobene Klage könnte als Nichtigkeitsklage zulässig sein.

I. Da K die Durchführung des Beschlusses verhindern will, ist die **Nichtigkeitsklage** gemäß Art. 263 AEUV der **statthafte Rechtsbehelf**, der auch den **Rechtsweg** zu den

767 Ehricke in: Streinz, Art. 263 Rn. 25; Cremer in: Calliess/Ruffert, Art. 263 Rn. 21.

768 Cremer in: Calliess/Ruffert, Art. 263 AEUV Rn. 22.

europäischen Gerichten eröffnet. Da K als natürliche Person Klage erhoben hat, ist zudem das **Gericht** gemäß Art. 256 Abs. 1 UAbs. 1 AEUV **zuständig**.

II. K als natürliche Person ist gemäß Art. 263 Abs. 4 AEUV **aktiv parteifähig**.

III. Er wendet sich gegen einen Beschluss der EZB und möchte eine Überprüfung von dessen Rechtmäßigkeit durch das Gericht erreichen. Die Handlungen der EZB werden von Art. 263 Abs. 1 S. 1 AEUV ausdrücklich als **Klagegegenstand** bezeichnet, soweit es sich nicht um Empfehlungen oder Stellungnahmen handelt. Dies ist bei dem angegriffenen Beschluss nicht der Fall. Ein tauglicher Klagegegenstand liegt vor.

IV. Der angegriffene Beschluss wurde von der EZB erlassen, sodass diese **passiv parteifähig** und damit richtige Beklagte ist.

V. Fraglich ist allerdings, ob K **klagebefugt** ist. Die Klagebefugnis natürlicher (und auch juristischer) Personen ist nach Art. 263 Abs. 4 AEUV gegeben, wenn **674**

- die angefochtene Maßnahme **an den Kläger gerichtet** ist,
- der Kläger durch sie **unmittelbar und individuell betroffen** ist oder
- der Klagegegenstand ein **Rechtsakt mit Verordnungscharakter** ist und den Kläger **unmittelbar betrifft** und keine Durchführungsmaßnahmen nach sich zieht.

1. Nach Art. 263 Abs. 4 Var. 1 AEUV ist die Klagebefugnis zu bejahen, wenn die Maßnahme an den Kläger gerichtet ist. Dies ist der F43all, wenn der Kläger **Adressat** der jeweiligen Maßnahme ist; eine darüber hinausgehende subjektive Betroffenheit oder Rechtsverletzung ist in diesem Fall nicht erforderlich.[769] **675**

Damit entspricht das Verständnis in etwa der deutschen Adressatentheorie zu § 42 Abs. 2 VwGO. Klagegegenstand ist hierbei ein adressatspezifischer Beschluss i.S.d. Art. 288 Abs. 4 S. 2 AEUV.

Der erste der beiden angegriffenen Beschlüsse der EZB richtete sich an die Mitgliedstaaten zwecks Gestattung der Ankäufe von Staatsanleihen bedrohter Staaten. Der zweite Beschluss gab die Absicht der EZB wieder, in Zukunft selbst Staatsanleihen unbegrenzt erwerben zu wollen. In beiden Fällen war K nicht Adressat.

2. K könnte jedoch **unmittelbar und individuell betroffen** sein, Art. 263 Abs. 4 Var. 2 AEUV. Dies ist nur dann der Fall, wenn zwei Kriterien kumulativ erfüllt sind: Zum einen muss sich die beanstandete Maßnahme auf die Rechtsstellung des Klägers unmittelbar auswirken, zum anderen muss sie ihren Adressaten, der mit ihrer Durchführung betraut ist, keinerlei Ermessensspielraum belassen. Ihre Umsetzung muss vielmehr rein automatisch erfolgen und sich allein aus der Unionsregelung ohne Anwendung anderer Durchführungsvorschriften ergeben.[770] **676**

a) Es ist bereits zweifelhaft, ob sich der verfahrensgegenständliche Beschluss der EZB überhaupt unmittelbar auf die Rechtsstellung des Klägers auswirken kann. Der Beschluss schafft nämlich die Möglichkeit, dass die EZB Anleihen von in die Finanzkrise verstrickten Staaten erwirbt. Die EZB hat dabei noch keinerlei end-

769 EuG Slg. 1998, II-2289 Rn. 64 *Svenska Journalistförbundet/Rat* Dörr in: Grabitz/Hilf/Nettesheim, Art. 263 AEUV Rn. 57.
770 EuG RÜ 2014, 179, 180 *von Storch u.a./EZB*.

gültige Entscheidung darüber getroffen, welche Staatsanleihen sie in welchem Umfang erwerben wird. Sie hat nur angekündigt, dass sie in dem Anleihekauf eine Möglichkeit der Stabilisierung des Geldmarktes erblickt. Damit eine Auswirkung auf den Geldmarkt ersichtlich wird, sind Durchführungsmaßnahmen erforderlich, die zumindest in der endgültigen Entscheidung über den Anleihekauf oder in diesem selbst bestehen. Jedenfalls haben noch keine Umsetzungsmaßnahmen stattgefunden, die K unmittelbar betreffen.

b) Auch eine unmittelbare Umsetzung erfolgt nicht. Der Rat der EZB betont in seinem Beschluss, dass die Entscheidung über den Anleihekauf im alleinigen Ermessen der EZB stehe. Damit hat der Beschluss keinen rechtsbindenden Charakter, sondern schafft die Voraussetzung für eine spätere Kaufentscheidung.

677 3. K ist jedoch gleichwohl klagebefugt, wenn es sich bei dem Beschluss um einen **Rechtsakt mit Verordnungscharakter** handelt, durch welchen er **unmittelbar betroffen** ist. Rechtsakte in diesem Sinne sind alle Handlungen einer Unionseinrichtung mit verbindlicher Rechtswirkung nach außen. Der Verordnungscharakter wird negativ bestimmt: Ihn besitzen alle Rechtsakte der Union, die keine Gesetzgebungsakte i.S.d. Art. 289 AEUV sind.[771] Die unmittelbare Betroffenheit ist – nicht zuletzt wegen des übereinstimmenden Wortlauts – ebenso zu verstehen wie in Art. 263 Abs. 4 Var. 2 AEUV.

Selbst wenn man den Beschluss des Rates der EZB als Maßnahme mit Verordnungscharakter ansehen wollte, betrifft dieser den K jedoch aufgrund der zuvor dargestellten Umstände nicht unmittelbar. Folglich ist K nicht klagebefugt.

Ergebnis: Die Nichtigkeitsklage des K ist unzulässig.

VI. Klagefrist

678 Die Nichtigkeitsklage ist **fristgebunden** und muss nach Art. 263 Abs. 6 AEUV binnen einer Frist von **zwei Monaten** erhoben werden.

- Für den **Fristbeginn** kommen nach Art. 263 Abs. 6 Hs. 2 AEUV die Bekanntgabe, die Mitteilung und die Kenntniserlangung in Betracht. Richtet sich die Nichtigkeitsklage gegen einen Rechtsakt, der nach Art. 297 Abs. 1 UAbs. 3 AEUV im Amtsblatt der Europäischen Union zu veröffentlichen ist, knüpft der Fristbeginn an den Tag dieser Veröffentlichung an.[772] Jedoch bestimmt **Art. 50 EuGH-VerfO**, dass die Frist nicht vom Tag der Veröffentlichung, sondern erst **vom Ablauf des vierzehnten Tages nach der Veröffentlichung** im Amtsblatt der Union an zu berechnen ist.

  Ursprünglich war diese Frist als Ausgleich für die unterschiedlichen Entfernungen der Mitgliedstaaten zum Gerichtshof der Europäischen Union und damit als Kompensation der Postlaufzeiten eingeführt worden. Nach der Vorgängerregelung galt bei Klagen aus Deutschland eine Fristverlängerung von sechs Tagen, bei Klagen aus Luxemburg gab es keine Fristverlängerung.

---

771 EuG EuZW 2012, 395 Rn. 43 ff. *Inuit Tapiriit Kanatami u.a.*; Dörr in: Grabitz/Hilf/Nettesheim, Art. 263 AEUV Rn. 82; Herrmann NVwZ 2011, 1353, 1356 f.; Thiele EuR 2010, 30, 44.

772 Dörr in: Grabitz/Hilf/Nettesheim, Art. 263 AEUV Rn. 119.

- Ist die Klagefrist – wie bei Art. 263 Abs. 6 AEUV – in Kalendermonaten ausgedrückt, so **endet** sie mit Ablauf des Tages, der in dem die Frist bezeichnenden Monat dieselbe Zahl trägt wie der Tag, an dem die Frist in Gang gesetzt worden ist, **Art. 49 Abs. 1 Buchst. b S. 1 EuGH-VerfO.**[773]

  Damit erfolgt die Berechnung des Fristendes hier ebenso wie in den §§ 186 ff. BGB, die für den Zivil- und Verwaltungsgerichtsprozess Anwendung finden.

VII. Form

Die Nichtigkeitsklage muss nicht nur nach der allgemeinen Vorschrift des Art. 21 EuGH-Satzung in einer schriftlichen Klageschrift vorgebracht werden, sondern eine besondere Voraussetzung erfüllen: Nach Art. 38 § 1 EuGH-VerfO bzw. Art. 44 § 1 EuG-VerfO muss der Kläger Tatsachen vorbringen, auf welche er zumindest einen der **Nichtigkeitsgründe** nach Art. 263 Abs. 2 AEUV (siehe dazu unten Rn. 680 ff.) stützt.[774] Zwar ist das tatsächliche Vorliegen eines Nichtigkeitsgrundes eine Frage der Begründetheit, ihre Geltendmachung und kurze Begründung ist aber für die Zulässigkeit erforderlich. **679**

Zum Teil wird in der Lit. gefordert, dass die Klage eine **schlüssige Begründung** der Nichtigkeitsgründe enthalten müsse.[775] Dies wird dann als gesonderter Prüfungspunkt außerhalb der Form erörtert.

B. Begründetheit

Die Nichtigkeitsklage ist begründet, wenn und soweit der angefochtene Rechtsakt mit einem oder mehreren der in Art. 263 Abs. 2 AEUV genannten **Rechtsmängel behaftet** ist und der Mangel entweder vom Kläger geltend gemacht wurde oder von Amts wegen zu beachten ist.[776] **680**

Anders als es das Erfordernis der Klagebefugnis vermuten lässt, verfolgt der Gerichtshof im Rahmen der Nichtigkeitsklage einen **objektiv-rechtlichen Kontrollansatz**, sodass es nicht darauf ankommt, welche Normen verletzt sind und ob sie für den Kläger individualschützend sind.[777]

- **Unzuständigkeit**

  Absolute Unzuständigkeit oder auch **Verbandsunzuständigkeit** sanktioniert das Prinzip der begrenzten Einzelermächtigung aus Art. 5 Abs. 2 EUV und liegt vor, wenn eine Handlung die Verbandskompetenz der Union insgesamt übersteigt, die Regelungsmaterie also nicht in den Zuständigkeitsbereich der Union fällt.[778] Die Wahl der Rechtsgrundlage muss sich dabei auf objektive, gerichtlich nachprüfbare Umstände gründen, zu denen insbesondere das Ziel und der Inhalt des Rechtsakts gehören.[779] **681**

  Relative Unzuständigkeit ist gegeben, wenn ein Organ im Zuständigkeitsbereich eines anderen tätig geworden ist. Möglich ist auch eine räumliche Unzuständigkeit, die vorliegt, wenn sich ein Unionshandeln auf das Gebiet außerhalb der Union auswirkt und dies im gegebenen Fall unzulässig ist. Letztlich ist auch ein Verstoß gegen die

---

773 Vgl. EuGH JuS 2002, 1116.

774 EuG Slg. 1992, II-2417 Rn. 30 *Rendo*; Ehricke in: Streinz, Art. 263 AEUV Rn. 29.

775 So beispielsweise Haratsch/Koenig/Pechstein Rn. 539.

776 Dörr in: Grabitz/Hilf/Nettesheim, Art. 263 Rn. 159; Cremer in: Calliess/Ruffert, Art. 263 Rn. 82.

777 Dörr in: Grabitz/Hilf/Nettesheim, Art. 263 Rn. 159.

778 EuGH Slg. 1969, 523, 539 f.; Slg. 1986, 1339 Rn. 54 f.; Dörr in: Grabitz/Hilf/Nettesheim, Art. 263 AEUV Rn. 162.

779 EuGH EuZW 2009, 212; NStZ 2008, 703.

sachliche Zuständigkeit derart möglich, dass ein Organ eine Maßnahme erlässt, die von der einschlägigen Ermächtigungsnorm nicht gedeckt ist.[780]

- **Verletzung wesentlicher Formvorschriften**

682 Voraussetzung ist, dass Formvorschriften (= Vorschriften über **Verfahren** und **Form**) von einiger Bedeutung verletzt worden sind. Dies ist in der Regel der Fall, wenn unter Beachtung der betreffenden Vorschrift der Rechtsakt möglicherweise einen anderen Inhalt erhalten hätte.

Beispiele: Anhörung des Europäischen Parlaments, Beachtung der Geschäftsordnung, Gewährung rechtlichen Gehörs für den Betroffenen, Beachtung von Mehrheitserfordernissen und Befolgung der Begründungspflicht des Art. 296 AEUV bei Erlass von Verordnungen, Richtlinien, Beschlüssen[781]

- **Verletzung der Verträge oder einer bei deren Durchführung anzuwendenden Rechtsnorm**

683 Dieser Auffangtatbestand umfasst neben der Verletzung der Verträge die Verletzung von sonstigem primärem Unionsrecht (z.B. im Range den Verträgen gleichstehende allgemeine Rechtsgrundsätze, Unionsgrundrechte), von völkerrechtlichen Verträgen und abgeleitetem Unionsrecht (z.B. sekundärrechtliche Gesetzgebungsakte von Parlament und Rat nach Art. 289 AEUV oder tertiärrechtliche Rechtsetzungsakte, zu denen die Kommission in einem Gesetzgebungsakt ermächtigt worden ist, sog. delegierte Rechtsakte).[782] In der Sache werden alle Verstöße gegen Unionsrecht erfasst, die nicht unter einen speziellen Nichtigkeitstatbestand fallen.[783]

- **Ermessensmissbrauch**

684 Anders als im nationalen Recht setzt der Ermessensmissbrauch hier ein absichtliches Verfolgen rechtswidriger Ziele durch ein Organ mit Mitteln des Unionsrechts voraus. Er ist subsidiär gegenüber den anderen Nichtigkeitsgründen.[784]

C. Wirkungen der Entscheidung

685 In seinem Urteil erklärt der jeweils zuständige Spruchkörper, sofern die Klage zulässig und begründet ist, gemäß Art. 264 Abs. 1 AEUV die angefochtene Handlung für **nichtig**. Das Gestaltungsurteil **wirkt ex tunc und erga omnes.**[785] Gemäß Art. 264 Abs. 2 AEUV kann der Gerichtshof bestimmte Wirkungen einer Verordnung als fortgeltend bezeichnen. Aus Art. 266 AEUV ergibt sich schließlich die Verpflichtung des verurteilten Organs, die sich aus dem Urteil ergebenden Maßnahmen vorzunehmen.

4. Abschnitt: Vorabentscheidungsverfahren

686 Das **Vorabentscheidungsverfahren** gemäß Art. 267 AEUV gibt den nationalen Gerichten der Mitgliedstaaten die Möglichkeit, dem Gerichtshof **Fragen über die Auslegung**

---

780 Erichsen/Weiß Jura 1990, 528, 533.

781 EuGH, Urt. v. 26.03.1987 – Rs. 45/86; EuGH, Urt. v. 29.03.1990 – Rs. 62/88; Bleckmann Rn. 856 ff.; Streinz Rn. 642.

782 Streinz Rn. 643; Erichsen/Weiß Jura 1990, 528, 533.

783 Vgl. Kremer in: Calliess/Ruffert, Art. 263 Rn. 95.

784 Erichsen/Weiß Jura 1990, 528, 533 f.

785 Streinz Rn. 657.

und Gültigkeit von Unionsrecht vorzulegen. Durch die in diesem Verfahren ergehenden Entscheidungen soll verhindert werden, dass die Gerichte der einzelnen Mitgliedstaaten das Unionsrecht unterschiedlich auslegen und anwenden.[786] Funktionell ist es ein objektives prozessuales Zwischenverfahren zum Zwecke der Koordinierung der Rechtsprechung durch die europäische Gerichtsbarkeit[787] und ähnelt in seiner Ausgestaltung dem Verfahren der **konkreten Normenkontrolle** gemäß Art. 100 Abs. 1 GG.

In der Praxis machten die Vorabentscheidungen im Jahr 2016 ca. 68% der neuen Verfahren aus.

A. Zulässigkeit

Aufbauschema: Zulässigkeit Vorabentscheidungsverfahren
I. Zuständigkeit
II. Vorlageberechtigung: Gericht eines Mitgliedstaates
III. Zulässige Vorlagefrage (Verfahrensgegenstand) ▪ Auslegungsfrage bzgl. primären/sekundären Unionsrechts ▪ Gültigkeitsfrage bzgl. sekundären/tertiären Unionsrechts
IV. Entscheidungserheblichkeit

I. Zuständigkeit

Ebenso wie Art. 263 AEUV nimmt Art. 267 Abs. 1 AEUV lediglich Bezug auf den Gerichtshof der Europäischen Union als Organ. Nach Art. 256 Abs. 3 UAbs. 1 AEUV ist das **Gericht** für die Vorabentscheidungsverfahren auf den Sachgebieten zuständig, die ihm die EuGH-Satzung zuschreibt; im Übrigen ist der Gerichtshof zuständig. Da eine entsprechende Satzungsregelung bis heute nicht existiert, liegt die **alleinige Zuständigkeit** für die Vorabentscheidungsverfahren beim **Gerichtshof**. **687**

II. Vorlageberechtigung

Der Gerichtshof kann über eine Vorlage eines **nationalen Gerichts** eines Mitgliedstaats mit Fragen über die Auslegung und Gültigkeit von Unionsrecht befasst werden. Der Begriff des Gerichts wird dabei **unionsrechtlich ausgelegt** und kann deshalb im Einzelfall auch solche Spruchkörper erfassen, die nach nationalem Recht die Gerichtseigenschaft nicht erfüllen.[788] Ob ein Gericht in diesem Sinne gegeben ist, hängt nach der Rechtsprechung des Gerichtshofs von organisatorischen und funktionalen Kriterien ab: **Gericht** ist danach jeder auf gesetzlicher Grundlage eingerichtete Spruchkörper, der eine ständige und obligatorische Gerichtsbarkeit ausübt und dazu berufen ist, auf der Grundlage eines rechtsstaatlich geordneten Verfahrens in richterlicher Unabhängigkeit Rechtsstreitigkeiten zu entscheiden.[789] **688**

---

786 Oppermann/Classen/Nettesheim § 13 Rn. 68.

787 Oppermann/Classen/Nettesheim § 13 Rn. 69; Hailbronner JuS 1990, 439, 444.

788 Ehricke in: Streinz, Art. 267 AEUV Rn. 30; Boesen EuZW 1997, 713, 715 f.

789 Wegener in: Calliess/Ruffert, Art. 267 AEUV Rn. 19; Ehricke in: Streinz, Art. 267 AEUV Rn. 29.

Keine Gerichtsqualität weisen **deutsche Schiedsgerichte** i.S.d. §§ 1025 ff. ZPO auf. Deren Entscheidungen bedürfen zu ihrer Vollstreckbarkeit einer Vollstreckbarkeitserklärung durch ein ordentliches Gericht (vgl. §§ 1042, 1045, 1046 ZPO), sodass die Schiedsgerichte nicht als unabhängige Instanz zur endgültigen Streitbeilegung befugt sind.[790]

III. Zulässige Vorlagefrage

1. Ausreichender Bezug zum Unionsrecht

689 Wie sich bereits aus dem Wortlaut des Art. 267 Abs. 1 AEUV sowie der Aufgabe des Gerichtshofs ergibt, erstreckt sich seine Rechtsprechungsgewalt lediglich auf das **Unionsrecht**. Die Vorlagefrage ist deshalb nur zulässig, wenn sich aus ihr hinreichend deutlich ergibt, dass Unionsrecht den Streitgegenstand bildet. Nur wenn Unionsrecht anwendbar ist und somit die Quelle für die Beantwortung der Vorlagefrage bildet, ist das Vorabentscheidungsverfahren zulässig.[791]

2. Abstrakte, aber nicht nur hypothetische Frage

Da die Vorlagefrage über den konkreten Fall des vorlegenden Gerichts hinaus Bedeutung erlangen kann, muss sie vergleichsweise **abstrakt** formuliert sein. Allerdings muss das vorlegende Gericht zugleich dem Eindruck entgegenwirken, eine bloß hypothetische Vorlagefrage gestellt zu haben, auf die es in dem Rechtsstreit vor dem mitgliedstaatlichen Gericht überhaupt nicht ankommt. Deshalb muss das Gericht den konkreten Rechtsstreit und/oder die nationalen Rechtsvorschriften einbeziehen.[792]

3. Auslegungs- oder Gültigkeitsfrage

Art. 267 Abs. 1 AEUV erkennt zwei unterschiedliche Arten von Vorlagefragen an:

690 - Nach Art. 267 Abs. 1 Buchst. a AEUV entscheidet der Gerichtshof über die **Auslegung der Verträge**. Hierdurch wird – über den Wortlaut hinaus – das gesamte **europäische Primärrecht** abgedeckt, sodass nicht nur Auslegungsfragen hinsichtlich der Vorschriften des EUV und des AEUV, sondern auch Auslegungsfragen betreffend die GRCh und die vom Gerichtshof selbst entwickelten allgemeinen Rechtsgrundsätze an den Gerichtshof gerichtet werden können.

  Dies folgt aus einer rechtsvergleichenden Auslegung mit Art. 19 Abs. 3 Buchst. b EUV, der dem Gerichtshof Fragen über die Auslegung des „Unionsrechts" zur Entscheidung zuweist und damit eine weitere Formulierung enthält als Art. 267 AEUV.[793]

  Verfahrensgegenstand kann somit nur Unionsrecht und nicht das nationale Recht sein. Allerdings können die Vorlagefragen so gestellt werden, dass mittelbar über die Anwendbarkeit des nationalen Rechts entschieden wird. **Beispiel:** Ist Art. 34 AEUV so auszulegen, dass eine unzulässige Maßnahme gleicher Wirkung wie eine mengenmäßige Beschränkung dann vorliegt, wenn eine nationale Vorschrift bestimmt, dass ein Getränk nur, wenn es mit bestimmten Zusatzstoffen (Hopfen, Gerstenmalz, Hefe und Wasser) gebraut worden ist, als Bier in den Verkehr gebracht werden darf?

---

790 EuGH Slg. 1982, 1095 Rn. 10 *Nordsee*; Ehricke in: Streinz, Art. 267 AEUV Rn. 33; Haratsch/Koenig/Pechstein Rn. 568.

791 EuGH RÜ 2017, 518, 519 Rn. 53 ff. *Vanderborght*.

792 Karpenstein in: Grabitz/Hilf/Nettesheim, Art. 267 AEUV Rn. 32.

793 Vgl. Wegener in: Calliess/Ruffert, Art. 267 AEUV Rn. 9.

- Nach Art. 267 Abs. 1 Buchst. b AEUV kann der Gerichtshof auch zur **Gültigkeit und Auslegung der Handlungen der Organe, Einrichtungen oder sonstigen Stellen der Union** befragt werden. Über diese weite Formulierung wird das **gesamte** restliche **Unionsrecht** tauglicher Gegenstand des Vorabentscheidungsverfahrens (insbesondere Sekundär- und Tertiärrecht).[794] 691

IV. Entscheidungserheblichkeit

Aus dem Wortlaut des Art. 267 Abs. 2 AEUV ergibt sich weiterhin, dass nur solche Fragen zur Vorabentscheidung angenommen werden, bei denen das vorlegende Gericht die Entscheidung über die Vorlagefrage zum Erlass seines Urteils für erforderlich hält. 692

Fall 17: Vorabentscheidungsverfahren

Am 27.05.2008 erwarb F in der deutschen Stadt M einen gepflegten, nur ein Jahr alten Gebrauchtwagen beim Autohaus A. Für den Kaufvertrag wurde ein vorgedrucktes Formular des Autohauses mit der Überschrift „Kaufvertrag mit Privatpersonen" verwendet. Bereits kurz nach der Übergabe fing das Fahrzeug während einer Fahrt am 26.09.2008 Feuer und brannte vollständig aus. F wurde dabei nicht verletzt.

F verlangt von A Schadensersatz in Höhe des Kaufpreises und des Wertes der in dem Fahrzeug zum Zeitpunkt des Ausbruchs des Brandes enthaltenen Gegenstände, insgesamt 10.828,55 €. A lehnt die Zahlung ab. Daraufhin erhebt F Klage vor dem zuständigen Landgericht. Im Rahmen der Klageerwiderung beruft sich A darauf, der Brand sei nicht auf einen Defekt am Fahrzeug, sondern auf ein Fehlverhalten der F zurückzuführen. Ursache für einen derartigen Brand könne nur durch F beim Nachfüllen verschüttetes Motoröl im Motorraum sein. F bestreitet dies.

Durch eine Rechtsprechungsrecherche zum Thema stößt der für die Entscheidung zuständige Richter am Landgericht auf Rspr. des Bundesgerichtshofs, nach der die Vermutungsregel des § 476 BGB lediglich in zeitlicher Hinsicht gelten soll. Die Beweislast dafür, dass es sich bei der Schadensursache tatsächlich um einen Sachmangel handele, liege hingegen beim Anspruchsteller. Der Richter ist der Auffassung, diese Auslegung der Vorschrift stehe nicht mit der Verbrauchsgüterkaufrichtlinie (RL 1999/44) in Einklang. Er legt deshalb dem Gerichtshof formgemäß folgende Fragen zur Entscheidung vor: *„Stehen der Grundsatz der Effektivität, das mit der Richtlinie 1999/44 angestrebte hohe Verbraucherschutzniveau innerhalb der Union oder andere Bestimmungen oder Normen des Unionsrechts dem deutschen Recht in Bezug auf eine Darlegungs- und Beweislast des Verbrauchers/Käufers dafür, dass das Gut vertragswidrig ist und die Vertragswidrigkeit binnen sechs Monaten offenbar geworden ist, entgegen? In welchem Maße muss der Verbraucher/Käufer Tatsachen und Umstände darlegen, die die Vertragswidrigkeit (bzw. deren Ursache) betreffen?"*

Der Prozessvertreter des Autohauses A ist über die Vorlage empört. Die Rechtsprechung des Bundesgerichtshof stütze sein Verständnis; hieran müsse sich das Landgericht halten. Jedenfalls hätte das Landgericht das Vorabentscheidungsverfahren nicht einleiten müssen, sodass es ohnehin unzulässig sei. Ist das Verfahren zulässig?

---

794 Karpenstein in: Grabitz/Hilf/Nettesheim, Art. 267 AEUV Rn. 20; Ehricke in: Streinz, Art. 267 AEUV Rn. 19.

Das Verfahren könnte als **Vorabentscheidungsverfahren** zulässig sein.[795]

I. Das Landgericht begehrt die Auslegung von Vorschriften aus der sog. Verbrauchsgüterkaufrichtlinie. Hierfür ist das Vorabentscheidungsverfahren nach Art. 267 AEUV der richtige Rechtsbehelf, der den Weg zu den Gerichten der Union eröffnet. Für die Entscheidung über die Vorlagefragen ist der **Gerichtshof zuständig**.

II. Hier kommt ein **Vorlagegegenstand** nach Art. 267 Abs. 1 Buchst. b AEUV in Betracht. Hierunter fallen u.a, sämtliche sekundäre Unionsrechtsakte. Damit können Auslegungsfragen zu allen in Art. 288 Abs. 1 AEUV genannten Rechtsakten, d.h. zu Verordnungen, Richtlinien, Beschlüssen, Empfehlungen und Stellungnahmen gestellt werden. Nicht zur Prüfung vorgelegt werden kann hingegen die Frage nach der Vereinbarkeit eines nationalen Rechtsaktes mit unionsrechtlichen Vorgaben. Die Anwendung des ausgelegten Rechts auf den konkret zur Entscheidung stehenden Einzelfall ist allein Aufgabe des innerstaatlichen Gerichts.[796]

In seiner Vorlagefrage hat das Landgericht weder Bezug auf die Rspr. des BGH genommen noch auf die zu entscheidende Schadensersatzklage der F gegen das Autohaus A abgestellt. Vielmehr hat das Landgericht abstrakt nach der Auslegung der Vorschriften der sog. Verbrauchsgüterkaufrichtlinie im Hinblick auf die Vermutungswirkung gefragt. Damit hat es um die Auslegung einer Richtlinie ersucht. Es liegt folglich ein tauglicher Antragsgegenstand des Sekundärrechts vor.

III. Bei dem vorlegenden Landgericht handelt es sich um einen aufgrund der Regelungen im GVG verfassten Spruchkörper, der nach §§ 13, 71 Abs. 1 GVG obligatorisch für alle bürgerlichen Rechtsstreitigkeiten zuständig ist, die nicht den Amtsgerichten zugewiesen sind. In dem Verfahren kommen Schadensersatznormen der §§ 280 ff., 437, 476 BGB in Betracht, die durch das Landgericht angewendet und zu einer für die Parteien des Prozesses bindenden Entscheidung in Form eines Urteils gebracht werden. Folglich handelt es sich bei dem Landgericht um ein **vorlageberechtigtes Gericht** im Sinne des Unionsrechts.

693 IV. Nach Art. 267 Abs. 2 AEUV steht mitgliedstaatlichen Gerichten das Recht zur Vorlage zu, wenn die Vorlagefrage für die Entscheidung des Ausgangsverfahrens **entscheidungserheblich** ist. Grundsätzlich geht der Gerichtshof dabei von einer **Vermutung für die Entscheidungserheblichkeit** aus; es kommt insoweit also auf die **Einschätzung des mitgliedstaatlichen Gerichts** an.[797] Ausnahmsweise zurückgewiesen wird das Vorabentscheidungsersuchen nur, wenn die Vorlagefrage offensichtlich in keinem Zusammenhang mit der Realität oder dem Gegenstand des Ausgangsverfahrens steht, die Vorlagefrage rein hypothetischer Natur ist oder wenn die zur Beantwortung der Vorlagefrage erforderlichen tatsächlichen oder rechtlichen Angaben unzureichend sind.[798]

---

795 Fall nach EuGH RÜ 2015, 558 *Faber/Autobedrijf Hazet Ochten BV.*

796 EuGH Slg. 1979, 1163 *ICAP,* st.Rspr.

797 EuGH EuZW 2010, 550 Rn. 25 *Rosalba Alassini*; Ehricke in: Streinz, Art. 267 AEUV Rn. 35.

798 EuGH NJW 2006, 2465 Rn. 42 f. *Adeneler*; EuZW 2004, 285 Rn. 28 *Strafverfahren gegen X*; Ehricke in: Streinz, Art. 267 AEUV Rn. 36; Haratsch/Koenig/Pechstein Rn. 569.

Das Gericht kann hingegen von einer Vorlage absehen, wenn die betreffende unionsrechtliche Bestimmung bereits vom Gerichtshof ausgelegt wurde oder dass die richtige Anwendung des Unionsrechts derart offenkundig ist, dass für vernünftigen Zweifel kein Raum bleibt (sog. **acte-claire-Doktin**, s.o. Rn. 367). Ob dies der Fall ist, muss unter Berücksichtigung der Eigenheiten des Unionsrechts, der besonderen Schwierigkeiten seiner Auslegung und der Gefahr voneinander abweichender Gerichtsentscheidungen innerhalb der Union zu beurteilen.[799]

Im vorliegenden Fall ist keine dieser Ausnahmefallgruppen einschlägig. Vielmehr ist die Auslegung der verbraucherschützenden Vorschriften der Richtlinie 1999/44 maßgeblich, um die Vorschrift des § 476 BGB europarechtskonform auszulegen und anzuwenden. Die Vermutungsregelung und deren Verständnis wiederum sind maßgeblich für die Entscheidung des Landgerichts über die Schadensersatzklage der F. Denn nur, wenn die Vermutungswirkung nicht nur in zeitlicher, sondern auch in sachlicher Hinsicht greift, besteht der von ihr geltend gemachte Anspruch. Damit war die Vorlagefrage für das Landgericht entscheidungserheblich.

V. Fraglich ist, ob die Ausführungen des Prozessvertreters hinsichtlich der **fehlenden Vorlagepflicht** des Landgerichts Auswirkungen auf die Zulässigkeit haben. Art. 267 AEUV unterscheidet zwischen der **Vorlageberechtigung** (Abs. 2) und der **Vorlagepflicht** (Abs. 3). Eine Verpflichtung zur Vorlage der Auslegungs- oder Gültigkeitsfrage an den Gerichtshof besteht danach, wenn 694

- die Entscheidung des Gerichts nicht mehr mit Rechtsbehelfen des innerstaatlichen Rechts angegriffen werden kann,

  Dies trifft in Deutschland auf die Bundesgerichte (BGH, BVerwG, BFH, BAG, BSG) sowie auf das BVerfG und die Landesverfassungsgerichte zu.[800]

- wenn das nationale Gerichts einen Sekundärrechtsakt für unwirksam hält und ihn deshalb nicht anwenden will oder

  Um die einheitliche Anwendung des Unionsrechts sowie die Rechtssicherheit in der Union zu schützen und mit Rücksicht auf das im Rechtsschutzsystem des AEUV angelegte Verwerfungsmonopol des Gerichtshofs sind die nationalen Gerichte nicht befugt, selbst die Ungültigkeit von Handlungen der Unionsorgane festzustellen.[801] In diesen Fällen sind auch nicht-letztinstanzliche Gerichte zur Vorlage an den Gerichtshof verpflichtet.

- wenn das nationale Gericht beabsichtigt, einen mitgliedstaatlichen Akt, der Unionsrecht vollzieht, aufzuheben, nicht anzuwenden oder auszusetzen.

Keiner der Fälle traf auf das mit dem Schadensersatzprozess befasste Landgericht zu, es traf somit keine Vorlagepflicht. Gleichwohl ist es durch die Regelung in Art. 267 Abs. 2 AEUV zur Vorlage berechtigt und kann dementsprechend das Vorabentscheidungsverfahren einleiten. Die Frage nach der Vorlagepflicht ist deshalb ohne Bedeutung für die Zulässigkeit des Vorabentscheidungsverfahrens.

Verletzt das Gericht seine Vorlagepflicht, begeht es eine Vertragsverletzung, weshalb ein **Vertragsverletzungsverfahren** eingeleitet werden kann (s.o. Rn. 653 ff.). Zudem kann in der Verletzung der Vorlagepflicht eine Verletzung des **Rechts auf den gesetzlichen Richter** aus Art. 101 Abs. 1 S. 2 GG liegen. Das BVerfG überprüft in diesem Zusammenhang allerdings nur, ob die Auslegung und An- 695

799 EuGH EuZW 2016, 111 Rn. 39 *Ferreira da Silva e Brito u.a.*; m. Anm. Streinz JuS 2016, 472.
800 Ehricke in: Streinz, Art. 267 AEUV Rn. 43.
801 EuGH Slg. 1987, 4199 Rn. 11 ff. *Foto Frost*; Wegener in: Calliess/Ruffert, Art. 267 AEUV Rn. 29.

wendung der Zuständigkeitsregel des Art. 267 Abs. 3 AEUV bei verständiger Würdigung der das Grundgesetz bestimmenden Gedanken nicht mehr verständlich erscheint und offensichtlich unhaltbar ist, da es den Fachgerichten bei der Auslegung und Anwendung der Vorschrift einen Spielraum zubilligt. Ebenso, wie es im Rahmen der Urteilsverfassungsbeschwerde vermeidet, als „Superrevisionsinstanz" aufzutreten, will das BVerfG nach eigener Aussage vermeiden, als „oberstes Vorlagenkontrollgericht" zu fungieren.[802]

Klausurhinweis: *Ausführungen zur Vorlageverpflichtung sind nur für den Fall angezeigt, dass die Frage ausdrücklich im Sachverhalt thematisiert wird. Im Übrigen sollten Sie auf die Prüfung verzichten, da Sie sonst den Eindruck erwecken, die Vorlagepflicht sei eine Voraussetzung für die Zulässigkeit des Vorabentscheidungsverfahrens.*

Ergebnis: Das Vorabentscheidungsverfahren wurde zulässig eingeleitet.

B. Vorlageentscheidung des Gerichtshofs

696 Der Inhalt der Entscheidung hängt wiederum von der Art der Vorlagefrage ab.

- Sofern eine **Auslegungsfrage** gestellt wird, ist die Auslegung des verfahrensgegenständlichen Primär-, Sekundär- oder sonstigen Unionsrechts zu bestimmen und darüber eine konkrete Antwort auf die gestellte Frage zu formulieren.
- Sofern eine **Gültigkeitsfrage** gestellt wird, ist die formelle und materielle Unionsrechtmäßigkeit des verfahrensgegenständlichen Rechts oder Akts zu prüfen.

Klausurhinweis: *Da es sich bei dem Vorabentscheidungsverfahren nicht um ein Klageverfahren im eigentlichen Sinne handelt, gibt es keine* ***Begründetheit****. Sie sollten den Prüfungspunkt deshalb mit „Vorlageentscheidung" überschreiben.*

C. Wirkungen der Entscheidung

697 Die **Vorabentscheidung** ist für das Gericht des Ausgangsverfahrens und alle mit der gleichen Rechtssache befassten Gerichte **bindend**. Kommt der Gerichtshof (oder künftig auch das Gericht) im Rahmen einer **Gültigkeitsprüfung** zu dem Ergebnis, der abgeleitete Rechtsakt sei unionsrechtswidrig und daher **ungültig**, stellt das für jedes Gericht einen ausreichenden Grund dar, diesen ebenfalls als ungültig anzusehen (faktische erga omnes-Wirkung). Im Falle einer **Gültigkeitserklärung** sowie bei einem **Auslegungsurteil** beschränkt sich die Bindungswirkung im Interesse einer Innovation der Rechtsprechung darauf, dass bei einer geplanten Abweichung von der Rechtsprechung des Unionsrichters eine Vorlage geboten ist.[803]

---

802 BVerfG RÜ 2016, 726, 730 Rn. 54; Beschl. v. 06.10.2017 – 2 BvR 987/16 m.w.N.

803 Streinz Rn. 690.

5. Teil: Haftung für unionsrechtswidriges Verhalten

Gegen Vorschriften des Unionsrechts kann sowohl durch Organe und Bedienstete der Union, als auch durch die Mitgliedstaaten und ihre Institutionen verstoßen werden. Sofern bei dem Einzelnen hierdurch ein Schaden entsteht, steht ihm ein Anspruch auf Ersatz dieses Schadens zu. **698**

1. Abschnitt: Haftung für Organe und Bedienstete der Union

Gemäß **Art. 340 Abs. 2 AEUV** haftet die Union (bzw. die EZB selbst, Art. 340 Abs. 3 AEUV) **699** für die **von ihren Organen oder Bediensteten verursachten Schäden**. Diese Form der Amtshaftung der Union ist von der Staatshaftung der Mitgliedstaaten wegen nicht ordnungsgemäßer Anwendung oder Umsetzung des Unionsrechts abzugrenzen. Letztere findet ihre Grundlagen unter anderem zwar auch in den allgemeinen Grundsätzen des Unionsrechts, die Geltendmachung des Anspruchs richtet sich jedoch materiell wie formell nach nationalem Staatshaftungsrecht.

Art. 340 Abs. 2 AEUV regelt die außervertragliche Haftung der Union. Die **vertragliche Haftung** der Union, z.B. aus Kaufverträgen oder Mietverträgen gemäß Art. 340 Abs. 1 AEUV richtet sich hingegen nach den Regeln des Internationalen Privatrechts und wird vor nationalen Gerichten auf der Grundlage nationaler Rechtsvorschriften verhandelt.[804]

Für die gerichtliche Durchsetzung des Amtshaftungsanspruchs steht mit Art. 268 AEUV ein besonderer Rechtsbehelf (sog. **Amtshaftungsklage**) zur Verfügung.

A. Voraussetzungen des unionsrechtlichen Amtshaftungsanspruchs

Gemäß Art. 340 Abs. 2 AEUV richten sich die Voraussetzungen des Amtshaftungsanspruchs nach den allgemeinen Rechtsgrundsätzen, die den Rechtsordnungen der Mitgliedstaaten gemeinsam sind. Damit enthält die Regelung eine Ermächtigung und Aufforderung an den Gerichtshof, im Wege richterlicher Rechtsfortbildung diese Voraussetzungen durch wertende Rechtsvergleichung zu entwickeln. Nach der Rspr. des Gerichtshofs[805] muss **700**

- ein **rechtswidriges Verhalten** eines Organs oder Bediensteten der Union
- einen adäquat kausalen Schaden verursacht haben.

Ein **Verschulden** in Form von Vorsatz oder Fahrlässigkeit ist hingegen nicht erforderlich.[806]

I. Handeln des Organs oder der Bediensteten der Union

Das Handeln des Organs oder der Bediensteten der Union muss in Ausübung unionsrechtlicher Aufgaben, also nicht nur bei Gelegenheit dienstlicher Verrichtungen, erfolgt sein. Außer administrativem Handeln wird davon auch **normatives Handeln** in Form der Rechtsetzung durch Parlament und Rat oder auch der Kommission erfasst.[807] **701**

---

804 Oppermann/Classen/Nettesheim § 14 Rn. 2.

805 EuGH, Urt. v. 28.04.1971 – Rs. 4/69 *Lütticke*; EuGH, Urt. v. 14.01.1987 – Rs. 281/84 *Bedburg*.

806 EuGH, Urt. v. 24.06.1986 – Rs. 267/82 *Clemessy*; EuZW 1996, 205 Rn. 42 *Brasserie du pecheur*; Streinz Rn. 677.

807 Vgl. EuGH, Urt. v. 02.12.1971 – Rs. 5/71 *Schöppenstedt*; Urt. v. 14.01.1987 – Rs. 281/84 *Bedburg*.

Das „Handeln" kann sowohl in einem **positiven Tun**, aber auch in einem **pflichtwidrigen Unterlassen** bestehen.[808] Die Tatbestandsmäßigkeit des Unterlassens setzt dabei, wie nach deutschem Recht, das Bestehen einer Handlungspflicht des Organs oder Bediensteten voraus. Das Verhalten muss jedoch dem Organ zuzurechnen sein. Die Zurechnung ist auch dann möglich, wenn ein Organ zwar nicht die Union, sondern eine andere Institution verpflichtet (wie z.B. den ESM), gleichwohl aber Aufgaben und Befugnisse aus den Verträgen wahrnimmt.[809]

II. Rechtswidrigkeit

702 Den **Schwerpunkt der Prüfung** des Schadensersatzanspruches bildet regelmäßig die Rechtswidrigkeit des Verhaltens. Diese liegt bei der Verletzung einer Norm des Unionsrechts vor, die zumindest auch den Schutz des Einzelnen zum Gegenstand hat.

- Im Zusammenhang mit **administrativem Handeln** legt der Gerichtshof dieses Merkmal weit aus. Es genügt ein Verstoß gegen die unionsrechtlich garantierten rechtsstaatlichen Grundsätze, z.B. gegen die Verhältnismäßigkeit oder den Vertrauensschutz.

703
- Besonderer Prüfung bedarf dieses Merkmal hingegen bei Ansprüchen, die auf **normatives Handeln** gestützt werden. Hier ist nach der Rechtsprechung des Gerichtshofs die **hinreichend qualifizierte Verletzung** einer höherrangigen Schutznorm erforderlich. Eine eindeutige Definition dieses Merkmals ist der Rspr. nicht zu entnehmen und daher im Einzelnen äußerst umstritten.[810]

  Bei Rechtsetzungsakten, die das Ergebnis einer durch weites gesetzgeberisches Ermessen gekennzeichneten wirtschaftspolitischen Entscheidung sind, liegt eine hinreichend qualifizierte Verletzung nach der Rechtsprechung des EuGH nur vor, wenn das handelnde Organ die **Grenzen seiner Befugnisse offenkundig und erheblich überschritten** hat.[811] Wichtige Kriterien zur Beurteilung, ob diese Grenze überschritten ist, sind hierbei:

  - die Bedeutung der verletzten Rechtsregel,
  - die Unentschuldbarkeit und Erheblichkeit des Normenverstoßes ohne annehmbare Begründung,
  - die Betroffenheit einer begrenzten und klar umrissenen Gruppe von Geschädigten (Gruppe muss nicht unbedingt zahlenmäßig beschränkt sein, es genügt ein „bestimmbarer" Personenkreis) und
  - der Eintritt eines über die wirtschaftlichen Risiken hinausgehenden Schadens.

III. Umfang des Schadensersatzes

704 Der zu ersetzende Schaden umfasst den gesamten **Vermögensschaden**, einschließlich des entgangenen Gewinns.[812] Auch **immaterielle Schäden** sind ersatzfähig.[813] Die Kausalität wird nach einer weiten Adäquanztheorie bestimmt, der insbesondere dann Bedeutung zukommt, wenn die Vermögenseinbuße auf wirtschaftliche Risiken zurückzuführen ist, die der Tätigkeit immanent sind.[814]

808 EuGH Slg. 1984, 1589.
809 EuGH RÜ 2016, 722, 724 Rn. 59 *Ledra Advertising Ltd. u.a.*; a.A. Gericht, Beschl. v. 10.11.2014 – T-289/13 (Vorinstanz).
810 Vgl. v. Bogdandy in: Grabitz/Hilf/Nettesheim, Art. 340 AEUV Rn. 70.
811 EuGH NJW 1980, 1214, 1215 *Deutsche Getreideverwertung*; NVwZ 1992, 1077 *Mulder*.
812 EuGH Slg. 1967, 332 *Kampffmeyer*.
813 EuGH Slg. 1979, 2093 *V./Kommission*.
814 EuGH Slg. 1984, 4057 *Biovilac*.

B. Amtshaftungsklage

Der Schadensersatzanspruch ist im Wege der Amtshaftungsklage gemäß Art. 268 AEUV geltend zu machen. Innerhalb der europäischen Gerichtsbarkeit liegt die **sachliche Zuständigkeit** für Klagen gemäß Art. 256 Abs. 1 UAbs. 1 AEUV beim **Gericht**. 705

Nach der früher vom Gerichtshof vertretenen Auffassung fehlt das Rechtsschutzbedürfnis für eine Klage gemäß Art. 268 AEUV, wenn der Schadensersatz auf einen rechtswidrigen Normativakt gestützt wurde. Der Gerichtshof ging davon aus, dass insoweit die Nichtigkeits- und Untätigkeitsklage vorrangig seien[815] und Schadensersatz erst nach Feststellung der Nichtigkeit des Rechtsakts oder der Rechtswidrigkeit des Unterlassens in diesen Verfahren begehrt werden könne. Heute wird die Schadensersatzklage gemäß Art. 268 AEUV als selbstständiger Rechtsbehelf mit eigenen Funktionen im System der Klagearten verstanden, sodass sie auch auf einen rechtswidrigen Normativakt gestützt werden kann.[816]

Die Amtshaftungsklage ist bei Vorliegen der folgenden Voraussetzungen **zulässig:** 706

- **Klagebefugt** ist, wer behaupten kann, dass ihm aus eigenem Recht ein Schadensersatzanspruch gemäß Art. 340 Abs. 2 AEUV zusteht.
- **Klagegegner** ist die Europäische Union. Die Union wird durch das Organ vertreten, von dem die schadensbegründende Handlung ausgegangen sein soll.
- Die **Klagefrist** beträgt gemäß Art. 46 EuGH-Satzung fünf Jahre nach Eintritt des Ereignisses, welches der Klage zugrunde liegt. Die Klagefrist ist gleichzeitig auch materielle Verjährungsfrist für den Schadensersatzanspruch.[817]

2. Abschnitt: Ungeschriebene unionsrechtliche Staatshaftung

Ungeregelt ist hingegen der Fall, dass das Unionsrecht nicht durch Bedienstete der Union, sondern durch die **Mitgliedstaaten** verletzt wird.

A. Eigenständiges Haftungsinstitut

Für die Haftung der Mitgliedstaaten bei Verstößen gegen das primäre und sekundäre Unionsrecht hat der EuGH das eigenständige Rechtsinstitut der **unionsrechtlichen Staatshaftung** entwickelt. Der Grundsatz, dass der Staat für Schäden haftet, die dem Einzelnen durch dem Staat zuzurechnende Verstöße gegen das Unionsrecht entstehen, folgt „unmittelbar aus dem Wesen der europäischen Rechtsordnung".[818] 707

Während teilweise angenommen wird, dass hierdurch lediglich die nationalen Haftungsansprüche modifiziert würden,[819] geht die h.M. davon aus, dass es sich um ein **eigenständiges Haftungsinstitut des EU-Rechts** handelt, das ggf. neben den Anspruch aus Amtshaftung tritt.[820] Dafür spricht, dass es sich bei der unionsrechtlichen Haftung anders als bei der Amtshaftung **nicht um eine übergeleitete Haftung** für das Verhalten des Amtswalters handelt, sondern um eine **originäre Haftung des Mitgliedstaats**. Be-

815 EuGH NJW 1963, 2246 *Plaumann.*

816 EuGH NJW 2011, 2033 *Ruiz Zambrano.*

817 EuGH, Urt. v. 27.01.1982 – Rs. 267/80 *Birra Dreher SPA.*

818 Vgl. grundlegend EuGH NJW 1992, 165, 166 f. *Francovich*; NJW 1996, 1267, 1268 *Brasserie du Pecheur.*

819 MünchKomm-Papier BGB § 839 Rn. 103; Kluth DVBl. 2004, 393, 402.

820 BGH NJW 2008, 3558, 3559; Dörr DVBl. 2006, 598, 602; im Ergebnis auch BVerfG NJW 2012, 598, 599.

deutung hat der unionsrechtliche Staatshaftungsanspruch insbesondere dort, wo die nationalen Haftungsansprüche versagen (z.B. bei legislativem Unrecht).[821]

B. Haftungsvoraussetzungen

708 Die unionsrechtliche Staatshaftung hat **drei Voraussetzungen**:[822]

Unionsrechtliche Staatshaftung
■ Verletzung von **individualschützendem Unionsrecht**
■ Vorliegen eines **hinreichend qualifizierten Verstoßes**
■ **unmittelbarer Kausalzusammenhang** zwischen Pflichtverletzung und Schaden.

709 **1.** Es muss ein Verstoß gegen eine **individualschützende Vorschrift** des Unionsrechts vorliegen. Anders als das nationale Recht ist Unionsrecht nicht nur individualschützend, wenn der Schutz des Bürgers bezweckt ist (so die sog. Schutznormtheorie), sondern bereits dann, wenn eine hinreichend bestimmte und unmittelbar vollziehbare Norm **tatsächlich** den Schutz des Bürgers bewirkt.[823]

Unproblematisch individualschützend sind die EU-Grundrechte, die Grundfreiheiten, insbes. die Warenverkehrsfreiheit (Art. 34 AEUV), die Niederlassungsfreiheit (Art. 49 AEUV) und die Dienstleistungsfreiheit (Art. 56 AEUV).[824] Subjektive Rechte können sich zudem aus den Wettbewerbsregeln (Art. 101, 102 AEUV) und aus den unionsrechtlichen Beihilfevorschriften (Art. 107, 108 AEUV) ergeben. Auch unmittelbar anwendbare Richtlinien können individualschützend sein.

710 **2.** Der Verstoß gegen das Unionsrecht muss **hinreichend qualifiziert** sein. Das ist der Fall, wenn der Mitgliedstaat seine Befugnisse offenkundig und erheblich überschritten hat.[825] Diesem restriktiven Haftungsmaßstab liegt die Erwägung zugrunde, dass insbes. wirtschaftspolitische Entscheidungen nicht jedesmal durch die Möglichkeit von Schadensersatzansprüchen behindert werden dürfen, wenn Allgemeininteressen den Erlass von Maßnahmen gebieten, die die Interessen des Einzelnen beeinträchtigen können.[826]

Unproblematisch ist der hinreichend qualifizierte Verstoß i.d.R. bei nicht fristgerechter Umsetzung von Richtlinien.[827] Im Übrigen handelt es sich um eine **Wertungsfrage**, bei der alle Gesichtspunkte des Einzelfalls zu berücksichtigen sind,[828] insbesondere das Maß an Klarheit und Genauigkeit der verletzten Vorschrift, der Umfang des dem Mitgliedstaat verbleibenden Ermessensspielraums, ebenso die Frage, ob der Verstoß vorsätzlich begangen oder der Schaden zugefügt wurde, ob ein etwaiger Rechtsirrtum entschuldbar ist und ob das Verhalten eines Unionsorgans zum Rechtsverstoß beigetragen hat.[829]

Beispiel: Aufgrund des erheblichen Gestaltungsspielraums, den das Unionsrecht den Mitgliedstaaten bei der Ausgestaltung des nationalen Glückspielrechts belässt, durften die Behörden und Gerichte der Länder davon ausgehen, dass das staatliche Wettmonopol bis zu der vom BVerfG geforderten Neure-

---

821 BGH RÜ 2015, 462, 463 f.

822 Grundlegend EuGH NJW 1992, 165, 166 *Francovich*; EuGH RÜ 2009, 649, 650 *Danske Slagterier*; BGH NJW 2009,2534, 2535; Schlick NJW 2011, 3137, 3139.

823 EuGH RÜ 2009, 649, 650 *Danske Slagterier*.

824 BGH NJW 2009, 2534, 2535.

825 EuGH RÜ 2009, 649, 650 *Danske Slagterier*; BGH RÜ 2013, 52, 55 f.

826 BGH NJW 2013, 168, 169; Schlick NJW 2013, 3142, 3144.

827 Dörr DVBl. 2006, 598, 599.

828 BGH RÜ 2013, 52, 54; NJW 2013, 168, 169; VersR 2013, 324, 326.

829 EuGH NJW 2003, 3539, 3541 *Köbler*; BGH RÜ 2013, 52, 53.

gelung[830] mit dem Unionsrecht in Einklang stand. Auch soweit das staatliche Wettmonopol unionsrechtswidrig war,[831] lässt sich ein hinreichend qualifizierter Verstoß nicht feststellen.[832]

3. Schließlich muss ein **unmittelbarer Kausalzusammenhang** zwischen der Pflichtverletzung des Staates und dem eingetretenen Schaden bestehen.[833] Das ist der Fall, wenn die Handlung nach der allgemeinen Lebenserfahrung typischerweise geeignet ist, den eingetretenen Schaden zu verursachen (Adäquanztheorie).[834] **711**

4. Ein **Verschulden**, wie es Art. 34 GG i.V.m. § 839 BGB voraussetzt, ist für die unionsrechtliche Haftung **nicht Voraussetzung**, aber ggf. im Rahmen der Qualifizierung des Rechtsverstoßes zu berücksichtigen.[835] **712**

So ist z.B. das Maß der Vorwerfbarkeit, insbesondere die Frage, ob der Verstoß vorsätzlich erfolgte, für die Annahme eines hinreichend qualifizierten Verstoßes von Bedeutung (s.o.).

I. Fallgruppen

Die vom Gerichtshof entwickelten Grundsätze zur Haftung eines Mitgliedstaates für Verstöße gegen das Unionsrecht gelten **für alle drei Staatsgewalten** unabhängig davon, ob der schadensverursachende Verstoß dem Gesetzgeber, der Verwaltung oder den Gerichten des Mitgliedstaates anzulasten ist.[836] 713

Besondere Bedeutung hat der unionsrechtliche Staatshaftungsanspruch bei **normativem Unrecht**, wenn nationales Recht dem Unionsrecht widerspricht. Während es im nationalen Recht grundsätzlich keine Haftung **für Fehlverhalten des Gesetzgebers** gibt, kommt die unionsrechtliche Haftung auch hier zum Tragen. **714**

Beispiele: Haftung des Staates bei Zahlungsunfähigkeit des Arbeitgebers wegen Nicht-Umsetzung der entsprechenden EU-Richtlinie,[837] bei fehlerhafter Umsetzung einer Richtlinie,[838] bei nicht rechtzeitiger Umsetzung der Pauschalreiserichtlinie zum Insolvenzschutz von Urlaubsreisenden[839] und bei unzulässigen Einfuhrbeschränkungen[840]

Ebenso kommt eine Haftung bei der Verletzung von Unionsrecht durch **nationale Gerichte** in Betracht.[841] Daher können auch letztinstanzliche rechtskräftige Urteile eine unionsrechtliche Staatshaftung des Landes bzw. des Bundes begründen, wenn sie **offenkundig unionsrechtswidrig** sind. **715**

Während § 839 Abs. 2 BGB Amtshaftungsansprüche wegen **Richterunrecht** zum Schutz der Rechtskraft der richterlichen Entscheidung weitgehend ausschließt, hat der Gerichtshof einen entsprechenden 716

830 Vgl. BGH, Beschl. v. 24.01.2013 – I ZR 171/10; EuZW 2013, 280 (Vorlage zum EuGH wegen des deutschen Internetverbots für Glücksspiele); dazu Pagenkopf NJW 2012, 2918 ff.; Möschel EuzW 2013, 252 ff.

831 Dazu EuGH RÜ 2010, 719, 722 *Stoß u.a.*; Streinz JuS 2011, 85 f.; zur Verfassungswidrigkeit des früheren Glücksspielstaatsvertrages BVerfGE 115, 276; dazu Sachs JuS 2006, 745 ff.

832 BGH RÜ 2015, 462, 463 f.; RÜ 2013, 52, 55 f.; dazu Unterreitmeier NJW 2013, 127, 129.

833 Vgl. z.B. BGH EuZW 2009, 865, 872; ebenso EuGH, Urt. v. 18.03.2010 – C-419/08 *Trubowest Handel GmbH* zur Haftung nach § 340 Abs. 2 AEUV.

834 OLG Hamm, Urt. v. 03.05.2013 – 11 U 88/11; Kling Jura 2005, 298, 303.

835 Vgl. Graulich ZAP 2005, 185, 196; Kling Jura 2005, 298, 303; Ossenbühl/Cornils, S. 610.

836 BGH RÜ 2013, 52, 53.

837 EuGH NJW 1992, 165 *Francovic.*

838 BVerwG, Urt. v. 20.07.2017 – 2 C 31.16 u.a.

839 EuGH NJW 1996, 3141 *Dillenkofer u.a.*

840 EuGH NJW 1996, 1267, 1268 *Brasserie du Pecheur;* BGH NVwZ 2007, 362, 363; NJW 2009, 2534, 2536.

841 EuGH NVwZ 2004, 79 *Köbler;* NJW 2006, 3337 *Traghetti del Mediterraneo;* BGH NJW 2008, 3558; Ossenbühl/Cornils, S. 614 f.; Dörr DVBl. 2006, 598, 600; Hellwig/Moos JA 2011, 196, 197 f.

Haftungsausschluss bei der unionsrechtlichen Staatshaftung ausdrücklich verneint. Allerdings sei ein „hinreichend qualifizierter Verstoß" nur gegeben, wenn die Gerichtsentscheidung offenkundig gegen das geltende Recht verstößt, z.B. die einschlägige Rspr. des Gerichtshofs offensichtlich verkennt.[842]

II. Ausgestaltung des Anspruchs

717 Während der **Haftungstatbestand** weitgehend durch das **Unionsrecht** geprägt ist, richten sich die **Haftungsfolgen** und die **Durchsetzung** des unionsrechtlichen Staatshaftungsanspruchs im Wesentlichen nach **nationalem Recht** (insbes. §§ 249 ff. BGB). Dabei dürfen die Voraussetzungen aber nicht ungünstiger sein als bei Klagen, die nur das nationale Recht betreffen **(Äquivalenzgrundsatz)**, und sie dürfen nicht so ausgestaltet sein, dass sie es praktisch unmöglich machen oder übermäßig erschweren, Schadensersatz bei Verstößen gegen das Unionsrecht zu erlangen **(Effektivitätsgrundsatz)**,[843] das heißt:

718 ■ Die **Subsidiarität** (§ 839 Abs. 1 S. 2 BGB) ist **unanwendbar**, weil es sich bei der unionsrechtlichen Haftung um eine unmittelbare Staatshaftung handelt und das Verweisungsprivileg dem Effektivitätsgrundsatz widersprechen würde.[844] Dasselbe gilt für das **Richterprivileg** (§ 839 Abs. 2 BGB), das bei der unionsrechtlichen Haftung ebenfalls nicht anwendbar ist.[845]

719 ■ Dagegen ist der **Rechtsgedanke des § 839 Abs. 3 BGB** grundsätzlich auch auf den unionsrechtlichen Staatshaftungsanspruch anwendbar, allerdings muss der Gebrauch des fraglichen Rechtsmittels dem Geschädigten zumutbar sein.[846] Ein sonstiges **Mitverschulden** kann **analog § 254 BGB** berücksichtigt werden.[847]

■ Für die **Verjährung** gelten die allgemeinen Regeln in §§ 195 ff. BGB.[848]

720 ■ Der **Anspruchsgegner** des unionsrechtlichen Haftungsanspruchs bestimmt sich nach den gleichen Grundsätzen wie bei der Amtshaftung nach nationalem Recht.

Es haftet daher der Bund, wenn ihn die Verantwortlichkeit trifft. Die Länder haften dagegen, wenn sie innerstaatlich für die Umsetzung von Unionsrecht zuständig sind.[849] Bei administrativem Fehlverhalten kann auch eine Haftung der Gemeinde bestehen.[850]

721 ■ Zuständig zur Entscheidung über den **unionsrechtlichen Staatshaftungsanspruch** sind **streitwertunabhängig die Landgerichte** (Rechtsgedanke aus Art. 34 S. 3 GG, § 40 Abs. 2 S. 1 VwGO, § 71 Abs. 2 Nr. 2 GVG).[851]

---

842 EuGH NJW 2006, 3337, 3338 f. *Traghetti del Mediterraneo*; NVwZ 2004, 79, 81 *Köbler*; BGH NJW 2005, 747 f.; Brenner/Huber DVBl. 2004, 863, 866; Haratsch JZ 2006, 1176, 1177; Christensen/Lerch JA 2007, 427, 431.

843 EuGH RÜ 2009, 649, 651 *Köbler*.

844 Ossenbühl/Cornils, S. 622; Dörr DVBl. 2006, 598, 603.

845 EuGH NVwZ 2004, 79 *Köbler*; NJW 2006, 3337 *Traghetti del Mediterraneo*; Rinne/Schlick NJW 2005, 3541, 3548.

846 EuGH RÜ 2009, 649, 651 *Köbler*; BGH EuZW 2009, 865, 868; NVwZ 2007, 362, 366; Schlick NJW 2009, 3487, 3495.

847 BGH DVBl. 2004, 192, 193; Kling Jura 2005, 298, 305; Dörr DVBl. 2006, 598, 603.

848 EuGH EuZW 2009, 334 Rn. 32 *Danske Slagterier*; Dörr EuZW 2012, 86, 91; Schlick NJW 2009, 3487, 3495; Armbrüster/Kämmerer NJW 2009, 3601, 3603.

849 BGH DVBl. 2005, 371, 372; Itzel MDR 2005, 545, 547; Dörr DVBl. 2006, 598, 604.

850 Dörr DVBl. 2006, 598, 603.

851 Graulich ZAP 2005, 849, 856; Schöndorf-Haubold JuS 2006, 112, 114.

Stichwortverzeichnis

Die Zahlen verweisen auf die Randnummern.